Tristram Stuart
FÜR DIE TONNE

Tristram Stuart

FÜR DIE TONNE

Wie wir unsere Lebensmittel verschwenden

Mit einem Vorwort von Sabine Werth

Aus dem Englischen übersetzt von
Thomas Bertram

Artemis & Winkler

Zur Erinnerung an Gudrun

Originaltitel: Waste. Uncovering The Global Food Scandal
Originalverlag: Penguin Group, London 2009
Copyright © Tristam Stuart, 2009

Bibliografische Information der Deutschen Nationalbibliothek: Die Deutsche Nationalbibliothek verzeichnet diese Publikation in der Deutschen Nationalbibliografie; detaillierte bibliografische Daten sind im Internet über http://dnb.d-nb.de abrufbar. © für die deutschsprachige Ausgabe Bibliographisches Institut, Dudenstraße 6, 68167 Mannheim, 2011. Artemis & Winkler Verlag, Mannheim. Alle Rechte vorbehalten. Autorenfoto Umschlagklappe: © Tristram Stuart. Umschlagmotiv: © Philip C. Waschmann, Hamburg. Umschlaggestaltung: Hauptmann und Kompanie, Werbeagentur, Zürich. Druckerei Theiss, St. Stefan im Lavanttal, Austria. Printed in Austria.
ISBN 978-3-538-07313-5
www.artemisundwinkler.de

INHALT

5

GLOBAL DENKEN UND REGIONAL LENKEN

Vorwort von Sabine Werth

ALS DIE MENSCHEN NOCH JÄGER und Sammler waren, haben sie erst mal nur das an Lebensmitteln zusammengetragen, was sie tatsächlich brauchten. Doch die Erfahrung des Hungerns hat ein weiteres Bedürfnis geweckt: Lebensmittel haltbar zu machen und einzulagern. Über die Jahrhunderte hinweg überlebte derjenige, der für Krisenzeiten vorgesorgt hatte. Wer außerdem Bauchfett zulegen konnte, hatte weitere gute Überlebenschancen.

Heute fehlt es in den armen Ländern dieser Welt oft am täglichen Brot und erst recht an Vorräten. In den reichen Ländern dagegen werden Lebensmittel im Überfluss gejagt und gesammelt. Obwohl wir immer die Möglichkeit haben, jederzeit einfach in den nächsten Supermarkt zu gehen, sind der Vorratsschrank, der Kühlschrank und die Gefriertruhe gefüllt mit Lebensmitteln, bei denen wir darauf achtgeben müssen, dass sie uns nicht schlecht werden. Häufig genug schmeißen wir sie ungebraucht weg. Das Mindesthaltbarkeitsdatum ist abgelaufen? Der Apfel hat eine faule Stelle? Der Kaffee schmeckt etwas fad? Weg damit.

Tristram Stuart beschreibt bis ins Detail die Probleme, die sich in unserer heutigen Zeit aus diesem Konsumverhalten ergeben. Sein Verdienst ist es, die globale Perspektive einzunehmen und zugleich die Handlungsspielräume jedes Einzelnen zu beschreiben. Weltweit werden Ressourcen verschwendet, weil wir mit unseren Ansprüchen und unserer Nachfrage falsche Signale setzen.

Tristram Stuart zeigt uns auf drastische und gleichzeitig sehr nachvollziehbare Weise, an wie vielen Stellen es in der Kette zwischen Produktion und Verbrauch klemmt und quietscht. Auch ohne unbedingt vegetarisch zu leben, muss uns endlich klar werden, wie die weltweite Massenzucht von Tieren die Landwirtschaft und die Umwelt auszehrt: Der Futtermittelanbau beansprucht große Nutzflächen, das Klima wird belastet, und der Wasserverbrauch ist immens.

Nur aus dem eigenen Jagd- und Sammelinstinkt heraus zu handeln, reicht längst nicht mehr. Wir müssen global denken und regional lenken! Es ist richtig, Güter aus dem regionalen Anbau und in der richtigen Jahreszeit zu kaufen, aber das ist nicht genug. Denn mal ehrlich: Auch wir nehmen beim Kauf von Obst und Gemüse doch nur die Waren, die optisch einwandfrei und noch am längsten haltbar sind. Und wenn in einem Markt die Regale nicht unter der angebotenen Last zusammenbrechen, haben auch bewusst kaufende Menschen ein Gefühl von mangelndem Angebot. Was aber geschieht mit dem Überfluss?

Die erste deutsche Tafel, die in Berlin von mir und anderen Frauen 1993 gegründet wurde, setzte genau an dieser Stelle an. Wir sahen, dass große Mengen an Lebensmitteln weggeworfen wurden – ungefähr 20 Prozent. Also fuhren wir – damals noch mit den eigenen PKWs – zu den ersten Händlern. Diese antworteten uns fast unisono auf unsere Frage, ob wir ihre nicht verkaufte Ware haben könnten, mit der Gegenfrage:»Wie? Ihr wollt unsere Abfälle?« Erst nach und nach begriffen sie, dass ein am Abend von ihnen nicht verkauftes Stück Kuchen zwar für sie Abfall ist, für uns aber auch fünf Minuten nach Ladenschluss noch wertvoll. Und sie begriffen, dass sie die Entsorgungskosten sparen würden. Danach ging es schnell, denn Angebot und Nachfrage stiegen auf beiden Seiten enorm. Heute verteilt allein die Berliner Tafel im Monat 660 Tonnen einwandfreier Lebensmittel an 125 000 arme Menschen.

Auch andere Tafeln sind entstanden, und inzwischen existiert ein flächendeckendes Geflecht von Tafeln im ganzen Land. In fast 900 deutschen Städten sind etwa 45 000 Jäger und Sammler für die Tafeln unterwegs und »ernten« die Überflüsse unserer Wohlstandsgesellschaft. Wir nehmen die Waren, bevor sie in den Müll geworfen werden und den sinnlosen Abfalltod sterben. Obwohl es dieses ehrenamtliche Engagement auch in England gibt, landet dort offenbar noch mehr in den Containern. Ein Skandal – hier wie dort.

Tristram Stuart propagiert daher den »Freeganismus«, bei uns »Containern« genannt. Stuarts Buch gibt erstmals ausführlich

Einblicke in die Motive der Menschen, die nicht aus finanziellen Gründen, sondern vorrangig aus ethischer Überzeugung im Müll wühlen. Die Abfälle der Märkte könnten sehr viele Menschen ernähren, so die Aktivisten. Wer in Deutschland containert, findet das, was nicht verkauft und auch den Tafeln nicht gegeben wurde. Die Märkte anzuprangern, die trotz der Tafeln gute Lebensmittel vernichten, ist leider nötig. Ich persönlich akzeptiere deshalb das Containern als eine Form des politischen Engagements, das im Zusammenhang mit anderen Protest- oder Engagementformen allerdings viel mehr Aussagekraft haben könnte.

Containern als Provokation, die auf Veränderung drängt: ja. Containern aber als Dauerzustand? Nein.

Containern will dazu beitragen, dass sich das System ändert und die Müllberge schrumpfen. Darüber hinaus will die Bewegung auf einen skandalösen Zustand aufmerksam machen: Wir leben in einer Wohlstandsgesellschaft, in der es trotz des Überflusses Armut gibt. Ich empfinde es als unwürdig, wenn Menschen in den Mülleimern nach Essbarem oder nach Pfandflaschen suchen, ihre dreckverschmierten Arme aus den Behältern ziehen – daran die Reste der Wohlstandsgesellschaft. Wie weit müssen wir noch sinken? Jagen und Sammeln am Rande einer reichen Gesellschaft? Nein.

Bei den Tafeln sind Menschen aktiv, die sich für andere einsetzen. Auch sie können es nur schwer ertragen, wie mit Lebensmitteln umgegangen wird. Wenn beispielsweise mitunter Supermarktmitarbeiter mutwillig die Waren für die Tafeln mit Zigarettenkippen und ausgelaufener Cola zu Müll machen. Die Ehrenamtlichen sortieren dennoch grundsätzlich alle Waren und versuchen die Spenden möglichst gerecht zu verteilen. Sie fragen die Kunden in den Ausgabestellen nach ihren Wünschen und haben ein offenes Ohr für ihre Nöte.

Dass in den Wohlstandsgesellschaften Lebensmittel weggeworfen werden, ist auch deshalb so schwer zu ertragen, weil weltweit unendlich viele Menschen hungern. Jean Ziegler, ehemaliger UN-Kommissar für Welternährung, weist schon seit Jahren darauf hin, dass auf dem Globus genügend Lebensmittel für alle vorhanden wären und dass dennoch alle fünf Sekunden ein Kind an Mangelernährung stirbt.

Wir wissen inzwischen vieles über den Überfluss. Wir haben immer wieder davon gehört. Wir denken vielleicht sogar beim Einkauf daran. Aber wie verändern wir etwas? Können wir das überhaupt? Tristram Stuart sagt »ja« – und er hat Recht! Dieses Buch zeigt uns Zusammenhänge auf, wie es in dieser glasklaren und auch statistisch untermauerten Form so noch nicht geschehen ist.

Wir sollten sein Buch ernst nehmen; so ernst, dass sich auch etwas verändert. Was können wir über den bewussten Umgang mit den Lebensmitteln, über den Einkauf im Supermarkt an der Ecke und unserer heimischen Küche hinaus tun? Die Lösung kann jedenfalls nicht sein, dass sich die engagierten Menschen gegenseitig mit Kritik überziehen und sich damit gegenseitig schwächen. Dies spielt nur jenen in die Hände, die eigentlich für den weltweiten Wahnsinn der Vernichtung von Lebensmitteln verantwortlich sind. Denjenigen, denen um des Profits willen jede Marketing- und Verkaufsstrategie recht ist und die weltweit Märkte und Menschen kaputtmachen.

Verstehen Sie mich nicht falsch: Ich will mich durchaus der Kritik an der Tafelbewegung stellen, leidenschaftlich gern sogar. Sie ist gut und notwendig, weil wir unser Handeln immer wieder überprüfen und uns erklären müssen. Mich ärgert nur, dass einige Wissenschaftler und Journalisten den Eindruck erwecken, wir von der Tafel seien blauäugig und unpolitisch. Mich ärgert, wenn wir aufgefordert werden, unsere Arbeit einzustellen, damit der Staat etwas ändert. Erstens sind wir der Staat, und zweitens würde ich immer das eine tun und das andere nicht lassen wollen. Wenn die Wand im Klassenzimmer Ihres Kindes bröselt: Würden Sie warten, bis in fünf Jahren im Haushaltsplan Geld dafür eingeplant wird? Oder würden Sie einen befreundeten Händler um Farben bitten, damit Sie mit anderen Eltern die Wand streichen und die Presse dazu einladen könnten? So funktioniert unsere Methode seit 1993, Menschen zu helfen und zugleich auf den Skandal der Armut und des Irrsinns der Abfallgesellschaft aufmerksam zu machen.

Es ist an der Zeit, dass sich die einzelnen Gruppen zusammensetzen, ganz gleich ob sie aus der Wirtschaft, der Politik und der Wissenschaft kommen oder sich privat engagieren. Wir müssen gemeinsam etwas für unsere Gesellschaft und diese Welt tun. Überproduktion, Vernichtung von Lebensmitteln und Armut hängen ebenso miteinander zusammen wie Geltungssucht, Gewinnmaximierung und Machtbestrebungen. Dabei sollten wir nie nur auf den guten Willen von Menschen setzen. Manchmal sind es auch ganz einfache, wirtschaftliche Argumente, die den Durchbruch bringen. Durch die Aktivitäten der Tafeln haben die Händler umgedacht. Die Tafeln führen Buch über die gigantischen Mengen gespendeter Lebensmittel, und dadurch wurde den Firmen klar, wie sehr ihre Fehlkalkulationen die Gewinne schmälern. Heutzutage sind die Regale nach wie vor voll, aber im Lager stapelt sich nicht der Nachschub. Der Nachteil ist allerdings, dass ein großer Teil der Vorratshaltung inzwischen auf die Autobahnen verlagert wurde. Das bedeutet Lieferung auf Zuruf mit irrem Stress für die Fahrer. Läuft ein Artikel nicht mehr, wird er aus dem Sortiment genommen. Es ist heute üblich, dass die Waren bis zum letzten Tag des Mindesthaltbarkeitsdatums und zum Teil darüber hinaus verkauft werden. Preisnachlässe bringen Umsatz.

Die Tafeln beklagen oft, dass sie nicht mehr so viel Ware von den Firmen bekommen und weniger verteilen können. Dabei ist diese Entwicklung doch genau richtig! Wenn nicht mehr so viel bei der Tafel oder im Müll landet, haben wir einen guten Teil dessen erreicht, wofür wir ursprünglich angetreten waren: Keine 20 Prozent der Lebensmittel mehr für den Müll zu produzieren. Unser erster Schritt war es, auf die Wegwerfmentalität aufmerksam zu machen. Erst der zweite Schritt war die Versorgung Bedürftiger. Längst aber ist dieser zweite Schritt in den Fokus geraten: Weit über eine Million Menschen gehen bundesweit zu Tafeln und holen sich dort Lebensmittel ab. Diese Zusatzversorgung lässt sie den Monat besser überstehen oder schafft ihnen die Möglichkeit, sich auch etwas anderes leisten zu können – wie einmal ins Kino zu gehen oder ein Buch zu kaufen.

45 000 Menschen sind bei Tafeln in Deutschland aktiv. Das sind

nicht nur 45 000 verschiedene Motivationen, sondern auch 45 000 verschiedene Möglichkeiten, etwas zu bewegen. Wenn die Tafelbewegung, die Containerbewegung, die Ökobewegung, die Politik, die Wirtschaft und die Wissenschaft nicht versuchen würden, sich gegenseitig zu übertrumpfen, weil sie alle der Meinung sind, die einzigen »Heilsbringer« zu sein, hätten wir realistische Chancen, die Welt zu verändern. Wir leben heute in einer globalen Gesellschaft wie nie zuvor. Die Wirtschaft hat das längst realisiert. Es wird seit geraumer Zeit über den Tellerrand geschaut, aber vorrangig, um die Gewinnmargen zu erhöhen. Jetzt sollte unser aller Blick über denselben Tellerrand dazu führen, dass wir Überlebensstrategien für die Menschheit und die Welt entwickeln.

Dieses Buch kann dazu beitragen, den uns irgendwie allen innewohnenden Wunsch nach einer Veränderung zu konkretisieren und zu verwirklichen. Tristram Stuart ist ein visionärer Mensch. Sein Buch lädt zum Streiten ein. Gut so, denn im Diskurs liegt unsere Chance! Und wenn ich auch anders über das »Containern« denke als Stuart, ich bin mit ihm besonders in einem einig: Die Abfallberge sind ein Skandal und wir müssen alles dafür tun, dass sie gar nicht erst entstehen.

Mein Lebensmotto lautet: »Träume nicht dein Leben, lebe deinen Traum.« Auch Tristram Stuart lebt seinen Traum von einer menschlicheren, gerechteren Welt. Wer macht noch mit, diese unsere Welt zu verändern?

Sabine Werth
Vorsitzende Berliner Tafel e. V.

Wenn sie aber ohne die gehörige Benutzung in seinem Besitz zu-
grunde gingen, wenn die Früchte verfaulten oder das Wild verweste,
bevor er es verbrauchen konnte, so fehlte er gegen das gemeinsame
Naturrecht und wurde strafbar ...

Wenn aber das Gras seines eingezäunten Landes auf dem Boden
verfaulte oder die Früchte seiner Pflanzung zugrunde gingen, ohne
dass sie gesammelt und aufbewahrt wurden, so war dieser Teil des
Landes, ungeachtet seiner Einhegung, noch als herrenlos zu betrach-
ten und konnte von einem anderen in Besitz genommen werden ...

Er hatte nur darauf zu achten, dass er sie aufbrauchte, bevor sie
verdarben; sonst nahm er mehr als einen Teil und beraubte andere.
Und es war in der Tat töricht und auch unredlich, mehr aufzuhäu-
fen, als er gebrauchen konnte. Wenn er einen Teil an einen anderen
weggab, sodass er nicht nutzlos in seinem Besitz umkam, so machte
er auch davon einen Gebrauch. Und wenn er Pflaumen, die in einer
Woche verfault wären, für Nüsse vertauschte, die sich gut aufheben
ließen, um ein ganzes Jahr davon zu essen, so beging er kein Unrecht;
er vergeudete nicht den gemeinsamen Vorrat; er vernichtete nichts
von dem den anderen gehörigen Teil der Güter, solange in seinen
Händen nichts unbenutzt zugrunde ging. ... denn die Überschreitung
der Grenzen seines rechtmäßigen Eigentums lag nicht in der Aus-
dehnung seines Besitzes, sondern darin, dass etwas umkam, ohne
gebraucht worden zu sein.

John Locke, *Zwei Abhandlungen über Regierung*, II, §§ 37–38, 46

EINLEITUNG

DER ABFLUSS DES ÜBERFLUSSES

STELLEN SIE SICH EIN LUFTBILD der Erde vor. Im Laufe der letzten zehn Jahrtausende hat sie sich bis zur Unkenntlichkeit verändert. Die größten Eindringlinge in die natürliche Landschaft sind nicht Asphalt und Beton, sondern Felder – jene grünen, gepflügten Einheiten auf dem Lande. Wo einst Wälder den Boden bedeckten, erstrecken sich heute Felder über die Kontinente und verwandeln das Land in eine Nahrungsmittelfabrik. Städte, Straßen und Industrien sind lediglich Flecken und Adern auf dem Körper der Erde, verglichen mit den Veränderungen, die durch den Ackerbau herbeigeführt wurden. Seit dem Aufkommen der Landwirtschaft haben Menschen die vielfältigen Ökosysteme der Welt durch eine Handvoll domestizierter Arten ersetzt, um Sonne und Boden ausschließlich zur Erzeugung menschlicher Nahrungsmittel zu nutzen. Die globale Anbaufläche nahm durch Habitatumwandlung von 270 Millionen auf 1,45 Milliarden Hektar zu, um eine zwischen 1700 und 1993 von 0,6 auf 5,5 Milliarden Menschen anwachsende Weltbevölkerung zu ernähren. Im Jahr 1993 machten sämtliche landwirtschaftlichen Nutzflächen einschließlich des dauerhaften Weidelands 35 Prozent der Landfläche der Erde ohne die Antarktis aus (Goklany 1998). Die Zivilisation basiert auf den Erträgen, die auf diesen Flächen erwirtschaftet wurden. Heute jedoch bedroht der Fortschritt der Landwirtschaft das Leben, das er eigentlich erhalten sollte.

In einer globalisierten Nahrungsmittelindustrie ist fast alles, was wir essen – von Bananen bis zu vor Ort gezüchtetem Fleisch – mit dem System der Weltlandwirtschaft verbunden. Die Nahrungsnachfrage in einem Teil der Welt stimuliert indirekt die Anlage von Feldern Tausende von Kilometern weit weg. Der Vormarsch der Landwirtschaft in Naturwälder ist gegenwärtig am sichtbarsten in Lateinamerika und Südostasien. Beispielsweise wuchs die Anbaufläche in Lateinamerika zwischen 1980 und 2003 um

15 Prozent (Steinfeld u. a. 2006, S. 12). Auf der einen Seite der Agrargrenze erstrecken sich unberührte Wälder, auf der anderen Sojabohnen-, Ölpalmen und Gras-Monokulturen; am Rand sieht man einen Streifen Feuer und ein Heer von Holzfällern. Dadurch verschwinden unbekannte Pflanzen- und Tierarten und Milliarden Bäume werden in ebenso viele Tonnen Treibhausgase verwandelt. Außerdem zieht dieser Prozess das Klima, den Wasserkreislauf und den Boden derart in Mitleidenschaft, dass die Produktivität der landwirtschaftlichen Nutzflächen in diesem Jahrhundert laut den Vereinten Nationen möglicherweise um bis zu 25 Prozent abnehmen wird – was die künftige Fähigkeit der Menschheit, ausreichend Nahrungsmittel anzubauen, untergraben könnte (UNEP 2009).

Das Vordringen der Landwirtschaft in Wälder mag kurzfristig zu einem Überfluss an Nahrungsmitteln und reichen Gewinnen führen, aber eine solche Umweltzerstörung ist bei weitem nicht erforderlich, um genug anzubauen, damit die Bevölkerung der Welt satt wird. In den Vereinigten Staaten landen etwa 50 Prozent aller Nahrungsmittel im Abfall, statt sie über den Umweg als Tierfutter zur Erzeugung neuer Nahrung zu nutzen (Roy 1976). In Großbritannien fallen jedes Jahr bis zu 20 Millionen Tonnen Nahrungsabfälle an. Die Japaner – mit ihrer Vorliebe für Sushi, Kaviar und importierte Genussmittel – schaffen es, jährlich Nahrungsmittel im Wert von 11 Billionen Yen (ca. 88 Mrd. Euro) zu vernichten. In der gesamten entwickelten Welt werden Nahrungsmittel als Wegwerfware behandelt, ungeachtet der sozialen und ökologischen Auswirkungen ihrer Erzeugung. Die meisten Menschen würden nicht sinnlos/willentlich Teile des Regenwaldes von Amazonien der Zerstörung anheimgeben, und doch geschieht genau dies tagtäglich. Wenn die wohlhabenden Staaten aufhören würden, so viel Nahrung wegzuwerfen, würde der Druck, der auf den verbleibenden natürlichen Ökosystemen der Welt und auf dem Klima lastet, abgemildert.

Die ökologischen Gründe für die Bekämpfung der Nahrungsverschwendung auf globaler Ebene liegen auf der Hand. Die soziale Verpflichtung, eine Lösung zu finden, ist womöglich noch augenfälliger. Weil wir mehr Nahrungsmittel kaufen, als wir benötigen, werden Land und Ressourcen vernichtet, die andernfalls genutzt werden könnten, um die Armen der Welt zu ernähren. Es gibt fast eine Milliarde unterernährter Menschen auf der Welt – aber sie alle könnten mit nur einem Bruchteil der Nahrungsmittel satt gemacht werden, welche die reichen Länder momentan wegwerfen.

Der Zusammenhang zwischen Nahrungsverschwendung in reichen Ländern und Nahrungsmangel anderswo auf der Welt ist zwar weder so einfach noch direkt, aber er ist trotzdem real, und es steht in unser aller Macht, den Mangel abzuschwächen. Natürlich besteht die Lösung nicht darin, dass die reichen Länder alte Tomaten oder das Brot von gestern in arme Länder schicken, nachdem solche Erzeugnisse vor dem Abfalleimer gerettet wurden. Aber auf einem globalen Nahrungsmarkt mit international gehandelten Produkten beziehen reiche und arme Länder Nahrungsmittel aus derselben gemeinsamen Quelle. Wenn die reichen Länder Hunderte von Millionen Tonnen Nahrungsmittel beanspruchen und diese am Ende in den Mülleimer werfen, entziehen sie dem Markt unnötig Nahrungsmittel, die dort hätten verbleiben können, damit andere Menschen sie kaufen.

Die Vergeudung von Nahrungsmitteln geht außerdem zulasten des begrenzten Agrarlandes der Welt. Wenn die reichen Länder weniger verschwenden würden, könnten dadurch landwirtschaftliche Nutzflächen für andere Zwecke freigesetzt werden, beispielsweise für den Anbau von Nahrung, welche die Hungrigen der Welt auf den normalen Wegen kaufen könnten. Diese Abfolge von Ursachen und Wirkungen zeigt sich am deutlichsten beim internationalen Handel mit Erzeugnissen wie Weizen und ist beim Handel mit frischen Produkten, die innerhalb einzelner Länder angebaut und gekauft werden, weniger offensichtlich – aber sie gilt nichtsdestotrotz auch dort. Würden diese Produkte nicht gekauft und vergeudet, könnten das Land und die Ressourcen genutzt werden, um etwas anderes anzupflanzen, einschließlich Nahrungsmittel wie Getreide, die zu den dringend benötigten Gütern zählen.

Allmählich wird uns klar, dass wir eine persönliche Verantwortung tragen für die Auswirkungen, die unsere Treibhausgasemissionen auf die Menschen haben, die von der globalen Erwärmung am schlimmsten betroffen sind. Ebenso müssen wir aber auch erkennen, dass unser Verbrauch und unsere Verschwendung von Nahrungsmitteln sich auf die Welt auswirken. Die Entscheidung von US-Amerikanern und Europäern, Nahrungsgetreide und Hülsenfrüchte zur Herstellung von Biokraftstoffen zu nutzen, hat ein grelles Schlaglicht auf die »Verschwendung« von Nahrungsmitteln geworfen. Kritiker der Biosprit-Industrie klagen an, dass wir statt hungriger Bäuche lieber Kraftstofftanks füllen, und im April 2008 nannte Jean Ziegler, der UN-Sonderberichterstatter für das Recht auf Nahrung, Biokraftstoffe im *Guardian* ein »Verbrechen gegen die Menschlichkeit«. Teils in Reaktion darauf haben sowohl die britische Regierung als auch die EU-Kommission ihre Biokraftstoff-Zielvorgaben mittlerweile revidiert – während die USA solche Kraftstoffe, vor allem aus Mais gewonnenes Ethanol, weiterhin fördern. Es stimmt, dass die Biokraftstoff-Industrie unter den gegenwärtigen Umständen in einigen Fällen Hunger verursacht, die natürlichen Ökosysteme schädigt und dem Klima mehr schadet als nützt. Zwar kann aus Mais gewonnenes Ethanol die Treibhausgasemissionen um 10–30 Prozent senken, aus Zuckerrohr und Zellulose gewonnenes Ethanol sogar um 90 Prozent. Doch wenn der steigende Bedarf an landwirtschaftlichen Nutzflächen gleichzeitig die Entwaldung fördert, sind die Auswirkungen trotzdem negativ (IRIN 2008b; RFA 2008).

Im Jahr 2007 wurden bis zu 95 Millionen Tonnen Getreide zu Biokraftstoffen verarbeitet, und nach Einschätzung von Weltbank und Internationalem Währungsfonds war dies größtenteils für den globalen Anstieg der Nahrungsmittelpreise verantwortlich, der mehrere zehn Millionen Menschen zusätzlich in Armut und Unterernährung stürzte (Wolf 2008; IRIN 2008b; IRIN 2008c). Und doch macht die zu Biokraftstoffen verarbeitete Menge weniger als die Hälfte der Nahrungsmittel aus, die auf der Welt unnötig vergeudet werden. Der Öffentlichkeit fiel es leicht zu glauben, dass die Verwendung von Nahrungsmitteln für Kraftstoff zum Hungertod von Millionen beitrug. Aber was ist damit, dass wir lieber Mülltonnen füllen, statt Menschen satt zu machen? Das ist sicherlich schlimmer.

Während einer Rundfunkdiskussion in der BBC über die Ernährungskrise im März 2008 fragte der ehemalige britische Unterhausabgeordnete Michael Portillo – einer von Margaret Thatchers alten Gefolgsleuten – höhnisch, welcher mögliche Zusammenhang zwischen unserer Vergeudung von Nahrungsmitteln und der Not der Armen der Welt bestehe. Wollen die meisten Menschen den Zusammenhang leugnen, weil ihr eigenes Verhalten betroffen ist? Sie bestreiten entweder die grundlegenden Zusammenhänge zwischen ihrem eigenen Verhalten und der Lebenssituation weit entfernt lebender Menschen, oder sie verweisen auf die verwirrende Abfolge von Ursachen und Wirkungen. Diese Punkte machen die Argumentation in der Tat komplizierter, aber sie unterlaufen sie nicht.

Es gibt berechtigte Einwände – beispielsweise, dass die Nahrungsmittelnachfrage reicher Länder die Produktion anregen und einen Beitrag zu den Volkswirtschaften armer Staaten leisten könne und dass, wenn wir Nahrungsmittel wegwerfen, lediglich die Nachfrage erhöht werde, was die Einkünfte mancher Bauern steigere. Es stimmt auch, dass unter gewissen Umständen, wie ich in Kapitel 11 erörtern werde, der Anbau von Überschüssen eine notwendige und wünschenswerte Maßnahme zur Verhinderung von Nahrungsknappheit sein kann. Aber es muss immer abgewägt werden zwischen der Erzeugung überschüssiger Nahrungsmittel und der Bodennutzung, Ressourcenerschöpfung und Vorratsstreckung. Wenn die ökologischen oder erzeugerischen Grenzen erreicht sind, überwiegen die Kosten der Verschwendung gegenüber den möglichen Vorteilen. Ebenso wahr ist, dass, wenn die reichen Länder aufhören würden, so viel zu vergeuden, die Nahrung, die freigesetzt würde, möglicherweise bloß von anderen relativ wohlhabenden Menschen gekauft würde, zum Beispiel, um mehr Vieh zu mästen, statt dass sie von den ärmsten Familien verzehrt würde. Aber alles in allem würde der Zwang zur Vorratsproduktion abnehmen, was zur Stabilisierung der Preise und zur Verbesserung der Lage der überwältigenden Mehrheit der armen Menschen beitrüge, die für ihre Ernährung auf diese Märkte angewiesen sind (FAO 2008b). Es ist schwer, genau vorauszusagen, welches ökonomische Ergebnis eine Reduzierung der Nachfrage durch geringere Verschwendung hätte, aber wenn die gestiegene Nachfrage nach Biokraftstoffen bis zu 70 Prozent der Preisanstiege verursachte, die im Jahr 2008 zu der Ernährungskrise führten (Wolf 2008; IRIN 2008b; IRIN 2008c), dann könnte eine abnehmende Nachfrage durch geringere Verschwendung den Preisdruck mindestens im gleichen Umfang abmildern. Der entscheidende Punkt ist, dass die gegenwärtige und steigende Nachfrage nach Nahrungsmitteln nicht aufrecht erhalten werden darf. Sollte sie unvermindert anhalten, könnte das Gleichgewicht in der Biosphäre der Welt auf nicht wiedergutzumachende Weise zum Schaden vieler Spezies auf Erden, einschließlich unserer eigenen, verändert werden. In einigen Weltgegenden ist dieser Augenblick sogar schon gekommen.

Hunger und Unterernährung sind zudem nicht ausschließlich fremde Belange; auch in der entwickelten Welt haben Millionen nicht genug zu essen. Allein in Großbritannien sind vier Millionen Menschen außerstande, sich eine anständige Ernährung zu leisten (Hinchcliffe 2005). In den Vereinigten Staaten leben etwa 35 Millionen Menschen in Haushalten, die keinen sicheren Zugang zu Nahrung haben (Safeway 2009), und in der Europäischen Union sind schätzungsweise 43 Millionen Menschen akut von Nahrungsmangel bedroht, was laut Definition der Europäischen Kommission bedeutet, dass sie sich nicht jeden zweiten Tag eine Mahlzeit aus Fleisch, Geflügel oder Fisch leisten können (EK 2008a). Diese Situation dauert an, obwohl Supermärkte Millionen Tonnen hochwertiger Nahrungsmittel wegwerfen. *Hier* ist eine mögliche Lösung, überschüssige Nahrungsmittel neu zu verteilen und sie Menschen zukommen zu lassen, die sie brauchen, solange sie noch frisch und zum Verzehr geeignet sind.

Ich vertrete in diesem Buch den Standpunkt, dass der Berg an überschüssigen Nahrungsmitteln auf der Welt gegenwärtig eine Belastung für die Umwelt darstellt – aber er ist zugleich eine große Chance. Bei der Nahrungsversorgung existiert ein fantastischer Spielraum, wo Rationalisierungsmaßnahmen enorme Einsparungen bewirken, einen Beitrag im Kampf gegen den Hunger leisten und die Ernährung künftiger Generationen sicherstellen könnten. Auf diese Weise würden nicht nur hungrige Menschen satt gemacht, sondern die Bewahrung von Nahrungsmitteln würde auch helfen, die globale Erwärmung zu bekämpfen. Mehr als 30 Prozent der Treibhausgasemissionen Europas stammen aus der Nahrungsproduktion (EK 2006). Würde die Menge der Nahrungsabfälle halbiert, könnten die Emissionen um fünf Prozent oder mehr verringert werden. Mal angenommen, wir würden auf dem Land, das gegenwärtig verwendet wird, um unnötige Überschüsse und verschwendete Nahrung anzubauen, Bäume pflanzen, dann könnten wir theoretisch 50–100 Prozent der weltweiten Treibhausgasemissionen ausgleichen. Und im Gegensatz zu den meisten ökologischen Maßnahmen hat eine Reduzierung der Nahrungsabfälle kaum negative Folgen. Es ist nicht dem Dilemma vergleichbar, ob man auf Auto- oder Flugreisen verzichten oder aufhören soll, so viel Fleisch zu essen. Wir können dazu beitragen, unseren schädlichen Einfluss auf den Planeten zu verringern und das Leben der Armen der Welt zu verbessern, einfach, indem wir Nahrungsmittel verbrauchen, statt sie wegzuwerfen.

Sobald Nahrungsmittel weggeworfen worden sind, schaffen sie ein weiteres ökologisches Problem. In den meisten Industrieländern werden organische Abfallstoffe in Mülldeponien vergraben, wo sie sich in giftige Abwässer und in Methan, ein Treibhausgas, das 21-mal stärker ist als Kohlendioxid, auflösen. Einigen Industriestaaten geht langsam der Platz aus, um ihren Müll zu vergraben (Ackermann 1997). In Südkorea und Taiwan ist das Deponieren von Nahrungsmitteln bereits verboten, und es ist nur eine Frage der Zeit, bis andere Länder das Gleiche werden tun müssen. Wie diese Länder gerade lernen, muss die Vorstellung von Abfall neu definiert werden. Selbst wenn sie für den menschlichen Verzehr ungeeignet sind, stellen Nahrungsabfälle eine wertvolle Ressource dar, die als Tierfutter, zur Stromerzeugung und als ergiebiger Kompost verwendet werden kann.

Eine Lösung des Problems der Nahrungsabfälle und damit der Nahrungsverschwendung wäre gut für die Gesellschaft und für die Umwelt, aber sie wäre ebenso gut fürs Geschäft. Wie ich in den folgenden Kapiteln zeigen werde, steigen überall dort, wo der Abfall reduziert wurde, die Gewinnspannen. Bauern konnten ihre Einkünfte verdoppeln, seit sie zuvor weggeworfene Erzeugnisse auf den Markt bringen; Hersteller haben durch Bekämpfung des Abfalls 20 Prozent ihrer Kosten eingespart; Einzelhändler schlugen ihre Konkurrenten aus dem Feld, weil sie rationeller wirtschafteten. Diejenigen, die sagen, wir sollten unsere eigenen Nahrungsmittel anbauen und auf lokalen Bauernmärkten einkaufen, träumen von einer Ideallösung. Selbst wenn wir einräumen, dass die Supermärkte nicht verschwinden werden und dass die Konsumkultur ihre unbegrenzten Wahlmöglichkeiten erst aufgeben wird, wenn die Not es gebietet, verfügen wir dennoch über ungeheuren Spielraum, um Abfall und Verschwendung einzuschränken.

Für die Recherchen zu diesem Buch reiste ich von London aus per Bus und Bahn durch Kontinentaleuropa, durch Russland und Zentralasien, durch Pakistan und Indien und quer durch China und setzte mit der Fähre nach Südkorea und Japan über. Es gibt bemerkenswerte Unterschiede, was die Einstellung verschiedener Völker zu Nahrung und insbesondere zu Verschwendung betrifft. In einigen Kulturen, beispielsweise der Südkoreas, ist der verschwenderische Umgang mit Nahrung ein Zeichen von Überfluss und Gastfreundschaft. In anderen – beispielsweise bei den Uiguren Westchinas – ist es tabu, Nahrung zu verschwenden. Dabei ist die Genügsamkeit der Uiguren nicht bloß eine Reaktion auf Not und Entbehrung, sondern hat ihren Ursprung in einem tiefen Sinn für Landwirtschaft, Kochen und Essen – sie wurzelt in der Erkenntnis, dass Nahrung einfach zu kostbar ist, als dass man sie vergeuden dürfe. Es würde niemanden von uns überfordern, wenn wir uns klarmachten, dass Nahrungsbesitz eine Last der Verantwortung nach sich zieht – dass er ein Verständnis dafür verlangt, dass wir als ihre Hüter dazu verpflichtet sind, sorgsam mit ihr umzugehen.

Die Kommission der Vereinten Nationen für Nachhaltige Entwicklung hat auf ihrer 16. Sitzung im Mai 2008 einen Aufruf zur Halbierung der Nahrungsabfälle bis zum Jahr 2025 unterstützt, doch wenn Unternehmen, Regierungen und Öffentlichkeit zusammenarbeiten würden, könnte dieses Ziel noch schneller erreicht werden (Lundqvist, Fraiture und Molden 2008). Haben einzelne

Branchen sich bislang mit der Bekämpfung des Abfalls lediglich Zeit gelassen, so waren die meisten Regierungen regelrechte Faultiere. Die Verantwortlichen in Europa und Amerika waren nicht einmal bereit herauszufinden, wie viel die Nahrungsmittelindustrie wegwirft. Die britische Regierung hat die Kontrolle der Mülltonnen von Haushalten finanziert, es aber bislang nicht gewagt, einen kurzen Blick in die Container voller Nahrungsmittel zu werfen, die von den Supermärkten weggeworfen werden. In den Industrieländern hat es bis heute nur wenige Versuche gegeben, auch nur zu berechnen, wie viel Nahrung verschwendet oder wie viele Hektar nutzlos gepflügt werden, um Mülltonnen zu füllen. Sich einen Eindruck von der Gesamtheit dieser Verschwendung zu verschaffen sowie ihr groteskes Ausmaß und ihre Ursachen zu erkennen ist der erste Schritt hin zu ihrer Reduzierung.

Gewiss können arme Länder von Technologien profitieren, die in der industrialisierten Welt Anwendung finden. Aber in Ländern, in denen Ressourcen knapp sind und Verschwendung, wo immer möglich, vermieden wird, hält die Sparsamkeit der Menschen umgekehrt auch Lektionen für den Westen bereit. In dem typischen Mittelschichtsviertel, in dem ich von 1999 bis 2001 in Delhi wohnte, sorgen viele Restaurants und Lebensmittelläden dafür, dass Essensreste an Bettler verteilt werden. Müllsammler bringen organische Haushaltsabfälle zu Betonbunkern am Ende der Straße, und dort versammeln sich in aller Ruhe Kühe und Schweine, um eine Mahlzeit aus Mango- und Kartoffelschalen und Korianderstielen zu durchwühlen, die sie in Fleisch, Milch und Dung verwandeln. Papier und Plastik werden von Kleinunternehmern auf Fahrrädern gesammelt und zur Wiederverwertung in örtlichen Betrieben der Heimindustrie abgeliefert, obwohl die Emissionen dieser Betriebe, die keinerlei Beschränkungen unterliegen, ihrer Gesundheit schaden können (Ackermann 1997). Die Nachlese in den Entwicklungsländern mag durch Armut erzwungen sein; aber genau darum geht es. Die Industrienationen müssen lernen, was es heißt, mit dem Mangel zu leben – weil der äußere Schein von grenzenloser Fülle eine Illusion ist.

Die traurige Wahrheit lautet allerdings, dass es selbst in Nationen voller hungriger Menschen Verschwendung in phänomenalem Ausmaß gibt. In wohlhabenden Ländern werden Nahrungsmittel absichtlich weggeworfen, aber in armen Ländern gehen sie aufgrund fehlender Mittel und Technologien ungewollt verloren (FAO 1981). Allein Indien vergeudet jedes Jahr landwirtschaftliche Erzeugnisse im Wert von mehr als 580 Milliarden Rupien (knapp 9,3 Mrd. Euro), größtenteils, weil die Infrastruktur fehlt, um Ernten auf den Markt zu bringen, bevor sie verdorben sind. In Sri Lanka gehen 30–40 Prozent des Obstes und Gemüses verloren, obwohl der tägliche Pro-Kopf-Gemüseverbrauch der Sri Lanker bei gerade mal 100 g liegt. Diese Verluste könnten mit einfachen Maßnahmen auf ein Fünftel des gegenwärtigen Standes gesenkt werden. Der Abbau der Verschwendung ist nicht bloß eine Möglichkeit, die Wirtschaftlichkeit zu verbessern, sondern auch ein Weg, um einige der ärmsten Menschen der Welt aus den Fesseln der Unterernährung zu befreien.

Die hungernden Armen lösen im Westen oft Schuldgefühle wegen des verschwenderischen Lebensstils der Menschen in den Industrieländern aus. Aber wenn die westlichen Regierungen Ressourcen rückgewinnen wollen, könnten sie auf Länder wie Indien blicken, wo Recycling- und Wiederverwertungssysteme niemals verschwunden sind. In dem indischen Bundesstaat Maharashtra beispielsweise werden jeden Monat einhundert häusliche Biogasanlagen installiert, die organische Abfälle nutzen, um Küchenherde zu betreiben.

Wir im Westen könnten unsere Gedankenlosigkeit, was den verschwenderischen Umgang mit Ressourcen betrifft, überwinden, indem wir von der Sparsamkeit der Entwicklungsländer lernen. Umgekehrt könnten ärmere Staaten mit Hilfe der im Westen für selbstverständlich gehaltenen Technologien die Menge der ihnen zur Verfügung stehenden Nahrungsmittel drastisch erhöhen. Im Moment haben wir das Schlechteste aus beiden Welten. Dieses Buch wird zeigen, dass das Beste aus beiden nicht unerreichbar ist für uns.

TEIL I

UMKOMMENDE BESITZTÜMER

1. FREI ESSEN

Als sie aber satt waren, sprach er zu seinen Jüngern:
Sammelt die übrigen Brocken, damit nichts umkommt.
DIE SPEISUNG DER FÜNFTAUSEND, JOH. 6,12

ZUM ERSTEN MAL erblickte ich den globalen Berg aus Nahrungsabfällen, als ich im mittleren Teenageralter anfing, Schweine
zu züchten. Ich hatte eine Sau von der Rasse Gloucestershire-Old
Spot gekauft, die als Grundlage meiner Zucht dienen sollte, und
die Ferkel wollte ich auf die umweltfreundliche und traditionelle
Art aufziehen – indem ich sie mit Abfällen fütterte. Gegen ein paar
Stücke Schweinefleisch am Ende der Zuchtzeit legte das Personal
in meinen Schulküchen nur zu gern ungegessene Gerichte und
Schalen beiseite. Obwohl sie mir keine Tellerreste oder irgendet-
was, das Fleisch enthielt, geben durften, beliefen sich die Abfälle
trotzdem jeden Tag regelmäßig auf knapp einhundert Liter nahr-
hafter Reste. Meine Schweine lernten, von gemischtem Salat,
Bratkartoffeln, Käsemakkaroni, Biskuits, Reispudding und hundert anderen Köstlichkeiten der Kantinenküche zu leben. Sie
quiekten jedes Mal in freudiger Erwartung, wenn ich mit den
knallgelben Eimern in Händen von der Schule zurückkam. Ein
Wurf von zehn verdiente sich den Namen »die Dezibel«, wegen
des kraftvollen kollektiven Geschreis, das sie veranstalteten, wenn
ich die Nahrungsmittel auskippte, über die meine Mitschüler die
Nase gerümpft hatten.

Zusätzlich zu den Schulabfällen holte ich mir bald einmal
pro Woche eine Kleintransporterladung Blumenkohlblätter vom
städtischen Markt und mehrere Säcke Biobrot vom örtlichen Bäcker, die einen Beitrag zur Fütterung meiner Schar Legehennen
leisteten. Als Bezahlung brachte ich dem Bäcker jedes Mal Fall-
äpfel und Eier, die er zu Kuchen und Pasteten verarbeitete. Übergroße Kartoffeln gab es immer von einem Rotwildzüchter unten
an der Straße, der sie tonnenweise für so gut wie nichts bekam.
Wann immer ich welche brauchte, tauschte er mit mir ein paar
Säcke voll gegen ein Dutzend Eier ein. Meine Sau, Gudrun, pflegte

ich mit einem hochklassigen Landrace-Eber zu kreuzen, und ihre Ferkel, die in Würfen von ganzen siebzehn kamen, hatten herrliche lange Schinkenhinterteile. Das Fleisch war unbeschreiblich saftig, und den fruchtbaren Dung gab ich meinem Dad dafür, dass ich seine Hofgebäude benutzen durfte. Einmal wuchs in einem Jahr dort, wo die Schweine in dem Pferch düngten, ein wogendes Tomatenfeld, und ich erinnerte mich, Monate zuvor Kistenladungen Tomatensalat in den Schweinefuttereimern gesehen zu haben. Ich erntete sie alle und machte zig Liter grünes Tomaten-Chutney daraus.

Für einen Schuljungen, der hinter schwer verdientem Taschengeld und leckerem Schweinefleisch aus eigener Zucht her war, waren diese kostenlosen Futterquellen ein Segen. Im Handel erhältliches Schweinefutter ist in den besten Zeiten teuer und wird fast immer auf umweltschädigende Weise hergestellt. Erst als ich darüber nachdachte, dass ein Großteil des »Abfalls«, den ich mitnahm, noch zum menschlichen Verzehr geeignet war, begann ich auch darin ein Problem zu sehen. Bevor ich anfing, sie abzuholen, war das meiste von diesen Nahrungsmitteln zusammen mit anderen Formen von Unrat auf Müllhalden abgeladen worden, und ich wusste, dass meine Bemühungen angesichts der Massen an Nahrungsmitteln, die von zahlreichen örtlichen Lebensmittelgeschäften weggeworfen wurden, kaum ins Gewicht fielen. Viele Ladenbesitzer hatten mich abgewiesen, entweder weil sie fürchteten, dass ich kein zugelassener Müllwerker sei, oder weil sie keine Zeit oder Lust hatten, ihre Nahrungsabfälle zu trennen. Ich hatte gesehen, wie hinter Supermärkten, deren Filialleiter nicht einmal bereit waren, darüber zu sprechen, wie viel sie wegwarfen oder was sie damit machten, Nahrungsmittel säckeweise in Müllcontainern weggeschlossen wurden. Ich versuchte mir die Unmengen an Nahrungsmitteln vorzustellen, die überall im Lande durch die Schuld aller möglichen Läden und Küchen verloren gingen. An die Verschwendung durfte man gar nicht denken. Einiges von diesen Nahrungsmitteln hätte bestimmt noch von Menschen verzehrt werden können, und alles, was ungenießbar war, könnte doch an Vieh verfüttert werden?

Ohnehin war das weggeworfene Biobrot, das ich an meine Schweine verfütterte, von besserer Qualität als die Laibe aus dem Supermarkt, die mein Dad und ich zu Hause aßen. Es gab ein besonders duftendes, sonnengetrocknetes Tomatenbrot, das ich von Zeit zu Zeit immer mal wieder im Trog meiner Schweine sah. Eines Morgens vor der Schule beschloss ich, es zu probieren. Während meine Schweine sich schmatzend durch ihr Frühstück mampften, riss ich den köstlichen Laib auf und aß Teigbissen mit Tomatengeschmack. Ich hatte immer leidenschaftlich gern nach Waldpilzen, Nüssen und Beeren gesucht; man fühlte sich wie ein Jäger und Sammler in einem neuen Kontext. Das Brot war salzig und weich und noch frisch genug, um es zu essen und sich schmecken zu lassen. Aber in das Vergnügen mischte sich ein starkes Gefühl des Unbehagens darüber, wie man zulassen konnte, dass so gute Nahrungsmittel überall auf der Welt in den Abfall wanderten. Als ich dieses Brot aß, tat ich zum ersten Mal das, was ich später als »Freeganismus« – der Verzehr kostenloser weggeworfener Nahrung – zu bezeichnen lernte. Ihr Verzehr entwickelte sich zu einer Art Protest – eine Möglichkeit zu zeigen, dass solche Nahrungsmittel nicht weggeworfen werden sollten.

Erst Jahre später las ich die Worte von John Locke, einem der herausragenden Philosophen Englands, der den Gedanken näher ausführte, dass Menschen das Recht, Nahrung zu besitzen, verwirken würden, wenn sie diese in ihrem Besitz umkommen ließen: »... wenn die Früchte verfaulten oder das Wild verweste, bevor er es verbrauchen konnte, so fehlte er gegen das gemeinsame Naturrecht und wurde strafbar« (Locke 1906, § 37). Hier war der verlockende Gedanke, dass nicht ich es war, der jene bestahl, welche die Nahrungsmittel weggeworfen hatten, sondern dass sie diejenigen waren, die sie aus den gemeinsamen Ressourcen der Welt gestohlen hatten, indem sie diese Nahrungsmittel horteten, zuließen, dass sie in den Müll wanderten, und sie jenen Menschen vorenthielten, die ihrer am dringendsten bedurften.

Zumindest das Paar, das die örtliche Bäckerei betrieb, tat alles in seinen Kräften Stehende, um den Abfall zu reduzieren. Es ließ mich die Reste mitnehmen. Im Vergleich dazu waren demnach all jene Supermärkte und anderen Verschwender guter, genießbarer Nahrungsmittel, die ihr Verhalten nicht ändern wollten, künftig berechtigte Zielscheiben des Protests. Damals beschloss ich, mehr darüber in Erfahrung zu bringen, was im gesamten Verlauf der Nahrungskette, von landwirtschaftlichen Betrieben über Erzeuger und Einzelhändler bis hin zu Verbrauchern, verschwendet wurde. Ich wollte herausfinden, welches Ausmaß an Verschwendung unvermeidlich und welches vermeidbar war, wie viel Nahrung wir insgesamt tatsächlich verschwendeten, was mit den Nahrungsmitteln geschah, die wir wegwarfen, und welche Auswirkungen dies auf uns und unsere Umwelt hatte. Vor allem aber wollte ich wissen, was man tun konnte, um all dies zu ändern.

Als ich von der Schule abging, hatte ich gelernt, dass ich von den Nahrungsmitteln, die von Supermärkten und anderen Einzelhändlern weggeworfen wurden, leben könnte. Solange ich mich erinnern konnte, war ich Umweltschützer gewesen, und in dem Jahr nach der Schule besuchte ich Protestcamps, die entlang der A 34, der vierspurigen Ortsumgehung von Newbury, errichtet worden waren. Dort stellte ich fest, dass es nicht ungewöhnlich war, dass Leute von Nahrungsmitteln lebten, die sie kostenlos ergattert hatten. Der Freeganismus wurde Teil der umfassenderen ökologischen Protestbewegung, der ich angehörte, da wir anstrebten, zugleich unseren negativen Einfluss auf die Umwelt zu minimieren und das Bewusstsein für das Problem der Nahrungsabfälle zu schärfen. Wenn jemand wie ich, der ohne weiteres in der Lage war, Nahrungsmittel zu kaufen, dennoch von Abfällen leben konnte, dann musste wohl etwas mit dem System nicht stimmen. Das Herumstöbern in Mülltonnen habe ich nie für eine gangbare Lösung des Problems selbst gehalten. Das logische Ziel des Freeganismus war es, sich selbst überflüssig zu machen, indem Unternehmen angehalten wurden, mit ihrem Überschuss etwas Vernünftigeres anzufangen, als ihn in die Mülltonne zu werfen.

Während meines ersten Semesters an der Universität bezog ich einen Großteil meiner Nahrungsmittel vom Gemüsemarkt. Aber bald begann ich mich auf das zu konzentrieren, was die Supermärkte wegwarfen. Durch einen Obdachlosen namens Spider – so genannt wegen des Netzes aus Tattoos im Gesicht – machte ich Bekanntschaft mit der unterirdischen Ladezone unter Sainsbury's. Als er mir zuredete, ich solle anfangen, die Abfallbehälter der Filiale der Supermarktkette zu plündern, sagte ich ihm, ich wolle mir keine Nahrungsmittel nehmen, auf die Obdachlose angewiesen seien. Sie brauchten die Nahrungsmittel wirklich, während ich bloß auf die Verschwendung aufmerksam machen wollte. »Du verstehst mich nicht, Kumpel«, kam Spiders Antwort, »selbst wenn sämtliche Obdachlosen im Lande sich ihr Essen aus diesem Abfallbehälter besorgen würden, wäre immer noch genug übrig für dich.«

Es stimmte: Die Menge an unverdorbenen Nahrungsmitteln, die bei Sainsbury's in sechs Müllcontainern auf Rollen landeten, spottete jeder Beschreibung. Zugegeben, als Student waren meine Ansprüche nicht so hoch, und deshalb aßen meine damalige Freundin (und jetzige Ehefrau) und ich immer jede Menge in Scheiben geschnittenes Weißbrot, welches die Containerladungen an den meisten Tagen abwarfen. Wobei wir die klebrig-süßen Donuts und Schoko-Snacks, die der bevorzugte Zuckerschub der frierenden und hungrigen obdachlosen Bevölkerung waren, gewöhnlich nicht beachteten. Dazwischen übergaben die Angestellten mir regelmäßig Säcke mit frischem Gemüse, Käse und Joghurt sowie haufenweise gekühlte Fertiggerichte, die ich mit nach Hause nahm, um sie in meinem Studentenwohnheim auf den Tisch zu zaubern. Seit dem Studium habe ich nicht aufgehört, Nahrungsmittel zu essen, die von Läden in den Haupteinkaufsstraßen großer wie kleiner Städte überall in der entwickelten Welt – von New York über Paris und London bis Stockholm – weggeworfen wurden. Und jedes Mal spüre ich, wie der Jäger-Sammler in mir vor Genugtuung aufseufzt über eine weitere erfolgreiche Nahrungssuche. Allerdings wird diese primitive Reaktion durch Empörung gedämpft. Es gibt einfache Methoden, überschüssige Nahrungsmittel ihrem eigentlichen Zweck – ihrem Verzehr – zuzuführen, und es gibt keine einsichtigen Gründe, warum diese Methoden nicht überall praktiziert werden sollten.

Der Abfall, der in ihre Müllcontainer wandert, kratzt am Ansehen der Supermärkte. Eine Filiale kann an einem einzigen Tag problemlos genug wegwerfen, um über einhundert Menschen satt zu machen. Letzte Woche beispielsweise inspizierte ich die Müllcontainer einer Waitrose-Niederlassung und fand die nachfolgende, keineswegs außergewöhnliche Einkaufsliste: 28 hochwertige Kühl-Fertiggerichte (darunter Lasagne, Linguine mit Garnelen, Fleischpastete, Hähnchen-Korma mit Reis, Hähnchen-Tikka mit Reis, Hähnchen mit Madeira und Steinpilzen); 16 Pasteten aus Cornwall; 83 Joghurts, Schokoladenmousses und andere Nachspeisen; 18 Laibe Brot und 23 Brötchen; einen Schokoladenkuchen; 5 Nudelsalate; 6 große Melonen; 223 einzelne Stücke Obst und Gemüse unterschiedlichster Art, darunter Nektarinen, Orangen, Biobananen aus fairem Handel, Papaya, Biomöhren, Lauchstangen und Avocados aus biologischem Anbau, 7 Körbchen mit Beeren, 1 Paket Champignons, 6 Beutel Kartoffeln; 1 Beutel Zwiebeln und 2 blühende Topfkräuter (Schnittlauch und Petersilie – die jetzt in meinem Kräutergarten eingepflanzt sind); ein fast voller Karton portionsgerechter Margarinetöpfchen; ein Karton portionsgerechter H-Milchtüten; mehrere Sträuße Blumen und eine Topforchidee. Nicht eines dieser Dinge war zum Verzehr ungeeignet (abgesehen von den Blumen), und von dem Gemüse habe ich die ganze Woche gelebt.

Als Student wollte ich dem örtlichen Supermarkt helfen, etwas Konstruktiveres mit seinem Überschuss anzufangen. Ich kannte eine Reihe von Leuten, die in der Sainsbury's-Filiale arbeiteten, und sprach mit ihnen über die Nahrungsmittel, die weggeworfen wurden. Sie fragten den Filialleiter, ob die Angestellten etwaige Überschüsse, deren Haltbarkeit noch nicht abgelaufen war, mit nach Hause nehmen dürften. Doch das Äußerste, wozu der Supermarkt sich bereit zeigte, war, sie ihnen mit zehn Prozent Preisnachlass zu verkaufen. Und die Geschäftsführer wollten auch nicht Nahrungsmittel an Obdachlosenheime und andere Wohltätigkeitsorganisationen verschenken. Sie behaupteten, dass sie nicht verklagt werden wollten, falls irgendjemand krank würde – obwohl andere Supermärkte wie Marks & Spencer ihre Überschüsse seit Jahren ohne irgendwelche Probleme spendeten.

Damals interessierten sich die meisten Filialleiter von Supermärkten nicht für die Frage, was mit unverkauften Nahrungsmitteln geschehen solle. Zudem wurde ihr Handlungsspielraum durch eine Unternehmenspolitik eingeschränkt, die bestimmte, dass Überschuss zu deponieren sei. Da sie im Lebensmittelhandel arbeiteten, glaubten viele Chefs, dass es ihrem Umsatz schaden könnte, wenn sie die Ware verschenkten. Den Supermärkten erschien es sinnvoller, die Nahrungsmittel in Müllcontainern wegzuschließen und sie fortzuschaffen, damit sie im Boden vergraben wurden, ungeachtet der sozialen und ökologischen Kosten. Obwohl es innerhalb der Branche Anzeichen für einen Wandel gibt, mit denen ich mich in den folgenden Kapiteln beschäftigen werde, ist dies heute noch immer die Standardposition. Nahrungsmittelkonzerne sind gewinnbringende Maschinen. Sie versuchen vielleicht, die Verschwendung einzudämmen, soweit sie die Profite beeinträchtigt, aber ist der Überschuss erst einmal da, werden die meisten von ihnen nichts anderes tun, als ihn wegzuwerfen – sofern sie nicht beträchtliche Geldsummen bei den Entsorgungskosten sparen können oder, wie es heute zunehmend der Fall ist, glauben, dass die Verfolgung besserer Strategien ihnen gute Publicity verschaffen wird.

Die Gewinnspannen eines Supermarkts erlauben vielleicht, tonnenweise Nahrungsmittel zu viel zu lagern und zu vergeuden, aber auf die Moral der Angestellten, die tatsächlich dafür verantwortlich sind, dass gute Nahrungsmittel in Müllcontainer befördert werden, kann sich dies nachteilig auswirken. Zahlreiche Gespräche mit dem Personal von Supermärkten haben gezeigt, dass die Leute eine Verschwendung von Nahrungsmitteln in diesem Ausmaß für falsch halten – offenbar stößt ein solches Verhalten auf instinktive Ablehnung in uns. Ein Supermarkt-Angestellter, der während einer Sendung auf BBC Radio 2 anrief, in der ich war, berichtete, dass er aus Protest gegen die Menge an Nahrungsmitteln, die man ihn zwang wegzuwerfen, gekündigt habe. Ich bin vielen Leuten begegnet, die in Geschäften, Restaurants und Kantinen arbeiteten und die mutig und lautstark gegen die Verschwendung in der Branche protestierten. Ihre Bemühungen beginnen gerade erst Ergebnisse zu zeigen.

Bald nach dem Abschluss meines Studiums begann ich aus Enttäuschung über die mangelnde Bereitschaft der Supermärkte, sich mit dem Thema Nahrungsverschwendung zu befassen, an einer Medienkampagne zu arbeiten. Die Methode war einfach: Man führte Zeitungs-, Rundfunk- und Fernsehmitarbeiter zur Rückfront von Supermärkten und zeigte ihnen einfach, wie viel weggeworfen wurde. Das Interesse an dieser Schattenseite der Nahrungsmittelindustrie war überwältigend. Es kamen Dutzende Anfragen von Rundfunk- und Fernsehmoderatoren sowie von Zeitungen aus England, Schottland, Wales, Nordirland und Irland und sogar aus weiter entfernten Ländern, von Deutschland und Italien über Brasilien und Australien bis zu den Vereinigten Staaten. Offensichtlich gab es in allen Teilen der Welt ein gewaltiges Bedürfnis, die Wahrheit hinter dem industriellen Ausmaß der Nahrungsverschwendung zu enthüllen, und die öffentliche Reaktion zeigte, dass viele Menschen seit langem davon beunruhigt waren.

Die erste Gelegenheit für meine Kampagne ergab sich, als ein Journalist mich im Jahr 2003 überredete, ein Feature für die *Politics Show* des BBC-Fernsehens zu machen. Ich nahm das Kamerateam mit zu einem meiner Lieblingsorte im Herzen Londons, und ich konnte sehen, wie allen die Kinnladen herunterklappten, als ich sechs Müllbeutel mit frischem Essen aus dem Abfall fischte, das ein einziger kleiner Sandwichladen erst Minuten zuvor aus seinen Regalen entfernt hatte. Die BBC arrangierte ein Interview mit Lord Haskins, damals einer der engen Berater der Regierung für Ernährung und Landwirtschaft und Ex-Vorstand einer der größten nahrungsverarbeitenden Firmen Großbritanniens, Northern Foods. Ich bereitete gerade meine Tirade vor, als Lord Haskins seinerseits zu einer eigenen Suada ansetzte: Die Mindesthaltbarkeitsdaten seien lächerlich streng, und seiner Einschätzung nach würden unglaubliche 70 Prozent aller produzierten Nahrungsmittel verschwendet. Ich wäre fast von der Parkbank gefallen, auf der wir saßen. Dies war die schlimmste Zahl, die ich gehört hatte, und sie kam nicht von einem Umweltaktivisten, sondern von einem sehr ranghohen Angehörigen der Branche selbst. Mein Verdacht hinsichtlich der Größenordnung des Problems wurde bestätigt.

Im Januar 2007 bat *Sky News* mich, für Vertreter der Nahrungsmittelindustrie und den Präsidenten von FareShare, Tony Lowe,
ein Frühstück mit aus Abfällen herausgefischten Nahrungsmitteln
zusammenzustellen. Die großen fünf unter den britischen Supermarktketten – Tesco, Sainsbury's, Asda, Safeway and Somerfield
– wurden zur Teilnahme eingeladen, lehnten jedoch ab. Stattdessen sprachen wir mit einem Mitarbeiter des Interessenverbandes
der britischen Einzelhändler, des British Retail Consortium (BRC).
Wir wollten wissen, warum Supermärkte Nahrungsmittel lieber
verschwendeten, als sie karitativen Organisationen wie FareShare
zu spenden, damit diese sie umverteilten zugunsten der Benach-
teiligten, und warum insbesondere der Einzelhändlerverband diesen guten Zweck nicht unterstützt hatte. Während wir dasaßen
und Croissants und Bananen aus dem Müll mampften, versuchte
der Vertreter des BRC den Verbrauchern den Schwarzen Peter
zuzuschieben, als er meinte: »Der Großteil der verschwendeten
Nahrungsmittel, die wir haben, rührt in Wirklichkeit von häuslicher Verschwendung her, stammt also aus Haushalten und nicht
von den Rückseiten der Supermärkte.« Tatsächlich hatte ich mir
gerade die jüngsten Zahlen etwas genauer angesehen, sodass ich
diesen durchsichtigen Versuch, die Öffentlichkeit irrezuführen,
mit der Feststellung vereiteln konnte, dass die Verbraucher nur
für ungefähr ein Drittel sämtlicher im Vereinigten Königreich verschwendeten Nahrungsmittel verantwortlich seien, während der
Rest von der Industrie stamme. »Das lassen wir gelten«, sagte der
Mann vom BRC. Ein paar Monate später wurde ich von dem BBC-
Radio 4-Magazin *Today* in die Sendung eingeladen, wieder zusammen mit dem Einzelhändlerverband. Obwohl man FareShare bislang übergangen hatte, lobte BRC-Generaldirektor Kevin Hawkins
diesmal die Arbeit der Organisation und verwies ausdrücklich auf
die Fälle, wo Supermärkte FareShare Nahrungsmittel gespendet
hatten. Aber irgendwann verlor er die Fassung und stieß wütend
hervor, dass ich noch eine Lebensmittelvergiftung bekäme, wenn
ich weiter weggeworfene Nahrungsmittel aus Mülltonnen herausfischen würde. Er hatte mir das Wort aus dem Mund genommen:
Wenn er glaubte, dass ich, der ich gesund und einigermaßen ge-

bildet war, gefährdet sei, wie viel anfälliger waren dann all jene Obdachlosen und Hungrigen, die gegenwärtig auf der Suche nach ihren Mahlzeiten Müllcontainer durchstöberten? Ich wünschte, ich hätte ihn mit dem alten, offenbar an Lungenentzündung erkrankten südasiatischen Obdachlosen bekanntmachen können, den ich in der Vorwoche kennengelernt hatte und der in einer Mülltonne mit schmierigen Abfällen aus den Geschäften an der Haupteinkaufsstraße nach etwas Essbarem suchte, während ihm der Schleim über das Gesicht lief. Warum nicht Menschen wie ihm durch anerkannte karitative Umverteilungsorganisationen Nahrungsmittel auf würdige und hygienische Art zukommen lassen?

In den letzten Jahren haben Regierungen und Konzerne endlich angefangen, dem Problem mehr Aufmerksamkeit zu schenken. Eine Handvoll Länder hat Forschungen und Kampagnen finanziert, um die Nahrungsverschwendung anzugehen, und die meisten der großen Supermärkte in Großbritannien haben damit begonnen, einen sehr kleinen Teil ihres Überschusses für wohltätige Zwecke zu spenden. Aber selbst heute halten Nahrungsmittelunternehmen ihre Abfallstatistiken vor dem Blick der Öffentlichkeit verschlossen. Abfall ist ihr schmutziges Geheimnis. Was eine gründliche Lösung des Problems angeht, so stehen wir gerade erst am Anfang.

Obwohl es nicht unmittelbar einsichtig erscheinen mag, sind es die Supermärkte, die einige der wirksamsten Systeme zur Nahrungsmittelbewirtschaftung und -verarbeitung in der gesamten Nahrungsmittelindustrie entwickelt haben. Es hat Verbesserungen gegeben, aber es ist noch ein weiter Weg zurückzulegen, bevor irgendeine große Kette irgendwo auf der Welt von sich behaupten kann, alles in ihrer Macht Stehende getan zu haben, um die eigene kolossale Verschwendung von Nahrungsmitteln einzudämmen. Diese riesigen Unternehmen, denen enorme menschliche, technische und finanzielle Ressourcen zur Verfügung stehen, können für eine intensive Beschäftigung mit dem Problem Personal und andere Einrichtungen abstellen – und sie fangen endlich an, es zu tun. Bevor nun irgendjemand mit einem Einkaufswagen fröhlich zum größten Supermarkt, den er finden kann, düst, weil er den Eindruck hat, dass dort im Verhältnis zum Umsatz weniger vergeudet wird als in anderen Läden, lohnt es sich anzumerken, dass die Supermärkte einen Großteil des Abfalls, den sie verursachen, unterschlagen, indem sie ihn auf der Versorgungskette weiter nach oben oder unten verschieben, wie ich später noch ausführlicher darlegen werde. Er landet am Ende vielleicht nicht in den Containern an den Rückseiten ihrer Filialen, aber trotzdem sind größtenteils sie verantwortlich für den von ihren Lieferanten und teilweise sogar von ihren Kunden produzierten Abfall.

Doch was den Abfall an der Ladenrückfront angeht, schneiden kleine Geschäfte und Ketten oft schlechter ab als die großen Supermärkte. Dr. Timothy Jones, Experte für Nahrungsabfälle in den USA, behauptet, dass die am besten geführten Supermarktketten in Nordamerika ihren Abfall auf weniger als ein Prozent der Nahrungsmittel, die in ihre Filialen kommen, »gedrückt« hätten. Kleine Lebensmittelläden, Mini-Verbrauchermärkte u. Ä. schneiden mit einer durchschnittlichen Abfallquote von 26 Prozent im Vergleich schlechter ab (Jones 2004a). Dies liegt teils daran, dass die Tages- und Zusatzeinkäufe, für welche die Leute solche kleinen Läden an der Ecke aufsuchen, naturgemäß weniger vorhersehbar sind als der regelmäßige wöchentliche Einkauf, der in den großen Supermärkten erledigt wird. Nicht-Supermarkt-Läden verkaufen zudem einen höheren Anteil an Obst und Gemüse der Handelsklasse B und an anderen Erzeugnissen, die sich dem Ende ihres Mindesthaltbarkeitsdatums nähern und deshalb leichter verderben können (Garnett 2006). Dass in diesen kleineren Läden mehr Abfall anfällt, hat seinen Grund aber auch darin, dass sie einfach nicht die Zeit und den Sachverstand haben, die erforderlich sind, um das Abfallaufkommen zu verringern, oder dass sie es versäumen, beides dafür zu opfern. Kleinere Läden beschäftigen oft Leute, die kaum über solide Fachkenntnisse verfügen, und obwohl sie in vieler Hinsicht vielleicht großartige Unternehmer sind, wissen sie einfach nicht so viel über Lebensmittelbestellung und Geschäftsführung wie die Supermarktriesen.

Dieses Phänomen wurde mir aus erster (oder besser zweiter)

Hand bewusst, als ich von 2002 an in Nordlondons wohlhabendem Viertel Primrose Hill aus Mülltonnen lebte. Dies war vielleicht der Höhepunkt meines Freeganismus. Die relativ kleinen Läden in dem Viertel richteten sich an eine zunehmend betuchte Kundschaft, und sie waren phänomenal schlecht, was die Lagerbewirtschaftung betraf. Allabendlich standen vor einem dieser kleineren Läden zwei oder drei Säcke voller exquisiter Gaumengenüsse auf der Straße – von reifem Stilton-Käse über schicke Gläser mit Aprikosen in Cognac bis zu abgepacktem Biogemüse und Fruchtjoghurts. Regelmäßig fand ich Nahrungsmittel im Wert von 100 oder 200 Pfund als Müll auf der Straße abgestellt – viel zu viel, um selbst von unserem Gemeinschaftshaushalt verbraucht zu werden. Einmal fanden meine Mitbewohner einen Sack mit fünfzig Bechern Bio-Eiscreme von Ben & Jerry's, Häägen Daz und Green & Blacks, direkt aus dem Gefrierschrank. Wir brauchten fast sechs Monate, um uns da durchzuarbeiten.

Auch Sahne gab es literweise, und statt meine Arterien zu verstopfen, indem ich sie komplett in Puddings und selbst gemachter Eiscreme aufbrauchte, verquirlte ich sie stets mit einem elektrischen Rührgerät zu großen Portionen goldener Butter. Das allein war schon eine Freude, und dabei entdeckte ich Buttermilch, ein köstliches Nebenprodukt des Buttermachens, die just in dem Moment, wo die Sahne zu Butter gerinnt, als milchiger Saft heraussickert und die Konsistenz von Milch, aber den Geschmack von Sahne hat. Ich brauchte einige Zeit, um herauszufinden, warum sie selten als eigenständiges Produkt vermarktet wird – weil findige Lebensmitteltechniker in den 1980er Jahren einen Weg fanden, sie zusammen mit Pflanzenölen zu Butterersatzprodukten zu verfestigen – ein ausgezeichneter Beleg dafür, wie Abfallvermeidung und industrielle Interessen oftmals Hand in Hand gehen.

Erschreckender als die Praxis gewöhnlicher Tante-Emma-Läden ist das Ausmaß der Verschwendung, für das Bioläden verantwortlich sind. An den verschiedenen Orten, an denen ich gewohnt habe – London, Edinburgh, Sussex –, produzierten Bioläden in der Tat stets erstaunliche Abfallmengen. Das ist paradox, wo doch die meisten ihrer Kunden fraglos glauben, sie würden sich in umweltverträgliche Unternehmen einkaufen. Während dies in Bezug auf die Herkunft der Nahrungsmittel ohne Zweifel stimmt, ist die Abfallwirtschaft dem Bewusstsein von Verbrauchern und folglich auch dem vieler Ladenbesitzer bislang entgangen. In den Abfallbehältern eines hiesigen Obst- und Gemüse-Bioladens in der Nähe meiner gegenwärtigen Wohnung fand ich früher Abfälle, die zehn Säcken mit landwirtschaftlichen Erzeugnissen entsprachen – sie beliefen sich auf etwa eine Fünfteltonne – und die jeweils an den Freitagabenden entsorgt wurden. Dies war verwirrend, da der Laden auf Waren von lokalen Erzeugern spezialisiert ist, die von dem Abfall wahrscheinlich als Futter für ihr Vieh oder wenigstens als Kompost profitieren würden. Und als ich anbot, den Überschuss abzuholen, um ihn an meine Schweine zu verfüttern, versicherten die Besitzer mir tatsächlich, dass soeben ein anderer Schweinezüchter an sie herangetreten sei, der vorhabe, ihren gesamten Abfall abzuholen, und dass man mich anrufen würde, sollte je noch zusätzlich etwas übrig sein. Ein paar Monate lang waren die Abfallbehälter nicht mehr ganz so voll, aber bald füllten sie sich abermals mit Tonnen genießbarer Nahrungsmittel. Es wirkte wie eine bedauerliche Bestätigung des Klischees von Bioladenbesitzern als Menschen mit großartigen Idealen, aber ohne Geschäftssinn. Obwohl Supermärkte Nahrungsmittel in sträflichen Mengen vergeuden, verlöre der Leiter eines Supermarktes seinen Job, würde in seiner Filiale auch nur annähernd der Anteil am Umsatz verschwendet, den manche dieser kleineren unabhängigen Läden erreichen.

Doch gelegentlich sind es kleinere Unternehmen – und vor allem die Inhaber von Ständen auf Bauernmärkten –, die am meisten darauf erpicht sind, den Abfall einzuschränken. Diejenigen, die am rationellsten zu Werke gehen, haben direkte Kontrolle über die Lagerung und können den wahrscheinlichen Absatz gut einschätzen. Sie können als Reaktion auf den schlechten Verkauf einzelner Artikel sofortige Preisnachlässe gewähren und stellen oftmals ausgeklügelte Berechnungen zur Lagerfähigkeit ihrer Erzeugnisse an. Außerdem haben sie häufig relativ kurze Versorgungsketten, womit sie Abfall in Zwischenstadien ausschließen. Am wichtigsten aber ist, dass sie nicht durch die strengen Schönheitskriterien gebunden sind, die Supermärkte den Erzeugnissen auferlegen.

Im Jahr 2004 wohnte ich ein paar Fahrradminuten vom Old Spitalfields Market entfernt im östlichen Londoner Stadtbezirk Tower Hamlets. Jeden Sonntag und Mittwoch warfen dort die Biobauern, die kamen, um ihr Obst und Gemüse zu verkaufen, alle überreifen, nicht makellosen oder überschüssigen Produkte in jede Menge Kisten in der Mitte des Marktes. Dieses El Dorado für Hamsterer lockte neben anderen auch Hausbesetzer und Freeganer aus der ganzen Umgebung an. Die Standinhaber tolerierten die Situation oder unterstützten sie aktiv. Alles, was wirklich nicht mehr genießbar war, wanderte in gesonderte Abfallbehälter, um im örtlichen Gemeindegarten kompostiert zu werden, wo Mütter aus Bangladesch Kürbisse und Grüngemüse für ihre Familien anbauten.

Da sie Bauern waren, wussten diese Standinhaber um den Wert der Nahrung, die sie anbauten, und wie wichtig es ist, organische Substanz wiederaufzubereiten, damit sie zurück in den Boden gelangt. Von ihnen Reste mitzunehmen war kein Protest; es war Teilnahme an einem Kreislauf maximaler Verwertung. Einige der Hamsterer zeigten ihre Dankbarkeit für die tätige Mithilfe der Bauern, indem sie sich erboten, Kisten zu tragen und Kleintransporter zu beladen, wenn der Markt schloss. Sie pflegten untereinander zu tauschen und das Obst und Gemüse aufzuteilen. Ich selber radelte am Ende jedes Sonntags mit ein paar Kisten voller Bioprodukte nach Hause. Was auf dem Markt weggeworfen wurde, waren größtenteils gute Nahrungsmittel, aber da sie reif waren, mussten sie schnell verbraucht werden.

Zu Hause sah ich das Obst und Gemüse durch und entschied, was sofort verarbeitet werden musste und was später in der Woche verzehrt werden konnte. Tomaten – roter und saftiger als die bleichen, wässrigen Exemplare in den Supermärkten – wurden kistenweise zusammen mit Kräutern zu Tomatensuppe geschlagen oder zu einem würzigen Relish eingekocht. Aus Pflaumen und Kirschen machte ich Marmelade und Chutney oder füllte sie in Einmachgläser. Mangold, Grünkohl und Kopfsalat setzte ich in Vasen mit

Wasser, damit sie frisch blieben. Bei Grüngemüse reichte das Eintauchen in eine Schüssel mit kaltem Wasser, um ihm seine Frische und Knackigkeit zurückzugeben, auch wenn es schon zu welken begonnen hatte.

Eine Kistenladung Bananen war ein regelmäßiger Hauptartikel – wie auf jedem Markt oder in jedem Supermarkt, die ich je gesehen habe. Bauern aus Afrika, Lateinamerika oder von den Westindischen Inseln hatten hart geschuftet, damit die Bananen über die Meere bis auf unsere Märkte gelangen konnten. Vor allem Supermärkte pflegten sie wegzuwerfen, wenn sie noch grün waren – entweder weil sie eine neue Lieferung erhielten und nicht genug Platz hatten, um sie alle zu lagern, oder weil einzelne Bananen oder Paare von größeren Büscheln abgepflückt worden waren. Supermärkte sehen es lieber, wenn Kunden große Büschel kaufen, deshalb wandern die übrigen ungeachtet ihres Zustands oft direkt in die Mülltonne. Um diesen ständigen Zustrom von Obst zu bewältigen, verarbeitete ich die Bananen zu Chutney, bis ich eine Variante des Fruchtshakes entdeckte, die bis heute mein Lieblingsfrühstück ist. Wenn die Bananen am süßesten sind und schon die ersten schwarzen Stellen durch das Gelb sichtbar werden, schäle ich sie, tüte sie ein und packe sie in den Gefrierschrank. Im Sommer verrühre ich dann morgens ein paar davon im Mixer mit einem reichlichen Schluck Milch zu dem sämigen Matsch, der die Konsistenz von Eiscreme hat. Man kann noch irgendwelche anderen Früchte, wie Erdbeeren, Himbeeren, Schwarze Johannisbeeren, Nektarinen oder Pfirsiche, zu den Bananen geben oder diese Früchte getrennt zerdrücken, um herrlich bunte, köstliche Desserts zu kreieren. »Reif für die Tonne« sind sie so köstlich wie jede im Laden erhältliche Frucht.

Einmal in einem Sommer bat eine Cousine meiner Frau uns, für ihre Hochzeit Mango-Lassi zu machen, und an einem Sonntag entdeckte ich in Spitalfields durch Zufall einen Stapel von fünfundzwanzig Kistenladungen der reifsten, großartigsten Mangos aus biologischem Anbau, die ich jemals in Großbritannien gesehen hatte. Vierundzwanzig Stunden länger gelagert, und sie wären verdorben gewesen, aber just an jenem Tag waren sie absolut perfekt.

Wir schälten und entsteinten sie alle, packten das Fruchtfleisch in Beutel und froren es ein. Kurz vor der Hochzeit verquirlten wir das Fruchtfleisch mit Milch und Joghurt und gaben zu jeder Portion einen Zweig Minze. Das Ergebnis war sensationell. Der Abend dieses Mango-Funds war auch der Abend, an dem ich meine Mutter zum Freeganismus bekehrte. Bis dahin hatte sie meinen Essgewohnheiten skeptisch gegenübergestanden, aber als sie während der großen Mangoverarbeitungsaktion vorbeikam, konnte selbst sie nicht widerstehen, ein paar Kisten mit nach Hause zu nehmen, um eine Ladung Chutney daraus zu machen.

Solche Rettungsbemühungen mögen von geringer Bedeutung für das Hauptproblem der Nahrungsverschwendung sein, aber durch das Mitwirken von vielen Menschen können diese Ideen Allgemeingut werden. Die von mir geschilderte Zusammenarbeit in Spitalfields ist selten in Großbritannien, aber im essensverrückten Frankreich sieht man häufig Horden von Herumstöberern, die sich am Ende eines Markttages versammeln und das weggeworfene Obst und Gemüse durchsehen. Als ich in Paris wohnte, ernährten meine Freunde und ich regelmäßig einen ausgedehnten Fünfzehn-Personen-Haushalt mit Kistenladungen von aus dem Abfall gerettetem Obst und Gemüse.

Es gibt bereits einige Bereiche, wo diese beiden Probleme – die Schwierigkeit, in den Läden verzehrfertiges Obst zu finden, und die Vergeudung reifer Erzeugnisse durch die Händler – zu unternehmensfreundlichen Lösungen verknüpft wurden. Eine Praxis, die nicht so verbreitet ist, wie sie sein sollte, wurde mir vom Besitzer eines griechischen Restaurants in Südlondon erläutert, der – weil er seit langem die Nase voll davon hatte, unreife Tomaten zu kaufen – mit dem örtlichen zypriotischen Lebensmittelgeschäft zusammenarbeitete und bei Ladenschluss dessen Warenbestand erhielt. Mit ein bisschen unorthodoxem Denken könnte dieses Modell kostengünstig genug sein, um es in größerem Maßstab zu wiederholen. Die Verwertung von Überschüssen aus dem Einzelhandel in der Gastronomie sollte aus ökonomischen, gastronomischen und ökologischen Gründen gefördert werden.

Aber die Verschwendung von lokal angebautem Obst und Gemüse ist nichts im Vergleich zur Verschwendung von wertvolleren und ressourcenintensiveren Produkten wie Fleisch und Fisch, die in der gesamten Nahrungsversorgungskette in unglaublichem Ausmaß stattfindet. Als ich mein letztes Buch schrieb, über die Geschichte des Vegetarismus, führte meine tägliche Pendelstrecke von der British Library mich an den Türen der K10-Sushi-Bar vorbei, welche die wohlhabenden Büroarbeiter der Londoner City versorgt. Ich hatte noch nie zuvor Sushi gegessen, und ich konnte sehen, wie die Angestellten am Ende des Tages die Regale leerten. Was ich fand, als ich die Müllsäcke öffnete, gehörte zu den abstoßendsten Fällen von Verschwendung, die mir je untergekommen sind.

Es waren nicht die mehreren Kilo Reis oder die pampige Masse Teriyaki-Hähnchen und Schweinefleischcurry, die ich, in Müllsäcke gekippt, vorfand, die mich am meisten empörten; und es waren auch nicht die Luxusbecher Schokoladenmousse, Tiramisu oder Obstsalat. Es waren die Schalen über Schalen mit ordentlich zubereitetem Garnelen-, Lachs-, Schwertfisch- und Thunfisch-Sushi oder -Sashimi, die an jedem einzelnen Tag der Woche im Müll entsorgt wurden. Ein leitender Vertreter der Kette erzählte mir in einem Interview, dass K10 nur an Freitagen Essen verschwende. Die Diskrepanz zwischen seiner Behauptung und den unleugbaren Vorgängen, deren Zeuge ich seit langem wurde, ist vielleicht gar nicht so überraschend: K10 meinte, wenn man Unternehmen auffordere, bekannt zu geben, wie viel sie verschwenden, »werden sie alle lügen«.

Unter Druck war K10 dann aber doch so ehrlich zu erklären, dass es sogar zur Firmenpolitik gehöre, absichtlich mehr Fisch zuzubereiten, als die Gäste wollen, und dass es im Unternehmen als Schwäche angesehen würde, wenn eine Filiale keinen Abfall produziere. K10 erklärte, dass, wenn einer Filiale irgendein Produkt ausgehe, dies bedeute, dass diese Filiale wahrscheinlich auch beim Umsatz ins Hintertreffen gerate. Der Endpreis jedes Postens liegt um das Zwei- oder Dreifache über dem Selbstkostenpreis. Es ist also besser, von jedem Produkt zwei zu vergeuden, als auch nur einem einzigen potenziellen Kunden nichts verkaufen zu können, weil das Produkt ausverkauft ist. Dies ist die fragwürdige Gleichung, mit der alle Lebensmitteleinzelhändler jonglieren. Die Größe der Gewinnspannen und die niedrigen Kosten der Entsorgung von Nahrungsabfällen beeinflussen die Abfallmenge, die Einzelhändler als »finanziell tragbares« Nebenprodukt ihrer Marketingstrategien erzeugen.

Außerdem, so K10, »schrecken leere Regale Kunden ab«. Wenn die Bestände gering sind, gewinnen sie den Eindruck, dass sie den Rest bekommen, den sonst niemand haben will. Zudem gewährt K10 am Ende des Tages keine Preisnachlässe, weil man glaubt, dass Kunden dann so lange warten werden, statt vorher den vollen Preis zu bezahlen. Ebenso weigert man sich, Angestellte Überschuss mit nach Hause nehmen zu lassen, weil man nicht darauf vertrauen könne, dass die Köche mit diesem Gedanken im Hinterkopf nicht absichtlich zu viel produzieren würden.

Dabei verfügt K10 durchaus über eine Strategie, die, würde sie angewendet, der Notwendigkeit dieser Verschwendung vorbeugen würde. Wenn der Filiale gegen Ende des Tages zufällig ein Produkt ausgeht, soll das Personal, so K10, statt sich mit einem leeren Regal zu begnügen, den Platz mit Fotografien der Produkte ausfüllen und Kunden informieren, dass ein Gericht auf Bestellung innerhalb von fünf bis zehn Minuten frisch gemacht werden könne. Jeder ganze Fisch, der am Ende des Tages nicht verarbeitet worden ist, kann am folgenden Tag zubereitet werden. Dies bedeutet, dass die Zubereitung von Sushi auf Bestellung Schluss macht mit der Verschwendung. Hätte K10 Zutrauen in das System, könnte die Kette sich vornehmen, fertig zubereitetes Sushi vor Ladenschluss auszuverkaufen und dann während der letzten guten Stunde den Rest der Produkte auf Bestellung fertigzumachen – statt absichtlich Schalen mit Fisch zu füllen, den wahrscheinlich niemand mehr kaufen wird. Aber wie die meisten anderen Läden vermittelt K10 lieber den Anschein, dass Nahrungsmittel und sämtliche Ressourcen, die in ihre Herstellung einfließen, grenzenlos verfügbar und entbehrlich sind.

K10 behauptet, dass jede Filiale täglich Buch führe über jeden Artikel, den die Angestellten in die Mülltonne werfen, aber wie die meisten Unternehmen wollte auch K10 diese Zahlen nicht offenlegen, mit der Begründung, dass Konkurrenten die Information zu ihrem Vorteil nutzen könnten. Ebenso wenig wollte man die Herkunft und Haltbarkeit des verarbeiteten Fischs preisgeben, und behauptete, nicht zu wissen, woher die verarbeiteten Garnelen kämen, ja nicht einmal, ob sie gezüchtet oder wild gefangen worden waren. Um die Verschwendung bei K10 zu beurteilen, werden Sie deshalb mit meiner Schätzung vorliebnehmen müssen: Ich habe einmal ausgerechnet, dass der Einzelhandelswert der fünfundneunzig Artikel, die ich an einem einzigen Abend in den Abfallbehältern der Kette vorfand, 474,05 Pfund (knapp 570 Euro) betrug.

K10 stellt leider keine Ausnahme dar; vielmehr ist die Kette repräsentativ dafür, wie Nahrungsmittel von Unternehmen zu Zahlen in einer Kosten-Nutzen-Analyse verkürzt werden und alle anderen Erwägungen sich verflüchtigen. Aber die monetären Kosten sind ein unbedeutendes Problem im Vergleich zu den Kosten für den Planeten. Es ist alles andere als sicher, dass der Thunfisch, insbesondere der Blauflossen-Thunfisch, der weltweit boomenden heftigen Nachfrage standhalten kann, da er etwa vierfach überfischt wird und ein unwiderruflicher Zusammenbruch seines Bestandes heute vielleicht unvermeidlich ist. So werden gegenwärtig statt der von Wissenschaftlern empfohlenen Quote von 15 000 Tonnen jährlich 50 000–60 000 Tonnen legal und illegal gefischt. Selbst im Falle eines sofortigen Fangverbots würden die Bestände an Blauflossen-Thunfisch im Nordostatlantik und im Mittelmeer wahrscheinlich zusammenbrechen (The Economist 2008a). Auch der Schwertfisch wird nicht nachhaltig gefischt – die Bestände im Nordatlantik haben sich vor zwanzig Jahren halbiert. Er steht auf der Roten Liste gefährdeter Arten der Weltnaturschutzunion UICN (International Union for Conservation of Nature and Natural Resources), und Köche in den USA boykottieren ihn seit den späten 1990er Jahren sporadisch. Der Fang und die Zucht von Garnelen gehören zu den Arten der Nahrungsmittelproduktion, die am wenigsten nachhaltig sind. Wenn für Lagunen zur Garnelenaufzucht Platz geschaffen werden soll, besteht der erste Schritt normalerweise in der Zerstörung der küstennahen Mangrovensümpfe, die lebensnotwendige Streckteiche für wilde Fischbestände sind und als natürliche Küstenschutzsysteme dienen, wie die Südostasiaten bei dem Tsunami des Jahres 2004 mit entsetzlichen Folgen erfuhren. Die globale Krabbenzuchtindustrie hat bereits 30 Prozent der Mangroven auf der Welt zerstört und dabei außerdem gewaltige Mengen an Treibhausgasen, vor allem Methan, freigesetzt. Dann werden wilde Fischbestände, auf welche die Einheimischen als Nahrungsquelle angewiesen sind, gefangen, um die Garnelen zu füttern. Man braucht mindestens zwei Kilogramm wilden Fisch, um ein Kilogramm Garnelen zu erzeugen (Trivedi 2008). Um ihre ohnehin schon gewaltige CO_2-Bilanz noch zu verschlimmern, werden die Garnelen anschließend aus den armen Teilen der Welt ausgeflogen, um die Gaumen der Wohlhabenden zufriedenzustellen. Wenn es nur um die Gaumenfreude ginge, aber Meersfrüchte-Händler auf der ganzen Welt kippen einen Teil ihrer Ware gleich in die Mülltonne – als ob der bei ihrer Produktion entstandene ökologische und soziale Schaden gar nichts zählte.

Ich fordere jeden, der gern Fisch isst – und vor allem jene, die möchten, dass die nächste Generation ihn ebenfalls genießen kann –, auf, den Geschäftsführer des Ladens vor Ort zu fragen, was am Ende des Tages mit dem Überschuss geschehe und ob man nicht überlegen könne, von jedem dieser kostbaren Tiere einfach ein bisschen weniger einzukaufen, sodass alles, was man beschafft, auch tatsächlich verkauft wird, statt auf der Müllkippe zu landen. Es ist an uns als Kunden, Konzerne und lokale Geschäfte gleichermaßen davon zu überzeugen, dass wir um – buchstäblich – kurz vor zwölf lieber spärlich gefüllte Läden und leere Mülltonnen sähen als Regale, die sich unter Nahrungsmitteln biegen, die anschließend weggeworfen werden. In Frankreich, wo auch dieses Element der Esskultur anders ist, kaufen Kunden bei besonderen Bäcker- und Metzgermeistern in ihrem Viertel, wobei sie früh am Tag kommen, bevor das *Pain de campagne* oder die Hauspastete ausverkauft ist.

Eines Abends stellte ich an den Abfallbehältern von K10 zu meiner Bestürzung fest, dass Angestellte die Sushi-Schalen öffneten, bevor sie sie in die Müllsäcke warfen, offenbar weil sie das Essen verderben und jeden davon abhalten wollten, es sich wieder herauszuholen. Ich erkundigte mich bei den Angestellten, was es damit auf sich habe. Man sagte mir, sie seien angewiesen worden, die kleinen Flaschen mit Sojasauce in jeder Schale einzusammeln. Ich habe keine Ahnung, ob sie die Wahrheit sagten, aber es wirft auf jeden Fall einen Schatten auf die Behauptung von K10, man könne aus Gründen der Lebensmittelsicherheit Überschuss nicht verschenken. Diese Flaschen befinden sich den ganzen Tag zusammen mit rohem Fisch in Packungen, wenn sie also am nächsten Tag wieder verwendet werden ... Die Vorstellung von den sich vermehrenden Bakterien überlasse ich Ihrer Fantasie.

Während gutmütige Mitarbeiter in manchen Imbissläden Essen in Tüten eingepackt dalassen, weil sie offensichtlich wissen, dass Leute (oft schlecht bezahlte Reinigungskräfte) kommen und es mitnehmen werden, wird es in den Haupteinkaufsstraßen zur perversen Gewohnheit, Nahrungsmittel absichtlich ungenießbar zu machen, bevor man sie entsorgt. In dem Filialgeschäft Eat in der Londoner Innenstadt können Angehörige gehobener Berufe in der Mittagspause aus einem Sortiment verzehrfertig verpackter Sandwiches, Suppen, Pasteten, Nudeln, Geflügelsalate, Müsli-Joghurts und sahniger Desserts wählen. Bis vor kurzem gab es zwischen dem Ladenschluss der Filiale um ca. 17.30 Uhr und der Müllabfuhr gegen 18 Uhr eine halbstündige Gelegenheit, von der eine Handvoll Obdachloser in der City wusste. Während dieser Zeit konnte jeder Penner an der Filiale vorbeigehen und sich rasch überlegen, welche der zehn bis zwanzig auf der Straße zurückgelassenen grünen Müllsäcke voller reicher Gaben waren, den Knoten lösen und sich eine relativ nahrhafte Abendmahlzeit nehmen.

Doch ein oder zwei dieser Imbissläden fingen zu verschiedenen Zeiten während der letzten fünf Jahre damit an, jede Sandwich- und Salatpackung zu öffnen und den Inhalt in einen dreckigen Mischmasch zu kippen, bevor die Säcke raus auf die Straße gestellt wurden. Dies allein wäre schon betrüblich genug, wenn es eine wirkungsvolle Methode wäre, Obdachlose daran zu hindern, sich ihre Mahlzeiten aus Mülltonnen zu besorgen. Aber im Gegenteil, ich sehe noch immer, wie Leute, die ohne Frage dringend etwas zu essen brauchen, Sandwiches aus dem widerlichen Haufen fischen und sie verzehren. Alles, was die Angestellten erreichen, ist eine drastische Erhöhung der Chancen, dass diese anfälligen Menschen sich eine Lebensmittelvergiftung holen. Als ich das letzte Mal im August 2008 einige Eat-Filialen in der Londoner Innenstadt inspizierte, stellte ich enttäuscht fest, dass inzwischen jede einzelne von ihnen ihr überschüssiges Essen versaute. Ich plauderte mit einigen der Obdachlosen, von denen ich wusste, dass sie früher auf die Sandwiches von Eat angewiesen gewesen waren. Sie zeigten, was sie hatten retten können, und versuchten mir meinen wiederholten Weigerungen zum Trotz alles zu geben, was ich selbst haben wollte.

Ein Eat-Zweigstellenleiter, mit dem ich darüber sprach, bestritt, dass weiterhin Essen auf die Straße gestellt würde, was zehn Tage zuvor eindeutig anders gewesen war. Tatsächlich verschenken ein paar Eat-Läden jetzt ein bisschen Essen – aber während ich dieses Buch schreibe, vergeudet die Kette nach wie vor den größten Teil ihres Überschusses. Ich habe versucht, mich bei Filialleitern nach der Firmenpolitik hinter dieser Entscheidung zu erkundigen, aber außer dass sie behaupten, die Anweisung käme von der Zentrale, ist keiner von ihnen bereit, die Entscheidung, Nahrungsmittel ungenießbar zu machen, näher zu erläutern. Auf wiederholte telefonische Anfragen und auf Briefe an Kundendienste und die Eat-Zentrale erhielt ich keine Antwort.

Warum also tut Eat so etwas? Wenn ein Sandwichladen, sagen wir, einhundert Sandwiches und Salate zu viel lagert und der Geschäftsführer weiß, dass Leute den Abfall nach diesem Überschuss durchwühlen, glaubt er vielleicht, dass sein Laden beim Umsatz den Kürzeren ziehen wird. Doch in den letzten fünfzehn Jahren bin ich niemals einem Mülltonnen-Stöberer (außer mir selbst), begegnet, der zu der wahrscheinlichen demographischen Gruppe des Kundenstamms der Imbisskette gepasst hätte. In Islington begegnete ich früher oft einer alten Frau, deren Brille von Klebeband zusammengehalten wurde, die Essbares von den Ständen auf dem Chapel Market einsammelte. Sie pflegte die Worte Jesu nach der

Speisung der Fünftausend aus dem Johannesevangelium zu zitieren. Ihr ist das Motto dieses Kapitels zu verdanken: »Als sie aber satt waren, sprach er zu seinen Jüngern: Sammelt die übrigen Brocken, damit nichts umkommt.« In ganz London, vom Borough Market bis nach Primrose Hill, bin ich mehreren alten Frauen und Männern wie ihr begegnet, die Essbares sammelten, weil ihre mageren Renten zum Kauf weiterer Nahrungsmittel nicht ausreichten; ich traf Obdachlose, die überhaupt kein Geld hatten, oder Einwanderer, die für weniger als das Existenzminimum arbeiteten. Keiner dieser Menschen ist potenzieller Kunde bei Eat.

Möglicherweise fürchten Filialleiter aber auch, dass irgendein gewiefter Geschäftemacher die ganze Fuhre Säcke mit den überschüssigen Nahrungsmitteln von der Straße aufliest und mit einem hübschen Gewinn weiterverkauft. Soweit ich weiß, ist Eat niemals das Opfer eines solchen Betrugs geworden. Würde das Siegel auf den Verpackungen lediglich aufgebrochen, ohne den Inhalt auszukippen, oder würde der Inhalt einfach nur mit harmlosem Farbstoff besprüht, wäre eine solche Tat sowieso äußerst unwahrscheinlich, während eine derartige Maßnahme aber die Gesundheit der Hungrigen nicht gefährden würde.

Der einzige andere Beweggrund, der mir – abgesehen von schierer Boshaftigkeit – einfällt, ist schwerer von der Hand zu weisen. Es ist eine traurige Wahrheit, dass eine kleine Minderheit von besonders verzweifelten Hamsterern entweder zu wenig bei Verstand oder zu frustriert ist, als dass es sie kümmerte, wenn sie Löcher in Müllsäcke reißen und den Inhalt auf dem Boden verstreuen. Das Ergebnis kann ein unansehnliches Durcheinander sein, es macht den Müllmännern das Leben schwer und lockt Ungeziefer an. Es stellt sich die Frage, ob Lebensmittelgeschäfte gesetzlich verpflichtet sind, dieser Art des Stöberns und Wühlens vorzubeugen. Im Vereinigten Königreich legt der »Verhaltenskodex zur Abfallentsorgung« des Umweltschutzgesetzes von 1990 lediglich fest, dass alle Abfallbesitzer »Schritte unternehmen müssen, Abfall durch sichere Verwahrung dem Zugriff von Rowdys, Dieben, Kindern, Unbefugten oder Tieren zu entziehen«. Was der Verhaltenskodex jedoch im Falle der Verwendung von Müllsäcken von den Abfallbesitzern verlangt, ist, dass die Säcke zugebunden sein müssen, wenn sie zur Abholung auf die Straße gestellt werden: »Abfall, der zur Abholung außerhalb von Gebäuden gelassen wird, sollte sich in Behältern befinden, die stark und sicher genug sind, nicht nur Wind und Regen zu widerstehen, sondern auch der Belästigung durch Tiere. Dies gilt besonders für Nahrungsabfälle. Deshalb müssen alle Behälter, die zur Leerung draußen gelassen werden, gesichert oder verschlossen sein, zum Beispiel Tonnen mit Deckeln, Säcke zugebunden, Container abgedeckt. Um die Risiken zu minimieren, sollte der Abfall zur Abholung nicht länger draußen gelassen werden als nötig. Abfall zur Abholung sollte erst zu den angekündigten Abholzeiten oder kurz davor rausgestellt werden.« Alle fraglichen Filialen befolgen zwar diese Vorschrift. Dennoch ist es die eigene Strategie der Läden, ihre Nahrungsabfälle vor dem Wegwerfen auszupacken, die Hunde und Ratten anlockt.

Ich habe sehr selten erlebt, dass Abfallsammler den Inhalt von Mülltonnen in der oben geschilderten Weise auf dem Gehsteig verstreuten, aber im Umkreis der Rückfronten von Supermärkten habe ich es gelegentlich beobachtet. Als ich beispielsweise in Camberwell in Südlondon wohnte, suchte ich häufig die Container des Einzelhandelsriesen Safeway auf, und dort stieß ich manchmal auf einen Mann, der sehr wenig Englisch sprach. Er ging systematisch vor beim Durchstöbern – er stand auf einem Getränkekasten, um tiefer in den Abfallbehälter hineinlangen zu können, und warf alles, was er nicht wollte, über seine Schulter in die Ladezone. Ich versuchte ihn davon zu überzeugen, dass, wenn er so weitermachte, der Supermarkt anfangen würde, die Müllcontainer zu verschließen, wie viele andere Geschäfte es bereits taten. Und tatsächlich war dieser Supermarkt es dann auch offensichtlich so leid, hinter diesem Mann herzuräumen, dass er Hunderte von Britischen Pfund in einen zweieinhalb Meter hohen Käfig mit Vorhängeschloss investierte, um die vier Rollcontainer wegzuschließen. Das Abschließen von Containern ist im Laufe der Jahre bedauerlicherweise zur gängigen Praxis von Supermärkten geworden, besonders in großen Städten, und zwar unabhängig davon, ob die Läden das Ziel gedankenloser Schmutzfinken wurden oder nicht. Statt den Überschuss neu zu verteilen, schließt man ihn weg, um jeden daran zu hindern, ihn zu verzehren.

Wenn Einzelhändler nicht so viele gute Nahrungsmittel wegwerfen würden, dann würden sie auch nicht von Abfallsammlern belästigt. Wenn Imbissläden entweder zu große Bestände wirksam vermeiden oder versuchen würden, ihr überschüssiges Essen Wohltätigkeitsorganisationen zu spenden, dann würden sie das Problem der Verschwendung und der Abfallsammler beseitigen und den Hunger der Armen lindern.

2. SUPERMÄRKTE

The monkey speaks his mind: ...
»That man descended from our noble race –
The very idea is a big disgrace.
... you will never see –
A monkey build a fence around a coconut tree,
And let all the coconuts go waste
Forbidding all other monkeys to come and taste.
Why, if I put a fence around this tree
Starvation will force you to steal from me.«

DAVID BARTHOLOMEW UND PEARL KING, *THE MONKEY* (1957)

IM JAHR 1997 SCHÄTZTE DIE US-REGIERUNG, dass Einzelhändler jedes Jahr ungefähr 2,5 Millionen Tonnen Nahrungsmittel oder knapp zwei Prozent des gesamten landesweiten Nahrungsangebots verschwendeten (Kantor u. a. 1997). In Japan lautet die offizielle Zahl 2,6 Millionen Tonnen (MAFF [Japan] 2007). Im Vereinigten Königreich lassen die von dem staatlich finanzierten gemeinnützigen »Aktionsprogramm Abfall & Ressourcen« (WRAP; Waste & Resources Action Programme) und der staatlichen Umweltbehörde erhältlichen Daten den Schluss zu, dass britische Einzelhändler im Verhältnis dreimal verschwenderischer sind als ihre amerikanischen Kollegen (die selber um einiges besser sein könnten). Obwohl andere Schätzungen der Nahrungsabfälle, die auf das Konto der Einzelhändler im Vereinigten Königreich gehen, viel niedriger ausfallen und es schwierig ist, Zahlen aus unterschiedlichen Studien miteinander zu vergleichen, wurde die offenkundige Verschwendungssucht der britischen Einzelhändler von Forschern überprüft, die auf diesem Gebiet tätig sind. Unternehmenseigene Angaben gibt es nur von Marks & Spencer. Danach bleiben vier Prozent der Nahrungsmittel in den Regalen der Niederlassungen unverkauft, wovon ein Teil dann allerdings an die eigenen Angestellten verschenkt oder verkauft wird.

Die Diskrepanz ist der allgemeinen Unfähigkeit und schlampigen Geschäftsführung britischer Supermärkte zuzuschreiben, ihrer historischen Verantwortungslosigkeit gegenüber Umwelt und Gesellschaft, ihrer zögerlichen Übernahme von Techniken zur Rentabilitätssteigerung, ihrer beharrlichen Weigerung, Überschüsse zu verschenken (im Gegensatz zu den USA, wo diese Praxis allgemein üblich ist), und dem vergeblichen Versuch der britischen Regierung, ausreichend starke Anreize zu liefern, um einen Wandel herbeizuführen. Laut WRAP produzieren die neun größten Einzelhandelsketten im Vereinigten Königreich jedes Jahr 1,6 Millionen Tonnen Nahrungsabfälle.

So gewaltig diese Zahl auch ist, gibt es innerhalb von WRAP einzelne Stimmen, die meinen, dass sie sogar noch zu niedrig sein könnte, weil sie durch Ableitung aus Abfallstatistiken errechnet worden sei, die von einigen der wirtschaftlichsten Firmen der gesamten Branche zur Verfügung gestellt wurden, und folglich sehr viel verschwenderischere Unternehmen nicht berücksichtige. Befunde in den USA deuten darauf hin, dass die am meisten verschwenderischen Einzelhändler möglicherweise proportional 35-mal mehr Nahrungsmittel wegwerfen als die wirtschaftlichsten Unternehmen (Jones 2004a). Schlimmer noch, die WRAP-Zahlen basierten auf Daten, die von den Einzelhändlern selbst freiwillig vorgelegt wurden. Diese Daten waren im Allgemeinen nicht detailliert genug und nicht vergleichbar – da manche Supermärkte nur Informationen über ihre Nahrungsabfälle hinter dem Laden zur Verfügung stellten, während andere auch die Nahrungsabfälle im Vertrieb einschlossen. Alle taten es unter der Bedingung strikter Geheimhaltung, sodass der Öffentlichkeit die Wahrheit verborgen bleibt.

Andere Schätzungen der Nahrungsabfälle im Einzelhandel sind jedoch deutlich niedriger als die von WRAP herausgegebene. Einigen Studien zufolge produzieren Einzelhändler möglicherweise nur 455 000 Tonnen Nahrungsabfälle jährlich, und der Marktführer bei der Abfallentsorgung, die Firma Biffa, schätzt, dass Einzelhändler 500 000 Tonnen Nahrungsmittel im Jahr verschwenden (Evolve 2007). Diese Diskrepanz könnte teilweise auf die unterschiedlichen Definitionen dessen, was unter den Begriff »Einzelhändler« fällt, zurückzuführen sein (ob dieser Terminus beispielsweise kleine Lebensmittelläden, die Fertiggerichte anbieten, einschließt oder nicht). Der andere Hauptgrund für die Diskrepanz dürfte die variable Definition von »Nahrungsmittel« sein.

Es ist schwierig, nicht misstrauisch gegenüber der Richtigkeit der verfügbaren Informationen zu sein. Wie der Hauptgeschäftsführer einer Firma des Lebensmitteleinzelhandels mir im Jahr 2008 in einem Telefonat versicherte, seien »auf selbst gemeldeten Daten beruhende Zahlen nicht so aussagekräftig, weil Einzelhändler ihre Abfallmenge immer herunterspielen werden. Supermarktketten verbergen ihre Gewinne. Abfall zu verbergen ist noch einfacher. Jeder Filialleiter tut es unweigerlich, um seine ökologische Glaubwürdigkeit zu verbessern und Fehler zu kaschieren.«

Die verfügbaren Daten über Nahrungsmittelunternehmen stehen in krassem Gegensatz zu den Informationen, die Regierungen über die Verschwendungssucht der breiten Öffentlichkeit zusammengetragen haben. Forscher stellten fest, dass Haus- und Wohnungsinhaber auf die Frage, wie viele Nahrungsmittel sie verschwenden, stets eine zu geringe, manchmal um das Dreißigfache zu niedrige Schätzung abgeben (Jones 2004b). Selbsteinschätzungen gelten daher als vollkommen unzuverlässig, und die einzige Möglichkeit der Überprüfung besteht darin, tatsächlich einen Blick in die Abfallbehälter zu werfen. Die Mülltonnen der britischen und amerikanischen Bevölkerung wurden mit forensischer Präzision durchsucht, um bis zur letzten Brotrinde und zum letzten halb gegessenen Apfel genau zu ermitteln, was weggeworfen wurde.

Doch wenn es um den Abfall der größten und gewieftesten Unternehmen geht, müssen alle sich auf das verlassen, was die Supermärkte zu veröffentlichen belieben; es existiert kein offizieller Mechanismus zur Überprüfung ihrer Daten. Sie dürfen die wertvollen Nahrungsvorräte der Welt vergraben, ohne in irgendeiner Form Rechenschaft über ihre Aktivitäten abzulegen, trotz der Tatsache, dass es logistisch sehr viel einfacher wäre, Stichproben in Supermarkt-Containern vorzunehmen, als Tausende dreckiger Mülleimer von Haushalten zu durchwühlen. Es hat zahlreiche Versuche gegeben, sich ein Bild davon zu machen, was die Nahrungsmittelindustrie wegwirft. Aber soweit ich weiß, hat es in Großbritannien nur eine einzige Studie gegeben, bei der Forscher tatsächlich die Nahrungsmittel untersuchten, die ein Supermarkt wegwarf – und auch das nur in einem einzigen Geschäft über einen Zeitraum von zwei Wochen hinweg. Eric Evans, Direktor der Firma BioRecycle und Autor des Berichts, weist darauf hin, dass die Supermärkte nicht wollen, dass die Leute erfahren, wie viele Nahrungsmittel sie verschwenden: »Stellen Sie sich nur die Schlagzeilen in der Daily Mail vor – ein Großteil der Nahrungsmittel wird verschwendet, und ein Großteil davon ist noch essbar.« Er stimmt zu, dass alle verfügbaren Daten auf vollkommen unzuverlässigen Selbsteinschätzungen beruhen, und betont nachdrücklich, dass man sich, wenn man die Antworten wissen wolle, »die Hände schmutzig machen muss«.

Die Ausrede der Supermärkte, warum sie mit den Fakten hinter dem Berg halten, lautet, dass das Abfallaufkommen »geschäftlich vertraulich« sei. Sie behaupten, dass Konkurrenten sich einen Wettbewerbsvorteil verschaffen könnten, wenn sie wüssten, wie viel andere verschwenden, weil sie sich dann Möglichkeiten überlegen würden, ihr eigenes System effizienter zu gestalten. Wenn überhaupt, dann wäre dies ein zusätzlicher Grund, warum Regierungen die Veröffentlichung von Abfalldaten gesetzlich vorschreiben sollten – weil der Wettlauf um die Erhöhung der Wirtschaftlichkeit damit beschleunigt würde.

Auf den ersten Blick scheint es ein Rätsel zu sein, warum so viele Geschäfte mehr bestellen, als sie verkaufen können, und den Überschuss am Ende wegwerfen müssen. Wird unnötig viel verschwendet, beeinträchtigt dies die Gewinnspannen, sodass es eigentlich im ureigenen Interesse des Unternehmens liegt, Verschwendung zu vermeiden. Die wahren Gründe, warum es trotzdem geschieht, lassen sich in verschiedene Stränge ökonomischer Logik aufdröseln, ähnlich jenen, die der Sushi-Betrieb im vorherigen Kapitel offenbarte, nur in größerem Maßstab. Erstens glauben Supermärkte, aus Angst, unzufriedene Kundschaft zu verlieren, sie müssten sicherstellen, dass die Lieblingsprodukte ihrer Kunden jederzeit vorrätig sind. Wie ein Filialleiter der Supermarktkette Asda in einem Interview erklärte, heißt dies gewöhnlich, dass Supermärkte »stets eher mehr als weniger Vorrat anlegen werden«, auch wenn es bedeutet, am Ende mit vergeudeten Nahrungsmitteln dazustehen.

Aber abgesehen von diesem Anspruch, die Nachfrage zu befriedigen, werden Supermärkte stets absichtlich zu viel lagern, weil sie glauben, dass die Käufer gern volle Regale sehen. Volle Regale vermitteln den Eindruck unendlicher Fülle – eine Illusion, die für die Auswahlerwartungen in der heutigen Konsumkultur noch immer von entscheidender Bedeutung ist. Selbst wenn Supermärkte wissen, dass sie von bestimmten Produkten zu große Bestände haben, glauben sie, dass die daraus resultierenden Verluste wettgemacht werden, weil das Überangebot Kunden in ihre Filiale locke. Umgekehrt fürchten Geschäftsführer, dass Kunden angesichts leerer Regale auf dem Absatz kehrtmachen und einen anderen Laden aufsuchen könnten, in dem die Illusion überreichlicher Auswahl knalliger aufrechterhalten wird. Diese Annahme ist laut Branchenvertretern inzwischen weit verbreitet, trotz gegenteiliger Hinweise darauf, dass Verbraucher gern leere Regale sehen, weil sie in ihren Augen dafür bürgen, dass die Nahrungsmittel, die sie kaufen, nicht zu lange herumgelegen haben.

Der zweite Faktor ist, dass von Einzelhändlern erzielte Gewinnspannen ergeben, dass zu große Warenbestände dennoch profitabel sein können. Wenn beispielsweise der Verkaufspreis eines Sandwichs das Zweifache des Selbstkostenpreises beträgt, ist es auf jeden Fall profitabler, sich überreichlich einzudecken, als durch zu geringe Bestände Umsatzeinbußen hinzunehmen. Die Kosten für die Entsorgung des Überschusses müssen von den möglichen Verkaufserlösen abgezogen werden, aber da es weniger als einen Penny kostet, ein Sandwich von 200 g Gewicht wegzuwerfen, während der Erlös aus einem Verkauf bis zu hundertmal so groß sein kann, hat dies nur selten maßgebliche Auswirkung auf die Rentabilität zu großer Warenbestände.

Abgesehen von diesen Strategien werden vielfach einfach deshalb zu große Warenbestände angelegt, weil die für die Lebensmittelbestellungen Verantwortlichen die Absatzerwartung schlecht schätzen – und zwar Tag für Tag. Wegen der Schwankungen bei den Inhalten der Container verschiedener Supermarktfilialen war dies für mich seit langem offenkundig. Als ich in London wohnte, fand ich jedes Mal, wenn ich an der Filiale von Sainsbury's im Westlondoner Stadtteil Knightsbridge vorbeiradelte, in den Abfallbehältern auf der Straße mindestens zwei Säcke mit Backwaren – Dutzende von Hörnchen und Schokocroissants, Donuts und Brötchen. Wer ist bei Sainsbury's in Knightsbridge für die Bäckereibestellungen zuständig? Ein anderer Supermarkt hat bestimmt ein Problem mit seiner Obst- und Gemüseabteilung oder mit seinen gekühlten Fertiggerichten, was sich regelmäßig darin widerspiegelt, dass diese Nahrungsmittel unverhältnismäßig häufig in den Abfallbehältern der Filiale vertreten sind. Ich bin nicht der Einzige, der Müllkontrollen durchführt, um sich ein Bild davon zu machen, wie rentabel ein Laden betrieben wird. Bekanntlich testen viele Supermarkt-Bosse die Kompetenz der Geschäftsführer, indem sie gelegentlich an der Rückfront der Filiale herumstöbern.

Nicht nur aufgrund von Lagerüberbestand, sondern auch wegen beschädigter Verpackungen werden viele Nahrungsmittel weggeworfen. Oft besteht diese Beschädigung aus einem kleinen Riss oder unbedeutenden Fleck auf der äußeren Verpackung, der keine negativen Auswirkungen auf die Nahrungsmittel hat. Aber die Supermärkte werfen sie trotzdem lieber weg. Außerdem wird, wenn ein einziger Artikel aus einem größeren Pack nicht mehr tadellos ist, meist die ganze Packung weggeschmissen. Ich finde regelmäßig Packungen mit frischen Äpfeln, Gemüse und ganze Kisten voller Eierkartons (die über einhundert Eier enthalten), die aus solch unerheblichen Gründen vergeudet wurden.

Wenn einem diese Dinge am Herzen liegen und man Druck auf Supermärkte ausüben möchte, etwas dagegen zu unternehmen, so wird eine Beurteilung ihrer Verstrickung in den Prozess der Verschwendung durch die Tatsache erschwert, dass sie die relevanten Zahlen nicht offenlegen. Diese mangelnde Transparenz macht es für alle außerhalb des Einzelhandels einschließlich der breiten

Öffentlichkeit schwierig herauszufinden, ob diese Unternehmen irgendeiner ihrer öffentlichen Verpflichtungen zur Abfallreduzierung nachkommen. Eine von der britischen Regierung eingesetzte Gruppe von Branchenrepräsentanten und anderen Interessenvertretern, die sogenannte »Champions' Group on Waste«, hat sich selbst folgende Empfehlung gegeben: »Die großen Einzelhändler sollten untersuchen, ob es möglich ist, einen freiwilligen Rahmen zur Erfassung des Abfallaufkommens von Filialen zu entwickeln und zu vereinbaren, mit der Absicht, diesen Rahmen zu nutzen, um Möglichkeiten der Abfallreduzierung zu ermitteln.« Aber es werden keinerlei Schritte unternommen, dies in die Tat umzusetzen, weil die Supermärkte es vorziehen, die Informationen geheim zu halten (Defra 2007a). Will man einschätzen, wie viele Nahrungsmittel jeder Supermarkt tatsächlich vergeudet, ist man einstweilen auf bestimmte Ableitungen und Annahmen angewiesen. Man sollte allerdings betonen, dass eine solche Analyse aufgrund mangelnder verlässlicher Daten grundsätzlich immer auf schwachen Füßen steht.

Eine rühmliche Ausnahme macht die Co-op-Kette, wenn sie in ihrem Nachhaltigkeitsbericht für 2007/08 freimütig vermeldet, dass ihre Filialen in diesem Jahr 10 100 Tonnen Nahrungsmittel weggeworfen hätten. Keiner ihrer Konkurrenten veröffentlicht eine derart klare Stellungnahme. Doch die Co-op-Zahl wurde nicht von unabhängiger Seite überprüft. Außerdem wird nicht klar gesagt, ob sie Abfälle weiter oben in der Versorgungskette einschließt. Es ist die einzige Zahl, die verfügbar ist, aber sie ist möglicherweise nicht vergleichbar mit Statistiken, die es für andere Supermärkte gibt. Co-op lehnte ein Interview zu diesem Thema ab, und deshalb sind keine weiteren Einzelheiten bekannt.

Marks & Spencer veröffentlicht keine Zahlen, aber in einem Interview im November 2008 äußerte der Vertreter des Unternehmens, Rowland Hill, eine sehr grobe Schätzung, wonach der Einzelhandelsriese pro Jahr 20 000 Tonnen Nahrungsmittel wegwirft. Er schätzte auch, dass etwa vier Prozent der auf Regalen präsentierten Nahrungsmittel am Ende nicht verkauft werden (Garnett 2006). Ein Teil davon wird entweder verbilligt an die eigenen Mitarbeiter abgegeben oder über Wohltätigkeitsprojekte umverteilt. Alison Austin von Sainsbury's stimmte einer Schätzung zu, wonach die Nahrungsabfälle, die das Unternehmen deponiert, sich auf etwa 60 000 Tonnen pro Jahr belaufen können.

Für die anderen Ketten ist man bei der Ermittlung einer Zahl darauf angewiesen, den gesamten Abfall, den sie deponieren, zu nehmen und zu schätzen, wie hoch der Nahrungsmittelanteil ist. Die Supermarktkette Waitrose erklärt auf ihrer Website, dass 60 Prozent ihres gesamten Abfalls Nahrungsmittel seien; die Nahrungsabfälle bei Sainsbury's belaufen sich insgesamt auf 70 Prozent des von dem Unternehmen deponierten Abfalls, und laut Aussage der Einzelhandelsgruppe Asda sind 69 Prozent ihres deponierten Abfalls biologisch abbaubar. Der Anteil des deponierten Abfalls, der aus Nahrungsmitteln besteht, hängt größtenteils davon ab, in welchem Maße andere Materialien (Pappe, Papier, Plastik, Glas) vorher recycelt wurden. Sainsbury's behauptet, etwa 63 Prozent seines gesamten Abfalls zu recyceln. Die Handelskette Tesco sagt, sie recycle 70 Prozent des gesamten Abfalls der Filialen, Asda spricht von 65 Prozent und die Morrisons-Kette von 72 Prozent recycelter Abfälle aus ihren Filialen.

Tesco und Morrisons haben nicht gemeldet, wie viel von ihrem deponierten Abfall Nahrungsmittel sind, aber da beide einen höheren Anteil ihres gesamten Abfalls recyceln als Sainsbury's, kann man bei Berechnungen mit Fug und Recht, wenn auch ohne Frage vorläufig, davon ausgehen, dass der Anteil des restlichen deponierten Abfalls, der aus Nahrungsmitteln besteht, ähnlich hoch ist wie bei Sainsbury's, also 70 Prozent. Die Zahlen für die deponierten Abfälle lassen die Tonnen an rohem Fleisch und anderen tierischen Produkten unberücksichtigt, die einer Sonderbehandlung, wie dem Auslassen von Fett, unterzogen werden. Laut einer Studie aus dem Jahr 2004, die Supermarkt-Abfälle untersuchte, umfassten diese Rohfleisch-Erzeugnisse etwa 19 Prozent der Nahrungsabfälle von Supermärkten (Evans 2005). Außerdem gibt es noch Flüssigkeiten wie Milch, die häufig weggeschüttet werden. Um auf eine Gesamtmenge an verschwendeten Nahrungsmitteln zu kommen, muss man deshalb zu der Menge an Nahrungsabfällen, die deponiert werden, einen Näherungswert von 23 Prozent addieren. Geht man so vor, um auf der Basis der gemeldeten Gesamttonnen deponierter Abfälle die Tonnen an Nahrungsabfällen pro Jahr ungefähr auszurechnen, dann sieht es ganz so aus, als ob Tesco jedes Jahr etwa 125 000 Tonnen Nahrungsmittel verschwendet und Morrisons 46 000 Tonnen. Der Vertreter von Asda, Julian Walker-Palin, äußerte in einem Interview beiläufig die Vermutung, dass die Filialen der Kette im Zeitraum von einer Woche normalerweise nur etwa eine Tonne »biologisch abbaubare Abfälle« produzieren, die im Falle eines Supermarktes natürlich in erster Linie aus Nahrungsmitteln bestehen. Rechnet man diese Zahl hoch auf die Anzahl der Filialen landesweit, dann würden sich Asdas Nahrungsabfälle auf nur knapp über 17 000 Tonnen pro Jahr belaufen. Doch mit dieser Schätzung ist man bei weniger als einem Viertel der Gesamtmenge, die aus den durch das Unternehmen veröffentlichten Abfallstatistiken geschlossen werden kann. Von den 88 000 Tonnen deponierter Abfälle seien, wie es heißt, 69 Prozent oder 61 000 Tonnen biologisch abbaubar gewesen, zu denen 23 Prozent anderweitig verwendeter Nahrungsmittel zu addieren sind, was eine Gesamtmenge von 75 000 Tonnen ergibt.

Insgesamt lassen sich diese Zahlen so deuten, dass die sieben von mir untersuchten Supermarktketten (Tesco, Asda, Morrisons, Sainsbury's, Co-op, Marks & Spencer und Waitrose) jährlich 367 000 Tonnen Nahrungsmittel verschwenden. Wenn überhaupt, dann veranschaulicht diese Zahl jedoch lediglich, dass Supermärkte möglicherweise zu niedrige Abfallzahlen melden. Die 367 000 Tonnen stellen beispielsweise nur 23 Prozent der von WRAP geschätzten 1,6 Millionen Tonnen Nahrungsabfälle pro Jahr dar. Die Zahl von WRAP bezieht sich auf den Einzelhandel als Ganzes und dürfte deshalb den Abfall von kleineren Lebensmittelhändlern in den Haupteinkaufsstraßen, von Mini-Märkten, Sandwichläden und so weiter enthalten. Doch auch unter Berücksichtigung all dessen müsste die Menge der von den Supermärkten produzierten Nahrungsabfälle angesichts der Tatsache, dass sechs der geprüften Supermärkte (ohne Marks & Spencer) im Jahr 2008 einen Anteil von 83 Prozent am gesamten Nahrungsmittelmarkt des Vereinigten Königreichs repräsentierten, eigentlich größer sein (Garner 2008).

Jedenfalls liegt entweder WRAP furchtbar daneben und nimmt sehr viele Verpackungsmaterialien und andere Nicht-Nahrungsabfälle in seine Schätzung auf, oder die von den Supermärkten veröffentlichten Abfallstatistiken sind ganz und gar unzuverlässig – oder beides. Gegenwärtig verwendet WRAP mehr gemeinsame Anstrengungen auf die Berechnung der Nahrungsabfälle innerhalb der Branche, und es bleibt abzuwarten, wie die Einschätzungen des Aktionsbündnisses sich ändern werden. Rowland Hill von Marks & Spencer – der auch den Vorsitz bei der umweltpolitischen Arbeitsgruppe des britischen Einzelhändlerverbandes führt – hält die Zahl von WRAP für zu hoch gegriffen und meint, dass es in Wirklichkeit eher weniger als eine Million Tonnen Nahrungsabfälle sein müssten und die tatsächliche Zahl wahrscheinlich »eher zum niedrigen 500 000er-Bereich« tendiere. Diese gewaltige Bandbreite – von 367 000 bis 1,6 Millionen Tonnen – zeigt, wie wenig man wirklich weiß und wie meisterhaft es die Supermärkte verstehen, die Wahrheit zu verschleiern.

Vergleiche zwischen verschiedenen Supermarktketten, die auf der Basis solcher unvollständiger Daten angestellt wurden, sind zwangsläufig mangelhaft. Selbst für jene Unternehmen, die in Bezug auf ihre Abfallstatistiken relativ offen sind, gibt es nicht genügend Detailinformationen, um sichere Schlüsse ziehen zu können. Mit diesen Vorbehalten im Hinterkopf lassen sich dennoch einige grobe Annahmen ableiten. Sollte irgendein Supermarkt-Geschäftsführer sich von den hier gezogenen Schlüssen gekränkt fühlen, wird ihm dies hoffentlich ein Ansporn sein, die wahren Zahlen zu veröffentlichen und sie von unabhängiger Seite überprüfen zu lassen.

Um die Wirtschaftlichkeit der verschiedenen Supermärkte beurteilen zu können, ist es notwendig, ihre Größe zu berücksichtigen und diese mit der von ihnen produzierten Abfallmenge in Beziehung zu setzen. Um diese Einschätzung vornehmen zu können, habe ich mir ein Punktesystem ausgedacht, das auf der geschätzten Gesamtmenge an Nahrungsmitteln basiert, die in

Abhängigkeit von den Bruttoeinnahmen verschwendet werden. Mit anderen Worten, es ist eine Einschätzung, die auf der Menge an Nahrungsabfällen pro an der Ladenkasse verdientem Pfund in jeder Supermarktkette basiert. Die Zahlenwerte habe ich zu einem Punktesystem verdichtet, bei dem 100 für das durchschnittliche Abschneiden steht. Ein höherer Punktestand zeigt an, dass das Unternehmen relativ verschwenderisch ist; eine niedrigere Zahl verweist auf größere Wirtschaftlichkeit. Unterm Strich schneidet Co-op mit 73 Punkten am besten ab; das Unternehmen ist 23 Prozent wirtschaftlicher als der Durchschnitt. Sainsbury's ist mit 114 Punkten am schlechtesten, allem Anschein nach 14 Prozent verschwenderischer als der Durchschnitt und 55 Prozent schlechter als Co-op. Morrisons und Tesco liegen mit jeweils 99 Punkten etwa im Mittel, und Waitrose und Asda sind mit 108 bzw. 107 Punkten etwas verschwenderischer als der Durchschnitt und etwa 47 Prozent schlechter als Co-op. Ich sollte wiederholen, dass diese Einschätzung auf Hochrechnungen der ungenügenden verfügbaren Daten beruht.

Einige der hier enthüllten Unterschiede zwischen den Supermarktketten dürften den unterschiedlichen Anteilen verderblicher und nicht verderblicher Waren geschuldet sein. So könnte Waitrose unter anderem deshalb unterdurchschnittlich abgeschnitten haben, weil die Kette einen relativ hohen Anteil an frischem Obst und Gemüse verkauft. Auf der anderen Seite sollte man erwarten, dass Waitrose besser abschneidet, als es tatsächlich der Fall war, weil seine Geldeinnahmen pro Tonne Nahrungsmittel aufgrund der Positionierung des Unternehmens im oberen Marktsegment eigentlich höher sein müssten als bei Billigketten. Der wichtigste Faktor ist wahrscheinlich, dass Waitrose seine Produkte gegen Ende des Haltbarkeitsdatums nicht so stark im Preis reduziert wie andere Supermärkte. Tesco wiederum ist vielleicht weniger verschwenderisch, als hier unterstellt wird, weil das Unternehmen einen höheren Anteil an Non-Food-Artikeln verkauft als Supermärkte wie Sainsbury's. Deshalb sind die Abfallcontainer dieser Kette gelegentlich voller Kleidungsstücke, CDs und anderer Artikel (glauben Sie mir, ich weiß Bescheid). Bei Tesco könnte also der Anteil an deponiertem Abfall, der aus Nahrungsmitteln besteht, in Wirklichkeit niedriger sein als hier errechnet. Doch diese Verzerrung sollte eigentlich durch die Tatsache halbwegs ausgeglichen werden, dass diese Berechnungen auf der Basis der Gesamteinnahmen in den Lebensmittelhandelsketten vorgenommen wurden, einschließlich des Absatzes der oben genannten Non-Food-Artikel.

Ein anderes beachtenswertes Merkmal ist, dass Co-op, obwohl das Unternehmen nach diesen Zahlen das mit Abstand beste in Bezug auf Nahrungsverschwendung zu sein scheint, hingegen die allerschlechteste Bilanz beim Recycling von Nicht-Nahrungs-Abfällen wie Glas, Pappe, Papier und Plastik aufzuweisen hat. Co-op gibt an, nur 47 Prozent seines Abfalls zu recyceln, während Tesco, Morrisons, Asda und Sainsbury's 63–72 Prozent recyceln. Das Versprechen von Co-op, »dafür zu sorgen, dass spätestens 2013 weniger als 50 Prozent des gesamten Abfallaufkommens deponiert werden«, ist eines der laschesten Ziele der sieben Supermärkte. Wahrscheinlich ist dieses Verhalten eine tadelnswerte Nachlässigkeit auf Seiten von Co-op. Ein mildernder Umstand könnte jedoch sein, dass man sich auf das wohl wichtigere Problem konzentriert hat, keine Nahrungsmittel zu verschwenden, statt auf schlagzeilenträchtige Initiativen zur anderweitigen Verwendung von zur Deponierung bestimmten Abfällen zu setzen. So weiß ich aus stichprobenartigen Kontrollen der unternehmenseigenen Müllcontainer, dass Co-op-Filialleiter, wenn sie Nahrungsmittel entsorgen, Rechenschaft über den Abfall ablegen und jeden Müllsack mit einem Erkennungscode versehen. Dies lässt immerhin darauf schließen, dass man Verluste quantitativ erfasst, was ein gutes Zeichen ist.

Es scheint erstaunlich, dass bislang kein Versuch unternommen wurde, die Leistung der Supermärkte auf diese Weise zu vergleichen, trotz vieler von der Regierung geführter Gespräche am runden Tisch über die Reduzierung der Nahrungsabfälle. Es ist von grundlegender Bedeutung, dass die Unternehmen, die am schlechtesten abschneiden, zur Verantwortung gezogen und angehalten werden, den Unternehmen, die am besten abschnei-

den, in Sachen Transparenz und Wirtschaftlichkeit nachzueifern. Einzelhändler könnten durch die Verleihung eines Preises
ermuntert werden, Verbesserungen vorzunehmen. Und dennoch
existiert gegenwärtig weder ein Leistungsmaßstab noch eine offizielle Leistungsbewertung. Stattdessen konzentrieren sich die
PR-Teams von Supermärkten seit einiger Zeit auf Strategien des
schnellen Erfolges und eindrucksvoll klingende Versprechen, mit
der Deponierung ihres Abfalls aufzuhören. Aber die ökologischen
und sozialen Konsequenzen ihrer Initiativen wurden bislang nicht
quantifiziert und könnten sich am Ende als relativ gering erweisen. Keine Nahrungsmittel zu verschwenden hat hingegen sehr
eindeutige und grundlegende Vorteile.

Gesetzt den Fall, Tesco erreichte bei der Abfallvermeidung tatsächlich jene Effizienz, die Co-op offenbar vorweist: Nach diesen
Zahlen würde das Unternehmen jedes Jahr etwa 33 000 Tonnen
Nahrungsmittel einsparen. Wenn die anderen vier (Morrisons,
Waitrose, Asda, Sainsbury's) sich ebenfalls einreihten, würde sich
die Gesamtersparnis auf 100 000 Tonnen belaufen. Zweifellos ist
das eine zu vorsichtige Schätzung der möglichen Einsparungen:
erstens, weil die Supermärkte wahrscheinlich zu niedrige Abfallzahlen angeben, und zweitens, weil Co-op selbst sehr weit davon
entfernt ist, alles in seinen Kräften Stehende zu tun, um das Abfallaufkommen zu reduzieren.

Eine andere Möglichkeit zum Vergleich verschiedener Supermärkte ist, sich ihre veröffentlichten Grundsätze zum Umgang
mit Nahrungsabfällen anzusehen. Die beiden Vergleichsmethoden
führen oft zu unterschiedlichen Ergebnissen. In diesem Punkt gehören Sainsbury's und Marks & Spencer aufgrund einiger relativ
vorbildlicher Geschäftspraktiken, beispielsweise der Bereitschaft,
Überschüsse karitativen Organisationen zu spenden, zu den
Besten in ihrer Klasse. Nach Jahren des Widerstands kooperiert
Sainsbury's heute flächendeckend mit den karitativen Umverteilungsorganisationen FareShare, Heilsarmee und Food For All. Für
ihre in dieser Hinsicht progressive Einstellung sollte die Supermarktkette Anerkennung bekommen. Nach meinen auf den veröffentlichten Daten des Unternehmens beruhenden Berechnungen

spendet Sainsbury's in der Tat etwa 400 kg Nahrungsmittel für jede Million Pfund, die der Konzern an der Ladenkasse einnimmt. Das mag nicht nach viel klingen, aber es sieht so aus, als sei dies dieselbe Nahrungs-Spendenquote wie bei Kroger, einem der »großzügigeren« Supermärkte in den USA (obwohl Kroger noch viele andere Beiträge sowohl in Naturalien als auch in Bargeld leistet). Dies widersetzt sich dem allgemeinen Trend insgesamt viel höherer Nahrungs-Spendenquoten in den USA als in Großbritannien (siehe Kapitel 14). Nichtsdestotrotz verschenkt Sainsbury's nach wie vor nur einen kleinen Teil der Nahrungsmittel, die es verschwendet. Laut seiner eigenen Aussage deponierte Sainsbury's im Jahr 2004 70 000 Tonnen Nahrungsabfälle (Vidal 2005); im Geschäftsjahr 2006/2007 verschenkte die Kette eigenen Angaben zufolge insgesamt 6680 Tonnen Nahrungsmittel – was bedeutet, dass offenbar noch immer ungefähr 90 Prozent der unerwünschten Nahrungsmittel weggeworfen wurden, wovon das meiste auf Deponien landete (Sainsbury AG 2008a).

Sainsbury's hat sich inzwischen verpflichtet, diese verbleibenden Nahrungsabfälle zur Gänze anderen Entsorgungsmethoden zuzuführen, sie beispielsweise in Haustierfutter zu verwandeln oder in anaeroben Vergärungsanlagen verarbeiten zu lassen – wo die Abfälle zersetzt werden, während das Gas zur Stromerzeugung aufgefangen wird. Es wird sich in nächster Zeit zeigen, ob der Konzern es ernst meint.

So lobenswert dieses Versprechen auch sein mag, verwandelt die anaerobe Vergärung, wie ich weiter unten noch ausführlicher erörtern werde, dennoch im Prinzip Nahrungsmittel in Gas und Kompost (der manchmal durch den Verpackungsprozess verunreinigt wird). Wenn kistenweise Bananen kompostiert werden, die hungrige Menschen hätten satt machen können, dann werden dadurch fast die gesamte Energie und andere Ressourcen vergeudet, die in ihren Anbau investiert wurden. Im Vergleich zur Deponierung ist es eine ökologisch vorteilhafte Entsorgungsmethode, aber trotzdem ist es eine tragische Vergeudung essbarer Nahrungsmittel. Außerdem haben die Supermärkte, wie ich in Kapitel 15 darlegen werde, solche Zusicherungen erst jetzt gemacht, nachdem die

Deponiesteuern eine Höhe erreicht haben, wo es tatsächlich billiger oder in etwa genauso teuer ist, Alternativen, wie die anaerobe Vergärung, zu finden. Im Grunde wurden die Supermärkte durch staatliche Steuerverordnungen und nicht durch einen aus eigener Einsicht erwachsenen »ethischen« Entschluss gezwungen, diese Entscheidungen zu treffen. Und doch ist es ihnen überaus erfolgreich gelungen, jede Menge umweltpolitische Anerkennung für diese Politik einzuheimsen.

Bei Marks & Spencer hat es eine lange Tradition, Überschüsse für Krankenhäuser, Obdachlosen- und Altenheime sowie andere karitative Organisationen zu spenden, und diese Firmenpolitik verdient Anerkennung, weil das Unternehmen als Vorbild dient, dem andere nach und nach zu folgen beginnen. Doch bis vor kurzem wehrte man sich dagegen, Preise zu senken, um Bestände abzustoßen, deren Verbrauchsdatum näher rückte. Inzwischen hat das Unternehmen sich endlich verpflichtet, es zu tun, und nach firmeninternen Schätzungen könnte dies die eigenen Nahrungsabfälle um zehn Prozent verringern. Als Geschäft im oberen Marktsegment neigt Marks & Spencer außerdem dazu, seine Produkte allzu strengen Qualitätskontrollen zu unterziehen, was bedeutet, dass absolut genießbare Nahrungsmittel aus geringfügigen Gründen weggeworfen werden. Doch finden die Erzeugnisse, die Geschäfte der gehobenen Preisklasse vor ihrem Eintreffen im Laden aussortieren, manchmal den Weg zurück zu kostengünstigeren Abnehmern, aber dies unterstreicht lediglich die Tatsache, dass die »Qualitätsanforderungen« der Hochpreisläden oftmals das Aussortieren guter Nahrungsmittel erforderlich machen.

Waitrose führte sogar gemeinsam mit FareShare einen Nahrungsmittelumverteilungsversuch durch, behauptet aber, dass »diese Tests sich leider als nicht rentabel für FareShare erwiesen haben«. Auch Kompostierungsversuche wurden von Waitrose unterstützt; vierzehn Waitrose-Filialen lassen ihre Abfälle durch eine anaerobe Vergärungsanlage in Bedford verarbeiten, und weitere Filialen sollen in diesen Prozess einbezogen werden. Darüber hinaus leistete der Konzern Pionierarbeit für die Vermarktung von unvollkommenem, »hässlichem« Obst und Gemüse. Aber die

Gesamtwirkung dieser Bemühungen ist unklar, und sie beschränken sich gewöhnlich auf einzelne, von extremen Wetterbedingungen betroffene Ernten, ohne eine umfassende Neubewertung jenes Abfalls vorzunehmen, der verursacht wird, weil an sämtliche Erzeugnisse strikte Qualitätsmaßstäbe angelegt werden. Eine Waitrose-Initiative bei Bananenerzeugern auf den Inseln über dem Winde reduzierte das Abfallaufkommen offenbar von kolossalen 40 Prozent der Ernte im Jahr 2002 auf weniger als drei Prozent im Jahr 2008 – was, wenn es stimmt, zeigt, dass enorme Einsparungen möglich sind, wenn man diese Fragen ernst nimmt. Waitrose verkündet außerdem, dass man keine in Milchbetrieben geborenen männlichen Kälber mehr »verschwenden« wolle. Statt diese Kälber als »Nebenprodukte« auszurangieren, will man nun »sicherstellen, dass jedes überschüssige männliche Kalb eines Milchbetriebes in unsere Fleischversorgungskette überführt und als Fleisch aufgezogen wird«. Auf einen Vorschlag, der mir besonders gut gefiel, stieß ich in einer Firmenzeitung von Waitrose, wo ein Artikel empfahl, Küchenabfälle an Schweine und Ziegen zu verfüttern – eine löbliche Verwendung, die, worauf ich in späteren Kapiteln zurückkommen werde, zufällig auch gesetzlich verboten ist (Waitrose 2008). So bedeutsam diese verschiedenen Projekte auch sein mögen, packen sie das Problem der Nahrungsabfälle doch nur ansatzweise an. Tatsache ist, dass Waitrose, wie die meisten anderen Supermarktketten, unnötige Mengen an guten Nahrungsmitteln wegwirft. Das Unternehmen behauptet, dass es sich »bei unserem vernichteten Abfall mehrheitlich um Artikel handelt, die aus unterschiedlichen Gründen ungenießbar werden«. Aber nachdem ich über ein Jahr lang von Nahrungsmitteln aus den Müllcontainern des Unternehmens gelebt habe, kann ich mich dafür verbürgen, dass die Mehrzahl der Sachen, die ich finde, zum menschlichen Verzehr geeignet und oft von höherer Qualität sind als das, was ich in den Regalen der meisten anderen Supermärkte sehe.

Morrisons und Asda gehörten in der Vergangenheit zu den Schlimmsten, wenn man ihre historische Weigerung betrachtet, die überschüssigen Nahrungsmittel der je eigenen Handelsmarke karitativen Organisationen zu spenden. Morrisons ist der einzige der größeren Supermärkte, der sich weiterhin beharrlich weigert, Überschüsse FareShare zu spenden. Das Unternehmen schlug die Gelegenheit aus, mir zu verraten, warum. Nichtsdestotrotz schränkt Morrisons die Nahrungsabfälle ein, indem man vorausschauend Preise reduziert, um Bestände vor Ablauf des Haltbarkeitsdatums abzustoßen, und das Unternehmen behauptet, »bei der Verringerung der Nahrungsabfälle eine der besten Bilanzen im Supermarktsektor« vorweisen zu können, obwohl bislang, trotz meiner Anfragen, keine Zahlen zur Untermauerung dieser Behauptung vorgelegt wurden (Morrisons 2008). Einzelnen Aussagen zufolge ergreift Morrisons aber durchaus Maßnahmen. So werden beispielsweise rohe Hähnchen, deren Mindesthaltbarkeitsdatum näher rückt, aus den Regalen genommen und gebraten, um sie an den Feinkosttheken oder im hauseigenen »Prepared for You«-Sortiment anzubieten, und die Essenszubereitung im Laden selbst kann zur Abfallreduzierung beitragen. Ob Morrisons dem Ziel seiner Absichtserklärung, 50 Prozent der für die Deponierung bestimmten Abfallmenge zu reduzieren, nahekommt, ist bisher unklar. Bis März 2009 lagen sie jedenfalls weit hinter den anderen großen Ketten wie Sainsbury's und Asda zurück.

Als ich Asda vor drei Jahren schriftliche Fragen schickte, weil ich wissen wollte, warum man darauf bestehe, überschüssige Nahrungsmittel zu vernichten, statt karitativen Organisationen zu gestatten, sie abzuholen, lautete die Antwort von PR-Manager Dominic Burch, dass »wir sie lieber verkaufen«. Zum Glück beugte sich Asda im Juli 2008 schließlich dem Druck und hob das seinen Lieferanten auferlegte Verbot, unerwünschte Produkte zu verschenken (weil beispielsweise die Verpackung schadhaft ist), auf. Allerdings behauptet man in Interviews nach wie vor, nicht »den Platz zu haben«, der Spenden überschüssiger Nahrungsmittel aus seinen Filialen gestatten würde – nicht einmal aus denen mit mehr als sechstausend Quadratmetern Stellfläche. Doch FareShare macht sich durchaus Hoffnung, dass Asda nachgeben und anfangen wird, Nahrungsmittel aus seinen Lagern zu spenden.

Hoch anrechnen muss man Asda den Versuch, den Abfall aus

den eigenen Filialen zu regionalen Recyclingzentren zurückzutransportieren – eine Praxis, die gerade von Tesco und Sainsbury's übernommen wird –, womit die Supermarktkette ein Pionier im Einzelhandel gewesen sein dürfte. Dadurch wird es für andere Unternehmen wirtschaftlicher, ihre Abfälle zum Recyceln zu sammeln. Asda behauptet außerdem, das Problem der Nahrungsabfälle dadurch energisch zu bekämpfen, dass man prüfe, was außerhalb der Läden in Müllpressen landet, und herausfinde, wie die Abfallmenge durch Verbesserungen in der Versorgungskette und ladeninterne Maßnahmen verringert werden kann, um auf diese Weise dafür zu sorgen, dass Produkte am Ende verkauft werden. Asda war auch der erste Supermarkt, der im Oktober 2006 mit der Ankündigung, spätestens im Jahr 2010 keine Abfälle mehr zu deponieren, ein »Null-Abfall«-Versprechen abgab (Asda 2006). Was aber nicht heißt, dass das Unternehmen aufhören wird, Nahrungsmittel zu verschwenden. Stattdessen lässt man derzeit die unverkauften Nahrungsmittel verbrennen und sucht nach Möglichkeiten, sie der anaeroben Vergärung zuzuführen, sie zu kompostieren oder mit anderen, ähnlichen Verfahren zu behandeln. Asda führt genau Buch darüber, wie viel Nahrungsabfälle man produziert, weigert sich jedoch, die Daten zu veröffentlichen, weil man, wie ein Vertreter des Unternehmens in einem Interview erklärte, nicht dem Konkurrenten, Sainsbury's, helfen wolle, sein Versprechen der Abfallreduzierung zu erfüllen, indem man Informationen zu Abfällen herausgebe, die ihm bei der Logistik zupasskommen könnten. Dies ist einmal mehr eine Bestätigung der Tatsache, dass, wenn Supermarktketten von Regierungen aufgefordert würden, ihre Abfalldaten zu veröffentlichen, alle Supermärkte voneinander lernen könnten, die Folgen ihrer Verschwendung zu dämpfen.

Tesco hat angefangen, sich an karitativen Nahrungsmittelumverteilungsprogrammen zu beteiligen, aber das Ganze geschieht nach wie vor in relativ kleinem Maßstab. Tesco ist die bei weitem größte Supermarktkette im Vereinigten Königreich, sodass man ohne weiteres behaupten kann, dass das Unternehmen mehr Nahrungsmittel verschwendet als irgendein anderer Einzelhändler. Nun hat das Unternehmen sich verpflichtet, in den nächsten Jahren 80 Prozent seiner Abfälle nicht mehr zu deponieren, sondern anderen Entsorgungsmethoden wie der anaeroben Vergärung zuzuführen. Doch mit Recyclingquoten von 70 Prozent im Jahr 2007 ist Tesco bereits in jenem Jahr beträchtlich hinter dem selbstgesteckten Ziel von 75 Prozent für 2007 zurückgeblieben (Tesco 2008).

Natürlich zieht keine dieser vielgepriesenen Zielvorgaben irgendwelche Strafen nach sich, sollten die Supermärkte sie verfehlen.

Wem die mangelnde Bereitschaft britischer Supermärkte, ihre Abfalldaten preiszugeben, verdächtig erscheint, der sei daran erinnert, dass die Supermärkte in den USA und in Kontinentaleuropa noch schlimmer sind. Über deren Nahrungsabfälle oder deponierte Abfälle waren keine konkreten Zahlen zu bekommen. Direkte Anfragen in Frankreich, Deutschland und den Vereinigten Staaten sowie mehrere E-Mails und Anrufe bei Konzernen wie Aldi, Carrefour, Lidl und den amerikanischen Supermärkten Target Corp, Kroger und Supervalu erbrachten kaum mehr als Vernebelung, Schweigen oder den Verweis auf Berichte zur gesellschaftlichen Verantwortung von Unternehmen (CSR; Corporate Social Responsibility), die vage Grundsatzerklärungen enthalten, aber keine Zahlen über die Tonnen an Nahrungsabfällen oder gar zu den Gesamtabfallmengen, die deponiert oder anderen Entsorgungsmethoden zugeführt wurden. Aldi Deutschland reagierte weder auf E-Mail-Anfragen noch wurden Anrufe erwidert. Lidl Großbritannien gab an, 70 Prozent seiner Abfälle zu recyceln und kurz vor dem Abschluss eines Vertrages mit FareShare über Nahrungsmittelspenden zu stehen.

Amerikanische Supermärkte hingegen lassen sich hinsichtlich ihrer von ihnen selbst gemeldeten Beiträge zu karitativen Nahrungsmittel-Umverteilungsorganisationen vergleichen. Kroger ist der größte Supermarkt der USA (obschon Wal-Mart – wegen der charakteristischen Größe seiner Läden und dem Angebot an Non-Food-Artikeln als Verbrauchergroßmarkt bezeichnet – einen supermarktartigen Umsatz von 134 Mrd. US-Dollar hat, etwa dop-

pelt so viel wie Krogers 70,2 Mrd. US-Dollar). Kroger gehört zu den Gründungsmitgliedern der Nahrungsmittelumverteilungs-Organisation Second Harvest (auf die ich fortan unter ihrem neuen Namen, Feeding America, verweise). Seine Geschäftsführer sitzen im Vorstand der Organisation. Im Jahr 2006 steuerte Kroger 13 610 Tonnen Nahrungsmittel im Wert von 45 Millionen US-Dollar bei, half außerdem, 6 Millionen US-Dollar in bar für Feeding America zu beschaffen, und gab Zuschüsse für Logistik und Ausrüstung. Im Jahr 2007 wurde Kroger von Feeding America zum »Einzelhändler des Jahres« gewählt – der Konzern erhielt den Preis zum fünften Mal in sieben Jahren. Laut dem Nachhaltigkeitsbericht von Kroger für 2008 »ermöglicht uns dieses Programm, Tausende hungriger Menschen mit frischem, nahrhaftem Obst und Gemüse, mit Fleisch, Molkereiprodukten und Delikatessen zu versorgen, und hat den zusätzlichen Vorteil, zur Deponierung bestimmte Nahrungsmittel landesweit anders zu verwenden« (Kroger 2008).

Safeway-Mitarbeiter in den Vereinigten Staaten sitzen in den Leitungsgremien von Tafeln in verschiedenen Städten. Im Jahr 2006 spendeten »Safeway, seine Kunden, Angestellten und Verkaufspartner« lokalen Tafeln offenbar »Handelsware« im Wert von 110 Millionen US-Dollar und halfen außerdem, Geldmittel aufzutreiben (Safeway 1009; Anon. 2006). Es wird nicht gesagt, wie viel Tonnen an Nahrungsmitteln das machte, aber nach Krogers Wertveranschlagung müssten es irgendwo um die 33 244 Tonnen gewesen sein. Allerdings ist diese Zahl vielleicht nicht ohne weiteres mit der von Kroger vergleichbar, weil sie Spenden von Kunden und anderen Firmen zu enthalten scheint.

Wal-Mart gilt als einer der Konzerne, die in der Vergangenheit die geringste Bereitschaft zeigten, überschüssige Nahrungsmittel zu spenden. Im Jahr 2006 verkündete man eine Linie, die Spenden fast abgelaufener Nahrungsmittel ganz einzustellen. Es wurde behauptet, dass man sich wegen der Haftung Sorgen mache, falls ein Empfänger eine Lebensmittelvergiftung bekäme – obwohl das Unternehmen davor gesetzlich geschützt ist (siehe Kapitel 14) (Olson 2006). In einem kalifornischen Gerichtsverfahren, Janes vs. Wal-Mart (2002), wurde festgestellt, dass Wal-Mart seinen Angestellten

Jeffrey Janes gefeuert hatte, nachdem dieser abgelaufenes Fleisch aus einer Wal-Mart-Abfalltonne genommen und sich gemeinsam mit mehreren anderen Angestellten im Laden ein Mittagessen daraus zubereitet hatte. Janes wurde wegen Unehrlichkeit entlassen, nicht wegen Diebstahls, aber nachdem das Urteil die Kündigung für unrechtmäßig erklärt hatte, wurden ihm 167 000 US-Dollar zugesprochen. Die Parteien stritten darüber, ob das abgelaufene Fleisch einen Wert für Wal-Mart gehabt habe. Im Jahr 2008 machte sich Wal-Mart unter dem Druck steil ansteigender Nahrungsmittelpreise und Hungerraten in den USA eine fortschrittlichere Haltung zu eigen und verkündete ein neues Nahrungsmittel-Spendenprogramm. Angeblich seien sie in der Lage, jährlich mehr als 31 750 Tonnen aus den Sam's- und Wal-Mart-Filialen zu spenden (2008a und 2008b).

Supervalu spendet Millionen Kilo Nahrungsmittel, beteiligt sich auf Vorstandsebene an Feeding America und hilft darüber hinaus, Geldmittel zu beschaffen (Supervalu o. J.). Target spendete 2006 mehr als 3950 Tonnen Nahrungsmittel (Target Corp. o. J.). Der Bio-Spezialist in den USA, Whole Foods Market, gibt an, jede einzelne seiner Filialen lasse Tafeln und Heimen Spenden zukommen, die sich auf Millionen Pfund Nahrungsmittel jedes Jahr beliefen. Noch übrige verdorbene Nahrungsabfälle werden von den meisten Filialen zurück zu regionalen Zentren transportiert, damit sie kompostiert und an kommunale Gärten verschenkt werden können (Whole Foods Market o. J.).

Obwohl Zahlen für genaue Vergleiche zwischen verschiedenen Supermärkten nicht verfügbar sind, können hinweisende Zahlen errechnet werden, indem man die Unternehmen nimmt, für die Angaben zu den Mengen gespendeter Nahrungsmittel vorhanden sind. Die Tabelle, die dabei herauskommt, ist höchst provisorisch, da sie auf den von den Unternehmen selbst veröffentlichten Daten beruht. Safeway scheint zusammen mit seinen Kunden und Partnern pro eine Million Dollar Umsatz im Jahr 2006 den Gegenwert von 865 kg Nahrungsmittel gespendet zu haben. Diese Zahl schließt aber vielleicht einige Spenden ein, die in der Buchführung der Konkurrenten nicht enthalten sind. Kroger verschenkt pro eine Million Dollar Umsatz 225 kg. Wal-Mart (nur Lebensmittelumsatz) gab im Jahr 2006 die unerhebliche Menge von 15 kg. Legt man das 31 750-Tonnen-Versprechen des Konzerns von 2008 zugrunde, wird dieser Wert in Zukunft allerdings möglicherweise auf 237 kg ansteigen.

Schlussendlich haben die drei größten Supermärkte in den Vereinigten Staaten – Kroger, Safeway und Supervalu Inc. – sowie die Verbrauchergroßmärkte Wal-Mart und Target Corp. allesamt starke Verbindungen zu Umverteilungsorganisationen, denen sie jedes Jahr Millionen Kilo Nahrungsmittel spenden. Allerdings gibt es gewaltige Unterschiede zwischen den Unternehmen, was bedeutet, dass noch viel mehr Nahrung erhalten werden könnte. Es wäre zweifellos ein Anreiz für die Unternehmen, ihr Image in der Öffentlichkeit aufzupolieren, wenn verlässliche und vergleichbare Daten über verschwendete und gespendete Nahrungsmittel für alle Supermärkte in Europa und den USA veröffentlicht würden. So könnten große Mengen von Lebensmitteln gerettet werden.

3. HERSTELLER

Die klassische Nationalökonomie hat sich den primitiven Tausch immer
nur als Tauschhandel vorstellen können ... [aber] ein Erwerbsmittel wie der
Tausch hätte seinen Ursprung nicht im Erwerbsbedürfnis haben können,
das er heute befriedigt, sondern in dem entgegengesetzten Bedürfnis nach
Zerstörung und Verlust.

GEORGES BATAILLE, *DER BEGRIFF DER VERAUSGABUNG*

DER ANBLICK IST IN TYPISCHEN Lebensmittelproduktions-
betrieben in der gesamten westlichen Welt derselbe: Eine Palette
mit abgepackten Fertiggerichten – Spaghetti Bolognese, Nudeln
mit knuspriger Ente oder Hähnchen Tikka Masala – steht auf der
Laderampe der Lagerhalle des Herstellers. Die farbenfrohen Kar-
tonverpackungen verheißen dampfende, köstliche Nahrungsmittel; fünfzig Familien könnten davon eine Woche lang essen. Aber
statt die Gerichte in Lieferwagen zu verladen, setzt ein Gabelstapler zurück, hebt die Palette vom Boden hoch und kippt die ganze
Ladung in eine Zerkleinerungsmaschine.

Es war zu meiner Zeit als studentischer Demonstrant, als ich
hinter Supermärkten auf der Suche nach etwas Essbarem zum
ersten Mal mit eigenen Augen das unglaubliche Ausmaß unserer
Verschwendung erblickte. Aber erst viel später kam ich dahinter,
dass das, was die Supermärkte in Müllcontainer werfen, nur ein
Bruchteil des Abfalls ist, den sie in der gesamten Nahrungskette
verursachen.

Dies spiegelt sich in den Zahlen wider. Laut einer im Jahr
2002/03 von der britischen Regierung in Erfüllung der EU-Ab-
fallgesetzgebung durchgeführten Erhebung schwimmen die Nah-
rungsmittel- und Getränkehersteller von England, Schottland und
Wales jährlich in 4,6 Millionen Tonnen Abfall. Ein Viertel davon
besteht aus Matsch, und der Rest beinhaltet unter anderem Nebenprodukte, Schneideabfälle und andere biologisch abbaubare
Stoffe, die niemals verzehrt werden könnten. Es ist unmöglich
herauszufinden, wie viel davon tatsächlich Nahrungsmittel sind
(Environment Agency [England & Wales] 2005a und 2005b). Au-

ßerdem handelt es sich um eine sehr grobe Schätzung, die auf Abfragen bei nur drei Prozent der Branche beruht, ein zu geringer Stichprobenumfang, um daraus sichere Schätzungen abzuleiten. Beispielsweise weisen die Daten der Umweltbehörde darauf hin, dass in der Fisch- und Meeresfrüchteverarbeitung etwa 10 000 Tonnen Abfall pro Jahr anfielen, während der Branchenverband, die Seafood Industry Association, schätzte, dass es eher 300 000 Tonnen im Jahr sein müssten (AEA 2007).

Ein maßgeblicher Bericht, der die Zahlen der Umweltbehörde aus einer früheren Erhebung im Jahr 1998/99 analysierte, kam zu dem Ergebnis, dass die Branche 5,8 Millionen Tonnen Abfall produzierte. Davon waren 1,9 Millionen Tonnen biologisch abbaubarer Abfall und 3,9 Millionen gemischter allgemeiner Abfall, der normalerweise Containerladungen halb verarbeiteter oder aussortierter tierischer und pflanzlicher Produkte, gemischt mit Verpackungen und anderen Fabrikabfällen, einschloss. Hinzu kamen 3,4 Millionen Tonnen organischer Nebenprodukte, die innerhalb der Branche wiederverwendet wurden, indem man sie beispielsweise als Tierfutter verschickte. Aber diese detaillierte Studie ist unzuverlässig, nicht zuletzt, weil sie sich auf veraltetes Material stützt, das vor Veränderungen bei der gesetzlichen Definition von Abfall (KOM 2007a) zusammengetragen wurde. Laut den Zahlen großer europäischer Erhebungen produzierte die herstellende und verarbeitende Industrie in sechzehn europäischen Staaten 195 Millionen Tonnen Nahrungsabfälle – etwa ein Drittel ihres Ausstoßes an Endprodukten (Eurostat 2009). Allerdings besteht der in manchen Herstellungsprozessen, beispielsweise bei der Produktion von Kartoffelmehl, anfallende »Abfall« in Wirklichkeit größtenteils aus Wasser, das dem Rohstoff entzogen wird (Mahro und Timm 2007). Für die Vereinigten Staaten gibt es keine verlässlichen Zahlen, aber einige Untersuchungen deuten darauf hin, dass Weiterverarbeiter ungefähr zehn Prozent der ihnen gelieferten Nahrungsmittel verschwenden. Die Wahrheit ist, dass niemand weiß, wie viel von den Produzenten tatsächlich verschwendet wird. Auch wenn es an erhobenen Daten mangelt, haben Studien hervorgehoben, dass die Methoden der Produzenten zur Berechnung »immer einen Teil

des entstandenen realen Abfalls verbergen«. Demnach müsse der Abfallberg beinahe doppelt so hoch sein wie geschätzt (PICME 2006). Solange es keine korrekten Meldungen aus der gesamten Branche gibt, sind die veröffentlichten Zahlen und Schätzungen nur von begrenztem Nutzen. Folglich fehlen den offiziellen Zielvorgaben von Regierung und Industrie befriedigende Maßstäbe, an denen ihr Erfolg gemessen werden könnte.

Ein Teil des Abfalls, der bei der Verarbeitung anfällt, besteht aus pflanzlichen und tierischen Nebenprodukten, die nur wenige von uns auf Anhieb als Nahrungsmittel erkennen würden: Molke aus der Käseherstellung oder Obst- und Gemüseabfälle. Es kann teuer sein, sie loszuwerden, und es gibt verschiedene Möglichkeiten dazu, beispielsweise die anaerobe Vergärung oder die Verwendung als Viehfutter, womit ich mich später ausführlicher befassen werde. Attraktiver als diese Nebenprodukte wie Abfall zu behandeln, ist es jedoch, so viel Material wie möglich innerhalb der menschlichen Nahrungskette zu behalten. Lebensmitteltechniker auf der ganzen Welt haben während des vergangenen Jahrzehnts mit zunehmender Energie daran gearbeitet, neue Wege zu finden, Nebenprodukte in Nahrungsbestandteile zurückzuverwandeln.

Molke, der flüssige Rest der Käseherstellung, wurde früher als eigenständiges nahrhaftes Getränk geschätzt (vgl. Stuart 2006a). Aber mit dem Aufkommen der industriellen Käseherstellung reichte die Nachfrage nicht aus, und die Molkereien fingen an, sie als Abfallprodukt zu behandeln. Doch seit nunmehr zwei Jahrzehnten enthält eine wachsende Zahl industrieller Lebensmittel – Schokolade, Kuchen, Frühstücksflocken, Diätgetränke und Süßigkeiten – weiterverarbeitete Molke (Ahlberg 2002; González Siso 1996). Ebenso werden heute Zitronensäure, Pektin und zahlreiche andere nützliche Zusatzstoffe aus Zitronenschalen und -kernen gewonnen, die von den Saftherstellern früher vergeudet wurden. Marmite, ein würziger vegetarischer Brotaufstrich, wurde 1902 erfunden, weil man nach einer Verwendungsmöglichkeit für verbrauchte Hefe aus dem Brauprozess suchte (Kipler und Ornelas 2000). Solche Innovationen sind ein Vorbild, dem viele andere Hersteller heute nachzueifern suchen.

So entsorgt Europa zum Beispiel jedes Jahr vier Millionen Tonnen Tomaten-Nebenprodukte, hauptsächlich bestehend aus überschüssigen Früchten und Kernen oder Häuten, die bei der Saft- und Markherstellung weggeworfen werden. Einige dieser Nebenprodukte werden an Vieh verfüttert. Das ist zwar besser, als sie komplett wegzuwerfen, aber es wäre noch wirtschaftlicher, wenn man die ganzen Tomaten äße, die noch all ihre wertvollen Stoffe enthalten. Vor allem die Kerne sind voller Nährstoffe wie Carotinoide, Proteine, Kohlehydrate, Ballaststoffe und Öle. Ohne Verbrauchervorlieben vollkommen zu ändern, besteht die zweitbeste Möglichkeit darin, neue Wege zu finden, die nützlichen Komponenten zu gewinnen und sie als natürliche Zusatzstoffe für andere Nahrungsmittel zu verwenden (Just-Food 2004). Wir sollten uns also nicht weiter wundern, wenn Produkte in Zukunft viele unbekannte Bestandteile enthalten, die aus Tomatenkernen, Apfelfruchtfleisch und Orangenschalen gewonnen wurden.

Dieser Abfall ist teilweise unvermeidbar, weshalb die Frage lautet, wie man ihn am besten nutzt. Aber eine Menge Nahrungsmittel werden gegenwärtig durch die Nachlässigkeit sowohl der Hersteller als auch der Einzelhändler verschwendet. Der Öffentlichkeit fehlt gegenwärtig so gut wie jedes Verständnis dafür, wie die Nahrungsversorgungskette funktioniert. Folglich werden groteske Fälle von Verschwendung – weit schlimmer als das, was in den Filialen von Supermärkten in Container geworfen wird – von Verbrauchern oder den Medien praktisch nicht bemerkt. Gerade diese Unsichtbarkeit verschafft Branchen eine Lizenz zur Verschwendung, ohne ihr öffentliches Ansehen zu beschmutzen.

Wenn Supermärkte erklären, sie würden die Vergeudung einschränken, sollten sie die Nahrungsmittel einbeziehen, die wegzuwerfen sie ihre Lieferanten veranlassen. In normalen Geschäftsbeziehungen läge dies in ihrer Verantwortung; sie können die Verantwortung nur abschütteln, weil sie die Macht dazu haben. Nehmen wird das Versprechen von Marks & Spencer zur Abfallreduzierung. Auf seiner Website behauptet das Unternehmen, man werde »mit unseren Kunden und unseren Lieferanten zusammenarbeiten, um den Klimawandel zu bekämpfen, den Abfall

76

zu reduzieren und natürliche Ressourcen zu schützen«. Aber in Wirklichkeit erstrecken sich die Versprechen, bis spätestens 2012 keine Abfälle mehr zu deponieren und das Wegwerfen von Nahrungsmitteln einzuschränken, nicht auf die Lieferanten von Marks & Spencer. Vielmehr zwingen die absurd strengen ästhetischen Auflagen einen der Hauptsandwichlieferanten des Unternehmens, von jedem Laib Brot vier Scheiben wegzuwerfen – die Rinde und die erste Scheibe an jedem Ende –, was auf etwa 17 Prozent jedes Brotlaibs oder 13 000 Scheiben aus einer einzigen Fabrik an einem einzelnen Tag hinausläuft. Wie ein Geschäftsführer in der Fabrik der Hain Celestial Group im August 2008 in einem Interview erklärte, werde man gezwungen, »schrecklich viele sehr, sehr gute Nahrungsmittel wegzuwerfen, die zum menschlichen Verzehr geeignet sind, weil sie nicht dem Standard von Marks & Spencer entsprechen«.

Das spektakulärste Beispiel systematischer Verschwendung in diesem Bereich ist der sogenannte »Abfall aufgrund von Überproduktion«. Im Fertignahrungs-Sektor wurde wegen Überproduktion schon Abfall von 56 Prozent der Gesamtproduktion einer Firma verzeichnet (das heißt, es wurden mehr Nahrungsmittel verschwendet als verkauft), während eine Grundrate von 5–7 Prozent von vielen für unvermeidlich gehalten wird (siehe z. B. Imperial College London 2007). Die von der Industrie beeinflusste Champions' Group on Waste schätzte im Jahr 2007, dass dieser Abfall oftmals 10 Prozent der Produktion ausmacht und dass der Anteil sich problemlos reduzieren ließe (Defra 2007a). Er enthält weder nicht verwendete Bestandteile, aussortierte Artikel oder Nebenprodukte noch den Abfall der Einzelhändler und Verbraucher. Es ist der Abfall, der in erster Linie durch die Art und Weise verursacht wird, wie die Supermärkte Geschäfte mit ihren Lieferanten tätigen.

Der frustrierendste Aspekt ist, dass es sich um fertige Erzeugnisse handelt, für die bereits Energie und Ressourcen aufgebracht worden sind. Und weil sie bereits verpackt sind, wird ihre Entsorgung zu einem weiteren Problem. Zwar ist es möglich, den Überschuss durch eine Auspackmaschine laufen zu lassen, um das

Plastik zu entfernen und die Nahrungsmittel als Tierfutter, für die anaerobe Vergärung oder zur Kompostierung zu verwenden. Aber bei der gegenwärtigen Technologie landet das Plastik am Ende oft im organischen Material, sodass die Überproduktion eher selten für diese Zwecke verwendet wird. Die billigste Alternative für den Hersteller ist oft, die Nahrungsmittel einfach zu deponieren. Dr. Shahin Rahimafard von der Loughborough University, der Jahre damit zugebracht hat, mit den Herstellern an einer Lösung dieses Problems zu arbeiten, erinnert sich, wie entsetzt er war, als er die Vorgänge zum ersten Mal realisierte: »Ich ging in diese Fabriken und sah ganze Bereiche der Lagerhalle voller wirklich guter, verpackter Fertiggerichte, die als Gewerbeabfall abgeschrieben wurden, und dann kam jedes Mal ein Lastwagen und brachte sie weg zur Deponie; ich konnte es nicht verstehen« (Garnett 2006).

Einem vernünftigen Außenstehenden muss dieses Verhalten von Produzenten unerklärlich vorkommen: Sie verlieren Profite, verursachen unnötige Umweltschäden und entziehen den Weltmärkten Nahrung, die Menschen anderswo hätten essen können. Nur wenige andere Branchen leiden regelmäßig unter einer vergleichbaren Überproduktion. Die Firmen müssen unter enormem Druck stehen, um derart unwirtschaftlich zu agieren.

Es zeigt sich, dass der Hauptgrund in der Geschäftspolitik der Großkunden, der Supermärkte, zu suchen ist. Bei den meisten Nahrungsmittelproduzenten handelt es sich um kleine oder mittelgroße Unternehmen, aber selbst die größeren werden heutzutage von den wichtigsten Supermarktketten in die Knie gezwungen. Normalerweise soll eine Nahrungsmittelfabrik ein Sortiment von Produkten herstellen, das anschließend direkt an einzelne Supermarktketten geliefert wird. Dies bedeutet, dass der Hersteller oft nur zwei oder drei Kunden hat, manchmal nur einen einzigen. Jeder Fall von Unzufriedenheit auf Seiten des oder der Kunden könnte zum Konkurs führen. Im Gegensatz dazu haben die Supermärkte zahllose Lieferanten und können problemlos zwischen ihnen wechseln. Das versetzt sie in die Lage, äußerst günstige Geschäftsabschlüsse für sich auszuhandeln. Ihre unverhältnismäßige Macht erlaubt es ihnen, Verträge und Absatz so zu bestimmen, dass die Verluste, die durch ihre eigenen falschen Prognosen verursacht wurden, von den Produzenten getragen werden. Natürlich muss der Marktpreis für diese Verschwendung letztendlich auf den Preis des Produkts aufgeschlagen werden – er wird folglich von den Verbrauchern gezahlt. Für die Umweltschäden hingegen kommt üblicherweise niemand auf – sie sind kostenlos.

Abfall wegen Überproduktion entsteht, wenn ein Supermarkt eine Bestellung von beispielsweise 100 000 gemischten Sandwiches tätigt. Mit anderen Worten, er informiert den Hersteller eine Woche im Voraus, dass er an einem bestimmten Tag im August *wahrscheinlich* 100 000 Sandwiches benötigt. Allerdings wird der Supermarkt die Bestellung erst an dem Vormittag bestätigen, an dem die Sandwiches geliefert werden sollen, oder, wenn der Lieferant Glück hat, vierundzwanzig Stunden vorher (Defra 2007a). Ein Tag reicht dem Hersteller aber nicht, um all diese Sandwiches frisch zuzubereiten. Es dauert vielleicht zwei oder drei Tage, die Zutaten kommen zu lassen oder die Fertigungsstraße einzurichten und in Gang zu setzen. Die Sandwiches werden also alle hergestellt, bevor der Supermarkt den Auftrag bestätigt hat. Die endgültige Bestellung fällt sehr oft niedriger aus als der prognostizierte Bedarf. Es wurden nicht so viele Schinken-Ei-Sandwiches verkauft wie erhofft, oder vielleicht hat es zu regnen angefangen und weniger Leute kaufen überhaupt irgendwelche Sandwiches.

Am Ende steht der Hersteller mit Paletten voller frischer Sandwiches da und hat niemanden, dem er sie verkaufen kann. Sie denken vielleicht, dass er sich nach einem anderen Abnehmer umsehen könnte, aber das erste Problem, vor dem er oft steht, ist, dass heutzutage viele Produkte den eigenen Markennamen des Supermarktes tragen, sodass auf der Verpackung tatsächlich »Lidl – Schmecken Sie den Unterschied!« oder »ALDIs Bester« steht. Natürlich könnte man Verpackungen oder Aufkleber entwerfen, die sich entfernen und durch unspezifische Etiketten ersetzen lassen, aber die meisten Supermärkte erlauben nicht, dass für sie hergestellte Produkte an andere Einzelhändler weiterverkauft werden. Schlimmer noch, sie verbieten dem Hersteller sogar oft, den Überschuss an karitative Organisationen zu verschenken. Sie befürchten, dass die Ware heimlich auf dem sogenannten »grauen Markt« verkauft wird und ihre Marke dadurch Schaden nimmt. Oftmals bleibt dem Hersteller kaum etwas anderes übrig, als die Nahrungsmittel wegzuwerfen.

Selbst wenn der Hersteller Überschuss weiterverkaufen darf, muss er mit einem anderen logistischen Problem fertig werden. Frische Produkte wie Sandwiches und gekühlte Fertiggerichte halten sich nur kurz. Die meisten Einzelhändler bestehen darauf, das Produkt zu erhalten, wenn die Haltbarkeit zu 70–90 Prozent noch nicht abgelaufen ist; wenn ein Fertiggericht zwölf Tage haltbar ist, dann wollen sie zehn Tage haben, um es zu verkaufen (Defra 2007a). Wenn der Hersteller das Produkt bereits drei oder vier Tage bereitgehalten hat, werden viele Einzelhändler es nicht mehr anrühren, sondern eher von anderen Herstellern besorgen.

Was die Situation noch verschlimmert, ist, dass viele Nahrungsmittelfabriken schlecht ausgerüstet sind und nicht über die erforderliche Kühlung zur Lagerung vieler Reserven verfügen. Dr. Timothy Jones meint, dass die industriellen Nahrungsabfälle in den USA kurzfristig am einfachsten und effektivsten eingeschränkt werden könnten, wenn die Fabriken sofort mehr Kühlkapazitäten schaffen würden (Jones 2006). Allerdings könnte dies laut einer Studie des Imperial College London (2007) die Treibhausgasemissionen erhöhen. Unter diesen Bedingungen wäre es vielmehr besser, die industrielle Kühlung zu reduzieren und die Überproduktion einzuschränken. Manche Einzelhändler steigen inzwischen auf CO_2-gestützte Kühlsysteme um, die weniger Treibhausgase ausstoßen.

Warum produzieren Hersteller nicht einfach ein bisschen weniger, als die vorläufige Bestellung verlangt, warten auf die Bestätigung und produzieren dann eine Zusatzmenge, um die Differenz auszugleichen? Einige tun dies tatsächlich bereits. Aber die Kehrseite ist, dass das häufige An- und Abstellen von Fließbändern eine andere Art von Abfall erzeugt. Möglicherweise wurde ein Käseblock – gerieben und fertig für die Sandwiches – nicht vor dem Ende des Durchlaufs aufgebraucht. Er wird dann vielleicht lieber weggeworfen als in anderen Produkten verwendet. Da die meisten Hersteller von Kühlkost verarbeitungsfertige Zutaten einkaufen,

80

bleiben diese nur ein paar Tage frisch. Außerdem kostet das häufige Umstellen Zeit und Geld für das Abwaschen und abermalige Einrichten der Fertigungsstraße.

Würden Hersteller versuchen, Abfall zu vermeiden, indem sie mit ihrer Produktion unter der Bestellanforderung des Supermarktes bleiben, würden sie außerdem riskieren, den Vertrag nicht zu erfüllen. Falls sie einen schriftlichen Vertrag haben, verklagt der Supermarkt sie vielleicht, weil sie ihren Teil der Abmachung nicht eingehalten haben (PICME 2006). Die meiste Zeit jedoch achten die Supermärkte darauf, möglichst überhaupt keinen wie auch immer gearteten Vertrag abzuschließen, und ziehen es vor, Bestellungen in letzter Minute aufzuschieben, zu reduzieren oder zu stornieren. Wenn ein Hersteller Bestellungen nicht erfüllt, kann der Supermarkt einfach woanders Kunde werden. Genau aus diesem Grund werden Hersteller routinemäßig zu viel produzieren, bloß um zu vermeiden, die Supermärkte zu verärgern.

Nicht alle Produkte erzeugen so große Abfallmengen. Jene Erzeugnisse, die unter dem Markennamen des Herstellers verkauft werden, sind normalerweise weniger unwirtschaftlich als die mit dem supermarkteigenen Label. Nehmen wir zum Beispiel Ginsters, deren Fleischpasteten-Fabrik in der Nähe von Plymouth ich im Sommer 2008 besichtigte, um mir anzusehen, wie dort der Abfall erfolgreich reduziert wird. Überproduktion ist hier kein so großes Problem. Wenn Samworth Brothers, denen die Marke Ginsters gehört, gebeten werden, 20 000 Pasteten für Asda herzustellen, und Asda es sich dann anders überlegt und nur 15 000 will, darf Ginsters die überzähligen 5000 an einen der vielen anderen Einzelhändler verkaufen, die diese Pasteten führen. Weil die Fabrik sich zudem entschieden hat, ein paar ähnliche Produkte in großen Mengen herzustellen, kann die Produktion manchmal den ganzen Tag laufen, ohne dass Fertigungsstraßen verändert werden müssten.

MARK BARTLETT, DER UMWELT-GESCHÄFTSFÜHRER, behauptet, dass nur 2–3,5 Prozent der fertigen Ginsters-Produkte entweder als Überschuss oder als Ausschuss enden. Vielmehr lande das meiste, wie Bartlett mir versicherte, am Ende ohne Verpackung in den eigenen Läden für Waren zweiter Wahl. Dort kaufen sie Markthändler und Cateringfirmen zum Selbstkostenpreis, weil sie es nicht so genau damit nehmen, ob abgeblätterte Teigstückchen an der Pastete hängen oder ob sie 160 statt 170 g wiegt. Selbst die in derselben Fabrik hergestellten Pasteten für Tesco dürfen von ihrer Tesco-Verpackung befreit und als No-Name-Produkte verkauft werden – ein anschauliches Beispiel dafür, wie einfach es wäre, Abfall zu vermeiden, obwohl der Weiterverkauf von Markenprodukten gegenwärtig verboten ist.

Reihen von Qualitätskontrolleuren passen mit glasigem Blick auf und entfernen jeden Artikel, der nicht makellos aussieht, während Woche für Woche mehr als drei Millionen Pasteten an ihnen vorbeisausen. Das Tempo ist so hoch, dass ein älterer Arbeiter, den ich sah, sich in einem Zustand permanenter Panik zu befinden schien, während er versuchte, mit den Maschinen mitzuhalten. Es war deshalb nicht weiter verwunderlich zu sehen, dass Mitarbeiter ein paar aussortierte Pasteten (die für mich einwandfrei aussahen) in den Abfallbehälter warfen, statt sich die Zeit zu nehmen, sie für den Weiterverkauf in Kartons zu packen. Um die Geschwindigkeit des Betriebs noch zu erhöhen, hat Ginsters kürzlich hochmoderne Maschinen mit optischen Sensoren installiert, welche die Arbeit der Qualitätskontrolleure erledigen sollen – und deren Roboterarme aussortierte Pasteten von den Fließbändern nehmen und sie in Kartons fallen lassen. Aber die Sensoren arbeiteten zu schnell, als dass die Arbeiter mit ihnen hätten mithalten können, und die Kartons quollen über, sodass die Pasteten auf dem Boden verstreut wurden. Weil Mark Bartlett sagte, er »könnte den Schlüssel zur Abfallrutsche leider nicht finden«, sah ich nicht mit eigenen Augen, wie viele Pasteten tatsächlich weggeworfen wurden. Aber trotz der inoffiziellen Nachlässigkeit glaube ich doch, dass diese Verschwendung nur einen kleinen Prozentsatz der Gesamtproduktion darstellt.

Der Besitz einer bekannten Marke wie Ginsters verschafft Samworth Brothers eine sehr viel mächtigere Position: Supermärkte und kleine Lebensmittelläden kommen ohne die beliebten Pro-

dukte von Ginsters nicht aus und können den Hersteller deshalb nicht so leicht herumschubsen. Statt aus Paletten mit überzähligen Pasteten bestehen die 29–37 Tonnen Nahrungsabfälle, welche die Fabrik jede Woche produziert, hauptsächlich aus zerwühltem Teig, rohem Hackfleisch und Pflanzenschalen. Im Gegensatz zu vielen anderen Pastetenherstellern schafft es die Ginsters-Fabrik, einen Großteil ihrer Teigabfälle, die etwa 80 Prozent des Abfalls anderer Fabriken umfassen können, wiederzuverwenden (Imperial College London 2007). Früher gingen diese Teigabfälle als Tierfutter weg, aber die neue Gesetzgebung über tierische Nebenprodukte erschwert Fabriken, die mit Fleisch umgehen, heute diese Verwertungsmöglichkeit (C-Tech Innovation Ltd. 2004). Während ich zusah, wie Teigrollen von dem Fließband quollen, ging mir plötzlich auf, dass quadratische Pasteten diese Abfallquelle ausschließen, weil sie erlauben, eine ganze Teigplatte aufzubrauchen, statt die zwischen Halbkreisen ausgeschnittenen Stellen wegzuwerfen.

Leider wirft Ginsters auch ganze Pasteten weg, die wegen sichtbarer oder essenzieller Mängel aussortiert wurden, bevor sie die Backöfen erreichen, weil es billiger ist, sie in diesem frühen Stadium wegzuwerfen, als sie zu backen und im firmeneigenen Laden für Produkte zweiter Wahl zum Selbstkostenpreis weiterzuverkaufen. Um die Auswirkungen ihres Abfalls zu reduzieren, zahlen Samworth Brothers 40 Pfund pro Tonne, um ihn in die anaerobe Vergärungsanlage in Holsworthy bringen zu lassen, wo er in Gas zur Stromerzeugung verwandelt wird. Trotzdem ist es eine Vergeudung von Ressourcen, Nahrungsmittel in Gas zu verwandeln. Aber immerhin haben Samworth Brothers mehr getan als die meisten, um das Problem abzuschwächen.

Im Gegensatz dazu produziert die benachbarte Tamar-Fabrik, die zum selben Mutterkonzern gehört, tafelfertige Desserts und andere Gerichte ausschließlich für Supermarktketten. Hier ist man sehr viel verschwenderischer, weil Tamar den Launen der Supermarkt-Bestellpraxis und kurzen Produktionsläufen unterworfen ist. Dies ist zweifellos ein Grund, warum Hersteller, die ihre eigenen Markenprodukte vertreiben, im Schnitt mehr als

83

dreimal profitabler sind als Firmen, die Produkte für die Hausmarke eines Supermarktes herstellen. Während die Menge der von der Ginsters-Fabrik produzierten Nahrungsabfälle 3–7 Prozent der Gesamtproduktion beträgt, liegt der Wert für Tamar etwa zwischen 10–17 Prozent (beide Zahlen erhielt ich vom jeweiligen Unternehmen). Zusammengenommen sind diese Fabriken wirtschaftlicher als die übrigen Hersteller im Segment für Kühlkost, deren Nahrungsabfälle durchschnittlich 11,4 Prozent der Produktion ausmachen. Die Diskrepanz zwischen den beiden Fabriken von Samworth Brothers bestätigt jedoch, was viele in der Branche bezeugen. Die Zahlen deuten darauf hin, dass die Fabrik, die Produkte für eine Supermarkt-Hausmarke herstellt, 1,4- bis 5-mal so verschwenderisch ist wie die Fabrik eines Markenherstellers. Außerdem sind die Waren von Markenherstellern gewöhnlich länger haltbar, wohingegen Produkte einer Supermarkt-Hausmarke meist schneller verderblich sind. Doch dies erklärt nur einen Teil der Diskrepanz beim Ausmaß der Verschwendung.

Der Kontrast zwischen den beiden Fabriken lässt darauf schließen, dass die Ursachen für die Verschwendung vielleicht weniger in unvermeidlichen logistischen Problemen oder im mangelnden Bewusstsein der Geschäftsführung zu suchen sind, sondern mehr damit zu tun haben, wie Supermärkte ihr Zuliefersystem organisieren. Die Händler haben festgestellt, dass sie höhere Gewinne machen, wenn sie Produkte ihrer Hausmarke vertreiben, und genau deshalb hat es in letzter Zeit sowohl im Vereinigten Königreich als auch in anderen europäischen Ländern einen solchen Boom bei den Hausmarken-Sortimenten gegeben: In den fünf Jahren zwischen 2000 und 2005 stieg der auf Produkte von Hausmarken entfallende Umsatzanteil bei abgepackten Konsumgütern im Vereinigten Königreich von 35 auf 45 Prozent (Evolve 2007). Allerdings zählen die so vertriebenen Produkte zu den unwirtschaftlichsten Artikeln in der gesamten Nahrungskette.

Es wäre relativ leicht, mit einem Großteil der gegenwärtigen Verschwendung Schluss zu machen, ohne die Auswahl der Verbraucher im Geringsten zu beeinträchtigen, indem einfach das Bestellsystem geändert wird. Lord Haskins glaubt, dass die Hersteller es einfach versäumt hätten, sich der Tyrannei der Supermärkte zu widersetzen. Seine mehr oder weniger letzte Handlung als Vorsitzender von Northern Foods war, sich ein »Scharmützel« mit Tesco zu liefern, bei dem er seine Einwilligung verweigerte, Tesco mit Produkten zu beliefern, die Northern Foods exklusiv für andere Firmen herstellte, trotz der Drohung von Tesco, Aufträge im Wert von 90 Millionen Britischen Pfund zu widerrufen. Dass man sich Tesco widersetzt hatte, stärkte das Ansehen von Northern Foods, aber Haskins meint, dass das Unternehmen seit seinem Ausscheiden durch stagnierende Geschäftsbeziehungen zu anderen Einzelhändlern wie Marks & Spencer »plattgemacht« worden sei. Seiner Meinung nach können die Supermärkte damit nur deshalb ungestraft durchkommen, weil sich im Herstellungssektor zu viele Anbieter tummeln: Die Supermärkte könnten aussuchen und wählen. Wenn viele Hersteller Pleite machten, wären also die verbleibenden in einer stärkeren Verhandlungsposition, was wahrscheinlich richtig ist – aber auch außergewöhnlich kostspielig.

Weniger dramatisch als eine vollkommene Neustrukturierung sind differenziertere Vorhersagen und eine transparentere Kommunikation mit den Lieferanten. Mit Hilfe neuer Software und Fachkenntnis gelingt es den Supermärkten allmählich besser, die Nachfrage selber zu prognostizieren, aber sie haben nur ein bedingtes Interesse daran, die Vorteile an ihre Lieferanten weiterzugeben. Erst recht nicht, da Letztere die Kosten des Abfalls aufgrund von Überproduktion tragen. Besonders widerstrebt es ihnen, ihr Know-how an Lieferanten weiterzugeben, die gleichzeitig noch konkurrierende Ketten beliefern, weil sie glauben, dass dieses Wissen indirekt ihren Wettbewerbern helfen könnte.

Im Gegensatz zu den bestens ausgestatteten Supermärkten funktionieren Nahrungsmittelfabriken oft mit minimaler Belegschaft. Geschäftsführer arbeiten auf Hochtouren, »nur um ohne irgendwelche Schlamassel über den Tag zu kommen«, wie einer von ihnen es mir gegenüber ausdrückte. Die verantwortlichen Mitarbeiter haben selten die Zeit, Lust, Mittel oder Unterstützung, um nach neuartigen Wegen der Abfallreduzierung zu suchen. Alle Energie, die noch übrig ist, wandert in die Entwicklung und Vermarktung einer ständig wachsenden Vielfalt neuer Produkte und das kontinuierliche Erzielen positiver Gewinnspannen. Eine Umfrage im Vereinigten Königreich kam zu dem Ergebnis, dass in 90 Prozent der Nahrungsmittel- und Getränkefirmen die Mitarbeiter der Ansicht waren, die Geschäftsführung unterstütze Verbesserungen bei den Abfallstrategien nicht genug, während in weniger als der Hälfte der Unternehmen eine gute Kenntnis der einschlägigen Gesetzgebung vorhanden war. Obwohl es im Vereinigten Königreich, in Europa und in den Vereinigten Staaten eine Reihe regierungsnaher Initiativen zur Reduzierung des Abfalls in der Nahrungsmittelindustrie gibt, haben die Hersteller kaum eine Vorstellung davon, welches Gremium sie zu Rate ziehen sollen. Dieses Problem ist besonders akut bei kleinen und mittleren Unternehmen. Selbst wenn ihnen Neuerungen präsentiert werden, mit denen sie Geld sparen und ihre Gewinne steigern würden, lassen sie sie oft unberücksichtigt, weil sie nicht die Zeit haben, sie umzusetzen.

So gibt es zum Beispiel eine innovative Möglichkeit, wie manche Hersteller die Auswirkungen ungenauer Supermarktbestellungen reduzieren könnten. Wenn von einem bestimmten Produkt zu viel hergestellt worden ist, dann besteht das Problem darin, dass diese Endprodukte nicht in andere Waren verwandelt werden können. Doch es gibt viele Zutaten, die in den Produkten stecken – beispielsweise dieselbe Tomatensoße, die im Hähnchen-Curry des einen Supermarktes oder im Ratatouille eines anderen verwendet werden könnte. Statt alle Zutaten in getrennten Produktströmen zu vermischen, könnten Hersteller sie bereitstellen und dann so lange zurückhalten, bis die Supermärkte ihre Bestellungen bestätigt haben, und erst dann die Endproduktion starten. Dr. Shahin Rahimifard und seine Mitarbeiter entwarfen ein solches System und probierten es in einer realen Geschäftssituation aus. Die Abfallreduzierung, die sie erreichten, ersparte dem Betrieb daraufhin jedes Jahr fantastische 520 000 bis 780 000 Pfund – bis zu ein Fünftel seiner Kosten. Dies brachte dem Unternehmen nicht nur eine Menge Geld ein, es minderte auch die von ihm ausgehende

Umweltbelastung und beendete die Vergeudung menschlicher und natürlicher Ressourcen. Ein anderes Projekt zur Abfallverminderung, an dem sich dreizehn Nahrungsmittel- und Getränke-Unternehmen in East Anglia gemeinsam beteiligten, brachte jährliche Ersparnisse in Höhe von 1,1 Millionen Pfund. Außerdem reduzierte es den Verbrauch von Rohmaterialien und die Produktion von Feststoffabfall um 1400 Tonnen, die Kohlendioxid-Emissionen um 670 Tonnen und den Wasserverbrauch um 70 000 m³ (Henningsson u. a. 2004). Das von der britischen Regierung finanzierte Programm Envirowise hat vierundzwanzig unterschiedlichen Unternehmen und über 600 ihrer Lieferanten geholfen, ein Einsparpotenzial von mehr als 12 Millionen Pfund zu ermitteln (Defra 2007a). Ein weiteres Projekt im Jahr 2008, die Food Processing Faraday Partnership, ersparte achtzig Unternehmen 800 000 britische Pfund. Diese außergewöhnlichen Beispiele zeigen, dass ein großer Teil des Abfalls, den andere Firmen für unvermeidlich halten, in Wirklichkeit verhindert werden kann (PICME 2006). Aber andere Unternehmen haben lange gebraucht, um nachzuziehen. Lord Haskins' Urteil, dass dies »einfach ein schlechtes Geschäft« sei, mag stimmen. Auf jeden Fall zeigt seine Äußerung, dass die Abfallreduzierung bislang für die Hersteller keine hohe Priorität hatte.

Natürlich sollten Hersteller für ihr eigenes Versagen bei der Erhöhung der Wirtschaftlichkeit haftbar gemacht werden, und man sollte sie zu Veränderungen drängen. Aber die verarbeitende Industrie steht bereits unter finanziellem und gesetzgeberischem Druck (selbst die größten Firmen haben in den letzten Jahren Gewinnwarnungen ausgesprochen und Verluste vor Steuern angegeben). Es bestünde die Gefahr, dass die Produktion einfach ins Ausland abwandert, wenn die Vorschriften zu anspruchsvoll würden (Evolve 2007). Deshalb wird es wahrscheinlich vernünftiger und effizienter sein, das Problem über die Einzelhändler anzupacken. Gewöhnlich sind die großen Supermarktketten in einer mächtigeren Position, um solche Veränderungen herbeizuführen, und sie haben die Mittel dazu. Abgesehen davon, können Supermärkte nicht so einfach ins Ausland abwandern. Sie mögen ihre finanziellen Transaktionen in ausländischen Steueroasen abwickeln, aber soweit es ihre Geschäfte betrifft, sind sie auf ihre jeweiligen nationalen Kunden angewiesen. Wenn Einzelhändler Umweltstandards einführen würden, müssten diese außerdem gelten, wo auch immer der Hersteller seinen Sitz hat. Nationale Regierungen können Veränderungen hingegen meist nur innerhalb ihrer eigenen Grenzen bewirken.

Darüber hinaus sind Einzelhändler empfänglicher für die moralischen Anliegen ihrer Kunden, und öffentliche Kampagnen beeinflussen ihr Verhalten. Sie werden nur so lange mit ökologisch und gesellschaftlich nicht nachhaltigen Praktiken fortfahren, wie sie glauben, dass es der Öffentlichkeit gleichgültig ist. Gegenwärtig können Supermärkte den Abfall, den zu produzieren sie ihre Lieferanten veranlassen, mit dem Hinweis abtun, sie hätten damit nichts zu schaffen. Als der Verband der britischen Einzelhändler persönlich eine Aufforderung an alle großen Einzelhändler weitergab, auf dieses Problem zu reagieren, antwortete keiner von ihnen. Dennoch kam ein viel beachteter Bericht über die Herstellung von Kühlkost zu dem Ergebnis, dass die Schuld bei den Supermärkten liege, nachdem jeder einzelne der untersuchten Lieferanten gezeigt hatte, dass das Verhalten der Einzelhändler den Abfall unnötig vermehrte (Imperial College London 2007). Würden die Einzelhändler zur Rechenschaft gezogen, kämen sie vielleicht zu dem Schluss, dass es in ihrem ureigenen Interesse liege, Maßnahmen zu ergreifen, beispielsweise ihre Bestellanforderungen zu verbessern. Außerdem könnten die Einzelhändler überzeugt werden, den Herstellern rechtzeitiger Bescheid zu geben. Für Produkte wie Sandwiches würde der Hersteller manchmal nur weitere zwölf Stunden benötigen, um entsprechend der Nachfrage und nicht auf Grundlage ungenauer Schätzungen zu produzieren. Zumindest könnten Supermärkte die Hersteller an ihrem Wissen teilhaben lassen, damit diese besser planen können, statt am laufenden Band Nahrungsmittel herzustellen, die niemand will.

Eine Menge könnte allein schon durch die Förderung des Problembewusstseins innerhalb der Branche erreicht werden. Wie WRAP betont, haben Geschäftsführer selten eine umfassende

Vorstellung von den Kosten der Verschwendung von Nahrungsmitteln. Beispielsweise verstehen »Category Buyers« (Einkäufer
für bestimmte Warengruppen) oft nicht, in welchem Ausmaß zu
hohe Bestellungen oder eine erhebliche Änderung an der end-
gültigen Bestellung Kosten die gesamte Versorgungskette hinauf
verursachen kann. Natürlich sind da an erster Stelle die Kosten
der Deponiesteuer sowie der Abfallsammlung und -behandlung.
Das Sortieren, Trennen und Vertreiben der Nahrungsmittel, die
am Ende vergeudet werden, sind mit verdeckten Arbeitskosten
verbunden. Eine Reduzierung des Abfalls wäre erreichbar, wenn
diese »verdeckten Kosten« für jene sichtbarer wären, die sie verursachen. Erhielten »Category Buyers« zum Beispiel Prämien für
Leistungen in diesem Bereich, würden sie sich sehr viel genauer
überlegen, wann und wie viel sie bestellen.

Jüngste Entwicklungen im Vereinigten Königreich deuten darauf hin, dass es vielleicht noch eine andere effektive Möglichkeit
gibt, durch sanfte Regulierung mit diesem Problem fertig zu werden. Im Jahr 2000 wurden Supermärkte in Großbritannien von
der britischen Wettbewerbskommission untersucht. Man kam
zu dem Schluss, dass sich die Märkte unbilliger Geschäftsmetho-
den bedienten, indem sie unter anderem Hersteller und Erzeuger
zwangen, übertriebene finanzielle Haftung für Nahrungsmittel zu
übernehmen, die Supermärkte verschwendet oder nicht verkauft
hatten. Diese Beobachtungen bezogen sich auf eine Reihe unterschiedlicher Geschäftspraktiken. Beispielsweise vereinbaren Supermärkte oft mit ihrem Lieferanten einen Preis für ein Produkt,
wenn sich aber herausstellt, dass der Absatz hinter der Prognose
zurückbleibt und es erforderlich wird, die Produkte als Sonderan-
gebote zu vermarkten, schwenkt der Supermarkt um und verlangt
von dem Lieferanten, sich an der Last der Mindereinnahmen zu
beteiligen. Außerdem gibt es die berüchtigten »Rücknahme«-
Vereinbarungen, nach denen Supermärkte eine Warenlieferung
bekommen und sie an den Hersteller zurückschicken, wenn nicht
alles verkauft wurde. Im Fall von Fabrikware passiert dies häufig,
wenn etwa 75 Prozent der Haltbarkeit eines Erzeugnisses abgelaufen sind. Ein Großteil davon hätte während der letzten 25 Prozent

Haltbarkeit noch verkauft werden können. Aber der Einzelhändler schickt es lieber an die Lieferfirma zurück, um zu vermeiden, am Ende mit Überschuss dazustehen. Der Lieferant schmeißt es meistens zu hohen finanziellen Kosten für ihn selbst weg (Defra 2007a). Dass mächtige Supermärkte das Risiko finanzieller Verluste auf die Lieferanten abwälzen können, wirkt sich nachteilig auf ihre Motivation aus, die Praxis ihrer Bestellanforderungen zu verbessern. Wenn der Supermarkt die Haftung für diese Verschwendung übernähme oder sich zumindest die Kosten mit dem Lieferanten teilen würde, gäbe es auf beiden Seiten Anreize zur Lösung des Problems (Competition Commission 2008).

Im Jahr 2002 versuchte die britische Kartellbehörde OFT (Office of Fair Trading) den von der Wettbewerbskommission verdeutlichten Problemen mit der Einführung eines freiwilligen Verhaltenskodex für Supermärkte (SCOP, Supermarket Code of Practice) zu begegnen, obwohl dieser Leitfaden viele der Kommissionsempfehlungen verwässerte. Er sollte für jedes Lebensmittelgeschäft mit mehr als acht Prozent Marktanteil gelten, und die großen vier unter den britischen Supermärkten unterzeichneten ihn. Paragraph 7 von SCOP schreibt vor, dass die Frage, wer die finanziellen Kosten einer zu hohen Supermarkt-Bestellung übernehmen wird, vorab geklärt werden müsse. Im Jahr 2004 jedoch kam das OFT am Ende einer Überprüfung von SCOP zu dem Schluss, dass »der Kodex nicht wirksam funktioniert«, sondern viele der unfairen Praktiken trotzdem fortgesetzt würden. Wie einer Presseinformation der Umweltorganisation Friends of the Earth aus dem Jahr 2003 zu entnehmen ist, »mussten viele Lieferanten [nach wie vor] für die nicht mit einem Qualitätsproblem bei dem Produkt zusammenhängenden Kosten nicht verkaufter oder verschwendeter Produkte aufkommen«. Tesco beispielsweise wurde explizit vorgeworfen, »mündlich zur Überproduktion zu ermuntern und anschließend nicht zu kaufen«.

Auf öffentlichen Druck hin verwies das OFT den Lebensmittelmarkt im Jahr 2006 erneut an die Wettbewerbskommission. Das Ergebnis war im Jahr 2008 der Abschlussbericht der Kommission, in dem die Supermärkte noch immer für schuldig befunden wurden, unnötige Risiken und übermäßige Kosten, einschließlich der Kosten für nicht verkaufte Nahrungsmittel, auf ihre Lieferanten abzuwälzen. Die Schlussfolgerungen der Wettbewerbskommission sind mit erstaunlicher Offenheit formuliert. Erstens sei es unangemessen, dass Supermärkte keine Vorabvereinbarungen mit Lieferanten treffen, wer die Kosten für nicht verkaufte Nahrungsmittel tragen wird. »Wenn zum Beispiel«, so heißt es, »eine falsche Absatzprognose durch den Einzelhändler zu einem erheblichen Überbestand bei einem Produkt führt, wäre es nicht angemessen, dass der Einzelhändler dann bittet oder verlangt, der Lieferant möge sich an den Kosten beteiligen.« Doch die Wettbewerbskommission geht so weit zu sagen, dass, selbst wenn man sich im Vorfeld über die Konditionen einigt, die Kosten, deren Übernahme derzeit von den Lieferanten verlangt werde, trotzdem oft »überhöht« seien: »Besondere Sorgen«, so heißt es, »machen wir uns hinsichtlich der Übertragung des Risikos von Lebensmitteleinzelhändlern auf Lieferanten in Situationen, wo diese Übertragung ein ›subjektives Risiko‹ erzeugt, das heißt, wo der Einzelhändler das Ausmaß des eingegangenen Risikos beeinflussen kann, der Einzelhändler als Folge der Übertragung aber weniger Anreiz hat, dieses Risiko zu minimieren. In diesen Situationen erhöht die Risikoübertragung das von den Parteien getragene Gesamtrisiko und erhöht außerdem die Kosten für den Lieferanten« (Competition Commission 2008).

Wie Rory Taylor, der Sprecher der Wettbewerbskommission, in einem Gespräch im Januar 2009 erläuterte: »Es gibt ein Problem, wenn Einzelhändler, aus welchem Grund auch immer, am Ende mit Überschussware dastehen und den Lieferanten für deren Kosten haftbar machen, ob durch einen starken Preisnachlass, um das Produkt loszuwerden, oder durch die Weigerung, für das zu bezahlen, was nicht verkauft wurde. Verständlicherweise könnte der Lieferant denken: ›Wenn du zu viel bestellt hast, warum sollen wir für die Kosten geradestehen?‹«

Die Wettbewerbskommission hat einen neuen, strengeren Verhaltenskodex für die Lebensmittelversorgung (GSCOP; Grocery Supply Code of Practice) gefordert. Entscheidend ist, dass sie sich für die Einsetzung eines Ombudsmannes zur Überwachung des Kodex und zur Schlichtung von Streitigkeiten ausgesprochen hat (Competition Commission 2008). Es bleibt die Frage, ob die Kritik an dieser Praxis in einen eindeutig formulierten Paragraphen übersetzt wird und ob dieser bindend sein wird. Leider erscheint es als wahrscheinlich, dass sie lediglich in eine allgemeine Bestimmung zur »Kulanz« mündet. Es wäre Sache des Ombudsmannes zu beurteilen, ob mangelnde Kulanz im Spiel war, wenn es zu Streitigkeiten kommt.

Aber momentan regt sich auf Seiten der Supermärkte Widerstand gegen die Idee eines unabhängigen Ombudsmannes mit der Befugnis, Supermärkte wegen Verstößen mit Geldbußen zu belegen. Die Einzelhändler behaupten, die ganze Sache sei extrem kostspielig (was die Wettbewerbskommission für »übertrieben« hält), und malen das Gespenst steigender Preise an die Wand. Das britische Wirtschaftsministerium (BERR; Department for Business, Enterprise and Regulatory Reform) wartet unterdessen ab und hofft, dass die Supermärkte freiwillig einer Verpflichtung auf den neuen Kodex zustimmen, bevor man signalisiert, ob man den Einzelhandelssektor gesetzlich verpflichten werde, sich zu bessern. Trotz der weitverbreiteten Auffassung, dass Gesetze ein unpopulärer Weg sind, um Veränderungen anzustoßen, waren 80 Prozent der von Friends of the Earth inspizierten Lieferanten der Ansicht, dass ein »neues gesetzliches Verbot unfairer Geschäftspraktiken von Supermärkten« eine positive Wirkung hätte. Die Anwendung des Wettbewerbsrechts ist ein komplizierter Weg. Aber der Entwurf und die Durchsetzung des GSCOP bieten durchaus eine Möglichkeit, Supermärkte dazu zu zwingen, die Haftung für die von ihnen verschwendeten Nahrungsmittel zu übernehmen. Dies ist ein grundlegender Schritt bei der Schaffung eines Anreizes für Einzelhändler, die Nahrungsabfälle weiter oben in der Versorgungskette zu reduzieren, und ähnliche Maßnahmen könnten auch international getroffen werden.

4. DIE »HALTBARKEITS«-MYTHOLOGIE VERKAUFEN

... in solchem Überflusse sind sie zu unserer Wahl,
dass wir die größere Menge der Früchte ungepflückt lassen ...
JOHN MILTON, *DAS VERLORENE PARADIES,* BUCH IX

DAS SCHRECKGESPENST der Lebensmittelindustrie heißt Lebensmittelvergiftung, und Unternehmen mit hochwertigen Marken leben in ständiger Furcht vor geschäftsschädigenden Schlagzeilen. Ein einziger Fall kann dazu führen, dass der Umsatz einbricht und die Aktienkurse abstürzen. Hersteller und Supermärkte, die über die Haltbarkeit entscheiden, kalkulieren daher oft großzügig etwaige Fehler mit ein, wenn sie vorausberechnen, wie schnell ein Nahrungsmittel verderben wird. Für manche Produkte stellen sie sich den schlimmsten Fall vor, bei dem Kunden Lebensmittel stundenlang in einem warmen Auto lassen, sie Bakterien aussetzen und sie schließlich in einem Kühlschrank lagern, der ein paar Grad wärmer ist, als er eigentlich sein sollte. Folglich liegt das von ihnen festgesetzte Ablaufdatum oft ein paar Tage vor dem Termin, an dem das Lebensmittel bei richtiger Behandlung schlecht werden wird.

In der EU verlangen die Richtlinien zur Lebensmittelkennzeichnung, dass die meisten verpackten Produkte entweder ein Verbrauchs- oder ein Mindesthaltbarkeitsdatum tragen. Leicht verderbliche Lebensmittel, beispielsweise Hackfleisch, müssen statt der Haltbarkeitsangabe die Aufbewahrungsbedingungen und ein Verbrauchsdatum nennen, nach dessen Ablauf sie nicht mehr verkauft werden dürfen.

Das berühmt-berüchtigte Mindesthaltbarkeitsdatum ist für Lebensmittel mit geringerem Risiko bestimmt und zeigt an, dass das Lebensmittel vor diesem Datum am geschmackreichsten ist. Dies meint aber nicht zwangsläufig, dass ein späterer Verzehr gesundheitsschädlich ist. Mit dem Mindesthaltbarkeitsdatum versehen werden Produkte, die bei Zimmertemperatur haltbar sind, wie Brot und Kuchen, oder Kühlwaren, die bei korrekter Lagerung die

Entwicklung Lebensmittel vergiftender Organismen nicht begünstigen, beispielsweise Butter und Margarine. Obst, Gemüse und alle Backwaren, die binnen Tagesfrist verzehrt werden sollen, müssen laut Gesetz überhaupt nicht gekennzeichnet werden – und dennoch verpacken und datieren Supermärkte sie für gewöhnlich. Diese Daten können Geschäften wohl helfen, Verschwendung zu vermeiden, indem sie gewährleisten, dass Artikel in der richtigen Reihenfolge verkauft werden, aber sie bedeuten auch, dass Tonnen genießbarer Erzeugnisse unnötig weggeworfen werden. Jeder kann erkennen, wann ein Stück Obst schrumpelig wird, und selbst entscheiden, ob es noch essbar ist. Die Praxis des Einzelhandels, Mindesthaltbarkeitsdaten anzugeben, ist von daher höchst zweifelhaft. Die Gewohnheit, Obst und Gemüse mit Daten zu versehen, könnte aufgegeben werden. Vielleicht ist die wichtigste Funktion von Mindesthaltbarkeitsdaten auf diesen Produkten lediglich, wie einige Brancheninsider zugeben, den Profit des Supermarktes zu erhöhen – indem Verbrauchern der Eindruck von Frische vermittelt wird. Es kann aber auch sein, dass man uns ermuntert, Nahrungsmittel wegzuwerfen, damit wir wiederkommen, um noch mehr neue zu kaufen.

Verbrauchsdaten sollten eigentlich den verpackten, »in mikrobiologischer Hinsicht sehr leicht verderblichen Lebensmitteln, die nach kurzer Zeit eine unmittelbare Gefahr für die menschliche Gesundheit darstellen könnten«, vorbehalten sein (Art. 10, EU-Richtlinie 2000/13/EG). Das Gesetz legt nicht fest, wie lange jedes Produkt haltbar sein sollte – das bestimmen die Hersteller gemäß ihren eigenen Einschätzungen. Und es gibt auch keine Liste von Lebensmitteln, die unter diese Kategorie fallen, aber wahrscheinlich gehören dazu Molkereiprodukte (ohne Butter), zubereitete oder teilweise zubereitete Produkte (einschließlich Sandwiches) und Fleisch oder Fisch wie gepökelter Schinken oder Räucherlachs, die zwar haltbar gemacht wurden, bei Zimmertemperatur jedoch verderben. Obwohl rohes Fleisch und roher Fisch in der Praxis fast immer ein Verbrauchsdatum erhalten, könnten sie von Rechts wegen auch durch Mindesthaltbarkeitsdaten erfasst werden, weil vom Verbraucher erwartet würde, dass er sie im Kühlschrank aufbewahrt und dann kocht oder brät, um zu verhindern, dass sie gefährlichen Bakterien ausgesetzt werden. Die Ausnahme von dieser Regel ist verpacktes frisches Geflügelfleisch, das durch gesonderte Vorschriften erfasst wird und laut EU-Verordnung über Vermarktungsnormen für Geflügelfleisch ein Verbrauchsdatum braucht. Nahrungsmittel, die dem Verbraucher tiefgekühlt verkauft werden, benötigen ebenfalls kein Verbrauchsdatum. Eier werden durch eine gesonderte EU-Gesetzgebung erfasst, die lediglich ein Mindesthaltbarkeitsdatum verlangt, obwohl sie gemäß EU-Vermarktungsnormen für Eier nach Ablauf dieses Datums nicht legal verkauft werden dürfen und nicht für den Verzehr empfohlen werden. Das Mindesthaltbarkeitsdatum und das Verbrauchsdatum haben deshalb laut Gesetz sehr unterschiedliche Zielsetzungen: Das Erste ist lediglich eine Qualitätsgarantie, während das Zweite ein Anhaltspunkt für die Nahrungsmittelsicherheit ist.

In den Richtlinien des Vereinigten Königreichs zur Gesetzgebung über Verbrauchsdaten heißt es: »Das Verbrauchsdatum ist das Datum, bis zu dem das Lebensmittel gefahrlos verbraucht werden kann«, und: »Die falsche Verwendung eines Verbrauchsdatums sorgt für Verwirrung in den Köpfen der Verbraucher und verstößt gegen die gesetzlichen Bestimmungen.« Probleme entstehen, wenn Hersteller ein Verbrauchsdatum auf die Verpackung drucken, das nur auf ihre Einschätzung zurückzuführen ist, wann ein Produkt seine beste Zeit hinter sich haben wird, obwohl der Verzehr noch lange nicht gesundheitsschädigend ist. Für einige Produkte, wie Schweinefleischpasteten, wo Feuchtigkeit von der Füllung allmählich durchsickern und die Konsistenz der Kruste verändern kann, ist dies alltägliche Praxis. Pasteten-Hersteller, mit denen ich sprach, räumten ein, dass das Verbrauchsdatum, das sie auf ihre Erzeugnisse setzen, nicht Ausdruck ihrer Sorgen um die Lebensmittelsicherheit sei – es gehe lediglich darum, wie lange der Teig knusprig bleibe. In diesen Fällen wäre es für die Verbraucher weniger verwirrend, wenn die Produkte ein Mindesthaltbarkeitsdatum trügen und zusätzlich noch ein Verbrauchsdatum, das anzeigt, wann der Verzehr des Lebensmittels tatsächlich eine

Gefahr für die Gesundheit darstellt. So könnten die Leute selber entscheiden, ob sie eine Pastete wegwerfen, bloß weil sie nicht mehr so knusprig ist, statt sie aus lauter Angst wegzuschmeißen, weil sie glauben, sie könnte sie krankmachen.

Obwohl die Grundlagen dieses Systems seit fast dreißig Jahren gelten, herrscht in der Öffentlichkeit nach wie vor völlige Verwirrung. Einigen Umfragen zufolge missverstehen bis zu 80 Prozent der britischen Öffentlichkeit die Funktion der verschiedenen Bezeichnungen. Viele Verbraucher sind noch vorsichtiger, als das ohnehin strenge System ihnen rät. Die größte Verwirrung zeigt sich, wenn Verbraucher ein Mindesthaltbarkeitsdatum (Qualität) behandeln, als sei es ein Verbrauchsdatum (Lebensmittelsicherheit), und Nahrungsmittel wegwerfen, weil sie glauben, der Verzehr gefährde ihre Gesundheit. Laut einer BBC-Umfrage von 2008 glaubt mehr als ein Drittel der britischen Bevölkerung irrtümlicherweise, dass jedes Produkt, dessen Mindesthaltbarkeitsdatum überschritten ist, sie vergiften könne und auf gar keinen Fall verzehrt werden sollte. Und von 1530 befragten Verbrauchern warfen 22 Prozent ihre Lebensmittel immer weg, sobald das Haltbarkeitsdatum überschritten war. Höchstens wurden noch Obst, Gemüse, Brot und Käse nach Ablauf ihrer Haltbarkeit gegessen. Vorsichtiger waren die Befragten, was den Verzehr von abgelaufenem Fleisch, Geflügel und Fisch betraf (Defra 2007a). Diese Missverständnisse bedeuten, dass wir jede Menge Nahrungsmittel wegwerfen, die noch zum Verzehr geeignet sind.

Da das Datierungssystem gesetzlich verankert ist, sollten Regierungen eine gewisse Verantwortung dafür tragen, die Öffentlichkeit darüber aufzuklären. Ein schlichter Hinweis, dass der Verzehr eines Lebensmittels, dessen Mindesthaltbarkeitsdatum erreicht oder überschritten ist, nicht zwangsläufig gesundheitsgefährdend sei und dass es ebenso sehr um Temperatur, Behandlung und Zubereitung geht, könnte außerordentlich hilfreich sein (Weidema u. a. 2008). Ernährungserziehung, beispielsweise Kochkurse in Schulen, könnte Menschen beibringen, ihre Augen und Nasen zu benutzen, statt sich nur auf die vorgegebenen Daten zu verlassen. Die durchschnittliche Zimmertemperatur im Vereinigten Königreich ist zwischen 1970 und 2004 um 30 Prozent von 12 auf 18 Grad Celsius gestiegen. Dies bedeutet (sofern die Leute nicht dazu gebracht werden können, ihre Thermostate herunterzudrehen), dass Lebensmittel, die früher in Speisekammern gelagert wurden, heute in Energie verbrauchenden Kühlschränken aufbewahrt werden müssen (Garnett 2008). Aber einige Produkte bewahrt man am besten nicht in Kühlschränken auf: Blattsalate beispielsweise werden von allen Nahrungsmitteln am meisten verschwendet: 45 Prozent (nach Gewicht) bzw. 60 Prozent (nach Preis) des gesamten im Vereinigten Königreich gekauften Salats enden in der Mülltonne (WRAP 2008a). Statt Blattsalate im Kühlschrank zu lagern, können sie sich bedeutend länger halten, wenn sie wie Blumen aufbewahrt werden, indem man vom unteren Ende der Pflanze eine dünne Scheibe abschneidet und den Salat aufrecht in Wasser stellt. Frischmilch in Großbritannien enthält normalerweise einen Warnhinweis, dass sie binnen zwei oder drei Tagen nach dem Öffnen verbraucht werden sollte. Eine Marke – Cravendale – behauptet, ihre Milch bleibe sieben Tage frisch. Auf eine Nachfrage von WRAP antwortete Cavendale, es liege an der »Mikrofiltration«. WRAP fand jedoch heraus, dass andere Hersteller ihre Milch ebenfalls mikrofiltrieren. Die Lagerungshinweise dieser Unternehmen hatten einfach nicht mit den eingesetzten Technologien Schritt gehalten.

Für Technikfreaks wurden inzwischen Kühlschränke entwickelt, die den Strichcode der Lebensmittel lesen und ihren Besitzer warnen, wenn sie sich dem Ende der Haltbarkeit nähern. Darüber hinaus gibt es »Smart Labels« oder »Smart Tags«: extrem flache, auf eine Folie aufgebrachte Transponder samt Antenne, die Temperaturveränderungen registrieren und sich rot verfärben, wenn das Lebensmittel so lange draußen gelassen wurde, dass sich Bakterien bilden konnten. Doch diese Vorrichtungen sind teuer und nehmen den Verbrauchern noch mehr Verantwortung ab.

Bevor die Europäische Union im Jahr 1979 gesetzliche Bestimmungen zur Kennzeichnung von Lebensmitteln erließ, führte nach einem stetigen Verlust des öffentlichen Vertrauens in Lebensmittel aus dem Supermarkt zuerst die Branche selbst Haltbarkeitsdaten ein. Lord Haskins erzählte mir von seiner Beteiligung an der Erfindung der Haltbarkeitsdaten als Folge eines Artikels im *Evening Standard* über ranzige Sahne bei Harrods. Damals, in den 1970er Jahren, war er mit Marks & Spencer im Gespräch. Zusammen hatten sie die Idee, Daten zu codieren, die es den Mitarbeitern erleichtern sollten, alte Bestände in den Ausstellungsregalen nach vorne zu rücken. Produkte wie Kekse, die davor niemals einen Datumscode erhalten hatten, trugen nun plötzlich Daten, obwohl ihr Verzehr auf unbegrenzte Zeit keine Gefahr für die Gesundheit darstellte. Zur Verknüpfung der Daten mit Lebensmittelsicherheit kam es laut Haskins erst später. Inzwischen hatte die Konsumkultur das Regiment übernommen und zwischen den Supermarktketten einen Vermarktungswettlauf in Gang gesetzt – den Marks & Spencer mit einer Anzeigenkampagne nach dem Motto »Die Frische erkennen Sie am Haltbarkeitsdatum« bestritt. Andere Hersteller und Einzelhändler zogen nach, obwohl deren Konkurrenzmarken für ähnliche Produkte oft doppelt so lange haltbar waren. Heute seien die von Herstellern verwendeten Daten, so Haskins, »überzogen, eine Überreaktion und lächerlich unnütz«. Er stimmt zu, dass eine Revision des Systems zu einer drastischen Reduzierung des Abfalls beitragen könnte.

Natürlich können Produkte wie Hähnchen-Sandwiches, die kalt gegessen werden, Probleme verursachen, wenn sie zu spät verzehrt werden. Aber viele wenden ein, dass rohes Fleisch durchaus nach Ablauf des Datums noch gegessen werden könne, wenn man es vor dem Verzehr nur richtig zubereite. »Wenn Fleisch fünf oder sechs Tage abgelaufen ist«, sagte Lord Haskins, »sehe ich es mir normalerweise an und esse es wahrscheinlich, wenn ich es im Kühlschrank aufbewahrt hatte. Milchprodukte, wie Joghurt, die einen Monat abgelaufen und deren Geruch und Aussehen okay sind, würde ich essen. Einerseits«, fuhr er fort, »gehen die Hersteller davon aus, dass wir alle Idioten sind, und andererseits ist die Öffentlichkeit schön blöd, dass sie diese Daten ernst nimmt.« Was Haskins statt des verwirrenden Fachjargons vorschlägt, ist ein Ampelsystem, durch das bestimmte Produkte je nach Gefahrenstufe rot, gelb oder grün codiert werden.

In den Vereinigten Staaten gibt es keine Bundesgesetze, die eine Datumskennzeichnung bei Lebensmitteln verlangen, außer bei ein paar Babynahrungsmitteln. Stattdessen konzentriert sich die Regierung lieber darauf, die Öffentlichkeit über den sicheren Umgang mit Lebensmitteln zu informieren. Allerdings ist in mehr als zwanzig Bundesstaaten die Datierung mancher Nahrungsmittel gesetzlich vorgeschrieben; Einzelhändler und Hersteller im ganzen Land verwenden eine Vielzahl von Haltbarkeitsdaten, Verfallsdaten, Fälligkeitsdaten und Qualitätsdaten. Während in manchen Gegenden des Landes viele Lebensmittel ein Datum tragen, wird in anderen Bundesstaaten gar nicht ausgezeichnet. Das Ergebnis ist ein Chaos, das für den Verbraucher beinahe so verwirrend ist wie das europäische System (Severson 2001).

Doch die Amerikaner haben Bedenken, dem europäischen Beispiel zu folgen und eine Lebensmittelkennzeichnung zu erzwingen – unter anderem, weil sie sehen, wie viel unnötiger Abfall dadurch verursacht wird. Im Jahr 2001 stellte das US-Landwirtschaftsministerium die Idee zur Diskussion, auf einigen Lebensmitteln Verbrauchsdaten vorzuschreiben. Doch das Food Marketing Institute – ein Branchenlobbyist, der Einzelhändler und Großhändler vertritt – schloss sich einer Reihe von fachkundigen Gegnern an, indem es darauf hinwies, dass die Verbraucher bereits durch Datumskennzeichnungen verwirrt würden. Die Regierung müsste ein umfangreiches Aufklärungsprogramm durchführen, bevor irgendein Gesetz eingeführt werden könnte. Die Institutsvertreter betonten auch, dass es zu viele Variablen gebe – beispielsweise Lagerung und Behandlung –, die die Verfallszeit beeinflussen. Zum Schluss stellten sie fest:

»Wenn das Ministerium für die infektiöse Dosis des Produkts und den Umgang mit ihm Maßstäbe anlegt, die sich am schlimmsten Fall orientieren, um dadurch die anfälligsten Bevölkerungsgruppen zu schützen, werden Lebensmittel vernichtet, die von der Mehrheit der Bevölkerung gefahrlos verzehrt werden können. Darüber hinaus kann ein auf Annahmen für den schlimmsten Fall beruhendes Verbrauchsdatum zu einer zulässigen Lagerfähigkeit führen, die zu kurz ist, um einen vernünftigen Vertrieb, Verkauf und Verbrauch des Produkts zu ermöglichen.«

Im Jahr 2000 unterbreitete Senator Tom Hayden aus Los Angeles im Anschluss an eine Reihe hysterischer Artikel über Verstöße gegen die Lebensmittelsicherheit einen Gesetzentwurf zur Datumskennzeichnung. Aber die Vorlage wurde aus ähnlichen Gründen, wie sie das Food Marketing Institute vorgebracht hatte, fallen gelassen, nachdem eine Interessengruppe der Branche sich dem Vorhaben widersetzt hatte. Sie behauptete, dass »Rindfleisch, das dunkel wird, zwar unattraktiv aussieht, aber dennoch gesundes Rinderhackfleisch ist, und viele Fleischprodukte auch lange nach Ablauf herkömmlicher Haltbarkeitsdaten ohne Gefahr für die Gesundheit eingefroren werden können«. Dies mag ein Symptom für die Macht von Konzernen in den USA sein, aber es kann ebenso gut als Zeichen des gesunden Menschenverstands in Bezug auf eine übereifrige Gesetzgebung verstanden werden.

Wie europäische Gesetzgeber schnell erkannt haben, muss die öffentliche Gesundheit natürlich geschützt werden. Aber immer wenn eine Strategie zur Risikovermeidung ersonnen wird, müssen auch ihre Kosten bedacht werden. Gegenwärtig verursachen das europäische Recht zur Lebensmittelkennzeichnung und seine Anwendung durch Hersteller und Einzelhändler gewaltige Mengen an Abfall. Es kann sein, dass Datumsetiketten in ihrer gegenwärtigen Form mehr schaden als nützen – oder zumindest mehr schaden, als nötig ist. Kaum jemand möchte die Verantwortung für den Interessenausgleich zwischen öffentlicher Gesundheit und Abfallreduzierung übernehmen. Im Vereinigten Königreich beispielsweise erklärte ein Vertreter der Food Standards Agency, einer unabhängigen Behörde zur Überwachung der Lebensmittelsicherheit, im Jahr 2008 in einem Interview, dass man Abfall nicht als Aufgabengebiet betrachte. Allerdings sind in der Branche und der Regierung wichtige Maßnahmen im Gange, eine Überprüfung der Datumskennzeichnung auf europäischer Ebene zu initiieren. Vielleicht machen Datumsetiketten zukünftig deutlich, dass Lebensmittel bis zum Ende des erwähnten Datums zum Verzehr geeignet sind. In Deutschland entschied die Regierung, dass die Angaben »Verkauf bis« oder »in der Auslage bis« die Verbraucher verwirren, was nach der bestehenden EU-Richtlinie verboten ist. Die Angabe solcher Daten wurde deshalb untersagt, und diese Interpretation von EU-Recht könnte auf die gesamte Europäische Union ausgeweitet werden. Doch meist laviert jede Körperschaft, die mit der Bestimmung der Lagerfähigkeit von Produkten befasst ist, um eine endgültige Entscheidung herum. In vielen Fällen sind die Regelungen ebenso von Angst wie von wissenschaftlichen Erwägungen beeinflusst. Allzu strenge Maßstäbe, die die Nahrungsabfälle unnötig vermehren, untergraben die Glaubwürdigkeit des ganzen Systems. Nicht die Konzerne sollten geschützt werden, sondern die Menschen und der Planet, auf dem sie leben.

5. ACHTEN SIE AUF IHRE ABFALLBILANZ

Hans Nett vertrug kein Fett,
Sein Weib hielt nichts von magrer,
So speisten sie die beiden,
Der Hans wurd' immer hagrer.
KINDERREIM AUS DEM 17. JAHRHUNDERT

ICH ÖFFNE DIE KÜHLSCHRANKTÜR eines Freundes. George ist ein typischer Vertreter seiner Generation: Er lebt allein, isst allein und kocht selten selber. Essen ist in seinem Leben eine Frage der Bequemlichkeit geworden. George hält sich für einen umweltbewussten Bürger. Er hat Isolierung und Doppelverglasung einbauen lassen; er recycelt Flaschen und Papier und macht das Licht aus, wenn er aus dem Zimmer geht. Aber Leute, die allein leben, verschwenden 45 Prozent mehr Nahrungsmittel pro Person als der Durchschnittshaushalt, weshalb ich beschlossen habe, George auf die Nahrungsabfall-Probe zu stellen.

Während George in der Küche sitzt und so tut, als läse er die Zeitung, öffne ich seinen Kühlschrank und durchforste den Inhalt. Im untersten Fach finde ich eine Packung Babyspinat, der angefangen hat, zu einer braunen Masse zusammenzufallen; auf der Ablage darüber stehen ein halb aufgegessener Teller Nudeln und ein vegetarisches Lasagne-Fertiggericht, dessen Verbrauchsdatum abgelaufen ist. In der Kühlschranktür liegt eine vertrocknete halbe Zitrone, die eindeutig so aussieht, als würde sie nie wieder ausgedrückt. Im Küchenabfalleimer finde ich einen Viertellaib schimmeliges Brot, die Reste eines Bechers Joghurt sowie eine schleimige Scheibe Quiche mit Cumberland-Wurst und Räucherspeck. George ist sich sicher, dass er weniger verschwendet als der Durchschnittsbürger – aber Studien in den USA und in Großbritannien legen den Schluss nahe, dass die meisten Leute sich der gleichen Illusion hingeben und nicht merken, wie viel Nahrungsmittel sie wirklich wegwerfen. Die vom Aktionsprogramm WRAP durchgeführte Studie über Verbraucherabfall kam zu dem Ergebnis, dass mehr oder weniger jeder Einwohner des Vereinigten Königreichs gewaltige Mengen an Nahrungsmitteln verschwendet, ohne es zu merken. Was veranlasst uns, so zu handeln?

Supermärkte sind, wie wir gesehen haben, sehr erfolgreich darin, ihr öffentliches Image reinzuwaschen, indem sie den Abfall die Nahrungskette aufwärts Herstellern und anderen zuschieben. Wie nicht anders zu erwarten, laden sie ihn eine Stufe tiefer aber auch den Verbrauchern auf. Eine der vielen Möglichkeiten, derer sie sich dabei bedienen, sind sogenannte »Zwei-für-eins«-Geschäfte (»Zwei zum Preis von einem«). Solche Angebote sind ihr Geld allerdings nur wert, wenn man auch tatsächlich braucht, was man kauft. Stattdessen nehmen viele von uns die Gratisbeigabe mit nach Hause und essen sie dann nicht. Die Supermärkte sind auf diesem Wege ein Produkt losgeworden, von dem sie einen Überschuss hatten, und haben uns überzeugt, dass wir ein Schnäppchen gemacht haben. In Wirklichkeit wurde aber nur einen Haufen Abfall produziert, der entsorgt werden muss. Dasselbe Phänomen trifft auf Vorteilspackungen von Produkten und auf zu groß portionierte Fertiggerichte zu. Wir bekommen viel für unser Geld, werden aber oft verleitet, mehr zu kaufen, als wir verbrauchen werden. Zum Glück haben die Supermärkte angefangen, die Unzufriedenheit der Verbraucher, besonders aus Einpersonenhaushalten, wahrzunehmen. Im Jahr 2008 war im Vereinigten Königreich tendenziell ein erheblicher Rückgang der »Zwei-für-eins«-Werbekampagnen zugunsten von Rabattangeboten zu beobachten, die ein konstruktiverer Weg zum Umgang mit Überschuss sein können.

Führt man die Ursachen der Verschwendung entweder auf die Supermärkte oder die Verbraucher zurück, gerät man in eine Zwickmühle. Wenn wir als Verbraucher Nahrungsmittel verschwenden, dann sind allein wir dafür verantwortlich – oder trifft die ausgeklügelten und subtilen Marketingstrategien der Supermärkte eine gewisse Mitschuld? Als der britische Premierminister Gordon Brown im Jahr 2008 auf dem G-8-Gipfel in Japan seine Rede hielt, lenkte er das Augenmerk auf die Rolle der Supermärkte als Verführer und verknüpfte die daraus resultierenden Nahrungsabfälle mit der globalen Ernährungskrise. »Wenn wir niedrigere

Nahrungsmittelpreise wollen«, sagte er, »müssen wir auch mehr tun, um mit unnötiger Nachfrage fertig zu werden, beispielsweise indem wir unsere Nahrungsabfälle reduzieren.« Der umweltpolitische Sprecher der Liberaldemokraten, Steve Webb, drückte es unverblümter aus: »Die Supermärkte erschweren es Haushalten, Nahrungsabfälle zu vermeiden, während sie selber wegen schlechter Lagerwirtschaft große Mengen essbarer Nahrungsmittel wegwerfen. Sie weigern sich, kleine Portionen zu führen, die für die wachsende Zahl von Einpersonenhaushalten unerlässlich sind, und bieten bei verderblichen Waren zu viele Zwei-für-eins-Geschäfte an.«

Für Dr. Tim Lang, Dozent für Ernährungspolitik an der City University in London, ist die Verschwendung in der Struktur moderner Lebensmittelversorgung angelegt: »Supermärkte spucken unentwegt Lebensmittel aus, die am Ende an Verbraucher verschleudert werden«, sagt er, »sie müssen den Leuten aufgedrängt werden, und die Verbraucher machen gemeinsame Sache damit: Das Überflussmodell ist zum integralen Bestandteil der Konsumkultur geworden. Das Angebot diktiert die Nachfrage; der Schwanz wedelt mit dem Hund.«

Die WRAP-Studie über die Nahrungsmittel, die wir verschwenden, hat in bislang nie dagewesener Weise Aufschluss über das Verhalten der Leute gegeben, sodass die Frage heute sachkundiger beantwortet werden kann. Aber das Ausmaß des Problems zeigt, dass die Schuld schwerlich allein bei den Supermärkten zu suchen ist. Zunächst einmal stieß WRAP auf absolut unglaubliche Abfallmengen im häuslichen Bereich. Die Kontrolle der Mülltonnen von mehr als zweitausend Haushalten über einen längeren Zeitraum hinweg ergab, dass die Briten jedes Jahr 6,7 Millionen Tonnen Nahrungsmittel wegwerfen. Dies ist weniger als die Verschwendung der verschiedenen Akteure der Industrie zusammengenommen, aber trotzdem ist es der Sektor, der einzeln betrachtet den größten Beitrag leistet.

Einiges von diesen 6,7 Millionen Tonnen Abfall dürfte – wie es sowohl in den Medien als auch in den WRAP-eigenen Veröffentlichungen geschah – eigentlich gar nicht als »Nahrungsmittel«

bezeichnet werden, weil fast ein Fünftel aus Dingen wie Apfelsinenschalen und Teebeuteln besteht, die niemand isst. Aber dennoch schaffen es die Briten, 4,1 Millionen Tonnen Nahrungsmittel wegzuwerfen, die bei richtiger Handhabung auf jeden Fall hätten verzehrt werden können. Dazu gehört Essen, das übrig blieb, weil zu viel gekocht wurde, oder auf den Tellern der Leute zurückblieb, dazu gehören aber auch jede Menge ungeöffnete und unberührte Packungen Obst, Gemüse, Käse und Fertiggerichte, noch bevor deren Mindesthaltbarkeits- oder Verbrauchsdatum abgelaufen war. Zu den spektakulärsten Fällen von Verbrauchergleichgültigkeit zählen: 484 ungeöffnete Becher Joghurt, 1,6 Milliarden unberührte Äpfel (27 Äpfel pro Person), 2,6 Milliarden Scheiben Brot und Bananen im Wert von 370 Millionen Britischen Pfund (gut 422 Mio. Euro). Stellen Sie sich vor, Sie kaufen Ihren jährlichen Anteil an Bananen für knapp sieben Euro und werfen alle auf einen Schlag weg.

Weitere 1,3 Millionen Tonnen waren »möglicherweise vermeidbare Nahrungsabfälle« wie Brotrinden, Kartoffelschalen und so weiter, welche wegzuwerfen die Leute sich natürlich bewusst entscheiden, die aber praktisch hätten gegessen werden können. Diese Sachen sind eigentlich essbar und nahrhaft und müssten wohl in die Gesamtschätzungen der Nahrungsabfälle einbezogen werden. In einer kritischen Ernährungslage – zum Beispiel in einem Krieg oder im Falle einer Umweltkatastrophe – wäre es vernünftig, Kartoffeln mitsamt Schale zu zerdrücken und Brotrinden zu essen, da sie etwa 10 Prozent des gesamten Laibs ausmachen. Beides aufzuheben würde die Nachfrage nach wertvollen Nahrungsmitteln reduzieren. Im Ersten Weltkrieg beispielsweise gab die britische Regierung tatsächlich ein Propaganda-Plakat heraus: »Verschwende kein Brot! Hebe jeden Tag zwei dicke Scheiben auf.«

Die insgesamt 5,4 Millionen Tonnen an vermeidbaren Abfällen, die Haushalte produzieren, machen satte 25 Prozent sämtlicher Nahrungsmittel aus, die für zu Hause gekauft werden (WRAP 2008a). Darin sind weitere Millionen von Tonnen nicht enthalten, die auf der Arbeit verschwendet werden oder weil in Kantinen,

Schnellimbissen und Restaurants Essen auf Tellern gelassen wird. Studien haben herausgefunden, dass in Kantinen etwa ein Fünftel aller Nahrungsmittel verschwendet werden, während 24–35 Prozent der Schul-Mittagessen in der Abfalltonne landen (Engström und Carlsson-Kanyama 2004; Shanklin und Ferris 1995).

Kollegen in anderen europäischen Ländern können diese Summen einfach nicht glauben. Tim Hermann vom deutschen Umweltbundesamt, mit dem ich korrespondierte, meinte in einer E-Mail vom September 2008, dass die Nahrungsabfälle von Haushalten in Deutschland sich auf lediglich 15 kg pro Person beliefen – weniger als ein Siebtel jener 112 kg Nahrungsabfälle pro Kopf, auf welche die WRAP-Studie im Vereinigten Königreich kam. Laut Hermann wurden im Jahr 2006 insgesamt 3,8 Millionen Tonnen Abfall aus häuslichen Bio-Tonnen gesammelt, darunter 15 Prozent »Küchenabfälle«. Einer Website ist zu entnehmen, dass 80 Prozent der deutschen Haushalte über eine Bio-Tonne verfügen, aber nur 60 Prozent sie auch tatsächlich nutzen. Ein italienisches Projekt zur Abfallsammlung fand heraus, dass die Menge der von Haushalten in gesonderten Bio-Tonnen entsorgten Nahrungsabfälle im Schnitt 73 kg pro Person und Jahr entsprach – obwohl es keinen Hinweis darauf gibt, wie viel sonstige Nahrungsabfälle produziert wurden oder wie viel davon essbar war (Hogg u. a. 2007a). In Schweden sammelte Avfall Sverige im Jahr 2007 insgesamt 135 000 Tonnen Nahrungsabfälle, was 14,8 kg pro Person und Jahr entspricht. In den Niederlanden kamen im selben Jahr 80 kg organische Abfälle pro Kopf zusammen (Netherlands Statline-Datenbank 2008), und falls ihr Nahrungsmittelanteil dem in Italien entspricht (61,4 Prozent), dann wären dies ungefähr 49 kg Nahrungsabfälle pro Niederländer und Jahr. Kontrollen von 1600 Haushaltsmülltonnen in Australien im Jahr 2004 lassen darauf schließen, dass Haushalte jedes Jahr Nahrungsmittel im Wert von etwa 7,8 Milliarden australischen Dollar oder ungefähr 13,1 Prozent der gesamten Einkäufe wegwerfen (Australia Institute 2005). Eine Studie in Schweden fand heraus, dass, wenn die Versorgung vom Pflug bis auf den Teller untersucht würde, 50 Prozent aller Nahrungsmittel verschwänden. Familien mit kleinen Kindern würden etwa 25 Prozent der

Nahrungsmittel, die sie gekauft und nach Hause gebracht haben, wegwerfen (Lundqvist, Fraiture und Molden 2008).

Eine Untersuchung in den USA kam zu dem Ergebnis, dass Haushalte 14 Prozent ihrer Nahrungsmittel verschwenden, obwohl andere Schätzungen eher von einem Viertel ausgehen. Die Briten – daran gewöhnt, ihren verschwenderischeren amerikanischen Cousins mit dem Finger zu drohen – werfen mindestens einen ebenso großen Anteil weg. Doch obwohl der Prozentsatz der verschwendeten Nahrungsmittel niedriger sein könnte als im Vereinigten Königreich, kaufen US-Haushalte tatsächlich mehr, sodass auch die weggeworfene Menge größer ist. Die Amerikaner werfen jedes Jahr 96 kg essbare Nahrungsmittel weg, im Vergleich zu den Briten, die allein 70 kg wegwerfen, die vermeidbar wären (Jones 2004a; 2004b; 2006). Die Amerikaner kaufen, essen und werfen einfach viel mehr weg als die Europäer.

Solche Diskrepanzen zwischen verschiedenen Industrienationen sind kaum zu glauben. Ein Problem ist, dass die einzelnen Studien sich unterschiedlicher Kriterien und Methoden bedienten. So wurde in der WRAP-Studie, wenn ein ganzes Nahrungsstück weggeworfen wurde – zum Beispiel eine ganze Apfelsine oder ein ganzes Hähnchen –, die gesamte Masse des Stücks als »vermeidbarer« Nahrungsabfall gezählt. In den US-Untersuchungen hingegen wurden die nicht essbaren Teile – die Schale der Apfelsine oder die Knochen des Hähnchens – abgezogen. Es wurde nur der »essbare Teil« als verschwendete Nahrung gezählt (WRAP 2008a). Noch wichtiger ist, dass die amerikanische Studie, die den Abfallanteil auf 26 Prozent schätzte, lediglich das Gewicht der Nahrungsmittel erfasste, während die Untersuchung, die auf einen häuslichen Schwund von 14 Prozent kam, das Gewicht und den Brennwert der vergeudeten Nahrungsmittel ermittelte. Die britische WRAP-Studie erfasste hingegen das Gewicht und wandelte es in einen Anteil des Geldwertes um, der für Nahrungsmittel ausgegeben wurde. Da beispielsweise Obst und Gemüse einen hohen Geldwert, einen niedrigen Brennwert und eine relativ große Masse haben, führen diese Ansätze jeweils zu unterschiedlichen Ergebnissen. Solange in einzelnen Ländern keine genaueren, umfassenderen und vergleichbareren Untersuchungen durchgeführt werden, bleibt uns schlicht verborgen, ob Großbritannien tatsächlich die Welthauptstadt der Nahrungsabfälle ist oder ob die Briten den westlichen Durchschnitt repräsentieren.

Bevor wir versuchen, uns mögliche Lösungen für das Problem der Nahrungsabfälle vorzustellen, ist es unerlässlich, die Gründe hinter dem Verhalten der Verbraucher zu verstehen. WRAP hat sehr eingehend danach geforscht, warum Menschen mehr Nahrungsmittel kaufen, als sie verzehren, und die Ergebnisse haben sich als unschätzbares Instrument bei der WRAP-Kampagne zur Abfallreduzierung erwiesen.

Ein wichtiges Phänomen ist, was Ernährungspsychologen oft als »Gute-Mutter-Syndrom« bezeichnen – nämlich der Wunsch, stets dafür zu sorgen, dass genug Auswahl und viel zu essen da ist, um die Familie zufriedenzustellen. Eine gut gefüllte Speisekammer ist seit dem Altertum in vielen Kulturen ein Hauptindikator für Status und Wohlstand. Jeder, der Gäste bewirtet oder auch nur für die Familie kocht, möchte lieber mehr als genug kochen, statt plötzlich nichts mehr dazuhaben. In dieser Hinsicht funktionieren wir ein bisschen wie ein Supermarkt: Wir entwerfen ein Bild grenzenloser Fülle. Alles darunter könnte uns als geizig erscheinen lassen oder als zu arm, um genug zu essen anzubieten. Die Kosten des Einkaufs sind für viele Menschen unerheblich im Vergleich zu der Peinlichkeit, nicht ausreichend für Gäste, Ehegatten oder Kinder zu sorgen. Die Idee der Gastfreundschaft schließt in vielen Kulturen die Vorstellung mit ein, dass die Gäste von allem mehr als genug haben sollten. Im Gegensatz dazu schrieb ein englischer Geistlicher im Jahr 1796: »Die Rituale der Gastfreundschaft und der Gesellschaft verlangen stets, dass wir uns gebührend um unsere Freunde kümmern; doch in Zeiten des Mangels ist es unentschuldbar, für unnötige Fülle zu sorgen« (Agutter 1796). Dieses Problem könnte abgeschwächt werden, wenn man mehr Kenntnisse über Portionsgrößen vermittelt, was durch eine Verbesserung sowohl des Hauswirtschaftsunterrichts an Schulen als auch einer Unterweisung innerhalb der Familien geschehen könnte. Auch der Lebensmitteleinzelhandel könnte mithelfen, indem er Nahrungsmittel in bedarfsgerechten Mengen verkauft und auf dem Etikett Portionsgrößen angibt. Die zweite Methode bestünde darin zu zeigen, dass für reichlich Essen zu sorgen nicht heißt, wegwerfen zu müssen, was nach einer Mahlzeit übrig bleibt. Die Renaissance von Pfannengerichten (in England beispielsweise »bubble and squeak«, ein Gericht aus gekochtem Kohl, gekochten Kartoffeln und evtl. Fleischresten, in Deutschland das »Bauernfrühstück«, Bratkartoffeln mit Speck oder Fleisch- und Wurstresten, Zwiebeln und Ei, oder auch die spanische Paella aus Meeresfrüchten, Fleisch- und Gemüseresten) ist ein gutes Zeichen. Viele aktuelle Kochbücher und Internetseiten zielen darauf ab, die Verbraucher erneut in solchen sparsamen Methoden des Haushaltens zu unterweisen (Kirsch 2003). Eine weitere Maßnahme ist, zum Beispiel Gäste nach einer Hochzeitsfeier oder im Restaurant zu ermuntern, das übrig gebliebene Essen mit nach Hause zu nehmen.

Die Art und Weise, wie wir Kinder ernähren, bestimmt ebenfalls entscheidend darüber, wie viel Nahrungsmittel wir vergeuden. So verschwenden in Großbritannien Familien mit Kindern 56 Prozent mehr Nahrungsmittel als Erwachsenenhaushalte (nur vermeidbare Abfälle), aber pro Kopf verschwenden sie weniger als der Durchschnittshaushalt (WRAP 2008a). Der Hosenmatz im Kinderstuhl, dessen Gesicht von einem Ohr zum anderen mit Essen verschmiert ist, nachdem er den größten Teil seines Abendessens auf dem Fußboden verteilt hat, ist zu einer beinahe unauslöschlichen Metapher für Kinderernährung im Westen geworden. Viele von uns werden sich erinnern, dass ihnen als Kind eingeschärft wurde, ihren Teller leer zu essen. Eine umweltbewusste Familie aus meinem Bekanntenkreis heizt ihr Haus mit Holzresten und hat jahrelang von Nahrungsmitteln gelebt, die sie aus den Müllcontainern von Supermärkten zurückholte. Aber ihr zweijähriger Sohn, mein Patenkind, ist ein begnadeter Verschwender – nach einer Mahlzeit ist die Küche übersät mit Möhren, die er als Wurfgeschosse benutzt, oder dem Inhalt von Müslischalen, die er lieber verkehrt herum gehalten hat. Für den Haushund und die Hühner ist das großartig. Aber für die meisten Eltern ist es bloß eine Schweinerei, die im

Mülleimer entsorgt werden muss. Ich hielt das jahrelang für eine unvermeidliche Phase in unser aller Leben – bis ich in Indien lebte und sah, wie Kinder dort ernährt werden. Anstatt einem Kind seinen eigenen Teller mit Essen zu geben, füttern viele indische Eltern ihre Kinder mit Häppchen von ihrem eigenen Essen. Anfangs kam mir das zeitraubend und weichherzig vor, bis ein indischer Freund darauf hinwies, dass dies die Nahrungsabfälle reduziere und die Schweinerei erspare. Im Gegenteil dazu meint die Mutter meines Patensohnes, dass mit dem Essen zu spielen eine vorübergehende Phase sei – und Kinder sowohl ihren Eltern als auch sich selbst zuliebe lernen müssten, ohne fremde Hilfe zu essen, ganz egal wie groß die Schweinerei ist, die sie dabei anrichten.

Kinder großzuziehen mag problematisch sein, aber es gibt andere Bereiche unseres Lebens, über die wir mehr Kontrolle haben. Viele der Entscheidungen, die dazu führen, dass Nahrungsmittel verschwendet werden, passieren, bevor die Nahrungsmittel überhaupt in unsere Küchen gelangen – während wir noch in den Geschäften sind. Überschüssige Nahrung zu horten war in der Vergangenheit ein nützlicher Reflex, und vermutlich entwickelte er sich bei unseren Vorfahren als vorteilhafter Instinkt und Reaktion auf eine schwankende, von der Jahreszeit abhängige Nahrungsversorgung. Landwirtschaft und infolgedessen sesshafte Kulturen entwickelten sich, weil es ursprünglich den Drang gab, Überschuss einzulagern, worauf ich später noch zurückkommen werde. Heutzutage sind keine Anpassungsvorteile damit verbunden, mehr zu kaufen, als man benötigt, weil es in den Läden immer Nahrungsmittel gibt. Die Schuld an diesem Verhalten, das so tief in unserer Kultur und sogar Natur verwurzelt ist, kann man schwerlich auf Einzelne oder auf Nahrungsmittelkonzerne schieben. Allerdings verstehen es die Supermärkte, sich diesen menschlichen Instinkt zunutze zu machen. Ihre Marketing-Teams haben Millionen ausgegeben, um herauszufinden, wie sich unser Kaufimpuls am besten auslösen lässt. Vielleicht bedarf es der gleichen Anstrengungen und Investitionen, um die Leute zu ermuntern, diesen Impuls zu überwinden und nur die Nahrungsmittel zu kaufen, die sie tatsächlich aller Voraussicht nach essen werden.

Spontaneität ist eine der am meisten geschätzten Eigenschaften in der westlichen Welt geworden. Einkaufszettel sind aus der Mode gekommen, sodass die meisten Menschen am Ende Dinge kaufen, die sie zu Hause bereits haben. Sie kaufen, oft an den Wochenenden, Nahrungsmittel in großen Mengen, ohne eine klare Vorstellung davon zu haben, was sie später in der Woche damit tun werden. Möhren und Bohnen, am Samstag frisch gekauft in der Absicht, unter der Woche eine gesunde Mahlzeit zuzubereiten, werden am Ende niemals gekocht – und am Freitag in der hintersten Ecke des Kühlschranks entdeckt. Das Hackfleisch, das die ganze Woche in einer Plastikverpackung lag, hat einen unappetitlichen Graustich bekommen. Da erscheint es einfach bequemer, sich etwas zu essen kommen zu lassen oder ein Fertiggericht zu kaufen. Vielleicht löst es einen vorübergehenden Anflug von Scham oder Bedauern aus, wenn diese Nahrungsmittel in den Mülleimer geworfen werden, aber das ändert während des nächsten Großeinkaufs nichts an diesen Verhaltensmustern.

Obwohl fast jeder einzelne Mensch in der westlichen Welt regelmäßig Nahrungsmittel verschwendet, sind viele sich dessen nicht bewusst. Sie empfinden Verschwendung nach wie vor als etwas Außergewöhnliches und nicht als eine Routine, die aus der schlechten Planung ihrer Mahlzeiten resultiert.

Überall auf der Welt haben Umweltorganisationen, Sozialverbände und sogar einige Regierungen erkannt, dass es eine wirksame Methode ist, Menschen davon zu überzeugen, weniger Nahrungsmittel zu verschwenden, um die Belastung der Umwelt zu reduzieren und Ressourcen für andere Zwecke freizusetzen. Aber die entscheidende Frage lautet: Wie überzeugt man Menschen am besten davon, das eigene Verhalten zu ändern? Welche Argumente, Kritik oder Initiativen werden Menschen tatsächlich dazu bringen, mit dem Wegwerfen von Nahrungsmitteln aufzuhören? Ich werde hier ein paar mögliche Antworten auf diese Frage geben. WRAP konzentriert seine Bemühungen darauf, den finanziellen Wert der weggeworfenen Nahrungsmittel zu zeigen. Darüber hinaus kann man auf ihren Nährwert abheben und veranschaulichen, was sie für hungrige Menschen bedeuten könnten, wenn sie nicht in den

Deponien reicher Länder verschwinden würden. Außerdem gibt es da noch die Umweltschäden – beispielsweise durch freigesetzte Treibhausgase –, die der Anbau dieser Nahrungsmittel verursacht. Am gründlichsten versteht man die wahren Kosten aber wohl, wenn man auf das Agrarland und die Ressourcen blickt, die verbraucht werden, um die unnötig verschwendeten Nahrungsmittel zu produzieren, und wenn man sich vorstellt, wie sie genutzt werden könnten, würden sie nicht Nahrungsmittel hervorbringen, die verschwendet werden – ein Thema, das den Schwerpunkt von Kapitel 6 bilden wird und auf das ich in Kapitel 12 zurückkommen werde.

Die wichtigste Methode, mit der WRAP versucht, das Verhalten der Leute zu ändern, also der Appell an ihre Brieftaschen, beginnt anscheinend schon die ersten Früchte zu tragen. In den Haushalten des Vereinigten Königreichs werden jährlich Nahrungsmittel im Wert von 10,2 Milliarden Pfund (knapp 12,5 Mrd. Euro) weggeworfen, was sich auf durchschnittlich 167 Pfund pro Person beläuft oder 420 Pfund pro Haushalt von durchschnittlicher Größe. In den Vereinigten Staaten kamen Studien zu dem Ergebnis, dass der Abfall von Verbrauchern sich jedes Jahr auf Nahrungsmittel im Wert von 54 Milliarden US-Dollar belief (vgl. Jones 2006). Keine dieser Zahlen enthält die Kosten für die Entsorgung, für die der Steuerzahler aufkommt.

Die Akkumulation der Gesamtkosten zu jährlichen Pauschalsummen mag manche Menschen durchaus veranlassen, ihre Anstrengungen darauf zu richten, bares Geld zu sparen, indem sie Abfall vermeiden. Aber für viele ist die Entscheidung, mehr zu kaufen, als gebraucht wird, zu einer festen Gewohnheit geworden. Da es Woche für Woche passiert, ist es für die Leute nichts Neues, gelegentlich ungeöffnete oder nur teilweise aufgegessene Nahrungsmittel wegzuwerfen. Wenn sie ihre Einkaufskörbe im Supermarkt füllen, ist ihnen klar, dass sie für etwas bezahlen, das sie nur mit 75-prozentiger Wahrscheinlichkeit essen werden. Trotzdem kommen sie zu dem Schluss, dass es sich lohnt, das Geld herauszurücken. Ein Haushalt, der 420 Pfund im Jahr für Nahrungsmittel vergeudet, könnte das Geld für etwas anderes verwenden – aber viele würden dennoch lieber die Nahrungsmittel kaufen. Allerdings ist nicht gesagt, dass durch den Verzicht auf den Kauf überflüssiger Nahrungsmittel gespartes Geld später »umweltschonend« ausgegeben wird. So könnte jemand sich entschließen, stattdessen in den Urlaub zu fliegen. Zudem gilt es die künftige Nutzung der Anbaufläche zu bedenken: Würde dort zum Beispiel ein Golfplatz angelegt oder würden Bäume gepflanzt? Unter dem Strich jedoch dürfte ein reduzierter Anbau ressourcenintensiver Produkte, der zu einer zunehmenden Schädigung der Umwelt führt, einen positiven Effekt haben, wenngleich dieser schwer zu messen ist (Garnett 2008). Eine greifbarere Vorstellung davon, was man mit dem Geld kaufen könnte, wäre vielleicht hilfreich. Wenn die britischen Verbraucher beispielsweise ihren Abfall halbierten und das gesparte Geld, sagen wir, nach Pakistan schickten, könnte man damit fast genug Mehl für die gesamte Bevölkerung kaufen.

Aber es bleibt die Tatsache, dass die reichliche Verfügbarkeit relativ billiger Nahrungsmittel dazu geführt hat, dass wir sie fahrlässig verschwenden. In den Industrienationen kaufen die Menschen heute mehr Nahrungsmittel als je zuvor. In den USA ist die Menge der in Geschäften und Restaurants verfügbaren Nahrung zwischen 1983 und 2004 um 18 Prozent von 3300 auf 3900 kcal pro Tag für jeden Einwohner des Landes gestiegen (Hiza und Bente 2007). Mit einem EU-Nahrungsangebot, das im Jahr 2003 im Schnitt mehr als 3500 kcal pro Person und Tag erreichte, liegt Europa nicht weit dahinter (FAO 2003a). Einiges von diesem Anstieg trägt zur Vergrößerung der Taillen bei; der Rest wird größtenteils verwendet, um Mülltonnen zu füllen.

Obwohl die Menge der gekauften Nahrungsmittel in die Höhe geschnellt ist, hat der Anteil des Haushaltseinkommens, der für sie ausgegeben wird, abgenommen. Die Menschen werden einerseits wohlhabender und Nahrungsmittel sind andererseits stetig billiger geworden. Im Vereinigten Königreich zum Beispiel ist der Anteil zwischen 1961 und 1992 um 47 Prozent gefallen (Goklany 1998). Im Jahr 1984 verwendeten britische Haushalte im Schnitt 16 Prozent ihrer Ausgaben für Nahrungsmittel, heute nur noch durchschnittlich knapp 9 Prozent (Cabinet Office [UK] 2008). In den Vereinigten Staaten gaben Familien laut US-Landwirtschaftsministerium im Jahr 2007 10 Prozent ihres Einkommens für häusliche Nahrungsmittel aus. Bei den ärmsten Menschen der Welt, z. B. in Pakistan, können die Ausgaben für Nahrungsmittel um die 75 Prozent des Einkommens betragen (Ivanic und Martin 2008).

Geld für überflüssige Nahrungsmittel auszugeben kann sogar eine beruhigende Wirkung haben. Gerade die Tatsache, dass wir es uns leisten können, Nahrungsmittel zu kaufen, selbst wenn wir sie vielleicht gar nicht essen wollen, verschafft uns unterschwellig ein Gefühl des Überflusses – und sorgt für einen behaglichen Puffer zwischen uns und dem Hunger. Es ist ein normales Phänomen, das krankhaft werden kann. Dann heißt es Gier. Dies trägt einiges zur Erklärung von Fettleibigkeit sowie dem Kaufverhalten bei. In Wahrheit sind wir einfach bloß träge und nachlässig in Bezug auf Nahrungsmittel geworden, und wir sind blind für die wahren Kosten ihrer Verschwendung.

Solange die Ausgaben für Nahrungsmittel ein so kleiner Teil der Gesamtaufwendungen bleiben, mag der Hinweis auf die finanziellen Kosten allein nicht genügen, um Menschen davon zu überzeugen, ihr Verhalten zu ändern. Vielleicht würde eine Anerkennung der nicht finanziellen Kosten helfen. Wohlhabende Verbraucher in der westlichen Welt haben keine Vorstellung mehr davon, was Nahrungsmittel wirklich sind, wo sie herkommen und was ihre Erzeugung bedeutet. Wir halten ihre Verschwendung mittlerweile einfach für einen Ausdruck dafür, was wir uns leisten können, und nicht für ein Problem, wie viel der Planet und die anderen Menschen aushalten können. Viele erkennen die Umweltbelastung nicht; wenigen ist bewusst, dass das Verschwenden von Nahrungsmitteln Hunger anderswo auf der Welt verursacht (Brown University Faculty 1990). Um dies zu verstehen, ist es notwendig, einige der grundlegenden Mechanismen zu erläutern, die das globale System der Nahrungsmittelversorgung funktionieren lassen.

Wie wichtig sind die in den reichen Ländern vergeudeten Nahrungsmittel unter dem Aspekt des Mundraubs an den Hungrigen? Durch die Berechnung des Nährwerts lässt sich die Zahl der Menschen ermitteln, die theoretisch von den vergeudeten Nahrungsmitteln satt hätten werden können. Es ist schwierig, sich eine Million Tonnen Nahrungsmittel vorzustellen. Diese Mengenangabe in die Anzahl der Menschen umzuwandeln, die damit hätten ernährt werden können, macht die Sache verständlicher und den Wert dieser Nahrungsmittel anschaulicher. Es kann sogar eine klarere Vorstellung davon vermitteln, wie viele Bewohner die Erde tatsächlich ernähren könnte, wenn die Menschen die Verschwendung einschränkten. Außerdem ist es ein absoluter Maßstab im Gegensatz zu den relativen finanziellen Kosten, da der Preis von Nahrungsmitteln zwischen Ländern variiert, wohingegen Ernährungsbedürfnisse konstant bleiben.

Die in Großbritannien und den USA durchgeführten Studien ermöglichen uns eine einigermaßen präzise Berechnung des Nährstoffgehalts verschwendeter Nahrungsmittel. Aus diesem Grund habe ich mit einer Freundin, der Umweltschützerin Laura Yates, eine Zahlendatenbank ausgearbeitet, in der jede Nahrungsart aufgeführt ist, die von britischen Haushalten verschwendet wird – von Tomaten und Reis bis zu Geflügel, Schweinefleisch, Brotscheiben und Kuchen. Wir versahen jeden Posten mit seinem Kalorienwert, 138 kcal pro 100 g Reis, 744 kcal für Butter, 47 kcal für Äpfel, 75 kcal für Kartoffeln usw. Insgesamt kennzeichneten wir auf diese Weise etwa zweihundert verschiedene Nahrungsarten. Dann multiplizierten wir den Kalorienwert mit der vergeudeten Menge. Genauso verfuhr ich mit den amerikanischen Nahrungsverlusten laut Angaben des US-Landwirtschaftsministeriums.

Im Jahr 2007 gab es laut Vereinten Nationen 923 Millionen unterernährte Menschen auf der Welt, die fast alle in Entwicklungsländern leben (907 Millionen). Ein Jahr später waren es laut UN bereits 40 Millionen mehr (FAO 2008b). Ricardo Sibrián, leitender Statistiker bei der Ernährungs- und Landwirtschaftsorganisation der Vereinten Nationen (FAO), hat ausgerechnet, wie viel zusätzliche Nahrungsmittel diese Menschen benötigen würden, um ihren Hunger zu stillen. Das durchschnittliche Kaloriendefizit bei Unterernährung belief sich im Jahr 2007 in den Entwicklungsländern auf 250 kcal pro Person und Tag – die »Intensität des Hungers«

(»depth of hunger«) bemisst sich nach Kilokalorien pro Person und Tag (FAO 2000). Einen unterernährten Menschen mit weiteren 250 kcal pro Tag zu versorgen, würde ihm ermöglichen, ein akzeptables Mindestgewicht zu erreichen und leichte Tätigkeiten auszuüben. Bei Kindern führt Unterernährung zu Unterentwicklung und verlangsamt die Hirnentwicklung; sie schädigt das Immunsystem und führt manchmal zum Tod durch Verhungern: 250 kcal zusätzlich pro Tag würden genügen, um all dies zu verhindern.

Zyniker werden einwenden, dass es keinen Zusammenhang zwischen der Verschwendung in reichen Ländern und dem Mangel auf der anderen Seite der Welt gebe. Ihre Behauptung mag in der Vergangenheit, als Hungersnöte gelegentlich mehr mit den Bedingungen vor Ort – wie Krieg oder Naturkatastrophen – als mit globalen Engpässen zu tun hatten, überzeugender gewesen sein. Aber seit langem existiert durchaus ein Zusammenhang. Die Ernährungskrise von 2007/08, größtenteils verursacht durch globale Engpässe bei Getreide, hat dies deutlich vor Augen geführt. Heute ist mehr als offenkundig, dass Schwankungen des Verbrauchs in reichen Ländern die Verfügbarkeit von Nahrungsmitteln weltweit beeinflussen.

Auf der Suche nach Erklärungen für die Ernährungskrise von 2007/08 konzentrierten sich Wissenschaftler, politische Beobachter und Journalisten auf die »neuen Belastungen«, welche die rasant steigenden Preise auslösten: die Herstellung von Biokraftstoffen mit Hilfe von Getreide, der Anstieg des Fleischverzehrs in den Entwicklungsländern (der den Anbau von Nutzpflanzen wie Weizen, Ölsaaten und Mais erfordert), die dürrebedingten Missernten in einigen Getreide exportierenden Ländern wie Australien, Ölpreissteigerungen und der kontrovers diskutierte Einfluss der Finanzspekulation (Braun 2007; World Bank 2009).

Obwohl die steigende Nachfrage der Biokraftstoff- und Fleischproduzenten sich am unmittelbarsten auf den Preis von Getreide niederschlug, sodass die Preise wichtiger Grundnahrungsmittel wie Korn und Ölsaaten sich von 2006 bis 2008 verdoppelten (Mitchell 2008; Reuters 2008), wirkte sie sich indirekt auch auf andere

Nahrungsmittel aus. Wenn der Preis eines bestimmten Nahrungsmittels – zum Beispiel Weizen – steigt, verbrauchen die Armen andere Nahrungsmittel – zum Beispiel Reis. Dadurch verknappt sich wiederum das Angebot, und der Preis steigt. Wenn schließlich sämtliche Preise hoch sind, greifen die Armen auf solche Nahrungsmittel zurück, bei denen sie für ihr Geld am meisten Kalorien bekommen. Sie weichen von frischem Gemüse und Fleisch auf Getreidepflanzen wie Weizen, Mais und Reis aus, was wiederum den Marktwert weiter in die Höhe treibt.

Der Druck auf die globale Versorgung führte dazu, dass die durchschnittlichen Preise 2007 auf der ganzen Welt um 23 Prozent und 2008 um 54 Prozent stiegen (FAO 2008a). Dadurch wurden schätzungsweise 44–100 Millionen weitere Menschen in den chronischen Hunger getrieben, und die Kindersterblichkeit wurde in einigen Ländern um nicht weniger als 5–25 Prozent erhöht (FAO 2008b). Natürlich schlage ich jetzt nicht vor, dass Tomaten, die in den Kühlschränken der reichen Länder schimmelig geworden sind, per Schiff zu hungrigen Menschen in Afrika transportiert werden könnten. Diese Forderung unterstellt, dass die Nahrungsmittel in den Haushalten oder den überbestückten Supermärkten der Industrienationen von vornherein keine andere Bestimmung hatten, als dort zu landen.

Die wesentlichen Zusammenhänge, die Verbrauch und Nachfrage in allen Teilen der Welt miteinander verknüpfen, sind ganz andere. Getreide ist das anschaulichste Beispiel dafür, warum das so ist. Getreidepflanzen – in erster Linie Weizen, Reis und Mais – haben globale Preise, welche die Kosten von Nahrungsmitteln auf den Märkten Afrikas und Asiens ebenso beeinflussen wie in den Einkaufspassagen der Vereinigten Staaten und Europas (Dawe 2008). Weizen beispielsweise ist überall auf der Welt ein Grundnahrungsmittel. Er ist eine international gehandelte Ware, abhängig von globalen Preisen, die wiederum durch das weltweite Gleichgewicht von Angebot und Nachfrage bestimmt werden. Die Europäer kaufen Getreide von Nord- und Südamerika, südasiatische Länder von Australien, andere von Kasachstan usw. Kommt es in einem großen Getreide produzierenden Land zu einer Missernte – wie 2006 und 2007 in Australien –, ist auf dem Weltmarkt weniger Getreide verfügbar, und dies kann die Preise hochtreiben. Wenn die USA mehr Getreide für Treibstoff verwenden oder die Chinesen Millionen Tonnen an Vieh verfüttern, kann dies ebenfalls zu einer angespannten Versorgungslage führen. Nach demselben Prinzip ist auf dem Weltmarkt weniger verfügbar, wenn westliche Länder Millionen Tonnen an Getreide in ihre Abfalltonnen umleiten. Die Konzentration auf den neuen raschen Nachfrageanstieg von Biokraftstoff und Fleisch hat dazu geführt, dass zentrale Probleme im globalen Ernährungssystem, wie Abfall und Verschwendung, ausgeblendet wurden.

Das Vereinigte Königreich importiert und exportiert Weizen. Etwa sechs Prozent der Lieferungen entfallen auf die für die Brotherstellung bevorzugten proteinreichen Sorten, die in Frankreich, den Vereinigten Staaten oder Kanada angebaut werden. Die USA sind einer der größten Getreideexporteure der Welt. Was die USA und das Vereinigte Königreich importieren und exportieren, hängt davon ab, wie viel in diesen Ländern verbraucht – und wie viel weggeworfen wird. Seit die Nahrungsversorgung zu einem globalen Phänomen geworden ist, vor allem wenn die Nachfrage das Angebot übersteigt, ist Verschwendung gleichbedeutend damit, Lebensmittel dem Weltmarkt und den Hungernden vorzuenthalten.

Allein im Vereinigten Königreich werfen die Bürger so viel Getreide – hauptsächlich in Form von Brot – in ihre Mülltonnen, dass der Hunger von mehr als 30 Millionen Menschen zu lindern wäre. Einzelhändler, Gastronomiebetriebe sowie Haus- und Wohnungsinhaber in den USA werfen etwa ein Drittel aller getreidebasierten Nahrungsmittel weg, genug, um den Hunger von weiteren 194 Millionen Menschen zu vermeiden. Wenn man Ackerfrüchte wie Weizen, Mais und Soja einbezieht, die verwendet werden, um das Fleisch und die Milchprodukte zu erzeugen, die von britischen und amerikanischen Verbrauchern in den Müll geworfen werden, macht dies genug Nahrung aus, um den Hunger von 1,5 Milliarden Menschen – mehr als alle unterernährten Menschen auf der Welt – zu bekämpfen. Dieses Getreide hätte – wenn wir die Armen beim

Aufkauf der Ernten nicht überboten hätten – auf dem Weltmarkt verbleiben und Menschen hätten es kaufen und essen können.

Addiert man all die Nahrungsmittel, die in britischen Haushalten vergeudet werden (einschließlich der indirekten Verschwendung von Getreide, das als Tierfutter zur Erzeugung von Fleisch verwendet wurde sowie weggeworfenen Milchprodukte), so beläuft sich die Gesamtzahl der Menschen, die vom Hunger hätten erlöst werden können, auf 113 Millionen. Mit anderen Worten, jeder Brite verschwendet bei sich zu Hause Jahr für Jahr Nahrungsmittel, die ausreichen würden, um die unzureichende Ernährung von ca. zwei hungernden Menschen zu verbessern. In den Vereinigten Staaten hätten die von Haus- und Wohnungsinhabern, von Supermärkten, Restaurants und kleinen Lebensmittelläden ausrangierten Nahrungsmittel (einschließlich des Getreides als Tierfutter zur Fleischerzeugung) ausgereicht, um jeden Unterernährten der Welt zweimal satt zu machen. Würde man dieser Gesamtmenge die von Verbrauchern und den Nahrungsmittelbranchen des Vereinigten Königreichs und Europas verschwendeten Nahrungsmittel hinzufügen (da die Nahrungsverschwendung in Kontinentaleuropa erst unzureichend erforscht ist, sind hier nur grobe Schätzungen möglich), wäre dies genug Nahrung, um die Bedürfnisse aller Hungernden drei- bis siebenmal zu befriedigen.

John Locke vertrat im 17. Jahrhundert den Standpunkt, wenn jemand mehr Nahrungsmittel in seinen Besitz brachte, als er benötigte, und sie verderben ließ, »nahm er mehr als [s]einen Teil und beraubte andere«. Genau so handeln wir im Westen heute in globalem Maßstab. Wir beschlagnahmen die Anbaufläche und andere gemeinsame Ressourcen der Welt, um Nahrungsmittel zu produzieren, die wir am Ende verschwenden. Nach Locke verwirken wir dadurch unser Recht, sowohl das Land als auch die auf ihm angebauten Güter zu besitzen.

Stellen Sie sich vor, sie lebten mit fünf anderen Menschen in einem geschlossenen Raum. Einer von diesen Menschen ist unterernährt, und ein anderer ist viel reicher und mächtiger als alle übrigen. Die reiche Person isst mehr als alle anderen und schafft genug überschüssige Nahrungsmittel auf die Seite, um seine

Schweine und Rinder zu mästen. Außerdem geht er sehr nachlässig mit seinen Nahrungsmitteln um, die er in seiner Ecke hortet, und manchmal vergisst er, sie zu essen, bevor sie verschimmeln. Er wirft mehr Nahrungsmittel weg, als die hungrige Person braucht, um wieder gesund zu werden und zu Kräften zu kommen.

Wir leben wirklich in einem geschlossenen Raum, der Erde, auf der wir jedes Jahr nur eine begrenzte (obschon variable) Nahrungsmenge anbauen können. Zurzeit überbieten die Reichen die Armen beim Aufkauf der Ernten – und manchmal bloß, um sie dann zu vergeuden. Es ist verständlich, dass wir noch nicht gelernt haben einzuschätzen, welche Folgen unser Alltagshandeln für Menschen auf der anderen Seite des Planeten hat. Mitgefühl ist zu guten Teilen ein Bauchgefühl, und es wird abgeschwächt durch die Entfernungen zwischen uns und den Menschen, die von unserem Handeln betroffen sind. Diese Art von globalem Bewusstsein ist relativ neu, und Gesellschaften brauchen stets Zeit, um große Ideen aufzunehmen, vor allem wenn es unbequeme sind. Außerdem ist es schwierig, die in gesellschaftlichen Traditionen verankerte und wahrscheinlich durch unsere Gene vererbte Neigung zu überwinden, uns Boden und Ressourcen anzueignen, die das Wohlergehen unserer eigenen Gruppe auf Kosten anderer sicherstellen.

Sich auf Empörung und Verurteilung zu verlegen ist zu einfach. Wir sind alle Menschen, und die meisten von uns besitzen ein Gespür für Anstand und Gerechtigkeit. Wir sollten unser Benehmen als Grundzug menschlichen Verhaltens betrachten, der in seinen Ursprüngen sowie den sozialen, ökonomischen und militärischen Mitteln, durch die er aufrechterhalten wird, verstanden werden muss. So können wir erkennen, warum wir nicht nur mitschuldig an diesem Handeln sind, sondern uns auch aktiv zum Schaden anderer Menschen und der Umwelt daran beteiligen.

Für die unbeabsichtigten Folgen unserer Taten verantwortlich gemacht zu werden ist problematisch, und die Sache wird noch mehr verkompliziert, wenn wir entweder im Voraus darum wissen oder wissen könnten, wenn wir uns informieren würden. Unser persönliches Verantwortungsgefühl schwindet unweigerlich umso mehr, wenn die Ursachen dem kollektiven Verhalten zuzuschreiben sind. Welchen wirklichen Einfluss haben wir als Individuen eigentlich?

Eine im Jahr 2005 in Australien durchgeführte Umfrage ergab, dass 60 Prozent der Befragten sich schuldig fühlten, weil sie Nahrungsmittel kaufen und dann verschwenden; nur 14 Prozent meinten, sie würden sich keine großen oder überhaupt keine Gedanken deswegen machen. Aber statt uns schuldig zu fühlen, sollten wir uns durch das Verantwortungsgefühl gestärkt fühlen. Es ist in vielerlei Hinsicht eine Erleichterung, dass wir das Leben der Hungrigen dieser Welt verbessern können, indem wir einfach ausschließlich die Nahrungsmittel kaufen, die wir essen werden.

Es ist vermutlich undurchführbar, außerdem nicht wünschenswert, dass jeder nur das Minimum konsumiert, das er zum Überleben braucht. Aber die überflüssige Verschwendung, die den lebensnotwendigen Bedarf anderer abdecken würde, sollte gewiss mit der Zeit gesellschaftlich inakzeptabel werden. Insofern wir anderen oft aus den sonderbarsten Beweggründen Nahrung vorenthalten, die für ihr Überleben erforderlich ist, lässt sich die Schlussfolgerung schwerlich von der Hand weisen, dass Sie, ich und alle, die Sie kennen, uns in dieser abseitigen, indirekten und durch Unkenntnis getrübten Weise brutal gegen unsere Mitmenschen verhalten.

6. WIR VERLIEREN AN BODEN: EINIGE ÖKOLOGISCHE AUSWIRKUNGEN DER VERSCHWENDUNG

... dieses stolze und lästige Ding namens Mensch, das die Erde mit Blut und die Luft mit mörderischen Mineralien und Schwefel füllt.

THOMAS TRYON, *TRYON'S LETTERS,*

UPON SEVERAL OCCASIONS (1700)

WENN MAN DEN BRENNWERT der Nahrungsmittel berechnet, die in reichen Ländern verschwendet werden, wird die ungeheure Größe des Problems schlagartig deutlich. Aber für viele Nahrungsmittel symbolisiert der Brennwert nicht das ganze Ausmaß. Wenn in Großbritannien eine Tomate vergeudet wird, zählen weniger der Nährstoffgehalt der Tomate als die Ressourcen, die verbraucht wurden, um sie zu erzeugen. Was könnte stattdessen angepflanzt werden, wenn diese Ressourcen nicht für die Erzeugung von Nahrungsmitteln aufgewendet würden, die niemand isst (Smil 2001)?

Als im Jahr 2007/08 die Nachfrage nach Agrarerzeugnissen hochschnellte, steigerte dies den Wert von Ackerland in Brasilien, was den Anreiz für Menschen erhöhte, den Amazonas-Regenwald zu roden, um mehr landwirtschaftliche Nutzflächen zu schaffen (Phillips 2008). Als, teilweise aufgrund der Bio-Ethanol-Produktion, die Nachfrage nach Zuckerrohr stieg, führte dies im Jahr 2008 in Kenia zu der Entscheidung, 21000 Hektar im Delta des Tana-Stromes trockenzulegen und umzupflügen. Das Tana-Delta ist ein ökologisches Feuchtgebiet von unschätzbarem Wert, bewohnt von Löwen, Flusspferden, Primaten einschließlich des ernsthaft gefährdeten Tana-Stummelaffen, Haien und 345 Vogelarten. Es ist die Lebensgrundlage für Tausende von Bauern und Fischern. Dieser Eingriff wird verursachen, was lokale Gruppen als »ökologische und soziale Katastrophe« bezeichnet haben (Rice 2008). Wenn Europäer und Amerikaner 25 Prozent mehr Nahrungsmittel kaufen, als sie verzehren, beanspruchen sie Land, das genutzt werden könnte, um die Nachfrage nach anderen Agrarprodukten zu befriedigen.

Noch krasser demonstriert werden die Auswirkungen globaler Verbrauchsgewohnheiten durch die Neigung reicher Länder, Anbauflächen in Entwicklungsländern zu kaufen oder zu pachten. Im Jahr 2008 beispielsweise suchte die südkoreanische Firma Daewoo Logistics die Lebensmittelversorgung der Nation durch einen Pachtvertrag über 99 Jahre für eine Million Hektar Boden in Madagaskar zu erhöhen, um dort Nahrung anzubauen, die nach Südkorea exportiert werden wird. Dort werden die Verbraucher, die fast so verschwenderisch sind wie Amerikaner und Europäer, ungeheure Mengen davon vergeuden. Dieses Abkommen wird unweigerlich zu Entwaldung und zur Enteignung von Kleinbauern in Madagaskar führen. Ein teilweise im Besitz einer japanischen Firma befindliches Unternehmen hat 100 000 Hektar Ackerland in Brasilien gekauft, und in den letzten Jahren wurden zahlreiche weitere solcher Geschäfte erfolgreich abgeschlossen, die mindestens 7,6 Millionen Hektar landwirtschaftliche Nutzflächen weltweit umfassen. Der Generaldirektor der UN-Ernährungsorganisation FAO hat diese Art von Geschäft, bei dem arme Nationen auf Kosten ihrer eigenen hungrigen Bevölkerung Nahrungsmittel für die reicheren erzeugen, eine neue Art von »Neokolonialismus« genannt. Es stimmt, dass Entwicklungsländer von Investitionen in die Landwirtschaft profitieren könnten, aber Grund und Boden zu beschlagnahmen, einzig um ausländische Verbraucher zufriedenzustellen, ist nicht der richtige Weg (Borger 2008b). Die Nutzung und Verschwendung eines landwirtschaftlichen Erzeugnisses erfordert Ackerland, und fast alle bebaubaren Flächen auf der Welt sind mit dem globalen Netzwerk von Angebot und Nachfrage verknüpft.

Manche werden sich gegen den Gedanken wehren, dass die Nachfrage nach Nahrungsmitteln in reichen Ländern zur Ausbeutung von Land und Leuten anderswo führen kann. Natürlich gibt es in den Entwicklungsländern aber ebenso jene, die von unserer Verschwendungssucht profitieren, beispielsweise die Lieferanten von Nahrungsmitteln. Wo die Landwirtschaft gefördert werden kann, muss erhöhte Nachfrage nicht zu Mangel oder zunehmender Schädigung der Umwelt führen, sondern kann genauso einen

Beitrag zu ländlichen Volkswirtschaften leisten. Aber gegenwärtig gibt es wenige Maßnahmen, die sicherstellen, dass erhöhte Nachfrage auf diese Weise befriedigt wird. Die Erzeuger, die von umweltschädigender Nachfrage profitieren, sind in der Minderheit, und ihr Vorteil könnte kurzlebig sein; die überwiegende Mehrheit in den Entwicklungsländern leidet unter der angespannten Versorgungslage bei Nahrungsmitteln, die durch die Verschwendung der reichen Länder noch verschlimmert wird (FAO 2008b). Außerdem werden in der Entwicklung begriffene Volkswirtschaften besser gefördert, wenn Lieferanten ein fairer Preis für ihre Erzeugnisse angeboten und sichergestellt wird, dass dieser gerecht an Arbeiter verteilt wird, statt dafür zu bezahlen, dass ausgebeutete Arbeiter Raubbau an ihrem Land treiben, um unnötigen Überschuss zu produzieren. Wohlhabende Kunden leiden nicht sogleich, wenn überstrapazierter Boden austrocknet und unfruchtbar wird oder Grundwasserspiegel so weit sinken, dass sie für Bewässerungspumpen nicht mehr erreichbar sind – wie es in weiten Teilen des entwaldeten Südamerika vorgekommen ist und in Asien zusehends passiert. Käufer können anderswohin gehen, aber Bauern können im Allgemeinen ihre Gehöfte nicht verlegen.

Wenn wir überlegen würden, was wir mit der verschwendeten Energie und dem Land anfangen könnten, um etwas Sinnvolles anzubauen, dann bekämen wir ein stärkeres Gespür dafür, was wir der Welt vorenthalten. Ich werde mich dabei zunächst auf die Anbaufläche konzentrieren, unterteilt in verschiedene Arten von Land, wie Garten-, Acker- oder Weideland und Land, das für die Biokraftstoff-Produktion nutzbar ist, sowie auf den Kraftstoff, der auf Bauernhöfen beim Herumfahren mit Traktoren, bei der Herstellung von Stickstoffdünger, beim Heizen u. Ä. verbraucht wird. Diese »Primärenergiezufuhr« kann in Joules oder Kalorien gemessen werden.

Ein Großteil der in reichen Ländern verschwendeten Nahrungsmittel hat, was man als geringes »Ressourcen/Kalorien-Effizienz-Verhältnis« bezeichnen kann. Die Produktion von Feldfrüchten wie Tomaten, von Milcherzeugnissen und von Fleisch verbraucht im Schnitt viele Ressourcen – Land, Kraftstoff, Wasser –, verglichen mit der Kalorienmenge, die diese Produkte liefern. Würden diese Ressourcen stattdessen genutzt, um Getreide anzubauen, wäre der Kalorienertrag viel höher. So ist im Schnitt eine Primärenergiezufuhr von etwa 31 Millionen kcal erforderlich, um eine Tonne Tomaten mit einem Kaloriengehalt von nur 170 000 kcal anzubauen. Im Gegensatz dazu bedarf es lediglich einer Primärenergiezufuhr von 600 000 kcal, um eine Tonne Brotweizen anzubauen, die 3–3,5 Millionen kcal enthält, ein 918-mal höheres Verhältnis von Energiezufuhr zu Energieertrag (Williams u. a. 2006). Mit anderen Worten, die Energie, die im Anbau jener 61 300 Tonnen makelloser Tomaten steckt, welche die Menschen in Großbritannien in ihre häuslichen Abfalleimer werfen, entspricht der Menge, die erforderlich ist, um so viel Weizen anzubauen, dass damit der Hunger von 105 Millionen Menschen gelindert werden könnte. Es ist kein ernsthafter Vorschlag, das eine durch das andere zu ersetzen, sondern steht lediglich beispielhaft dafür, wie wertvoll die Ressourcen sind, die wir vergeuden. Energie allein erzeugt noch keine Nahrungsmittel – man braucht unter anderem auch Land und Wasser, und natürlich werden Tomaten nicht um ihres Kaloriengehalts willen angebaut, sondern wegen ihrer gastronomischen Bedeutung und der wertvollen Spurenelemente, die unverzichtbar für unser Überleben und vielleicht unsere Zufriedenheit sind. Aber Tomaten, die in der Mülltonne enden, tragen zu nichts davon bei, und die Reduzierung des Abfalls würde diese Ressourcen deshalb für nützlichere Zwecke freisetzen.

Würde die häusliche Verschwendung von Kartoffeln in Großbritannien – den Abfall in der Industrie nicht eingerechnet – gegenüber dem gegenwärtigen Stand von 358 500 Tonnen (gänzlich vermeidbarer Kartoffelabfälle ohne Schalen usw.) halbiert, würden dadurch 5400 Hektar erstklassiges Ackerland freigesetzt (der Berechnung liegen von der britischen Regierung veröffentlichte Parameter zugrunde). Würde dieses Land für die Erzeugung von Weizen verwendet, betrüge der potenzielle Ertrag 36 000 Tonnen Weizen oder genug Nahrung, um 1,2 Millionen der unterernährten Menschen der Welt vor dem Hunger zu retten. Weil Weizen für sein Wachstum weniger Energie und Wasser verbraucht als

Kartoffeln, ergäben sich über die zusätzlich erzeugte Nahrung hinaus noch eine Ersparnis von 7,5 Millionen Tonnen Wasser und reduzierte Treibhausgasemissionen, die 14 340 Tonnen Kohlendioxid entsprechen (Williams u. a. 2006). Auch wenn Sie nicht im Vereinigten Königreich wohnen, lohnt es sich, dies zu berücksichtigen, wenn Sie das nächste Mal mit dem Gedanken spielen, die Kartoffeln auf ihrem Teller nicht aufzuessen oder eine halbe Tüte Chips wegzuwerfen.

Abgesehen von der Anbaufläche kann man Nahrung auch in Hinsicht auf die Wassermenge betrachten, die für ihren Anbau erforderlich ist. Wasserknappheit ist eines der drängendsten Probleme der Welt, und Sparmaßnahmen in Haushalten werden in vielen Ländern unterstützt. Aber Nahrungsmittel zu verschwenden stellt eine Form der Wasserverschwendung dar, die in ihrem Ausmaß den Wasserverbrauch durch unsere Badezimmer, Toiletten und Waschmaschinen weit übertrifft. Wenn 25 Prozent der weltweiten Nahrungsmittellieferungen unnötig vergeudet werden, dann bedeutet dies einen Verlust von Wasser (nur Bewässerungs-, kein Regenwasser) von ungefähr 675 Billionen Liter, bei weitem genug für die häuslichen Bedürfnisse von 9 Milliarden Menschen, die jeweils 200 Liter am Tag verbrauchen.

Dies ist noch nicht das Ende der Fahnenstange, denn die Zahlen zum bäuerlichen Energieeinsatz lassen Energie und Wasser unberücksichtigt, die weiter unten in der Versorgungskette, bei Herstellung, Kühlung, Transport, Lagerung und Zubereitung, verbraucht werden und die sich in der Summe noch einmal auf die Hälfte der gesamten bei der Nahrungsproduktion verbrauchten Energie belaufen können.

Laut WRAP beläuft sich die CO2-Bilanz sämtlicher von Haushalten im Vereinigten Königreich verschwendeter Nahrungsmittel auf den Gegenwert von 18 Millionen Tonnen Kohlendioxid. Diese Berechnung basiert auf der Prämisse, dass 20 Prozent aller Treibhausgasemissionen auf die Herstellung und Zubereitung von Nahrungsmitteln zurückgehen. Von daher wären Nahrungsmittel und Getränke im Vereinigten Königreich für den Ausstoß von etwa 130 Millionen Tonnen Kohlendioxid verantwortlich, von denen 90 Millionen Tonnen auf das Konto des zu Hause verbrauchten Anteils gingen. Wenn ein Drittel der gekauften Nahrungsmittel weggeworfen wird und davon wiederum 61 Prozent hätten gegessen werden können, dann wären die in Haushalten unnötig vergeudeten Nahrungsmittel für 17 Millionen Tonnen Kohlendioxid-Emissionen verantwortlich. Zu den Emissionen aus der Nahrungsmittelherstellung und -zubereitung kommen noch jene, die von Nahrungsabfällen herrühren, die sich auf Deponien zersetzen. Die Zersetzung geschieht größtenteils ohne Sauerstoff, das heißt, sie erfolgt anaerob. Dabei wird Methan freigesetzt, das nach Schätzungen der britischen Regierung zwei Millionen Tonnen Kohlendioxid entspricht (Manchester Business School 2006). Wieder können nur 61 Prozent davon unnötig verschwendeten Nahrungsmitteln zugeschrieben werden, sodass man sagen kann, dass die Gesamtemissionen aufgrund verschwendeter Nahrungsmittel 18 Millionen Tonnen betragen. Das entspricht den Emissionen von 5,8 Millionen Autos oder 21 Prozent der Autos auf Großbritanniens Straßen.

Doch diese Zahl ist, wie Mark Barthel bei WRAP einräumt, extrem niedrig angesetzt. Erstens enthält sie nicht die Kategorie »potenziell vermeidbarer« Abfälle wie Brotrinden. Zweitens gibt es gute Gründe zu glauben, dass Nahrungsmittelherstellung und -zubereitung in Wirklichkeit für sehr viel mehr als die festgesetzten 20 Prozent aller Emissionen verantwortlich sind. Studien, welche die mit jeder Nahrungssorte verbundenen Gesamtemissionen berechnen, stehen noch ganz am Anfang. Aber eine alternative Methode zur Berechnung der CO2-Bilanz von Nahrungsmitteln wurde in der maßgeblichen Studie zu »Umweltauswirkungen von Produkten« EIPRO (Environmental Impact of Products) angewendet, die im Auftrag der 25 Mitgliedsstaaten der Europäischen Union (vor der jüngsten Erweiterung auf 27 Staaten) durchgeführt wurde. Die Zahlen sowohl aus der EIPRO-Studie als auch aus der Einschätzung von WRAP beinhalteten die Emissionen von im Ausland hergestellten und importierten Nahrungsmitteln. Dieser Gesichtspunkt ist wichtig, da Großbritannien etwa 51 Prozent seiner Nahrungsmittel (nach Wert) importiert (Garnett 2008). Aber die

EU-Studie berechnete auch weniger industrialisierte europäische Länder mit ein, in denen die Produktion einen höheren Anteil an den Gesamtemissionen hat, weil es nicht so viele andere umweltschädigende Branchen gibt. Die Studie kommt zu dem Ergebnis, dass Herstellung und häusliche Zubereitung von Nahrungsmitteln 30 Prozent aller Emissionen ausmachen. Wenn die Nahrungsmittel in Restaurants und anderen Gastronomiebetrieben einbezogen werden, sind sie sogar für insgesamt 41 Prozent der Emissionen verantwortlich (EK 2006). Wenn Verschwendungsquoten seitens der Verbraucher von etwa einem Viertel aller Nahrungsmittel – wie die WRAP-Studie im Vereinigten Königreich und das Landwirtschaftsministerium in den USA herausfanden – repräsentativ sind, würden 10 Prozent aller Treibhausgasemissionen in diesen Ländern daher rühren, dass Nahrungsmittel hergestellt, transportiert, gelagert und zubereitet werden, die kein Mensch jemals isst.

Selbst diese Zahl kann eine zu niedrige Schätzung sein, weil die EIPRO-Studie Emissionen aufgrund von »Veränderungen der Bodennutzung«, beispielsweise die Zerstörung des Amazonas-Regenwaldes, nicht mit einberechnete. Die dadurch verursachten Emissionen sind schwer zu ermitteln und bleiben deshalb in den meisten Studien außen vor. Ein Forscherteam an der Universität von Aberdeen hat dennoch versucht, diese Gesichtspunkte zu berücksichtigen, und kam zu dem Ergebnis, dass allein die Landwirtschaft für 17–32 Prozent der globalen anthropogenen Emissionen verantwortlich sein könnte. Hinzugerechnet würden alle anderen mit der Produktion und dem Verzehr von Nahrungsmitteln verbundenen Emissionen, wie sie beispielsweise bei Fabrikation, Kühlung und Zubereitung entstehen – und die in Großbritannien mindestens weitere 10 Prozent der Emissionen ausmachen (Bellarby u. a. 2008). Eine andere Studie kam zu dem Ergebnis, dass im Jahr 2002 in den USA 17 Prozent des Verbrauchs an fossilen Brennstoffen auf das Konto der Nahrungsmittelproduktion gingen (Horrigan u. a. 2002). Nach gegenwärtigen Schätzungen könnte sie deshalb für 26–50 Prozent aller von Menschen verschuldeten Emissionen verantwortlich sein.

Im Jahr 2006 veröffentlichte die UN-Ernährungsorganisation FAO ihre Untersuchung zu den Einflüssen der Fleisch- und Molkereiproduktion auf die Umwelt, Livestock's Long Shadow. Sie wies nach, dass allein der globale Viehsektor für 18 Prozent sämtlicher anthropogener Emissionen weltweit verantwortlich ist (Steinfeld u. a. 2006). Der Wert für Nahrungsmittel muss demnach insgesamt viel höher sein. Fleisch und Milchprodukte erzeugen ein unverhältnismäßig hohes Maß an Emissionen, obwohl sie nur einen relativ kleinen Beitrag zur Gesamtkalorienaufnahme leisten (global weniger als 20 Prozent). Aber als Teil sämtlicher Emissionen aus der Nahrungsmittelproduktion sind sie weniger für Emissionen verantwortlich als Pflanzen- und Gemüsekost, die in viel größeren Mengen verzehrt wird.

Die FAO-Studie bezog die »Veränderungen der Bodennutzung« mit ein. Dazu gehört das Abholzen der Regenwälder, um mehr Land als Rinderweiden und für die Sojaproduktion bereitzustellen oder weil Sojaproduzenten sich bestehendes Ackerland aneignen, um neue Flächen durch Brandrodung zu gewinnen. Von den 1960er Jahren bis 1997 gingen etwa 200 Millionen Hektar des Tropenwaldes der Welt verloren, in erster Linie durch Umwandlung in Anbauflächen und Viehfarmen (de Haan u. a. 2001). Die Weltbank schätzte im Jahr 2006, dass die Entwaldung möglicherweise für 20 Prozent der Treibhausgasemissionen verantwortlich ist. Der Weltklimarat IPPC (International Panel on Climate Change) geht davon aus, dass Veränderungen der Bodennutzung während der 1990er Jahre bis zu einem Drittel der globalen Erwärmung verursacht haben könnten (Chomitz 2006). Die Abholzung ist für 75 Prozent der Emissionen in Brasilien, dem viertgrößten Verursacher von Treibhausgasen auf der Welt, verantwortlich – und sie erfolgt größtenteils für die Fleisch- und Sojaproduktion. Der drittgrößte Verursacher ist Indonesien, und auch hier ist die Abholzung schuld, die überwiegend durch die Nachfrage nach Pflanzenöl aus Palmen vorangetrieben wird (Greenpeace International 2006). Der Kahlschlag in Amazonien bringt den lokalen Wasserkreislauf durcheinander und steht heute gefährlich nahe davor, die gesamte tropische Region derart auszutrocknen, dass der Wald absterben und sich in semi-arides Grasland verwandeln wird, wodurch möglicherweise 55 Milliarden Tonnen Kohlendioxid in die Atmosphäre freigesetzt würden (Cox u. a. 2006; Monbiot 2007). Auf einer Klimakonferenz im März 2009 im Vorfeld des Kopenhagener UN-Gipfels enthüllten Vertreter des Met Office's Hadley Centre für Klimavoraussagen und -forschung, dass ein Temperaturanstieg um 4 Grad Celsius 85 Prozent des Waldes vernichten würde und selbst bei optimistischen Szenarien das Absterben großer Teile Amazoniens bereits unvermeidlich und »unumkehrbar« sei. Dies wiederum werde einen Teufelskreis erzeugen, da der Waldverlust noch weiter zum Klimawandel beitragen werde (Jones u. a. 2009; Adam 2009). Solche Annahmen geben Wissenschaftlern Anlass zu der Sorge, dass Entwaldung und Klimawandel die Nahrungserträge vieler Regionen mindern oder gar eine globale Missernte auslösen könnten (UNEP 2009). Deshalb kann die Ausweitung der Agrargrenze, um mehr Nahrung anzubauen, auf lange Sicht sogar das Gegenteil bewirken.

Zusätzlich zum Kohlendioxid, das beim Vordringen der Landwirtschaft in die Wälder freigesetzt wird, entweichen Emissionen aus den Böden, wenn uraltes Savannengrasland umgepflügt wird, Boden erodiert oder Feuchtgebiete trockengelegt werden, um mehr Feldfrüchte anzubauen. Der Nahrungsverbrauch in Amerika und Europa ist unmittelbar mit diesen Prozessen verknüpft. Von 1998 bis 2004 erhöhte sich die Fleischmenge, die Brasilien exportiert, um fast 700 Prozent. Zwischen 1990 und 2001 stieg der Anteil Brasiliens am europäischen Import von Fleischerzeugnissen von 40 auf 74 Prozent (Kaimowitz u. a. o. J.). Inzwischen fressen sich Europas landwirtschaftliche Nutztiere jährlich durch 36 Millionen Tonnen Sojabohnen und Sojamehl, die fast gänzlich aus Südamerika importiert werden. Dort ist die gestiegene Nachfrage nach Soja und Fleisch die Hauptursache für die Entwaldung (Gelder u. a. 2008).

Im Jahr 2006 errang Greenpeace einen bahnbrechenden Sieg, als man einige der größten in Europa tätigen Fleischunternehmen, darunter McDonald's, dazu brachte, ein zweijähriges Moratorium über den Verkauf von Fleisch zu unterzeichnen, das von

Tieren stammt, die mit Sojamehl gemästet wurden, angebaut auf jüngst abgeholztem Land. Von 2008 bis 2010 wurde das Moratorium jährlich verlängert und wird auch in der Folgezeit vielleicht fortgeschrieben. Doch die legale wie illegale Abholzung geht weiter. Nach Preisanstiegen im Jahr 2007 bei Soja wurden innerhalb von 12 Monaten 1,2 Millionen Hektar Amazonaswald vernichtet, ein Anstieg um 4 Prozent gegenüber dem Vorjahr. Die brasilianische Regierung hat zugesichert, die illegale Abholzung im Laufe des kommenden Jahrzehnts zu halbieren. Umweltministerin Marina Silva trat jedoch im Jahr 2008 zurück, nachdem sie behauptet hatte, Bundesgesetze zum Schutz des Waldes nicht mehr durchsetzen zu können, und es kommt immer wieder zu Fällen bewaffneten Aufruhrs von Holzfällern und ihren Bundesgenossen gegen Vollzugsbeamte (Phillips 2008; USDA 2004).

Veränderte Bodennutzung ist die mit Abstand größte Belastung, der Menschen die Natur bislang ausgesetzt haben: Schätzungen zufolge haben wir das »natürliche Kapital« der Welt bereits um zwei Drittel reduziert. Veränderungen der Bodennutzung waren im Jahr 2003 schätzungsweise für mehr als 70 Prozent davon verantwortlich, im Gegensatz zum Klimawandel mit nur 12 Prozent (obwohl dieser Anteil in Zukunft voraussichtlich zunehmen wird) (Thomas u. a. 2004; Nijdam u. a. 2005). Über 80 Prozent aller gefährdeten Vögel und Säugetiere sind durch nicht nachhaltige Bodennutzung und landwirtschaftliche Expansion bedroht (UNEP 2009).

Selbst wenn einzelne Verbraucher sich entschließen würden, kein Fleisch mehr zu kaufen, das von Tieren stammt, die mit Soja von abgeholztem Land gemästet wurden, würden andere Verbraucher oder Nationen ohne diese Skrupel die umweltschädigenden Erzeugnisse aber weiterhin kaufen. Wälder müssen entweder durch international durchgesetzte Erhaltungsmaßnahmen geschützt werden oder indem man ihren Erhalt für die Menschen profitabler macht. In der Zwischenzeit ist es unerlässlich, die Nachfrage nach ressourcenintensiven Nahrungsmitteln wie Fleisch zu reduzieren. Eine Möglichkeit ist, aufzuhören, so viel zu verschwenden. Man braucht 8,3 Millionen Hektar Ackerland, bloß um das Fleisch und die Milchprodukte zu erzeugen, die allein in Großbritannien und den USA verschwendet werden (Williams u. a. 2006; WRAP 2008a). Das ist das Siebenfache der Landfläche, die in Brasilien im Jahr 2008 abgeholzt wurde. Die Nahrungsnachfrage verstärkt den finanziellen Anreiz, die Landwirtschaft in Wälder auszudehnen. Indem wir Nahrungsmittel verschwenden, finanzieren wir die Ausdehnung der Landwirtschaft in Wälder, Feuchtgebiete und natürliches Grasland. Wenn wir die Verschwendung reduzieren, haben wir die Macht, diese Entwicklung abzuschwächen. Wir würden niemals willentlich gefährdete Fisch-, Schmetterlings-, Vogel-, Baum-, Blumen- und Primaten-Arten – oder auch nur unbekannte Mikroben, Spinnen und Insekten – ihren natürlichen Lebensräumen entreißen und sie sinnlos in den Mülleimer werfen oder sie in Treibhausgase verwandeln. Und doch tun wir genau das.

TEIL II

VERGEUDETE ERNTEN

7. ACKERBAU: KARTOFFELN HABEN AUGEN

Wenn du dein Land aberntest, sollst du nicht alles bis an die Ecken deines Feldes abschneiden, auch nicht Nachlese halten ..., sondern dem Armen und Fremdling sollst du es lassen ...

3. MOSE 19, 9–10

WENN DER SOMMER ZUM HERBST WIRD, ernten Kartoffelbauern in ganz Europa – von Polen über Frankreich und Deutschland bis nach Schottland – die Früchte ihrer Arbeit. Die Feldarbeit begann Monate zuvor, als sie mit ihren Traktoren über das Land fuhren, die Erde pflügten, sie mit Dünger tränkten und Kartoffeln tief in den Boden setzten. Sobald die Pflanzen zu wachsen begannen, kehrten sie auf ihre Felder zurück, versprühten Pestizide und Mittel gegen Kartoffelfäule. Nach mehreren Monaten schließlich ist die Frucht verzehrfertig. Die meisten Kartoffeln, die in Europa und Amerika angebaut werden, sind für Großkonzerne bestimmt, die Supermärkte und Exporteure beliefern. Deshalb müssen sie, bevor sie die Verbraucher erreichen, einen knallharten Form- und Größentest bestehen.

Trotz der Energie und des Geldes, das sie in ihren Anbau gesteckt haben, sind Kartoffelbauern gezwungen, einen Teil ihrer Ernte wegzuwerfen. Die Erntemaschinen lassen haufenweise Ausschusskartoffeln zurück: übergroße, zweilappige, solche mit Augen, die die Vielfalt der Natur zwinkernd anzuerkennen scheinen und die selbst von der modernen Landwirtschaft nicht gebändigt werden konnten. Einige dieser Kartoffeln werden an Schweine und anderes Vieh verfüttert werden, aber dies ist – wie jeder Bauer weiß – ein unwirtschaftlicher Weg der Verwendung von Nahrungsmitteln, die ursprünglich für Menschen angebaut wurden.

Früher gab es in vielen Teilen der Welt eine Tradition der Nachlese. Sie wurde durch mehrere biblische Anweisungen sanktioniert, beispielsweise im dritten Buch Mose (Levitikus): »Wenn du dein Land aberntest, sollst du nicht alles bis an die Ecken deines Feldes abschneiden, auch nicht Nachlese halten ..., sondern dem

Armen und Fremdling sollst du es lassen.« Dies galt für Obst, das noch an den Bäumen hing, und für Getreide, das auf dem Boden verstreut wurde. Bauern waren verpflichtet, die Armen nehmen zu lassen, was nach der Ernte auf den Feldern zurückblieb. Klassische rabbinische Kommentare führten näher aus, dass die Vorschriften nur für Kornfelder, Obstgärten und Weinberge gelten sollten, nicht für Gemüsegärten. Heute gibt es in Israel ein paar jüdische Gemeinden, die dieser Aufforderung noch nachkommen, indem sie übrig gebliebenes Essen einsammeln und an arme Kinder verteilen. Dies entspricht dem Ideal der Zedakah, das Wort bedeutet »Barmherzigkeit« oder »Gerechtigkeit«.

In Europa war es Teil des landwirtschaftlichen Zyklus, dass den Armen erlaubt wurde aufzusammeln, was nach der Ernte auf den Feldern verblieben war. Im revolutionären Frankreich wurde die uralte Praxis unter ausdrücklichen Schutz gestellt, und die Konstituante pries die Nachlese als »Erbe der Armen«. Zu Anfang des 19. Jahrhunderts bezeichnete ein juristischer Kommentator diese uralten Rechte als einen »Besitz vieler Jahrhunderte«. Das Strafgesetzbuch Napoleon Bonapartes wahrte sie indirekt, indem es Folgendes dazu ausführte: »Mit einer Geldbuße von einem Franken bis auf fünf Franken einschließlich werden bestraft; (...) diejenigen, welche ohne einen andern Umstand, auf den noch nicht ganz von der Ernte entblößten und geleerten Feldern, oder vor Aufgang und nach Untergang der Sonne, Ähren, Heu oder Trauben nachgelesen haben« (Straf-Codex für das französische Reich, Viertes Buch. Zweites Kapitel. Erster Abschn., Art. 471,10). Wenn es illegal war, es unter diesen Umständen zu tun, konnte man zumindest annehmen, dass Ährenleser tagsüber nach Essbarem suchen durften, sobald die Ernte eingebracht war. Der romantische Reiz dieser ländlichen Sparsamkeit wurde in Gemälden wie Jean-François Millets *Die Ährenleserinnen* (1857) und Jules Bretons *Die Rückkehr der Ährenleserinnen* (1859) gefeiert. Es sieht ganz so aus, als ob der einschränkende Absatz zur Nachlese bis zu den jüngsten Überarbeitungen am Ende des 20. Jahrhunderts im französischen Strafgesetzbuch blieb – obwohl seine Entfernung nicht zwangsläufig darauf schließen lässt, dass die Nachlese heute nicht mehr legal wäre. Derselbe Absatz erscheint nach wie vor im Strafgesetzbuch von Belgien und der Elfenbeinküste, in Luxemburg (wo die Geldbuße im Falle der Zuwiderhandlung 25–250 Euro beträgt) und in Algerien (wo die Strafe 30–300 Dinar bzw. drei oder mehr Tage Haft beträgt).

Solche Beschränkungen waren auch Teil der ländlichen Traditionen in Großbritannien. Rein rechtlich konnten Ährenleser wegen unbefugten Betretens von eingehegtem Grund und Boden belangt werden, aber konkrete Fälle wurden selten vor Gericht gebracht. Ährenleser erhielten häufig stillschweigend oder offen die Erlaubnis, sodass sie die Nachlese im Allgemeinen für ihr gutes Recht hielten. Protokolle von Schiedsgerichten belegen, dass unerlaubte Nachlese als geringfügiges Vergehen behandelt wurde, und Geldbußen für das Stehlen von Feldfrüchten wurden selten verhängt. Wie in Frankreich, durften Ährenleser auch in Großbritannien die Felder erst nach Einbringen der Ernte betreten, und manche Bauern ließen auffällige Weizengarben als »Wachen« zurück, um die Felder zu markieren, die noch nicht zur Nachlese freigegeben waren. Normalerweise nicht geduldet wurde die Nachlese auf Feldern mit Gerste oder Bohnen, die als Viehfutter galten und die Armen dazu hätten ermuntern können, Schweine und Hühner zu halten, die sie ansonsten nicht versorgen konnten. Im 19. Jahrhundert richteten viele Pfarreien eine »Ährenleser-Glocke« ein, die am Morgen und Abend läutete, um den erlaubten Beginn und das Ende des Nachlesetages anzuzeigen. So wurde gewährleistet, dass alle Ährenleser einen gerechten Anteil an der Ausbeute bekamen. Als gemäß den Einhegungsgesetzen immer mehr Land eingefriedet wurde, begannen die Bauern dennoch, Ährenleser von ihren Feldern fernzuhalten, und bis zum Beginn des 20. Jahrhunderts war die Glocke der Ährenleser außer in den abgeschiedensten Dörfern überall verstummt (Morgan und Nuti 1982). In der Sowjetunion kriminalisierte das Gesetz »Über den Schutz des Eigentums staatlicher Unternehmen, Kollektivfarmen, Kooperativen und Institutionen sozialistischen Eigentums« vom 7. August 1932 die Ährenlese: Bei Verstößen drohten Tod durch Erschießen oder, bei mildernden Umständen, mindestens zehn Jahre Haft, beides verbunden mit der Beschlagnahme des gesamten Besitzes (Polian 2003; Gardner 2006).

In manchen Teilen der Welt hat sich die Nachlese bis heute gehalten, wie die Regisseurin Agnès Varda in ihrem gefeierten Dokumentarfilm *Die Sammler und die Sammlerin* (2000) über Menschen, die in Frankreich nach Essbarem suchen, zeigte. Als ich im Jahr 1999 auf einem abgelegenen französischen Viehhof bei der Heuernte half, folgten die Großeltern und Kinder aus dem Dorf den Traktoren und rechten alle vereinzelten Halme auf, die von der Ballenpressmaschine nicht erfasst worden waren. Als ich danach auf heimischen Höfen in Großbritannien arbeitete, fiel es mir jahrelang schwer, die großen Grasbüschel zu ignorieren, die man auf dem Feld verfaulen lässt, wenn Traktoren allein die Arbeit erledigen. Die meisten Menschen in der industrialisierten Welt haben heute keinen Bezug mehr zum Land, und selbst von den Armen gehen nur wenige zur Nachlese auf die Felder. Die es doch tun, stellen oft fest, dass die Abfallbehälter der Supermärkte schnellere Ergebnisse bringen. Und dennoch werden alljährlich auf Feldern in der gesamten westlichen Welt Millionen Tonnen frischer Erzeugnisse von guter Qualität weggeworfen.

Auf die eine oder andere Weise zwingen die Supermarkt-Qualitätsstandards im Westen manche Bauern, jedes Jahr bis zu einem Drittel ihrer Ernte abzuschreiben. Die Soil Association, deren »organic standards«-Siegel das bekannteste Bio-Label in Großbritannien ist, schätzte, dass zwischen 25 und 40 Prozent der meisten in Großbritannien angebauten Obst- und Gemüseerträge von den Supermärkten aussortiert werden. Eine andere Studie des Abfallunternehmens Biffa gibt an, dass ein Drittel bis die Hälfte des für Supermärkte angebauten Obsts und Gemüses aussortiert werden, größtenteils aufgrund der strengen Vorgaben hinsichtlich Größe, Flecken und Aussehen (Leake 2005). Wälder wurden abgebrannt, Hecken gerodet, Feuchtgebiete trockengelegt und Teiche aufgefüllt – manchmal nur, um Feldfrüchte zu produzieren, die am Ende wieder untergepflügt werden. Der moderne Ackerbau hat den Gesamtertrag pro Morgen gesteigert. Aber dieselbe Industrie hat Maßstäbe eingeführt, die nichts mit Geschmack oder Ernährung zu tun haben. Sie beruhen auf einer fragwürdigen Ästhetik – die teils von den Supermärkten erschaffen, von wählerischen (oder manipulierbaren) Konsumenten verstärkt und heute mit der Autorität internationaler Handelsstandards ausgewiesen wird.

Diese absurde Situation könnte vermieden werden, ohne die Uhr zurückzudrehen. Einige Bauern in Westeuropa und Amerika haben Märkte für »aussortierte« Feldfrüchte gefunden und verkaufen jetzt vieles davon an nahrungsverarbeitende Firmen oder Betriebe des Hotel- und Gaststättengewerbes. In den USA haben sich karitative Organisationen wie Feeding America darauf spezialisiert, Feldfrüchte einzusammeln, deren Ernte für den Bauern unwirtschaftlich geworden ist, weil sie nicht die ästhetischen Standards der Supermärkte erfüllen oder weil sie nicht benötigt werden. Die britische Supermarktkette Waitrose führte kürzlich ein neues Sortiment an »nicht perfektem« Obst ein, und Bauern in den USA erlernen Techniken, den Markt zu nutzen, um ihre Verluste aus aufgegebenen Feldfrüchten zu reduzieren. Ackerbau ist der Fußabdruck, den Menschen auf dem Land hinterlassen – wenn wir weicher auftreten wollen, müssen wir hier anfangen.

Die genaue Abfallmenge von Bauernhöfen ist die größte Unbekannte sämtlicher Abfallstatistiken. Forscher haben versucht, die Gesamtverschwendung in den Sektoren Herstellung, Einzelhandel und Gastronomie sowie auf der Ebene der Haushalte zu berechnen. Aber landwirtschaftlicher Abfall auf der ersten Stufe in der Nahrungskette war bislang schwer zu quantifizieren. Ein Grund dafür ist, dass auf dem Hof getrennter Abfall gesetzlich oft überhaupt nicht als »Abfall« klassifiziert wird: Weil die Bauern ihn auf ihren Feldern wieder unterpflügen können, muss er nicht genauso verarbeitet und behandelt werden wie Industrieabfall. Es ist dennoch eine gewaltige Verschwendung von Nahrungsmitteln, Land, Wasser, Chemikalien und Treibstoff, wenn Bauern gezwungen sind, Feldfrüchte zu vernichten, die sie angebaut haben.

Erst als ich anfing, Gehöfte zu inspizieren, wurde mir klar, wie zerstörerisch das Problem ist. An einem kühlen Dezembertag des Jahres 2007 watete ich durch den Schlamm auf den Packhof von M. H. Poskitt Carrots, einem Hauptzulieferer der Supermarktkette

Asda. Der umgängliche und bodenständige Guy Poskitt kam heraus und murmelte, er fühle sich »geehrt«, dass ich mit dem Zug die ganze Strecke von Yorkshire hergekommen sei, bloß um ihn zu sprechen und mir seine Möhrenfarm anzusehen. Im Hof spuckte ein Förderband gerade leuchtend orangefarbene, gewaschene und vom Grün befreite Möhren in einen großen hölzernen Container. Sie schimmerten im winterlichen Sonnenlicht – Edelsteine, gewonnen aus der braunen Erde, die uns umgab. Wir schlenderten rüber, und ich suchte mir eine aus dem Haufen heraus und kaute geräuschvoll darauf herum, sodass ihr angenehmer, süßer Saft meinen Mund füllte. »Das hier müssen Ihre Spitzenexemplare sein«, sagte ich zu ihm. Er blickte mich direkt an. »Nein«, erwiderte er, »das sind die aussortierten, die werden als Tierfutter verwendet.«

Ich versuchte unbeeindruckt zu wirken, und während ich mir eine Handvoll Möhren nahm, fragte ich, warum man sie aus der menschlichen Nahrungskette aussortiert hatte. Ich konnte keine Schönheitsfehler entdecken, sie hatten eine ordentliche Standardgröße, und sie schmeckten wunderbar. »Sie haben eine leichte Krümmung; sie sind nicht vollkommen gerade«, kam Guys trockene Antwort. Ich hielt die Möhren gegen das Licht und blinzelte, um zu sehen, ob ich die Knicke entdecken konnte. Die Möhren waren gerader als alle, die ich jemals angebaut hatte, und mindestens genauso gut. Ich fragte noch einmal nach, um zu sehen, ob er Witze machte, und wendete mich dann an einen Mann in der Nähe, der den Haufen flach harkte. »Asda besteht darauf, dass alle Möhren gerade sind, damit die Verbraucher sie mit einer leichten Bewegung des Messers über die ganze Länge schälen können«, erklärte er. Etwaige Knubbel oder Krümmungen könnten dem Schälmesser in die Quere kommen.

Guy führte mich in seinen Abpackbetrieb, wo ein gewaltiger Mechanismus Kolonnen von Möhren in Windeseile nach oben und über zwei Stockwerke des Gebäudes befördert. Sobald sie gewaschen sind, müssen die Möhren an der ersten Anlaufstation zwei 400 000 Pfund teure Maschinen mit fotografischen Sensoren durchlaufen, die mit schier teuflischer Effizienz arbeiten. Auf einem Hochgeschwindigkeits-Förderband sausen die Möhren am einen Ende hinein und werden am anderen über einem Abgrund heraus- und auf ein weiteres Band geschleudert. Dazwischen sucht eine Kamera nach Defekten: ob die Möhre leuchtend orange genug, ob sie gekrümmt ist oder einen Riss hat oder ob sie abgebrochen ist. Jedes Exemplar, das dem vorprogrammierten Ideal einer Mohrrübe nicht entspricht, wird als für den menschlichen Verzehr ungeeignet eingestuft. Daraufhin wird ein Luftstrahl mit höllischer Präzision auf die Möhre abgefeuert, der den Außenseiter in einen darunter befindlichen Spalt schießt, wo er in dem Container für Viehfutter verschwindet. Sobald die erfolgreichen Möhren das Maschinenpaar durchlaufen haben, ist ihre Feuerprobe noch längst nicht vorbei. Ihre Reise auf Förderbändern geht weiter, vorbei an dicht gedrängten Reihen von Leuten, die die Möhren in verschiedene Ströme einteilen, alles herauspicken, was nicht dazugehört, und die übrigen schließlich in Plastikbeutel verpacken, die direkt ihren Weg zum Supermarkt antreten. An der letzten Sperre stand eine in Weiß gekleidete Vertreterin von Asda, die sich aufs Geratewohl Beutel herausgriff und den Inhalt auf seine Übereinstimmung mit den Qualitätskennungen von Asda hin überprüfte. Sie beäugte mich misstrauisch, als ich mit Guy Poskitt an meiner Seite die Runde machte.

Insgesamt werden 25–30 Prozent aller Möhren, mit denen Guy handelt, aussortiert. Er reicht mir einen Begleitschein für eine typische Ladung, die gerade abgefertigt wurde: 29 Prozent der Möhren wurden herausgepickt. Davon wurde etwa die Hälfte wegen ästhetischer »Defekte« ausgesondert – also nichts, was mit der Verzehrqualität der Möhre selbst zu tun hat. Die andere Hälfte wurde aussortiert, weil sie Makel aufgrund der Wasserfleckenkrankheit (Cavity spot) oder der Möhrenfliege aufwies. Das ist ein vertretbarer Grund, obwohl selbst die meisten dieser Exemplare problemlos gegessen werden könnten, was viele Erzeuger und Verbraucher auf der ganzen Welt auch tun, nachdem sie den befallenen Teil herausgeschnitten haben.

Guy Poskitt war von entwaffnender Offenheit, was den Abfall betrifft, den er als Bauer erzeugt, und ich erfuhr bald, warum. Es

sei extrem frustrierend, erzählte er mir, all diese Möhren anzubauen, viel Geld dafür auszugeben, sie aus dem Boden zu ziehen,
das Grün abzuschneiden und sie zu waschen, nur um zu erleben,
wie ein Drittel von ihnen aussortiert wird. Viele der übergroßen
Möhren verkauft er an nahrungsverarbeitende Betriebe – aber nur
die übergroßen, weil deren Behandlung weniger Arbeit erfordert.
Die Verkäufe auf dem Sekundärmarkt, an Weiterverarbeiter und
an Großhändler, die Produkte zweiter Wahl anbieten, absorbieren
etwa ein Drittel des gesamten Ausschusses. Was nicht an Verarbeiter geht, landet in der Tonne fürs Vieh. Möhren als Viehfutter
zu verwenden, ist besser als sie zu deponieren, aber es ist kaum
mehr als eine kostengünstige Entsorgungsmethode. Was Guys
Bankkonto betrifft, so spielt die Verfütterung der Möhren an Vieh
nur zehn Prozent ihres Wertes wieder ein. Das gegenwärtige System institutionalisiert ein regelmäßiges Übermaß an erstklassigen
gewaschenen Möhren, die besser verwendet werden könnten.

Guy beharrt darauf, dass viele der Möhren, die wegzuwerfen
er momentan gezwungen ist, ohne jede Gefahr für die Gesundheit verzehrt werden können. Er ist überzeugt davon, dass es eine
Menge Verbraucher gibt, die sie zu einem billigeren Preis kaufen
würden. Er behauptet sogar, dass Asda die Verbraucher nur zu
gern mit diesen billigeren Möhren versorgen würde. Aber Asda
habe ihm mitgeteilt, dass die vom britischen Ministerium für
Umwelt, Ernährung und ländliche Angelegenheiten (Defra) aufer-
legten Qualitätskontrollen die Supermarktkette daran hinderten.
»Wenn diese blöden Bestimmungen nicht wären«, sagt er, »müssten wir nicht so viel verschwenden.« Er meint damit, dass die
britische Regierung Bestimmungen anwendet, bei denen es sich
im Grunde um europäische Vorschriften über die Einheitlichkeit
von Obst und Gemüse handelt.

Dies sind die berüchtigten Vorschriften, die Bürokraten in
Brüssel ersonnen haben, um sicherzustellen, dass Agrarerzeugnisse in der gesamten Europäischen Union gleich aussehen. Solche Vermarktungsnormen zwingt man auch Produkten auf, die
von Japan und den USA importiert werden, wie der Sprecher für
Landwirtschaft und ländliche Entwicklung der EU-Kommission,

Michael Mann, mir in einem persönlichen Gespräch im Februar 2009 mitteilte. Einer der übelsten Aspekte ist, dass Experten für Kulturpflanzen und Erzeuger ermuntert werden, sich auf die Züchtung uniformer Produkte zu konzentrieren – statt auf die Züchtung der leckersten oder nahrhaftesten. Außerdem müssen Bauern mehr Pestizide und Fungizide einsetzen, als sie es andernfalls tun würden, um durch Insekten und andere Schädlinge verursachte oberflächliche Schönheitsfehler zu vermeiden.

In Europa zielen die strengsten Vorschriften darauf ab, Agrarerzeugnisse in verschiedene Güteklassen einzuteilen – Extra, I und II –, und die Einzelhändler sind verpflichtet, diese Güteklassen zu übernehmen. Aber für sämtliche Güteklassen gibt es Untergrenzen, und abgesehen vom Direktverkauf auf Bauernhöfen war es in der EU während der letzten zwanzig Jahre verboten, Erzeugnisse, die diesen Mindestanforderungen nicht genügen, in den Handel zu bringen. Selbst die kostenlose Abgabe an karitative Organisationen wird von der EU untersagt. Das britische Defra beispielsweise verlangt, dass Möhren von weniger als einem Zentimeter Durchmesser nicht verkauft werden dürfen und dass die Möhren eines Büschels eine einheitliche Form und Größe haben müssen. Laut Ministerium verstößt es gegen die Vorschriften, eine Möhre zu verkaufen, die »gabelförmig gespalten« ist oder »Nebenwurzeln« hat, eine in der Natur vorkommende Besonderheit (Verordnung [EG] Nr. 730/1999 der Kommission vom 7. April 1999). Ähnliche Einschränkungen gelten in der EU für zahlreiche Obst- und Gemüsesorten – von Bananen und Gurken bis zu Kartoffeln. Seit der Einführung der Verordnungen sind Äpfel mit weniger als 50 mm Durchmesser oder 70 g Gewicht aus den Läden verbannt (Verordnung [EG] Nr. 85/2004). Ein britischer Großhändler war im Sommer 2008 gezwungen, 5000 Kiwis wegzuwerfen, weil sie 4 g leichter waren als die laut Verordnung (EG) Nr. 1673/2004 der Kommission vom 24. September 2004 zur Festlegung der Vermarktungsnorm für Kiwis verlangten mindestens 62 g in der Klasse II. Anders ausgedrückt: Sie waren einen mm zu dünn. Tim Down, der Besitzer der Kiwis, hätte zu einer Geldstrafe von mehreren tausend Britischen Pfund verurteilt werden können, selbst wenn er seine Früchte nur verschenkt hätte. »Sie sind sehr gut zum Verzehr geeignet«, beharrte er. »Diese Vorschriften kommen zu einer Zeit, wo auf steigenden Nahrungsmittelpreisen herumgeritten wird, und uns zwingt man, völlig einwandfreie Nahrungsmittel wegzuwerfen« (Brown 2008).

Unter solchem Druck verkündete die Europäische Kommission schließlich im Jahr 2008 eine Kehrtwende bei den Schönheitsnormen, und seit Juli 2009 sind diese Bestimmungen gelockert. Diese »unnötigen Vorschriften«, sagte der Sprecher der Europäischen Kommission Michael Mann, waren »ziemlich albern ... Die Leute sagen, dass die Preise zu hoch sind, deshalb ist es nicht sinnvoll, Nahrungsmittel wegzuschmeißen« (Brown 2008). Doch die Reformen könnten sich als weniger einschneidend erweisen, als man sich vorgestellt hat. Denn die Aufhebung gilt nur für die nachfolgenden 26 Obst- und Gemüsearten: Aprikosen, Artischocken, Spargel, Auberginen, Avocados, Bohnen, Rosenkohl, Karotten, Blumenkohl, Kirschen, Zucchini, Gurken, Zuchtpilze, Knoblauch, Haselnüsse in der Schale, Kopfkohl, Porree, Melonen, Zwiebeln, Erbsen, Pflaumen, Staudensellerie, Spinat, Walnüsse in der Schale, Wassermelonen und Chicoree. Wohingegen die Qualitätsnormen auch in Zukunft zehn Hauptkategorien von Feldfrüchten auferlegt werden, die 75 Prozent des EU-Handelswertes ausmachen. Äpfel, sämtliche Zitrusfrüchte, Kiwis, Salate, Pfirsiche und Nektarinen, Birnen, Erdbeeren, Gemüsepaprika, Tafeltrauben und Tomaten – all diese Erzeugnisse werden weiterhin den Schönheitsnormen der EU unterworfen sein. Einziger Hoffnungsschimmer ist, dass den EU-Mitgliedsstaaten künftig gestattet sein wird, jedes dieser Produkte von den Qualitätsnormen auszunehmen, solange es in den Läden mit dem passenden Etikett, beispielsweise »zur Verarbeitung bestimmtes Erzeugnis« oder eine entsprechende Formulierung, verkauft wird (EK 2008b). Aber noch müssen Mitgliedsstaaten davon überzeugt werden, dieses Recht auch auszuüben, was angesichts der Tatsache, dass die Mehrzahl der Staaten und einige Branchenorganisationen die Entscheidung der Europäischen Kommission zur Lockerung der Vorschriften ablehnten, vielleicht nicht geschieht. Was noch heikler ist: Anschließend müssen Supermärkte davon überzeugt werden, die billigeren, vormals aussortierten Erzeugnisse auch ins Sortiment aufzunehmen. Sie führen jetzt kaum Obst der Güteklasse II, sodass es noch weniger wahrscheinlich ist, dass sie nennenswerte Mengen aussortierter Produkte einkaufen werden. Dennoch spricht einiges dafür weiterzugehen und sowohl nationale als auch internationale Vorschriften, die Schönheitsnormen regeln, komplett abzuschaffen. Wenn es sinnvoll ist, dies für ein Viertel des Obsts und Gemüses zu tun, warum dann nicht auch für die restlichen drei Viertel? Wie ein Kartoffelerzeuger, der Tesco beliefert, es mir gegenüber ausdrückte: »Wenn es einen gewillten Käufer und einen Verkäufer gibt, warum wollen die Regierungen partout den Verkauf von gesundheitlich unbedenklichen und genießbaren Erzeugnissen verhindern?«

Obwohl Guy Poskitt diesen offiziellen Anforderungen die Schuld an einem Großteil seiner Hofabfälle gab, bestritt Chris Brown, der Leiter der Abteilung für ethisch vertretbaren und nachhaltigen Einkauf bei Asda, kategorisch, dass diese Vorschriften die Auswahl der Möhren durch den Konzern beeinflussten, weil Asdas Qualitätsanforderungen noch anspruchsvoller seien – obwohl Asda auf einige der »unteren und mittleren Bevölkerungsgruppen« ausgerichtet ist und folglich lockerere (und folglich relativ weniger verschwenderische) Anforderungen hat. Jeder Supermarkt hat seine eigenen Kriterien. Ketten im oberen Marktsegment, wie in Großbritannien Waitrose und Marks & Spencer, legen noch strengere Schönheitsmaßstäbe als die meisten an. Tatsächlich sind die Regeln der Supermärkte für fast alle Produkte härter als die Vorgaben der Europäischen Kommission. Ein Insider der Kommission, der nicht namentlich genannt werden möchte, verwies darauf, dass der jüngste Versuch von Sainsbury's, der EU die Schuld an der Verschwendung von Nahrungsmitteln aufgrund von Schönheitskriterien zu geben, »bloß ein billiger Werbegag« war: »Der EU die Schuld zu geben ist ein sehr beliebter Sport« (Sainsbury AG, J. 2008b). Wie Kommissionssprecher Michael Mann in einer E-Mail erläuterte, seien »private Maßstäbe strenger als öffentliche Maßstäbe und der Hauptgrund dafür, dass aussortiert wird«.

Warum also richten Asda und die anderen Supermärkte nicht ein billigeres Sortiment ein, das einige dieser völlig einwandfreien Möhren enthielte, die Guy Poskitt momentan wegwirft? Chris Brown sagt, dass Asda hochwertige Nahrungsmittel anbieten will, die für jedermann erschwinglich sind, dass das grundsätzliche Problem bei missgestalteten Erzeugnissen jedoch sei, dass »Kunden sie nicht kaufen werden«. Dies ist die von Supermärkten überall auf der Welt verwendete Masche, um ihre willkürlichen ästhetischen Maßstäbe zu rechtfertigen. Einmal mehr stehen wir vor dem Rätsel, was zuerst da war, die Henne oder das Ei, das heißt, ob diese oberflächliche Einstellung von den Kunden oder von den Einzelhändlern ausgeht. Einiges deutet darauf hin, dass Kunden sich, wenn sie einen Beutel mit angeschlagener Ware neben einem Beutel mit preislich ebenso ausgezeichneten glänzenden, einheitlichen Produkten sehen, in aller Regel für letzteren entscheiden werden. Aber was ist, wenn man den Inhalt der beiden Beutel vermischt oder das angeschlagene Obst und Gemüse zu einem billigeren Preis verkauft? Einer der Gründe, warum Supermärkte sich weigern, angeschlagene Erzeugnisse zu führen, ist, dass sie größere Gewinne machen, wenn sie teurere »hochklassige« Angebote verkaufen. Würden sie mehr von den billigeren Produkten führen, würden die Leute weniger von dem hochwertigen Zeug kaufen. Mit anderen Worten, es geht ebenso sehr darum, die Direktoren und Aktionäre zufriedenzustellen wie die Kunden.

Aber Schönheitsmaßstäbe sind nicht allein für die Verschwendung verantwortlich. Die erste Phase der Verschwendung spielt sich noch vor dem Sortierbetrieb ab. Guy Poskitt erzählte mir, sein größtes Problem sei »der ungeheure Druck, Verträge zu erfüllen«. Er legte großen Wert darauf zu betonen, wie froh er sei, dass durch die Tätigkeit für die großen Supermärkte das Möhrenareal heute 70 000 Tonnen Möhren pro Jahr verarbeite, im Gegensatz zu der 35-Morgen-Parzelle zu Lebzeiten seines Vaters. Es war ihm egal, ob ich die Regierung kritisiere, aber er wollte nicht, dass ich an Asda »herumnörgele«. Als Erzeuger und Großhändler gehört er eindeutig zu den Gewinnern des wachsenden Supermarktsektors, aber es ist, wie er es ausdrückt, »ein brutales Spiel«.

Guy vereinbart jedes Jahr mit Asda, wie viele Möhren er liefern kann. Die meisten baut er auf seinem eigenen Hof an. Den Rest kauft er in ganz Großbritannien, vor allem im Sommer, wenn seine Ernte zur Neige geht. Aber jede Anbausaison ist unvorhersehbar: Es kann schlechtes Wetter geben oder einen besonders schweren Ausbruch von Wasserfleckenkrankheit. Auf keinen Fall darf er versäumen, seinen Vertrag zu erfüllen. In dieser Hinsicht sind die Supermärkte knallhart. Es gibt unzählige andere Erzeuger, an die sie sich wenden können, falls er mit seinen Lieferungen ins Stocken gerät. Es ist noch nie vorgekommen, dass er seine Zielvorgabe nicht erreichte, aber er war, wie er mir verriet, »verdammt nahe dran«. In einer »schrecklichen« Phase musste er tausend Kisten Pastinaken zu 18 Pfund das Stück kaufen und sie mit Verlust, für 12,50 Pfund, an den Supermarkt weiterverkaufen. Mit anderen Worten, er steckte einen Schlag von 5500 Pfund ein, um seinen Kunden nicht zu enttäuschen. Hätte er es nicht geschafft, die von ihm garantierte Menge zu liefern, wäre er bestraft worden und hätte seinen Vertrag komplett verlieren können – und damit seinen Lebensunterhalt.

Um diese Katastrophe zu verhüten, pflanzt Guy heute weit mehr Möhren an, als er wahrscheinlich benötigen wird. Er will sogar 25 Prozent mehr anbauen, als er sich vertraglich verpflichtet hat zu liefern, nur für den Fall, dass es ein schlechtes Anbaujahr wird und er diesen zusätzlichen Puffer braucht. Überproduktion, um eine Unterversorgung der Supermärkte zu vermeiden, ist im Agrarsektor bei Feldfrüchten wie Möhren, Zuckerrüben, Kreuzblütlern (u. a. Weißkohl, Rotkohl, Brokkoli, Blumenkohl, Rosenkohl, Kohlrabi, Rettich und Radieschen), Blattsalaten usw. eine absolut gängige Praxis. Wie ein Funktionär des britischen Bauernverbandes NFU mir sagte, ist der Anbau von 140 Prozent der tatsächlichen Nachfrage »kein unübliches Beispiel dafür, wie unwirtschaftlich die Branche ist, um Engpässe zu vermeiden«. In einem guten Anbaujahr, wenn es keine ungewöhnlichen Krankheitsraten oder widrigen Witterungsverhältnisse gibt, erntet Guy Poskitt einen Teil des Überschusses und verkauft ihn an Abnehmer am unteren Ende der Preisskala, beispielsweise Großhändler oder Weiterverarbeiter. Den Rest könnte er für andere Kunden ernten, aber bei 10 Pfund Erlös pro Tonne für Tierfutter oder 35 Pfund pro Tonne fürs Einfrieren und Verarbeiten im Gegensatz zu den ungefähr 250 Pfund, die er von Einzelhändlern bekommt, lohnt es sich für ihn finanziell nicht. Zwar wurden bereits Land, Treibstoff, Wasser und Sprühchemikalien aufgewendet, um die Früchte anzubauen, aber wegen der Starrheit des Einzelhandelsmarktes rentiert es sich nicht, sie aus dem Boden zu ziehen. Also wandern die Möhren direkt wieder in die Erde zurück. In keinem Jahr lässt sich die Menge vorhersagen. Aber eine sichere Schätzung, der Guy zustimmte, wäre ein Durchschnitt von 10–12,5 Prozent seines jährlichen Ertrages.

In Kombination mit den 25–30 Prozent aussortiertem Gemüse und abzüglich der zu großen Exemplare, die über verarbeitende Betriebe zurück in die Nahrungskette gelangen, bedeutet dies, dass es im Schnitt 28 Prozent von Guys Möhren nicht in die menschliche Nahrungskette schaffen, weil sie entweder wieder untergepflügt oder als Tierfutter verschickt werden. Von denen, die es doch schaffen, wird ein weiterer Teil von Herstellern, Einzelhändlern und Verbrauchern verschwendet. Um eine gute Schätzung zu nennen, sagen wir, dass weitere 5 Prozent zwischen Bauernhof und Verbraucher vergeudet werden. Wenn man die Verschwendung durch die Verbraucher hinzurechnet, dann sieht es so aus, als würden von der gesamten Menge der im Vereinigten Königreich angebauten Möhren vom Hof bis zur Gabel 58 Prozent als Abfall enden, sodass nur 42 Prozent für den menschlichen Verzehr übrig bleiben. Für jede Möhre, die wir essen, haben wir für mindestens eine weitere bezahlt, die weggeworfen wird.

Viele andere Feldfrüchte werden in ähnlichen Größenordnungen verschwendet. Bei frischem Salat ist es noch schlimmer: Großhändler, Verarbeiter und Einzelhändler werfen angeblich etwa 40 Prozent des Salats im Vereinigten Königreich weg. Sobald Privathaushalte weitere 45 Prozent der von ihnen gekauften Köpfe in den Mülleimer geworfen haben, wurden für jede gegessene Portion Salat zwei weitere weggeworfen (WRAP 2008a). Eine Umfrage unter britischen Erdbeerbauern im Jahr 2006 ergab, dass

5–30 Prozent der Ernte oder durchschnittlich 16 Prozent zur Güteklasse II gehörten. Von diesen Früchten wurden fast alle zum Verfaulen auf dem Feld gelassen, obwohl sie ohne Risiko hätten gegessen werden können. Im Rahmen einer von Friends of the Earth im Jahr 2002 unter Apfelerzeugern im Vereinigten Königreich durchgeführten Umfrage gaben 11 Prozent der Erzeuger an, dass die Hälfte ihres Ertrags oder mehr abgelehnt worden sei, 3 Prozent sagten, ihre gesamte Ernte sei zurückgewiesen worden, während gerade mal ein Drittel der Erzeuger mit 80 Prozent ihrer Ernte oder mehr den Maßstäben der Supermärkte genügte. Fast zwei Drittel gaben an, dass manche Früchte nicht einmal geerntet und einfach dagelassen oder ausgekippt worden seien. Zu den Gründen, warum Äpfel abgelehnt wurden, gehörten geringfügige Druckstellen oder braune Flecken auf der Haut. Die Äpfel waren entweder zu rot oder nicht rot genug, hatten die falsche Form, waren zu groß oder zu klein. Bislang wurde bemerkenswert wenig Forschungseifer darauf verwendet, eine genaue Antwort auf die Frage zu finden, wie viel von jeder andersartigen Frucht die Bauern aufgrund dieser Schönheitskriterien zu verschwenden gezwungen sind. Die Aufgabe, dies herauszufinden, wird erschwert durch die Angst der Bauern vor den Konsequenzen, falls sie kein Blatt vor den Mund nehmen. Wie ein Bauer sagte, wenn seine Äußerungen »den Supermärkten zugespielt würden, würde ich von der Liste gestrichen und so aus dem Geschäft gedrängt«. Auf dieser Grundlage ist es unmöglich, die aus diesem Phänomen resultierende Verschwendung von Ressourcen zu errechnen, aber es reicht wohl zu sagen, dass das System reichlich Spielraum hat.

Gemüseanbau muss nicht so unwirtschaftlich sein. In den Vereinigten Staaten gibt es große Möhren-Konzerne, die Märkte für fast alles finden, was sie anbauen. Und was die Supermärkte nicht wollen, geht an andere, weniger noble Läden. Angeschlagene Möhren werden auf die Größe von »Babykarotten« heruntergeschnitten; alles, was dafür nicht geeignet ist, wird in Saft verwandelt oder kondensiert, um einen natürlichen Süßstoff zu ergeben, der anderen Nahrungsmitteln hinzugefügt werden kann. Sobald alle diese Möglichkeiten erschöpft sind, wird der winzige Prozentsatz restlicher Möhren an Milchkühe verfüttert, die orangefarbene Milch geben. Diese wiederum wird zur Herstellung von Käse oder Milchtrockenmasse für die Nahrungsmittelindustrie verarbeitet – oder an Halloween direkt an Kinder verkauft.

Im Vereinigten Königreich haben Erzeugervereinigungen darauf hingewiesen, dass eine bessere Kommunikation zwischen Bauern im ganzen Land die Notwendigkeit der Überproduktion, um Verträge zu erfüllen, erheblich reduzieren könnte (Food Chain Centre 2006). Außerdem kann bereits eine fünfprozentige Erhöhung des Anteils der Ernte, der in den Supermarkt gelangt, die Gewinnmargen ihres Erzeugers um bis zu 60 Prozent erhöhen (Garnett 2006). Noch drastischere Einsparungen lassen sich erreichen, wenn die Supermärkte komplett umgangen werden. Eine Studie hat gezeigt, dass bei Obst und Gemüse aus biologischem Anbau, das an Supermärkte geliefert wird, 30–50 Prozent der gesamten Ernte aussortiert werden. Werden die Erzeugnisse über direkte Vertriebswege, Bauernmärkte und Hofläden unmittelbar an die Kundschaft verkauft, reduziert dies die Ausschussquote auf ganze 5–10 Prozent (Food Chain Centre 2006). Der Direktkauf beim Bauern kann nicht nur die von den Supermärkten angestiftete unnötige Verschwendung mindern, er kann auch die Lebensmittelkilometer reduzieren.

Selbst mit dem herrschenden System unter der Federführung der Supermärkte ereignete sich im Ausnahmesommer 2007 bei der britischen Kartoffelernte ein interessanter Fall, der beispielhaft für das ist, was gängige Praxis werden könnte. Heftige Regenfälle verursachten Überschwemmungen, die das Erdreich fortspülten und Kartoffeln in der Sonne grün werden ließen, während andere in der Feuchtigkeit verfaulten. Manche Früchte platzten auf, wurden rissig oder hatten einen zu hohen Feuchtigkeitsgehalt, was sie zwar nicht ungenießbar, aber dennoch unverkäuflich macht. Etwa 40 Prozent der Kartoffelernte des Landes wurden zerstört, und in manchen Gebieten wurden ganze Ernten zunichtegemacht.

Man würde erwarten, dass die Einzelhändler, um diese katastrophalen Verluste aufzuwiegen, gezwungen waren, Kartoffeln aus dem Ausland zu importieren. Und tatsächlich stiegen die Importe um einige zehntausend Tonnen, die aber nicht annähernd reichten, um die verlorene Menge auszugleichen. Doch die Einzelhändler konnten nach wie vor fast all ihre Kartoffeln aus Großbritannien beziehen. Wo kamen diese zusätzlichen Früchte her?

Eine Antwort erhielt ich schließlich von Robert Baird, dem Leiter der Abteilung Beschaffung von Greenvale AP, einem der größten Kartoffel-Großhändler im Lande. Die Supermärkte, sagte er mir, lockerten einfach ihre strengen Schönheitsmaßstäbe. Die Erzeuger handelten aus, dass die Supermärkte »zu kleine« Kartoffeln akzeptierten, und die für den Empfang der Lieferungen verantwortlichen Mitarbeiter lockerten inoffiziell ihre Kontrollen. Sie ließen Kartoffeln durch, die normalerweise abgelehnt worden wären, weil sie zu groß oder zu angeschlagen waren, weil sie Augen hatten oder nicht vollkommen glatt und rundlich waren, mit anderen Worten, Kartoffeln, die aussahen wie Kartoffeln und nicht wie Billardkugeln.

Aber wenn der Standardspruch der Supermärkte stimmte – dass die Kundschaft sich weigert, missgestaltete Produkte zu kaufen –, muss es doch einen Aufstand in den Gängen gegeben haben. Wurden die Kunden-Infotheken nicht mit Beschwerden überschwemmt? Ich rief reihum Supermärkte und ihre Lieferanten an, um herauszufinden, ob dies der Fall gewesen war. Keiner meldete eine erhöhte Kundenunzufriedenheit. Es zeigte sich, dass es den Kunden nichts ausmacht, wenn man ihnen Produkte verkauft, die nicht homogen sind. Wenn sie gut schmecken, merken sie es sogar kaum.

Wie andere Kenner des Agrarsektors mir erklärt haben, benutzen die Supermärkte ihre Qualitätskriterien oft nur als Vorwand, um Lieferungen zurückzuweisen, wenn sie es nicht schaffen, so viel abzusetzen, wie sie erwartet haben. Wenn die Nachfrage groß ist, nehmen sie eine Lieferung an, wenn nicht, lehnen sie sie ab. Indem sie vorgeben, es geschehe aus Gründen der Qualitätskontrolle, vermeiden die Supermärkte einen offiziellen Bruch der Einkaufsvereinbarung. Es ist für sie einfach eine weitere Möglichkeit, vollständige Flexibilität zu wahren, wodurch die Erzeuger ihnen auf Gedeih und Verderb ausgeliefert sind.

Fairerweise muss man sagen, dass es den Kartoffelerzeugern Westeuropas und Amerikas inzwischen recht gut gelingt, zumindest für einige der von den Supermärkten abgelehnten Kartoffeln einen Markt aufzutun. Noch immer werden viele Kartoffeln verschwendet, aber ein Teil wird an Verarbeiter oder Gastronomen weiterverkauft, die sie ungeachtet ihres Aussehens gerne in Pommes frites oder Kartoffelpüree verwandeln. Aber in anderen Ländern, vor allem in Polen und anderswo in Osteuropa, ist dies noch nicht der Fall, und dort sind verfaulte Kartoffeln ein häufiger Anblick.

Doch selbst in den am besten geführten Branchen können Erzeuger nicht immer genug Leute auftreiben, die ihre Ausschussware kaufen. Ohne Berücksichtigung der auf dem Acker gelassenen Früchte produzieren britische Höfe und Verarbeiter jedes Jahr knapp eine Million Tonnen Kartoffelabfälle – oder ein Sechstel des landesweiten Angebots an fertigen Erdäpfeln. So viele Kartoffeln zu erzeugen kostet die Bauern jedes Jahr 54,5–63,6 Millionen Pfund. Pro Tonne, die sie erzeugen, investieren die Bauern 60–70 Pfund in Saatgut, Arbeitskräfte und Maschinen. Die jährliche Verschwendung in Haushalten beläuft sich unterdessen auf 358 500 Tonnen an fertigen Kartoffeln plus 463 000 Tonnen »eventuell vermeidbarer« Kartoffelabfälle wie Schalen, was die Verbraucher 660 Millionen im Jahr kostet. Die jährliche Verschwendung von Kartoffeln in Großbritannien (ohne Einzelhandels- oder Gastronomieabfälle) beläuft sich auf 1,7 Millionen Tonnen, was ungefähr 30 Prozent aller verkauften Kartoffeln entspricht (WRAP 2008a).

Einige der auf dem Hof verschwendeten Kartoffeln werden deponiert oder auf dem Acker gelassen; winzige, aber steigende Mengen werden für die anaerobe Vergärung zur Herstellung von Biogas verwendet, während andere an Vieh verfüttert werden. Aber es gibt derzeit keine Erhebungen darüber, wie viel in diesen verschiedenen Kanälen landet.

In Deutschland werden viele Kartoffeln, die in Großbritannien weggeworfen oder als Tierfutter weiterverkauft worden wären, von Käufern mit einem Preisnachlass erstanden. Aber das von den Supermärkten dominierte System in Großbritannien und vielen anderen Ländern ist bis heute nicht bereit, dies zuzulassen, weil die Kunden dann weniger erstklassige Kartoffeln kaufen würden, mit denen die höchsten Gewinne erzielt werden. Dadurch werden Bauern gezwungen, ihre wertvollen Erträge wegzuwerfen, Verbrauchern mit knappem Budget wird der Zugang zu billigeren Nahrungsmitteln verwehrt, und die Umwelt wird sinnlos ausgebeutet.

Des Weiteren fürchtet die Kartoffelbranche, dass das Absenken der Standards der Nachfrage schaden könnte. Weil Nudeln und Brot (und in gewissem Umfang auch Reis) – die anderen Hauptnahrungsmittel im Westen – industriell verarbeitete Nahrungsmittel sind, kann ihnen ein einheitliches und perfektes Aussehen verpasst werden, wie es bei rohen Erdäpfeln nicht möglich ist. Der Kartoffel-Sektor macht sich Sorgen, dass die Kunden diese anderen Stärkelieferanten kaufen werden, sobald die sichtbare Uniformität nachlässt. Doch die Marktmacht der Supermärkte ist enorm: Sie würden es schaffen, die Kundschaft zu animieren, alle Arten von Kartoffeln zu kaufen, einschließlich der billigeren Angebote mit den »nicht perfekten« Exemplaren.

Die starren Wünsche der Supermärkte stimmen nicht mit dem unberechenbaren Charakter der Nahrungsproduktion überein. Natürliche Schwankungen beeinflussen das Wachstum der Pflanzen, die wir essen. Um nachhaltig zu werden, muss die Nahrungsversorgung sich an diese ökologischen Realitäten anpassen. Weil die Einzelhändler sich nur widerstrebend fügen, kommt es zu dem Wahnsinn von bewusster Überproduktion und Ausschuss aus ästhetischen Gründen. Wäre es wirklich so, dass Ressourcen wie Land, Treibstoff und Wasser unbegrenzt verfügbar wären, dann würde die Tatsache kein Problem darstellen. Einige der großen Einzelhändler haben sogar schon begonnen, Schritte in die richtige Richtung zu unternehmen. Es ist an uns – ihren Kunden –, sie auf diesem Weg zu bestärken, ihnen das Selbstvertrauen zu vermitteln, absurde Schönheitsnormen abzuschaffen, die nichts mit Geschmack oder Ernährung zu tun haben. Wir werden weder unsere Möhren als Lineale noch unsere Kartoffeln als Billardkugeln verwenden, also spielt eine leichte Krümmung oder ein Knubbel keine Rolle.

Man muss kein radikaler Umweltschützer sein, um das gegenwärtige Ausmaß der Verschwendung ungeheuerlich zu finden. Nick Twell, kürzlich ausgeschiedenes Mitglied im Ausschuss des British Potato Council und eine wichtige Persönlichkeit in einem Kartoffel-Konzern mit einem Jahresumsatz von 260 Millionen Pfund, spricht eine Ansicht aus, die in der Branche zunehmend Verbreitung findet: »Es ist phänomenal, was in den Anbau der Frucht investiert wird, jeder schaut sich auf die Finger wegen der CO_2-Bilanzen und reduzierter Lebensmittelkilometer, warum also einen Großteil von dem, was man angebaut hat und was absolut genießbar ist, wegwerfen, nur weil irgendjemand findet, dass es nicht einwandfrei aussieht?« Twell lässt keinen Zweifel daran, dass es die »Schuld der Supermärkte« ist, weil sie, so seine orwellsche Redensart, »die Öffentlichkeit dazu erzogen haben, perfekte Kartoffeln zu erwarten« (Turff 2008). Oder, wie Philip Hudson, oberster Gartenbauberater beim britischen Bauernverband, es ausdrückte, die Supermärkte würden behaupten, dass sie lediglich auf die Wünsche der Kundschaft reagieren, aber »da wird von den Einzelhändlern gehörig manipuliert«.

Die Schuld der Branche offen eingestehend, betont Twell nachdrücklich, dass der Verzehr aussortierter Kartoffeln nicht nur ökonomisch sinnvoll ist, sondern inzwischen auch eine moralische Verpflichtung darstellt. »Die Bevölkerungszahlen steigen weiter, und wir müssen Menschen ernähren. Aber man macht sich Gedanken darüber, über welche Vorräte die künftige Generation noch verfügt. Wir können nicht weiter Ressourcen verbrauchen wie bisher, und die Verschwendung in den Griff zu kriegen ist eine der Möglichkeiten, sich darum zu kümmern.« Er betont, dass das Problem globale Dimensionen hat: »Ich denke, wenn man einige der Kartoffeln sehen würde, die ausscheiden, würde man das absolut furchtbar finden, und wenn man sie Menschen aus armen afrikanischen Ländern zeigte, würden die sich fragen, was wir uns eigentlich dabei denken, Nahrungsmittel von solcher Qualität wegzuwerfen.«

Nicht alle Nutzpflanzen werden in erster Linie nach ihrem Aussehen beurteilt. Birds Eye beispielsweise prüft Erbsen, um zu sehen, ob sie süß genug sind. Richard Hirst, ein Bauer und Vorsitzender der Gartenbaukommission des britischen Bauernverbandes, ist einer der Lieferanten des Tiefkühlkost-Herstellers, der seit 2006 zusammen mit der Iglo GmbH zu dem britischen Unternehmen Permira gehört. Um die Süße zu behalten, sagt er, muss eine Erbsenernte binnen 150 Minuten, nachdem die erste Erbse gepflückt worden ist, zum Einfrieren abgeliefert werden. Wenn sie den Süße-Test nicht besteht – beispielsweise wenn zu trockenes Wetter war –, darf Birds Eye die gesamte Ernte ablehnen. Aber der Birds-Eye-Vertrag schreibt vor, dass Lieferanten diese Erbsen nicht weiterverkaufen dürfen, selbst wenn es bereitwillige Käufer für Erbsen einer niedrigeren Güteklasse gibt. Ein solcher Verkauf an Dritte wäre, wie Hirst betont, schlecht für das Geschäft von Birds Eye, weil die Marke dadurch unter Wert verkauft würde, und dies wiederum wäre nicht gut für ihn, weil Birds Eye sein Hauptkunde ist. Stattdessen verwenden Hirst und andere Bauern aussortierte Erbsen als Saatgut oder als Tierfutter, und bei widrigen Wetterbedingungen bleibt ihnen nichts übrig, als ihre Erträge wieder unterzupflügen. Obwohl dies bedeutet, dass dem Markt Erbsen vorenthalten werden, die von Menschen gegessen werden könnten, ist es nach Hirsts Ansicht unvermeidlich und reiche bei weitem nicht an die Verschwendung heran, die durch wechselhafte Schönheitsmaßstäbe verursacht werde, denen frische Erzeugnisse unterlägen.

Im Jahr 2008 ließ Hirst eine komplette Ernte an frischem Spinat, die eine Investition von 25 000–30 000 Pfund darstellte, auf dem Feld verkümmern, nur weil eine Probe ein paar harmlose Grashalme enthielt, die sich zwischen dem Spinat entwickelt hatten. Dies geschah hauptsächlich deshalb, weil er aufgehört hatte, einige Unkrautvernichtungsmittel einzusetzen, die in der EU verboten worden sind. Vor einer Generation, meint Hirst, wären die Leute von ein bisschen Gras in einem Beutel Spinat nicht beunruhigt gewesen. Heute, so glaubt er, sei eine der größten Ursachen für die Verschwendung die »Vorstellung der Leute davon, was essbar ist«. Hirst liefert auch Blattsalate an Tesco, aber die Kette verkauft sie nur drei bis fünf Tage, nachdem sie gepflückt wurden, obwohl sie wahrscheinlich noch viel länger frisch sind. Obwohl er Sekundärmärkte für den Tesco-Ausschuss hat, verschwendet Hirst 15–20 Prozent seiner Salate, weil sie entweder die falsche Farbe haben, zu klein, nicht vollkommen rund oder leicht beschädigt sind oder ein bisschen Erde an ihnen haftet. Wenn nur 10 Prozent einer Palettenladung von etwa 700 Salatköpfen dem Qualitätsstandard nicht entsprechen, wird der ganze Posten abgelehnt.

Weizen wird unterdessen in erster Linie weder auf Geschmack noch auf Aussehen hin geprüft, sondern auf den Gluten- und einen gewissen Proteingehalt sowie auf die Höhe der sogenannten Fallzahl nach der Methode Hagberg-Perten. Diese Methode erlaubt bei stärkehaltigen Produkten unter anderem Rückschlüsse auf das zu erwartende Backvolumen. Diese Tests stellen sicher, dass das Getreide, je nach angebauter Sorte, ideal für die Brot- oder Gebäckherstellung ist. Alles, was bei diesen strengen, von Getreidemühlen durchgeführten Tests durchfällt, wird am Ende entweder in weniger wählerische Länder exportiert, die ungesäuertes Brot herstellen, oder, was eher die Regel ist, zu Viehfutter verarbeitet. Diese unrationelle Verwendung von Getreide, das von Menschen gegessen werden könnte, statt intensiv gezüchtete Tiere damit zu mästen, zehrt an den Ressourcen und wird praktiziert, um die ungeheure westliche Nachfrage nach Fleisch zu befriedigen. Dieses Thema würde allerdings den Raum eines weiteren Buches erfordern. Für den Anfang wäre es sicher lohnenswert zu überlegen, welche Vorteile es hätte, erstens dafür zu sorgen, dass ein größerer Anteil der Getreideproduktion in der menschlichen Nahrungskette verbleibt, und zweitens die Menge zu reduzieren, die wir an Tiere verfüttern. Für uns als Verbraucher würde es bedeuten, weniger Fleisch und Milchprodukte zu essen und sicherzugehen, dass das Fleisch, das wir kaufen, von Tieren stammt, die mit echten Nebenprodukten gefüttert wurden und Weidegründe abgrasten, für die es keine bessere Verwendung gibt. Tiere, die nicht auf verschwenderische Weise mit Getreide und Hülsenfrüchten vollgestopft werden, deren Erzeugung einen gewaltigen Energie-, Material- und Arbeitseinsatz erfordert.

Man könnte annehmen, dass Obst und Gemüse nur in wohlhabenden Ländern aussortiert und verschwendet werden. Aber die Macht der Supermärkte reicht quer über den Globus bis zu den Erzeugern exotischer Obst- und Gemüsesorten in den Entwicklungsländern. In Lateinamerika, auf den Westindischen Inseln und in Afrika lässt man Haufen von Bananen im Hafen gären oder kippt sie in Flüsse, wo sie Eutrophierung verursachen und dem Leben im Wasser den Tod bringen. Die Schätzungen des Anteils der Bananen, die verschwendet werden, weil sie zu gerade oder zu krumm, zu klein oder zu groß sind, schwanken zwischen 20 und 40 Prozent der Gesamterträge, was etwa 20 Millionen Tonnen entspricht. Viele dieser Bananen wären uneingeschränkt zum Verzehr geeignet, und zumindest einige der aussortierten Bananen könnten zu Stärke verarbeitet werden, um als Zusatz für andere Nahrungsmittel zu dienen (Zhang u. a. 2005). Als ich zum ersten Mal nach Delhi zog, war ich erfreut und erstaunt über die dort erhältlichen Bananen – sie waren klein und süß, und es gab mehrere verschiedene Sorten, die auf den Märkten Europas unbekannt waren. Es ist bizarr, dass Größe, Form und Geschmack von Nahrungsmitteln uns durch das diktiert worden sind, was für die Supermärkte am einträglichsten ist.

Noch merkwürdiger ist die Haltung westlicher Verbraucher hinsichtlich der Erzeugnisse, die in ihren eigenen Heimatländern angebaut werden. Supermärkte mit ihren homogenisierenden Vorstellungen davon, wie der perfekte Apfel oder die perfekte Birne aussehen sollte, sind ausgezeichnet darin, ihre Kunden mit Tricks dazu zu bringen, für fade, unreife Versionen jener vielfältigen, einheimischen Obstsorten zu bezahlen, die Jahr für Jahr aus Nachlässigkeit am Baum verfaulen. In England gehen Käufer in jedem Herbst an Parks und Gärten vorbei, wo Äpfel von den Bäumen fallen, und betreten Supermärkte, um in Plastikbeutel verpackte Äpfel zu kaufen, von denen manche aus Neuseeland importiert wurden. Unsere Vorfahren verbrachten sehr viel Zeit damit, Sorten zu hegen und Obstbäume zu pflanzen, die noch Jahrhunderte später jede Menge frisches Obst tragen. Der Anblick von Fallobst, das am Boden verfault, ist inzwischen so geläufig, dass wir es heute nicht einmal mehr bemerken. In anderen europäischen Ländern gibt es Unternehmen, die Dörfer und Städte bereisen und einen Obstversaftungs-Service anbieten. Nicht alle haben den Kontakt zu den herbstlichen Ernten so gänzlich verloren wie die Briten.

Wir sind so sehr daran gewöhnt, dass das Land sich in Privathand befindet, dass wir leicht vergessen, dass ein Großteil der landwirtschaftlich genutzten Flächen Europas sich bis vor drei- oder vierhundert Jahren als sogenannte Allmende in gemeinschaftlichem Besitz befand. Dann fingen die Reichen und Mächtigen an, das Land mit dem Argument einzuhegen, dass sie – zum Wohle aller – die landwirtschaftlichen Erträge verbessern würden. Aber, wie Locke im 17. Jahrhundert einwendete, wenn sie ihre Ernten umkommen ließen, sollten sie diese Rechte verlieren: »Wenn aber das Gras seines eingezäunten Landes auf dem Boden verfaulte, oder die Früchte seiner Pflanzung zugrunde gingen, ohne dass sie gesammelt und aufbewahrt wurden«, schrieb Locke, »so war dieser Teil des Landes, ungeachtet seiner Einhegung, noch als herrenlos zu betrachten und konnte von einem anderen in Besitz genommen werden« (Locke 1906). Locke entwarf ein Manifest für den Freeganismus: Wenn es umkommt, hat man ein Recht, es sich zu nehmen.

Als ich wieder nach Sussex zog, wo ich aufgewachsen bin, konnte ich sehen, dass Äpfel und Birnen in Größenordnungen verschwendet wurden, die beinahe so gewaltig waren wie die Unmengen von Fertiggerichten und Baguettes, die ich aus den Supermarkt-Müllcontainern von Euston und Southwark herausgefischt hatte. Ich stellte mir das köstliche Chutney, die Marmelade, das Relish, die Obsttorten und die Gläser mit eingemachtem Obst vor, die diese pflanzliche Fülle ergeben könnte. Kurz nachdem ich einer Sussex-Gruppe der Internet-Tauschbörse Freecycle beigetreten war, schickte ich eine Botschaft los: »Äpfel gesucht«. Massenhaft Leute antworteten. Wie es aussah, hatten viele meiner Nachbarn Obstgärten, die unter mehr Äpfeln ächzten, als sie jemals selber verbrauchen konnten. Ein Paar fragte in einer E-Mail, ob ich so bald wie möglich vorbeikommen könnte. Ihr Garten sei mit so vielen verfaulenden Äpfeln bedeckt, dass sie sie in Säcken einsammeln und runter zur örtlichen Müllkippe fahren würden.

Meine alten Freunde Charlie, heute Baumchirurg, und Frank liehen sich von einem Kollegen eine altmodische gusseiserne Wäschemangel und eine Weinkelter aus Eichenholz. Wir bauten beide auf der Dorfwiese auf, brachten die Säcke mit den Äpfeln herbei, die wir aus Obstgärten in der Nähe zusammengesucht hatten, und pressten 312 Liter Apfelsaft. Kinder aus der Nachbarschaft standen Schlange, um das Schwungrad der Mangel herumzuwirbeln und die Äpfel zu Brei zu zermanschen, während andere den Schraubstock der Kelter herunterdrehten, um den Saft herauszupressen. An diesem Abend nahm jeder so viel frischen Apfelsaft mit nach Hause, wie er trinken konnte; die restlichen 284 Liter ließen wir gären. Ein paar Monate später erhielten wir unsere Belohnung: starken, reinen und unverfälschten Apfelwein, Feten-Kraftstoff für das ganze Jahr. Die Apfelwein-Kelter-Party ist inzwischen zu einer alljährlichen herbstlichen Tradition geworden.

Obstbäume – vor allem die älteren, knorrigen Sorten, die wunderbar gemischtes Obst tragen, das niemals das Innere eines Supermarkts erblickt – sind ein prächtiger Teil unseres Erbes. Eine Wiederentdeckung des nicht mehr genutzten Schatzes würde sich ein klein wenig auf die Menge an Obst auswirken, die wir gegenwärtig importieren, sowie auf die Menge an industriell hergestelltem Alkohol, die wir kaufen. Wie jeder weiß, der schon einmal Äpfel in den alten Obstgärten von Somerset oder vom Straßenrand in London oder East Anglia gestohlen hat, sind solche Bäume außerdem einer der Schlüssel zum Glück.

Über die herbstliche Nachlese hinaus stehen beträchtliche Mittel zur Verfügung, einen Wandel in der gesamten Branche anzustoßen. Sein eigenes Obst und Gemüse anzubauen oder auf Bauernmärkten zu kaufen würde helfen, die industrielle Klassifizierung ein wenig einzuschränken. Aber selbst wenn man seinen Einkaufswagen mit Lebensmitteln aus dem Supermarkt füllt, kann man etwas bewirken. Würde nur einer von hundert Kunden jedes Mal, wenn er einkaufen geht, nicht perfektes Obst oder Gemüse verlangen, würden die Supermärkte anfangen, ihre absurden Maßstäbe zu überdenken. Wenn die Kunden-Infotheken – die es in Großbritannien in jedem Laden gibt – Kunden regelmäßig über die Tatsache klagen hörten, dass alle Kartoffeln, Pastinaken, Blattsalate und Möhren Woche für Woche gleich aussehen, dass die einzigen Äpfel Cox und Granny Smith sind und dass es eigentlich schön wäre, Bananen unterschiedlicher Form, Farbe und Krümmung kaufen zu können, dann würden sie vielleicht anfangen, Produkte zu vertreiben, die tatsächlich im Boden und an den Bäumen Englands, Kenias und Guatemalas wachsen. Eigentlich hören Supermärkte durchaus auf ihre Kundschaft. Wenn sie wüssten, dass sie einen Kunden an eine andere Supermarktkette verlieren könnten, deren Schönheitskriterien weniger haarsträubend sind, würden sie jede von der Norm abweichende Frucht fortan mit anderen Augen betrachten.

Die andere Hauptursache der Verschwendung im Agrarsektor – die Auswirkungen auf die gesamte Nahrungsversorgungskette hat – ergibt sich aus den Agrarsubventionen. Das heutige Subventionssystem kann bis zu den Nahrungsmittel-Engpässen in Europa und Amerika während des Zweiten Weltkriegs zurückverfolgt werden, die Regierungen veranlassten, stark in die Landwirtschaft zu investieren. Vor dem Krieg hing die nationale Versorgung mit Nahrungsmitteln vom internationalen Handel ab. Die Agrarsysteme der wohlhabenden Nationen waren nur darauf ausgelegt, mit »durchschnittlichen« Jahren zurechtzukommen. Spätestens 1945 rächte sich diese Selbstgewissheit: Die Zeit war reif für eine neuerliche Anpassung. Die Regierungen erkannten, dass Nahrungsmittel im eigenen Land produziert werden müssten, um ungeachtet internationaler Preise die Versorgung der gesamten Bevölkerung zu gewährleisten.

Europas Gemeinsame Agrarpolitik (GAP) sicherte den Bauern zu, dass alles, was sie anbauten und was auf dem Markt nicht abgesetzt werden konnte, zu einem hohen Garantiepreis, der weit über dem Weltmarktpreis lag, aufgekauft würde. Die subventionierte Produktion war so effektiv, dass die Bauern von den 1960er Jahren an mehr anbauten, als der Markt nachfragte, und spätestens in den 1980er Jahren war die GAP ein Opfer ihres eigenen Erfolges geworden. Bauern produzierten Weinseen sowie Getreide- und Butterberge, die Europas Bevölkerung niemals verbrauchen konnte. Oft wurde der Überschuss exportiert, und die EU zahlte Export-Rückvergütungen, um die Kluft zwischen dem EU-Preis und dem Weltmarktpreis zu überbrücken. Diesem subventionierten Export wurde die Schuld daran gegeben, dass die einheimischen Märkte der Entwicklungsländer geschwächt und Anreize zur Produktion in diesen Ländern abgewürgt wurden. Er wurde rasch zu einer Quelle des Streits. Warum sollten Steuerzahler und Verbraucher Bauern dafür bezahlen, dass sie Nahrungsmittel erzeugten, die niemand wollte? Um das Problem der Überproduktion anzugehen, hatte die Europäische Wirtschaftsgemeinschaft (EWG) die Idee der Flächenstilllegung, derzufolge Bauern dafür bezahlt wurden, dass sie mindestens zehn Prozent ihres Landes unbebaut ließen, was auch der natürlichen Tier- und Pflanzenwelt zugutekam. Diese Politik blieb bis nach der Preissteigerung für Agrarerzeugnisse im Jahr 2008 in Kraft, als die Bauern zur vollen Produktionskapazität zurückkehren durften, obwohl es im Jahr 2009 eine Debatte über die neuerliche Wiedereinführung der Flächenstilllegung gab.

Ebenso wie die Flächenstilllegung begannen im Jahr 1992 andere Reformen, die sogenannten »MacSherry-Reformen«, die 1999 mit der Agenda 2000 fortgesetzt und 2003 weiter vorangetrieben wurden. Gemäß diesen Reformen senkte die EU die Garantiepreise und beseitigte sie für eine Reihe von Erzeugnissen sogar, womit der Anreiz zur Überproduktion gemindert wurde. Die Subventionen für den Export von Überschüssen gehen seitdem ebenfalls kontinuierlich zurück, und in den Verhandlungen der Welthandelsorganisation WTO hat die EU angeboten, sie von 2013 an komplett auslaufen zu lassen, solange andere bedeutende Exporteure sich mit ihren eigenen Programmen zur Stützung des Exports zurückhalten. Garantiepreise für einige Erzeugnisse und Exportsubventionen für Milchprodukte, Eier, Rindfleisch, Geflügel und Schweinefleisch existieren als Sicherheitsnetz nach wie vor, sodass die Bauern, was die finanziellen Risiken der Überproduktion betrifft, dennoch etwas entspannter sein können. In den zehn Jahren bis 2008 gab die EU 38 Milliarden Euro für Exportsubventionen aus, obwohl diese von knapp fünf Milliarden im Jahr 1998 auf unter eine Milliarde Euro im Jahr 2008 zurückgegangen sind. Inzwischen produzieren die Bauern der EU im Großen und Ganzen in etwa auf Weltmarktniveau. Statt Exportsubventionen entsprechend den von ihnen erzeugten Mengen zu erhalten, werden die Bauern heute pro Morgen bezahlt, und man erwartet dafür von ihnen, dass sie Umwelt-, Tierschutz- und Qualitätsstandards befolgen. Dies bedeutet häufig, dass Bauern für eine weniger intensive Wirtschaftsweise bezahlt werden, die den natürlichen Ökosystemen und wertvollen Landschaften Vorteile bringt.

Die Vereinigten Staaten haben im Gegensatz dazu ihre Agrarsubventionen nicht in der gleichen Weise reformiert, und US-Bauern werden nach wie vor dafür bezahlt, dass sie mehr erzeugen, als ein freier Markt nachfragen könnte. Wenn den Bauern Subventionen gezahlt werden, damit sie mehr Nahrungsmittel auf den Markt werfen, als in die Mägen der amerikanischen Bevölkerung passen, ist es nicht verwunderlich, dass das übertriebene Angebot schließlich an manchen Stellen überquillt. Ein Teil dieser überschüssigen Nahrungsmittel wird als Auslandshilfe exportiert, steigende Anteile werden für Biokraftstoffe verwendet, gewaltige Mengen werden an Vieh verfüttert, ein gewisser Prozentsatz wird durch eine ohnehin schon von Fettleibigkeit geplagte Bevölkerung in Fett umgewandelt, und der Rest landet größtenteils schlicht in der Mülltonne. Für ihn gibt es keinen anderen Platz mehr.

8. FISCH: DAS AUSMASS DER VERSCHWENDUNG

Aber noch eine andere Frage bleibt zu klären ... ob der Leviathan eine so wilde Jagd und einen so erbarmungslosen Vernichtungsfeldzug übersteht oder ob er nicht schließlich ausgerottet wird und so, wie der letzte Mensch seine letzte Pfeife raucht, der letzte Wal eines Tages mit seinem letzten Atemstrahl sein Leben aushaucht.

HERMANN MELVILLE, *MOBY DICK*

ICH STEHE, NUR IN BAUMWOLLSHORTS und mit einem Paar Stiefel an den Füßen, im Wasser des Ärmelkanals, dort, wo die See an den Strand von Brighton plätschert, und warte geduldig, dass ein Fisch an meiner Angelschnur zerrt. Während meine Frau auf den Kieselsteinen in der Nähe liegt und in der Sonne döst, gehen Kinder mit Eiscreme vorbei, und von der Pier wehen Fetzen blecherner Musik zu mir herüber. Wir kaufen kaum jemals Fisch, aber Alice isst ihn für ihr Leben gern. Ich möchte heute genug zum Einfrieren oder Räuchern mit nach Hause bringen, sodass wir ihn den Winter über genießen können.

Aber heute beißt nichts an. Nach zwei weiteren Stunden werden meine Füße allmählich taub, und noch immer habe ich keinen einzigen Fisch gefangen. Alice hat Sonne getankt, es dämmert schon fast, und sie will jetzt nach Hause. Als ich mich gerade geschlagen gebe und meine Angelschnur einziehe, pflügt ein weiterer Fischtrawler quer über den salzigen Horizont vor mir. Ein riesiger Schwarm Möwen folgt ihm, und ich sehe zu, wie die Vögel auf den weggeworfenen Beifang herabstoßen, der zurück ins Meer gekippt wird. Dort schwimmen die toten Fische, die zu angeln mir nicht gelungen ist.

Genau wie in der Landwirtschaft ist Verschwendung auch bei der Produktion von anderen Grundnahrungsmitteln – der Fischerei – ein chronisches Problem. Die gravierendste Art der Verschwendung in der Seefischerei sind die »Rückwürfe«, bei denen unerwünschte Fische, die zu klein sind oder zur falschen Spezies gehören, wieder zurück ins Meer geworfen werden. In vielen Fischereizonen kommen 70–80 Prozent dieser Fische dabei um (Bet-

162

tolo und Scholten 2006). Die Europäische Kommission hat »Rückwürfe« jüngst als kommerziell-genutzte Fischarten definiert, im Gegensatz zum »Beifang«, der die im Netz an Bord gebrachten nichtkommerziell genutzten Arten bezeichnet. Im Folgenden werden beide Begriffe unterschiedslos zur Bezeichnung sämtlicher nicht an Bord verbleibenden Fische benutzt. Es mag kaum überraschen, dass die Verschwendung in Europa größer ist als beinahe überall sonst auf der Welt. Nordostatlantik und Nordwestpazifik sind zusammen für 40 Prozent der geschätzten Rückwürfe verantwortlich, was den hohen Rückwurf-Quoten in vielen EU- und einigen japanischen Fanggründen geschuldet ist. Die Europäische Kommission nimmt an, dass zwischen 40 und 60 Prozent aller gefangenen Fische zurück ins Meer geworfen werden. Greenpeace behauptet, dass von den 186 Millionen durch europäische Flotten gefangenen Fischen 117 Millionen zurückgeworfen werden (Siddique 2007). Im Nordatlantik werden pro Jahr schätzungsweise 1,3 Millionen Tonnen Fisch über Bord gekippt (Kelleher 2005); in der Nordsee veranschlagt man die jährlichen Rückwürfe auf knapp eine Million Tonnen (WWF Deutschland 2008a). Bis zur Hälfte des gesamten in der Nordsee gefangenen Schellfischs wird weggeschmissen, während jedes Jahr 50 000 Tonnen Weißfisch aussortiert werden. Baumkurrentrawler, die es in der Nordsee auf Plattfisch abgesehen haben, werfen am Ende 70 Prozent ihres gesamten Fangs weg, während die Quote für Krabbenkutter sogar 86 Prozent beträgt. Der Marktwert des allein von britischen Trawlern weggeworfenen Kabeljaus, Schellfischs und Wittlings beläuft sich auf 75 Millionen Euro – was 42 Prozent der Menge entspricht, die von den Fangflotten tatsächlich angelandet wird (EK 2007a). Für jedes Kilogramm verkaufte norwegische Hummer oder Scampi werden 5 kg Beifang zurück ins Meer gekippt (WWF Deutschland 2008a).

Viele dieser Rückwürfe bestehen aus Arten, die sehr gut zum Verzehr geeignet sind, die von der Fischereiindustrie aber noch erfolgreich vermarktet werden müssen. Von Arten wie Seelachs, Meeraal, Knurrhahn, Wittling (auch Merlan oder Weißling), Dorsch und Hundshai werden Tausende von Tonnen weggeworfen. Ich habe vor den Küsten Großbritanniens alle diese Arten geangelt und kann mich dafür verbürgen, dass sie hervorragend zum Verzehr geeignet sind. Es ist verrückt, dass wir ihre Kadaver wegwerfen.

Noch trauriger ist die alltägliche Praxis, einige der wertvollsten Arten überhaupt wegzuschmeißen. Sardinen werden in manchen europäischen Ländern nicht geschätzt und von einigen Fangflotten routinemäßig weggeworfen, während andere extra hinausfahren, um sie zu fangen (EC 2007). Trotz der Tatsache, dass Nordsee-Kabeljau von der Kommission der OSPAR (»Oslo/Paris convention for the Protection of the Marine Environment of the North-East Atlantic« – »Übereinkommen zum Schutz der Meeresumwelt des Nordostatlantiks«) als »gefährdet und/oder zurückgehend« klassifiziert wird, befördern Großbritanniens Fischereifahrzeuge nach wie vor Besorgnis erregende Mengen davon wieder ins Meer (OSPAR Commission 2008a; vgl. Press Association 2004). Dies ist größtenteils auf die schlecht regulierte und unzulänglich gestaltete europäische Fischereipolitik zurückzuführen, die den Mitgliedsstaaten für jede kommerziell genutzte Fischart eine Quote zuweist, die diese anlanden dürfen und die anschließend zwischen einzelnen Fischereifahrzeugen aufgeteilt und getauscht wird. Wenn ein Schiff zufällig mehr als die ihm zugewiesene Kabeljau-Quote einholt, dann bleibt der Besatzung, wenn sie den Fang nicht illegal anlanden will, kaum etwas anderes übrig, als diese wertvollen, aber im Allgemeinen toten oder sterbenden Fische zurück ins Meer zu werfen. Am schlimmsten ist, dass die Kapitäne, weil sie wissen, dass sie nur eine begrenzte Menge anlanden dürfen, oft nur die hochwertigsten Exemplare behalten und alles, was weniger Geld einbringen wird, zurückwerfen, selbst wenn sie diesen Rest nach dem Gesetz ebenfalls verkaufen dürften (KOM 2007b). Norwegen verbietet in seinen Hoheitsgewässern, die kommerziell wichtigsten Fischarten wegzuwerfen, was bislang dazu geführt hat, dass nichtnorwegische Trawler einfach in EU-Gewässer zurückkehrten und die weniger gewinnbringenden Exemplare dort abluden. Ein britischer Trawler, die Prolific, demonstrierte dies auf unverfrorene Art, als die Besatzung im Jahr 2008 von der norwegischen Küstenwache dabei gefilmt wurde, wie sie nach dem Verlassen norwegischer Hoheitsgewässer fünf Tonnen oder 80 Prozent des Fangs an Kabeljau und anderen Weißfischen ins Meer kippte (Vidal 2008).

Wenn Fischbestände schneller ausgebeutet werden, als sie sich regenerieren können, nimmt die durchschnittliche Größe der gefangenen Fische ab, da Schwärme aus einem hohen Prozentsatz an Jungfischen bestehen. Deshalb wird ein höherer Anteil an Jungfischen gefangen und wieder ins Meer geworfen. Die Fähigkeit der Bestände, sich zu erholen, wird dadurch gemindert und das Problem der Rückwürfe noch weiter verschärft. In den Gewässern westlich von Irland und Schottland sortierten im Jahr 1999 Fangflotten aus Irland, Frankreich, Spanien und dem Vereinigten Königreich 80 Prozent (nach Zahl und nicht nach Gewicht) der von ihnen gefangenen Wittlinge aus. Spanische Trawler werfen unterdessen riesige Mengen an Bastardmakrelen, Makrelen und Blauem Wittling aufgrund von schwacher Nachfrage, Größe oder Quotenbeschränkungen weg. Die FAO selbst hat festgestellt, dass in einigen europäischen Fischereizonen umso mehr Abfall durch Rückwürfe produziert wird, je rigoroser das Quotensystem durchgesetzt wird. Zu allem Unglück verlangt die Gesetzgebung der Europäischen Kommission nicht, dass die Fangflotten der EU über die Rückwürfe sämtlicher Arten Buch führen, sodass es sehr schwierig ist, das ganze Ausmaß des Schadens zu beurteilen. Die meisten Schätzungen der Europäischen Kommission beruhen teilweise auf Daten von Beobachtern, die sich nur an Bord einer Auswahl von Schiffen befinden (Kelleher 2005; Natural Environment Research Council 2003). Wenn das Ziel wäre, Verschwendung zu erzwingen, ließe sich schwerlich etwas Wirkungsvolleres ersinnen als das europäische Quotensystem.

Mit diesen ineffektiven Bewirtschaftungsstrategien hat die Welt drei Viertel aller Seefischarten erfolgreich an den Rand eines nachhaltigen Bestandsniveaus gebracht – oder eigentlich schon darüber hinaus. Glaubt man den Autoren eines im Jahr 2003 in *Nature* veröffentlichten Artikels, so haben die Ozeane bereits mehr als 90 Prozent der großen Raubfische, wie Kabeljau, Lachs und Thunfisch, verloren. Eine Gruppe von vierzehn Wissenschaftlern, die für die Zeitschrift *Science* schreiben, kam zu dem Schluss, dass bei den derzeitigen Tendenzen bis zum Jahr 2048 sämtliche derzeit gefischten Arten ausgestorben sein werden (The Economist 2009a). Nur vier Prozent der Weltmeere sind noch in tadellosem Zustand – der Rest ist von einer tödlichen Kombination aus Überfischung, Klimawandel und Verschmutzung betroffen (Fleming 2008).

Es ist möglich, einen Großteil des durch Ineffizienz und Verschwendung verursachten Schadens zu beheben. Erstens könnten die Fischereiindustrie und die Einzelhändler über die Schwere der Krise bei den Fischbeständen informieren und die Verbraucher ermutigen, einige der vielen anderen Fischarten zu probieren, die reichlicher vorhanden sind und gegenwärtig als Beifang behandelt werden. Wenn die Kunden auf dem Markt Kabeljau und Rochen sehen, ohne irgendwelche Warnhinweise auf die mangelnde Nachhaltigkeit der gegenwärtigen Fangpraktiken, werden sie diese Fische weiterhin kaufen. Organisationen wie der Marine Stewardship Council (MSC) und die Marine Conservation Society (MCS) liefern Informationen darüber, welche Fischereizonen nachhaltig bewirtschaftet werden, und listen Fische auf, die wir kaufen und verzehren können, ohne dadurch zum Niedergang der Ozeane beizutragen. Wie sich gezeigt hat, ist Fisch aus nachhaltiger Fischerei oftmals billiger als herkömmlicher Fisch – eine zu den meisten »nachhaltigen« Lebensmitteln gegenläufige Tendenz. Einer der bedeutenden Abnehmer für vom MSC für nachhaltig erklärten Fisch ist zum Beispiel Tescos Marke »Value«, deren tiefgekühlter Weißfisch aus Alaska-Seelachs besteht. Zwar findet sich auf dem Packungsetikett keine Angabe zur Fischart, aber auf der Tesco-Website hieß es im Jahr 2008, es handele sich um Alaska-Seelachs. Die beliebte britische Tiefkühlkost-Marke Birds Eye hat außerdem ein nachhaltiges Fischstäbchen auf den Markt gebracht, das statt aus Kabeljau aus MSC-zertifiziertem Alaska-Seelachs hergestellt wird. Beunruhigend ist, dass Erhebungen zum Alaska-Seelachs im Jahr 2008 einen dramatischen Rückgang der Bestände aufzeigten, was bedeuten könnte, dass ein Fanggebiet schnell überfischt wird, sobald der Mensch sich einer nachhaltigen Fischerei zuwendet. Aber der MSC behauptet, dass der Rückgang durch natürliche Fluktuationen verursacht werde und Fänge entsprechend eingeschränkt worden seien. Laut MSC vermeide die Alaska-Seelachs-Fischerei jede Vergeudung und komme auf Beifangraten von lediglich 0,5 Prozent. Außerdem würden bei Fisch und Meeresfrüchten für den menschlichen Verzehr sämtliche essbaren Teile vollständig verwertet, während nicht essbare Teile für andere Zwecke verwendet würden. Der für die Bewirtschaftung der Fangzone verantwortliche North Pacific Fisheries Management Council versucht die Beifangrate zu reduzieren, vor allem im Hinblick auf den Königslachs, der im Jahr 2007 in höheren Quoten gefangen wurde. Das gab Anlass zur Sorge über die möglichen Auswirkungen auf abgeschiedene Gemeinden der Ureinwohner Alaskas, die stark abhängig sind vom Lachs (The Economist 2009a). Seit der Finanzkrise des Jahres 2008 und den Preissteigerungen bei Nahrungsmitteln haben traditionell ignorierte Fische wie Wittling, Knurrhahn und Seelachs allmählich an Popularität gewonnen. Im Vereinigten Königreich hat Waitrose zum ersten Mal seit fünfzehn Jahren angefangen, Wittling vorrätig zu halten, der ein Drittel weniger kostet als sein Verwandter, der Kabeljau, und die Absätze anderer kostengünstigerer Fische sind gestiegen (Meikle 2008). Ein effektiver Weg zur Verbesserung der Wirtschaftlichkeit der Fischereiindustrie würde darin bestehen, die Verbraucher zu ermuntern, von zu stark ausgebeuteten Arten wie Kabeljau zu reichlicher vorhandenen und derzeit verschwendeten Arten zu wechseln.

Die zweite Maßnahme wäre eine radikale Revision des Quotensystems. Dieses Unterfangen hat sich als politisches Minenfeld erwiesen. Aber auf wissenschaftlicher Basis wurde nachgewiesen, dass es bessere Möglichkeiten gibt, Fischbestände zu erhalten und gleichzeitig die Rentabilität von Fangflotten zu gewährleisten. Gegenwärtig sind weniger als ein Prozent der Weltmeere ausgewiesene Fangverbotszonen. Und doch erholen sich an den wenigen Orten, wo Meeresschutzgebiete eingeführt wurden, beispielsweise auf den Philippinen, selbst zwei Jahrzehnte nach Einrichtung des Schutzgebietes schwer gefährdete Fischbestände weiter exponentiell, und die Fischereiindustrien wurden davor bewahrt, sich in den eigenen Untergang zu fischen (Russ und Alcala 2004). Gebiete des Ozeans, in denen keine Fischerei erlaubt ist, bieten Lebensräume als Laichplätze und Streckteiche für Bestände und vergrößern auf diese Weise die Anzahl der zum Fang zur Verfügung stehenden Fische jenseits der Grenzen des Schutzgebietes. Vor der Küste der Nordinsel Neuseelands fangen kommerzielle Fangflotten in den an das Schutzgebiet angrenzenden fünf Kilometern mehr Hummer als auf einhundert Kilometern ungeschützter Küstenlinie. Die zur Familie der Barschartigen gehörenden Schnapper sind innerhalb des Schutzgebietes vierzehn Mal zahlreicher und erreichen das Achtfache der Größe ihrer außerhalb lebenden Artgenossen. Dr. Callum Roberts, Experte für Meeresnaturschutz im Vereinigten Königreich, glaubt, dass 10–20 Prozent der Ozeane – angefangen bei Wanderungswegen und Futterplätzen – Fangverbotszonen sein sollten (Roberts und Hawkins 2000; Clover 2004). Außerdem sind Meeresschutzgebiete besser durchsetzbar als Quotensysteme. In Europa ist es allgemein üblich, einen Fang, der die Quote überschreitet, illegal anzulanden. Da es unmöglich ist, immer eine Strichliste über jedes Wasserfahrzeug in den riesigen Weiten des Meeres zu führen, beteiligen die Kapitäne sich täglich an der Tragödie, indem sie Raubbau an den gemeinsamen Ressourcen treiben, zum langfristigen Nachteil aller – einschließlich ihrer selbst. Wenn andererseits Teile des Ozeans als Fangverbotszonen gekennzeichnet würden, wäre es relativ leicht, mit Hilfe existierender Satellitensysteme jedes Fischereifahrzeug zu entdecken, das sich in geschützte Gewässer verirrt hat. In den EU-Gewässern gibt es eine kleine Anzahl von Fischfangsperren. Genau aus diesem Grund haben Umweltschutzorganisationen wie Greenpeace auf der Grundlage wissenschaftlicher Erhebungen von Laichgebieten und anderen ungeschützten Meeresabschnitten einen Plan für Meeresschutzgebiete ausgearbeitet, der 40 Prozent der Nord- und Ostsee vollkommenen Schutz bieten würde. Trotz eines Versprechens in ihrem Wahlprogramm und der Unterstützung der Mehrheit der britischen Öffentlichkeit ging die britische Labourregierung nicht so weit, ein vollständiges

Meeresgesetz einzubringen, auf dessen Grundlage Schutzgebiete hätten geschaffen werden können, und unterbreitete stattdessen lediglich einen Gesetzentwurf.

Jeder – von Mitgliedern des Europäischen Parlaments bis zu den Kapitänen selbst – ist frustriert von dem Problem der Rückwürfe. Jonathan Shaw, Parlamentarischer Staatssekretär für Meeresangelegenheiten, Landschaft und Angelegenheiten des ländlichen Raums sowie Minister für den Südosten, glaubt:»Dass Fische wieder über Bord geworfen werden, ist unmoralisch.« Der europäische Fischereikommissar, Joe Borg, gibt zu, dass die »Rückwürfe eine Vergeudung großer Mengen wertvoller Fische bedeuten. Es ist ein Riesenumweltskandal, den wir energisch angehen müssen« (EC 2008d). Richard Lochhead, schottischer Kabinettssekretär für ländliche Angelegenheiten und Umwelt, sagt:»Ich bin entsetzt und enttäuscht über das skandalöse Ausmaß der Verschwendung und den ökonomischen und ökologischen Wahnsinn, den Rückwürfe darstellen. In welcher anderen Branche wäre es hinnehmbar, so viel von dem, was produziert wird, wegzuwerfen?« Aber noch immer herrscht Unstimmigkeit darüber, wie sich das Problem am besten bekämpfen lässt.

Eine kürzliche Gesetzesinitiative der EU zur »Einschränkung von unerwünschten Beifängen und zur Abschaffung von Rückwürfen in der europäischen Fischerei« wurde, wie Fischereiexpertin Karoline Schacht vom World Wildlife Fund (WWF) Deutschland mir persönlich mitteilte, »durch die mächtige Fischerei-Lobby einiger Mitgliedsländer torpediert ... Das ist ein absoluter Skandal.« Auf Grundlage einer gerade begonnenen leichten Erholung der Bestände erhöhte die Europäische Kommission Ende 2008 sogar die Fangquote für Nordsee-Kabeljau um 30 Prozent, obwohl in der Forschergemeinschaft immer noch als ausgemacht gilt, dass die Bestände massiv dezimiert werden. Auf heftigen diplomatischen Druck der Norweger hin unternahm die Europäische Kommission gleichzeitig den Versuch, das Ausmaß der Rückwürfe in der Nordsee zu verringern, indem Fischereifahrzeugen gesetzlich vorgeschrieben wurde, selektives Fanggeschirr einschließlich sogenannter »Eliminator«-Schleppnetze zu verwenden, die dem

Kabeljau durch ihre unten deutlich größeren Maschenweiten ein Entkommen ermöglichen. Zusätzlich gab es 2009 ein Verbot der Praxis des »high-grading«. Dabei werden Fische einer legal angelandeten Größe über Bord geworfen, um Platz für größere, wertvollere Exemplare zu schaffen. Außerdem sollen Abschnitte des Meeres während der Laichsaison geschlossen werden. Außerdem hat die Europäische Kommission sich verpflichtet, auf ein komplettes Verbot von Fisch-Rückwürfen hinzuarbeiten, wenn im Jahr 2012 die gemeinsame Fischereipolitik reformiert wird. Dies klingt äußerst verheißungsvoll. Als die Europäische Kommission die Kabeljau-Fangquoten unter der Bedingung um elf Prozent erhöhte, dass die Fischereiflotten durch freiwillige Maßnahmen die Kabeljau-Rückwürfe auf zehn Prozent des Fangs reduzieren, stiegen die Rückwürfe allerdings im Jahr 2007 auf 40 Prozent des Gesamtfangs – statt abzunehmen. Es gibt also keine Garantie dafür, dass die neuen Maßnahmen erfolgreich eingeleitet oder durchgeführt werden. Die Europäische Kommission redet seit 2002 davon, dieses Problem zu lösen; die Dringlichkeit der Situation lässt keinen Raum mehr für weitere Ausflüchte (KOM 2007b).

Die Gesamtmenge der weltweit ins Meer zurückgeworfenen Fische ist umstritten. Die FAO schätzte 1994, dass jedes Jahr 27 Millionen Tonnen Fisch zurückgeworfen wurden, etwa ein Drittel der von Menschen verzehrten Menge (Alverson u. a. 1994). Eine Aktualisierung im Jahr 2005 deutete darauf hin, dass es Verbesserungen gegeben hatte. Die bei diesen beiden Erhebungen benutzten Methoden und Definitionen waren unterschiedlich, und deshalb sind die Zahlen eigentlich nicht vergleichbar. Die jüngere Erhebung ließ den Schluss zu, dass zwischen 1992 und 2001 weltweit 7,3 Millionen Tonnen Fisch pro Jahr ins Meer zurückgeworfen wurden. Allerdings betont die FAO, dass solche Schätzungen aufgrund fehlender Daten unverbindlich seien; beispielsweise stellen Nord- und Südkorea ebenso wie Russland keine Aufzeichnungen zur Verfügung, und die Rückwürfe aus illegaler Fischerei sind zwangsläufig nicht überprüfbar (Kelleher 2005). Außerdem enthielt der Bericht von 2005 nicht den Fisch, der an Land verschwendet wurde (beispielsweise werden in der Rogen-Fischerei

Heringe durchgesehen und die Männchen weggeworfen); ebenso wenig wurden die Fische berücksichtigt, die im Meer durch Fangvorrichtungen getötet werden (beispielsweise die erheblichen Sterblichkeitsraten bei der Kammmuschel-Ernte durch Ausbaggern des Meeresbodens sowie die unzähligen, durch aufgegebene Netze und Fallen getöteten Fische). Und er enthielt auch nicht die Fische, die in Schleppnetzen verenden oder aus dem Netz fallen, bevor sie das Deck erreichen, obwohl Studien gezeigt haben, dass diese sogenannten »dropouts« in manchen Fischereizweigen bis zu 50 Prozent des gesamten Fangs ausmachen können (Paul 1994). Ebenfalls nicht berücksichtigt worden war die erhebliche Menge an Quallen, Schwämmen, Korallen und exotischen Raritäten wie Seeschlangen, die von Schleppnetzen eingeholt und nie registriert werden. Allerdings beinhaltete der Bericht den Ausschuss an Haien, nachdem man ihnen die Flossen abgeschnitten hat, um sie mit hohem Gewinn zu verkaufen. Der Rest des Kadavers wird zurück ins Meer geworfen (Gilman u.a. 2007; Dobrzynski u.a. 2002).

Im März 2009 veröffentlichte die FAO ihre letzte grobe Schätzung, der zufolge es insgesamt »weltweit mehr als 20 Millionen Tonnen sein könnten (was 23 Prozent der Anlandungen aus dem Meer entspricht), Tendenz steigend« (FAO 2009). Andere Organisationen, beispielsweise die Umweltorganisation der Vereinten Nationen, behaupten, dass die Rückwürfe sich insgesamt auf etwa 30 Millionen Tonnen pro Jahr beliefen und dass der Mensch nur knapp über die Hälfte des gesamten gefangenen Fischs verzehre (UNEP 2009). Charles Clover kam in seinem Buch *Fisch kaputt. Vom Leerfischen der Meere und den Konsequenzen für die ganze Welt* (München 2005) zu dem Schluss, dass, sobald die Verschwendung aufgrund von Rückwürfen, Verderb, Fischmehl und ungenießbaren Teilen berücksichtigt werde, sich die Menge des tatsächlich auf der Welt verzehrten fischbasierten Proteins nur auf etwa zehn Prozent der Meerestiere belaufe, die tatsächlich jährlich in den Ozeanen vernichtet würden.

Trotzdem hat das Phänomen, Beifang über Bord zu werfen, in den letzten Jahren in einigen Gebieten allem Anschein nach abgenommen, und dies zeigt zumindest, dass Verbesserungen möglich sind. Dieser Rückgang ist hin und wieder echten Fortschritten bei der Bewirtschaftung von Fischbeständen geschuldet: Manche Fische, die früher zurückgeworfen wurden, werden heute angelandet und zum Verzehr verkauft, teils weil herkömmliche Arten kommerziell derart stark ausgebeutet wurden, dass sie nicht mehr verfügbar sind, und teils wegen der Beliebtheit von industriell verarbeiteten Fertigprodukten, wie der asiatischen Fischpaste Surimi. Einige Fangflotten haben selektivere Methoden eingeführt, sodass in Schleppnetzen weniger zu kleine und unerwünschte Fische gefangen werden. In einigen Ländern (Norwegen, Island und Namibia) wurden mutige und vernünftige Gesetze verabschiedet, die Rückwürfe komplett verbieten, während andere Fischereizweige Beifang-Quoten festgesetzt oder Zonen mit »Schleppnetzverbot« eingerichtet haben. Einige Arten mit hohen Beifangraten werden inzwischen weniger stark befischt, und es gibt Bemühungen, die Überlebensrate von Beifang, der ins Meer zurückgeworfen wird, zu verbessern (Bettoli und Scholten 2006). All dies hat gezeigt, dass gemeinsames globales Handeln eine nachhaltigere Bewirtschaftung der Ozeane bewirken kann.

Australien und die Vereinigten Staaten haben eine Reduzierung der Rückwürfe erreicht, weil die dortige Öffentlichkeit sich des Problems in starkem Maße bewusst ist. Außerdem fördern beide Länder durch effektive Gesetzgebung und Markt-Kooperation eine verantwortungsbewusste Bewirtschaftung der Fischbestände. Beispielsweise ist in den Meeren Alaskas der Zugang zu einigen Gebieten nur unter der Bedingung erlaubt, dass Technologie zur Vermeidung von Beifang eingesetzt wird. Rückwürfe, spezielle Arten oder Gebiete zu bestimmten Zeiten mit gezielten Verboten zu belegen hat sich ebenfalls als wirkungsvoll erwiesen.

Island hat seine Fischbestände vor den schlimmsten Auswirkungen kommerziellen Raubbaus bewahrt, indem jedem Fischereifahrzeug ein übertragbarer Anteil am national zulässigen Fang für jede Art bewilligt wurde. Aber im Gegensatz zum Quotensystem der EU, das Rückwürfe ökonomisch weniger wertvoller Fische fördert oder gebietet, ist es in Island illegal, überhaupt irgendwelchen Beifang über Bord zu werfen. Stattdessen muss der gesamte Fang angelandet und als Teil der Fangquote dieses Bootes eingetragen werden. Wenn ein Boot seine Quote überschreitet, muss es entweder einen Anteil der Quote eines anderen Schiffes kaufen oder sich für das folgende Jahr einen Teil seiner Quote »leihen«. Diese Politik, im Gegensatz zur verrückten Logik der europäischen Fischereipolitik, ist ein Hauptgrund, warum Island und Norwegen sich geweigert haben, der EU beizutreten. Islands jüngste Wirtschaftskrise, die das Land nahe an einen EU-Beitritt geführt hat, bedeutet vielleicht das Ende für diese Oase vernünftiger Fischereiwirtschaft. Der WWF hat ein vollständiges, EU-weites Verbot von Rückwürfen gefordert und behauptet, dass durch den Einsatz besserer Technologie, beispielsweise von Netzen, die zu kleinen Fischen ein Entkommen ermöglichen, 90 Prozent der Rückwürfe vermieden werden könnten und sich dennoch ergebende Rückwürfe angelandet und auf die Fangquote einer Flotte angerechnet werden müssten, wie es in Island geschieht (WWF 2008a).

Über ein Verbot von Rückwürfen hinaus vertreten einige Ökonomen den Standpunkt, dass ein Schlüssel zum Erhalt von Fischfanggebieten darin liege, Eigentumsrechte an Meeresressourcen durchzusetzen. Nach internationalem Recht haben Küstenstaaten exklusive Rechte nur über Gewässer bis zu zwölf Seemeilen vor ihrer Küste. Die offene See und deren Inhalt sind nach wie vor Gemeineigentum. Folglich besteht für einen Staat wenig Anreiz, eine unilaterale Entscheidung zu treffen, um die Ausbeutung zu begrenzen. Würde man Staaten oder Gemeinschaften Besitzrechte verleihen, hätten sie mehr Grund, sich um den langfristigen Erhalt der Fischbestände zu kümmern (The Economist 2009a). Ein negatives Beispiel dafür, was passiert, wenn ein Staat keine Kontrolle über seine Fischereirechte mehr ausübt, ist Somalia: Das Fehlen einer funktionsfähigen Regierung dort bedeutete, dass die Hoheitsgewässer des Landes unreguliert ausgebeutet wurden, sehr oft von europäischen Thunfischfängern. Das Ergebnis war ein Zusammenbruch der Fischbestände, einer der Faktoren, der dazu beigetragen hat, somalische Fischer in die Piraterie zu treiben (Clover 2005).

Die Fangmethode, die angewendet wird, hat ebenfalls bedenkliche Auswirkungen auf die Menge der Fische, die ungeplant getötet werden. Zerstörerische Grundschleppnetze fangen wahllos Meerestiere, da diese Netze mit erdrückenden Gewichten über den Meeresboden gezogen werden, die jahrtausendealte Korallenriffe, Schwämme, Fischhabitate und alles andere in ihrem Weg vernichten. Studien zeigen, dass eine auf diese Weise erzielte Ausbeute von einem Kilogramm Seezunge bedeutet, dass weitere 16 kg anderer Meeresbewohner getötet werden (Clover 2005). Stellen Sie sich vor, die Standardmethode für das Töten von Nutztieren bestünde darin, mit Hilfe von Bulldozern ein Netz durch die Landschaft zu ziehen und dabei Bäume und Hecken zu entwurzeln, historische Denkmäler zu zertrümmern und mitsamt den Kühen alles auszurotten, von Dachsen und Wieseln bis zu Kiebitzen und Schleiereulen, die allesamt einen langsamen Erstickungstod sterben würden. Genau dies passiert jeden Tag unter der Meeresoberfläche, obwohl vernünftigere alternative Möglichkeiten des Fischfangs verfügbar sind. Stellnetze und Langleinen, die sich auf dem Meeresboden nicht bewegen, können sowohl praktische als auch ökonomische Alternativen bieten. Eine sehr kleine Anzahl kommerzieller Fischereiwirtschaften hat bereits einfache Modifikationen an den Geräten entwickelt und eingeführt. Die mit langen Ketten an den Netzflügeln befestigten Scherbretter aus schwerem Holz oder Stahl, die sich über den Meeresboden schieben und dabei tiefe Furchen hinterlassen, wurden beispielsweise leichter gemacht oder so ausgelegt, dass sich der Kontakt mit dem Meeresgrund verringert. Aber die überwiegende Mehrzahl der Grundschleppnetzfischer benutzt weiterhin die altmodischste und schädlichste Ausrüstung (Valdemarsen u. a. 2007).

Mit einer Langleine, die mit ihren Tausenden von Köderhaken bis zu 125 km lang sein kann, auf Thunfischfang zu gehen, führt zu einer Rückwurfrate, die einundsiebzig Mal höher ist, als würde man mit einer gewöhnlichen Rute und Schnur nach Thunfischen angeln (Kelleher 2005). Es hat sich gezeigt, dass der Austausch der traditionellen J-förmigen Haken an Langleinen gegen neue »Kreis«-Haken die Anzahl der zufällig getöteten Schildkröten um

90 Prozent reduziert, ohne den Fang der Ziel-Spezies zu schmälern. Mit dem Setzen der Leinen in einer Tiefe von mehr als 100 Metern wurde der Fang sowohl von Haien als auch von Schildkröten vermieden (FAO 2009). In den 1990er Jahren wurden jedes Jahr 40 000 Albatrosse getötet, während sie versuchten, die an diesen Haken befestigten Köder zu fressen. Die Schleppnetzfischerei nach Gelbflossen-Thunfischen tötete 400 000 Delphine pro Jahr. Allerdings können einige neue »delphinfreundliche« Methoden des Thunfischfangs, bei denen möglicherweise ganze Meereslebensräume eingekreist und abgeschöpft werden, sogar noch mehr andere Arten von Fischen, Schildkröten und Haien töten (The Economist 2009a). Für 15 721 Tonnen Thunfisch, die mit Hilfe dieser delphinfreundlichen Methoden im Ostpazifik gefangen wurden, töteten Fangflotten 15 737 Tonnen Haie, Rochen und andere Fische – eine Beifangrate von über 50 Prozent. Der Beifang in der Thunfisch-Fischerei besteht normalerweise aus stark bedrohten und anfälligen Arten wie Unechte Karettschildkröte, Lederrückenschildkröte, Echte Karettschildkröte, Karibische Bastardschildkröte und Suppenschildkröte, Mink- und Buckelwale, Weiße Haie, Stachelrochen, gefleckte Adlerrochen, Kurzflossen-Mako und Großer Hammerhai sowie zahlreiche andere Haiarten (Clover 2005).

Das Löffelstör-Fischen ist in den meisten US-Bundesstaaten verboten, aber dort, wo es erlaubt ist, erreichen die Beifangraten 92 Prozent des Gesamtfangs – und selbst die voll entwickelten Weibchen, auf die man es abgesehen hat, werden in der Hauptsache nur wegen ihres Rogens auf den Markt gebracht, der 143 US-Dollar pro Kilo bringen kann. In Tennessee half die Verkürzung der Fangsaison um acht Tage die Beifang-Sterblichkeit zu verringern, aber die Kapitäne dürfen nach wie vor Monofilnetze verwenden, die größere Verluste verursachen als alternative, auffälligere Multifilnetze (Bettoli und Scholten 2006).

Im Gegensatz zur europäischen Plattfisch-Schleppnetzfischerei weist die amerikanische Schollen- und Rotzungen-Fischerei niedrige Rückwurfraten von 8,7 beziehungsweise 18,8 Prozent auf. Doch gibt es noch einige US-Fangflotten, die riesige Mengen

Fisch wegwerfen. Beispielsweise stoßen Seehecht-Trawler im Golf von Maine und in den nordöstlichen Vereinigten Staaten nach Gewicht 41,7 Prozent ihres Fangs ab. Obwohl Anstrengungen unternommen werden, das Problem zu beheben, hat die Garnelen-Schleppnetzfischerei im Golf von Mexiko mit etwa 480 000 Tonnen zurückgeworfenen Schnappern, Blauschuppen-Straßenkehrern und Schildkröten neben anderen Arten die schlimmste Rückwurfrate von allen Fischereizweigen auf der Welt (Kelleher 2005).

Die Garnelen-Fischerei leidet weltweit unter den mit Abstand höchsten Beifangraten. In der tropischen Garnelen-Schleppnetzfischerei Asiens werden gewaltige Mengen an Jung- und Kleinfischen gefangen, obwohl es bewährte Vorrichtungen zur Reduzierung des Beifangs gibt, die den Fischen mit Hilfe von Metallgittern und Netzmaschen ein Entkommen ermöglichen. Trawler, die Garnelen in tropischen Gewässern fangen, sind für 27 Prozent der weltweiten Rückwürfe verantwortlich. Die globale durchschnittliche Rückwurfrate der Garnelen-Schleppnetzfischerei beträgt etwa 62 Prozent des gesamten Fangs, schlimmstenfalls beläuft sie sich aber in manchen Gebieten im Durchschnitt auf 96 Prozent. Mit anderen Worten: für jedes Kilo Garnelen werden 24 kg anderer Fisch weggeworfen (Kelleher 2005).

Zusätzlich zu den Rückwürfen verderben pro Jahr angeblich geschätzte 10–12 Millionen Tonnen Fisch (Ababouch 2003). Viele Fangflotten und Häfen, vor allem in ärmeren Weltgegenden, verfügen nicht über die Anlagen und Infrastruktur, um Fisch frisch zu halten, bevor er auf den Markt kommt. In Karatschi, Pakistans wirtschaftlichem Zentrum und Haupthafen, sieht man auf den Kais haufenweise Fisch in der Sonne verfaulen. In einigen afrikanischen Fischereiwirtschaften kann der Abfall, wenn man Rückwürfe, versehentliche Verluste und Verderb addiert, um die 40 Prozent der Anlandungen ausmachen (UNEP 2009). In den Entwicklungsländern könnten Investitionen in Verfahren zur Behandlung, Haltbarmachung und Beförderung von Fisch zu maximaler Wirtschaftlichkeit führen. Traditionelle Methoden des Räucherns und Einsalzens oder der Kühlung und des Eindosens können die Verluste verringern; die Kühlhaltung von Fisch mittels Eis kann noch effektiver gestaltet werden, wenn die Behälter mit einheimischen Materialien wie Kokosfaser, Sägemehl oder Reishülsen isoliert werden.

Trotz der scheinbar guten Neuigkeit, dass die Praxis, den Beifang wegzuwerfen, im Niedergang begriffen ist, sorgt die Reduzierung für beinahe ebenso viel Beunruhigung wie das ursprüngliche Problem: Nun wird der Beifang zu Fischmehl zermanscht und an Zuchtfische und Vieh verfüttert. Obwohl die Fischmehl-Produktion seit 1994 um 30 Prozent abgenommen hat (größtenteils wegen eines Rückgangs bei den Fängen Südamerikanischer Sardellen), schätzen die UN, dass 33,3 Millionen Tonnen Fisch, das sind 36 Prozent der Gesamtmenge an Fisch, der auf der Welt gefangen wird, für Nicht-Nahrungszwecke bestimmt sind und hauptsächlich zu Futter in Form von Fischmehl und Fischöl verarbeitet werden. Schweine, Geflügel und anderes Vieh fressen knapp die Hälfte des Fischmehls der Welt, teilweise, weil Vieh nicht mehr mit Nahrungsabfällen gefüttert werden darf, die Fleisch-Nebenprodukte enthalten, worauf ich in späteren Kapiteln noch zurückkommen werde. Den Rest verbraucht die boomende Fischzuchtindustrie, die 51,7 Millionen Tonnen Fisch im Jahr 2006 produzierte (FAO 2009). Das meiste Fischmehl wird aus fein zerkleinerten Sardellen, Atlantischen Menhaden und Sardinen gemacht; da diese aber knapp werden, werden zunehmend kleine Exemplare kommerziell wertvoller Fische verwendet. Die schwindenden Bestände an Seevögeln wie Dreizehenmöwen, Lummen und Papageientaucher in britischen Küstengewässern sind zumindest teilweise auf das Verschwinden der Sandaale zurückzuführen, die ausgebaggert wurden, um sie als Lachsfutter zu verwenden. Selbst Krill, das winzige, garnelenartige Zooplankton, das die Ozeane füllt, wird heute mit Hilfe feinmaschiger Netze aus dem Meer herausgefiltert und in Fischmehl verwandelt. Dieses wird vor allem von Lachszüchtern geschätzt, weil es dem Lachs das begehrte rosafarbene Aussehen verleiht. Krill rangiert fast ganz unten in der Meeresnahrungskette. Obwohl die industrielle Krillfischerei noch in den Anfängen steckt und momentan nachhaltig ist, könnte eine Steigerung dieser Ausbeutung einen Zusammenbruch der Wal-, Robben- und Pinguinbestände verursachen, die auf Krill als Nahrung angewiesen sind (Jowit 2008; vgl. Blanco u. a. 2007).

Es mag besser sein, Fische als Tierfutter zu verwenden, statt sie ganz wegzuwerfen. Aber Fische mit Schleppnetzen aus dem Meer zu holen, um sie zu Brei zu verarbeiten und wiederum an andere Fische oder Vieh zu verfüttern, kann eine Verschwendung von Ressourcen sein. Außerdem hätten Fischer mehr Anreiz, kleine Jungfische nicht zu fangen, wenn sie keinen Markt für sie finden würden. Im Schnitt braucht man 3 kg Fischmehl, um ein Kilo Zuchtlachs zu produzieren. Ein solches Maß an Unwirtschaftlichkeit erscheint unklug, da viele der Fische, die in Fischmehl verwandelt werden, bereits lecker sind und gegessen werden könnten. Sogar Sandaale geben hervorragende Fischstäbchen ab – wie ich feststellte, nachdem ich sie einen Tag lang vor der Küste von Nord-Wales gefangen hatte. Aquakultur kann sehr sinnvoll sein, wenn die gefangenen Fische sich von wilden Ressourcen ernähren, wie es bei etwa der Hälfte der Binnen- und Meeres-Fischfarmen auf der Welt der Fall ist. Ein hoher Grad an Wirtschaftlichkeit lässt sich erreichen, wenn pflanzenfressende und allesfressende Fische, beispielsweise Buntbarsch, Seewolf, Milchfisch und manche, obschon keineswegs alle Karpfen*, mit möglichst wenig Fischmehl gezüchtet werden. Aber sehr selten ist es sinnvoll, essbare Fische an fleischfressende Arten wie Thunfisch, Lachs, Shrimps, Garnelen und Flussaale zu verfüttern. Obendrein wandelt warmblütiges Vieh Fischmehl sehr unwirtschaftlich in Fleisch um, weil es bis zu 80 Prozent davon vergeudet. In Regionen wie Lateinamerika, dessen Bewohner eine kulturell bedingte Vorliebe für Fleisch statt für Fisch haben, und in Europa und Nordamerika, wo man es sich leisten kann, importierten Fisch einer bevorzugten Sorte zu kaufen, passiert dies jedoch häufig. Für einige Beifang-Arten und ganz sicher für unerwünschte Fischgräten und Innereien ist Fischmehl ein guter Verwendungszweck. Aber für die meisten Beifang-Arten

---

* Obwohl es möglich ist, einige dieser Arten mit ganz wenig oder völlig ohne fischbasiertes Futter aufzuziehen, verbrauchen Karpfen ungefähr 42 Prozent des gesamten Fischmehls auf der Welt und Buntbarsche 10 Prozent (FAO 2009).

sollte diese Option an zweiter Stelle stehen, wenn es nicht gelungen ist, sie auf dem Markt zum Verzehr anzubieten. Am besten wäre es natürlich, zu stark ausgebeutete Fische im Ozean zu belassen.

9. FLEISCH: INNEREIEN SIND NICHT GRÄSSLICH

»Du willst diese Krabben-Eingeweide vergeuden?
Ein Weichei bist du auch noch, Jimmy.«

BUNK MORELAND, *IN THE WIRE*, HBO (2004)

NICHT GENUG DAMIT, dass reiche Länder fast die Hälfte ihrer Nahrungsmittellieferungen wegwerfen: Ungefähr 40 Prozent des Getreides der Welt, darunter Weizen, Reis und Mais, werden an landwirtschaftliche Nutztiere verfüttert (UNEP 2009). Das umfasst etwa 700 Millionen Tonnen Getreide; darüber hinaus verbrauchen Nutztiere mehr als 500 Millionen Tonnen Wurzeln, Knollen, Fischmehl, Kleie, Hülsenfrüchte, Ölsamen und – am wichtigsten – Ölkuchen, beispielsweise Sojamehl (Steinfeld u. a. 2006; FAO 2008c). Insgesamt wird etwa ein Drittel des Ackerlandes der Welt für den Anbau von Viehfutter beansprucht, und der Anteil steigt ständig (UNEP 2009). In der modernen intensiven Landwirtschaft – die allerdings hinsichtlich ihrer Methoden und Wirtschaftlichkeit stark variiert – werden ungefähr 10 kg Getreide benötigt, um ein Kilo Rindfleisch zu erzeugen, und 5 kg, um ein Kilo Schweinefleisch zu erzeugen. Die effizientesten Landtiere, wenn es darum geht, Futter in Fleisch umzuwandeln, sind moderne Hühnerrassen, die pro 2 kg Getreide ein Kilo Gewicht zulegen (Gold 2004). Auch die moderne Eierproduktion kann eine Umwandlungsrate von knapp 2:1 haben (Steinfeld u. a. 2006). Weltweit geben wir Nutztieren mehr als dreimal so viel Futter, wie sie uns in Form von Milch, Eiern und Fleisch zurückgeben, sodass Nutztiere im Schnitt über 70 Prozent der Kalorien verlieren, die an sie verfütterte Ernten enthalten haben. Dies ist keine Verschwendung im selben Sinne, wie Nahrungsmittel in Mülltonnen zu werfen. Aber weil dieses Getreide verwendet werden könnte, um weit mehr Menschen direkt satt zu machen, als es das erzeugte Fleisch vermag, ist es ein unwirtschaftlicher Verbrauch von Ressourcen. Nahrungsmittel und das Land, das für ihren Anbau genutzt wird, werden aufgewendet, um die Vorliebe der Menschen für saftiges Fleisch zu befriedigen, welches die reichen Länder der Welt in übertriebenen Mengen verzehren. Dadurch steigt der Druck auf die globale Versorgung mit Nahrungsmitteln. Es folgt ein Anstieg der Preise und der Hunger wird bei den Ärmsten auf der Welt verschlimmert. Wie in Kapitel 6 erörtert, befördert der hohe Fleischkonsum außerdem die rasche Ausweitung der landwirtschaftlichen Grenze in natürliche Lebensräume, und trägt erheblich zur globalen Erwärmung bei.

Seit 1970 ist die Fleischproduktion mehr als zweieinhalbfach gestiegen, und das vereinte Gewicht des Rindviehs auf Erden übersteigt heute das der Menschen (Worldwatch Institute 2006; Tudge 2004). Die weltweite Produktion stieg von 27 kg Fleisch pro Person und Jahr zwischen 1974 und 1976 auf 37,4 kg pro Person im Jahr 2000. Bis 2050 soll sie auf über 52 kg pro Person steigen (FAO 2006). Der Getreideverbrauch durch Nutzvieh kann bis dahin auf weit über eine Milliarde Tonnen jährlich steigen, was nach optimistischer Einschätzung der UN Nahrung für etwa drei Milliarden Menschen entspräche (UNEP 2009). Allerdings sollte man diese Berechnung mit Vorsicht genießen. Nach Schätzungen des Umweltprogramms der Vereinten Nationen werden spätestens im Jahr 2050 etwa 1,45 Milliarden Tonnen Getreide als Tierfutter verwendet werden. Die Organisation geht davon aus, dass 3 kg Getreide notwendig sind, um ein Kilo Fleisch zu erzeugen. Der Brennwert von Getreide (3000 kcal/kg) ist etwa doppelt so hoch wie der von Fleisch (1500 kcal/kg), was eine Umwandlungsrate von 6 : 1 ergibt. Dies mag für einige Modelle industrieller Landwirtschaft repräsentativ sein, aber nicht für die globale Landwirtschaft als Ganzes. Viele der an Vieh verfütterten Getreidepflanzen werden nicht zur Fleischproduktion verwendet, sondern für die Produktion von Eiern und Milcherzeugnissen, die höhere Umwandlungsraten haben. Der durchschnittliche Brennwert von Fleisch, der berechnet wird, indem man die weltweite Produktion jeder wichtigen Sorte Fleisch (Schwein, Geflügel, Lamm/Ziege und Rind) nimmt, die Tonnage jeder Sorte mit ihrem Brennwert multipliziert und durch die Gesamttonnage dieser produzierten Fleischsorten dividiert (FSA 2008b), entspricht 2246 kcal/kg.

Würde die oben erwähnte eine Milliarde Tonnen Getreide nicht an Tiere verfüttert, könnte sie zur Gänze verwendet werden, um

Menschen direkt satt zu machen. Getreide liefert etwa die Hälfte der von Menschen auf der ganzen Welt verbrauchten Kalorien (FAO 2003b), und wenn wir weniger Fleisch und weniger Milchprodukte essen würden, gäbe es viel mehr Nahrung, die für alle reichen würde (Keyzer u. a. 2005). Natürlich hat die rasch steigende globale Nachfrage nach Fleisch die Ernährung vieler Menschen in den Entwicklungsländern verbessert und den Anreiz geliefert, den landwirtschaftlichen Anbau auf der ganzen Welt zu steigern. Aber heute begünstigt das globale Verbrauchsniveau Abholzung, globale Erwärmung und Nahrungsmittel-Engpässe.

Zudem erfordert Fleisch bei seiner Erzeugung viel mehr Wasser als Gemüse. Um ein Kilo Weizen anzubauen, braucht man 500–4000 Liter Wasser. Für ein Kilo Fleisch benötigt man bereits 5000–100 000 Liter (Peden u. a. 2007; Nierenberg 2005). Um 1000 kcal pflanzlicher Nahrung zu produzieren, sind im Schnitt ungefähr 0,5 m^3 Wasser nötig; etwa das Achtfache ist erforderlich, um dieselbe Menge an tierischer Nahrung zu produzieren (Falkenmark und Rockström 2004; Halweil und Nierenberg 2008). Da Wasserknappheit in vielen Teilen der Welt, darunter Südasien und Afrika südlich der Sahara, eine der ernsthaftesten Bedrohungen für das menschliche Überleben darstellt, wird ein kontinuierlich hoher Fleischverbrauch zum Verlust von Menschenleben führen.

Mit wachsendem Wohlstand übernehmen die Bevölkerungen der Entwicklungsländer die fleisch- und milchhaltigere Ernährung der reichen Länder. In den asiatischen Entwicklungsländern stieg der Pro-Kopf-Verbrauch von tierischem Protein zwischen 1980 und 2002 um nicht weniger als 140 Prozent. Und doch müssten diese Nationen, um das Verbrauchsniveau der Industrieländer zu erreichen, noch dreieinhalbmal mehr verzehren als heute. Im Jahr 2003 aß ein Amerikaner im Schnitt vierundzwanzigmal so viel Fleisch wie ein Inder. Mit 123 kg Fleisch pro Person und Jahr übertreffen die Amerikaner den deutschen Appetit (2008: 88,4 kg pro Person und Jahr), den britischen (83 kg pro Person und Jahr), den holländischen (67 kg), den chinesischen (55 kg), den japanischen (43 kg), den der Ugander (10 kg) und den der Inder (nur 5 kg). So ist es an den reichen Ländern, sich zuerst mit ihrem Verbrauch zu befassen, statt den Entwicklungsländern ihren wachsenden Fleischverbrauch vorzuhalten – wie zahllose Medienartikel und politische Führer (beispielsweise George W. Bush) es während der Ernährungskrise im Jahr 2008 taten (Lakshmi 2008).

Auf den ersten Blick mag es so scheinen, dass der Wunsch, mehr Fleisch zu essen, unumstößlich in der menschlichen Natur verankert sei: Menschen essen mehr Fleisch, wann immer sie es sich leisten können. Eine genauere Prüfung fördert allerdings beachtliche Unterschiede zwischen Ländern zutage. So schätzt man zum Beispiel, dass spätestens im Jahr 2020 die Inder 8 kg Fleisch pro Person und Jahr verzehren werden, wohingegen die Chinesen nach gegenwärtigen Trends wahrscheinlich 73 kg verzehren werden. Inder werden im Gegensatz dazu entsprechend 105 kg Milch pro Kopf und Jahr verbrauchen, während die Chinesen kaum mehr als 31 kg trinken werden. Da Milchvieh Futter fünfmal besser in essbare Kalorien verwandeln kann, als Mastrinder Futter in Fleisch verwandeln (den Brennwert der fleischlichen Überreste der Milchkuh am Ende ihres Lebens eingerechnet), wird Indien seinen Verbrauch an tierischen Nahrungsmitteln viel effizienter steigern als China (Harris 1988).

Wichtig sind auch die Methoden der Tierzucht. Dort, wo die traditionelle Tierhaltung fortbesteht, kann Viehwirtschaft effizient zur Versorgung mit Nahrungsmitteln beitragen. Im Afrika südlich der Sahara und in Südasien beispielsweise werden Nutztiere normalerweise mit Ernteresten und nicht anbaufähigem Weideland aufgezogen. Nur 10 Prozent des Getreidevorrats werden als Futter verwendet. Im Gegensatz dazu sind in manchen Industrieländern zwei Drittel der durchschnittlichen Getreideproduktion dem Vieh vorbehalten (Lundqvist, Fraiture und Molden 2008). Indiens Nutztiere geben zudem, während sie gleichzeitig einen Großteil der Arbeit auf den Gehöften verrichten und den lebenswichtigen Dünger und Brennstoff liefern, 70 Prozent des Futters, das sie verbrauchen, in Form von Fleisch und Milchprodukten zurück. In den Vereinigten Staaten hingegen produziert das Vieh auf intensiv bewirtschafteten Farmen nicht zu bewältigende Mengen an Gülle, die zu einer Umweltgefahr werden, steht den ganzen Tag im Stall, ohne etwas zu tun, und gibt dann auch noch lediglich 20 Prozent des verbrauchten Futters wieder zurück. Davon wird ungefähr ein Drittel von Geschäften und Verbrauchern verschwendet, sodass nur etwa 13 Prozent der in der ursprünglichen Ackerernte enthaltenen Kalorien von Menschen verzehrt werden. In den USA vertilgt das Nutzvieh des Landes, selbst wenn man die schwere, zuckerhaltige Kost der amerikanischen Bevölkerung berücksichtigt, ungefähr doppelt so viel Nahrung wie die Amerikaner selbst.

Manches Fleisch wird in der industrialisierten Welt noch ohne dieses ungeheure Vertrauen in Futterkonzentrate erzeugt – die britische Hügel-Schafhaltung setzt nach wie vor im Wesentlichen auf ausgedehntes Weideland und kann sogar gut sein für einheimische Lebensräume. Auf der anderen Seite gibt es, auch in Entwicklungsländern, einen Trend hin zu getreidebasierter Fleischproduktion, die in Ländern wie Pakistan und Indien zu lokalen Nahrungsengpässen beiträgt. In dieser Hinsicht tun die zunehmend wohlhabenden Mittelschichten in Ländern der sich entwickelnden Welt ihren Armen an, was die Verbraucher im wohlhabenden Westen der Welt als Ganzes antun.

Die Auswirkungen dieser Trends beim Fleischverbrauch sind so gewaltig und tiefgreifend, dass ich sie in verschiedenen Kapiteln dieses Buches immer wieder thematisiert habe. Durch die intensive Aufzucht derart vieler Nutztiere berauben wir die Welt ungeheurer Mengen an Nahrung. Der einfachste Weg, unsere individuelle Umweltbelastung zu verringern und die größte Menge an Nahrung, Land und Wasser für andere Zwecke freizusetzen, wäre ohne Frage, weniger Fleisch und weniger Milcherzeugnisse von mit Getreide gefütterten Tieren zu essen.

Doch dieses Argument für Wirtschaftlichkeit unterscheidet sich grundsätzlich vom Haupttenor dieses Buches: Die Konzentration lag bisher auf mehr Wirtschaftlichkeit, wo sie realisierbar ist, ohne dass jemand seine liebgewordenen Ernährungsgewohnheiten opfern muss. Wir müssen einfach nur aufhören, so viel Nahrung wegzuwerfen. Aber auch hier ist die Ressourcenintensität der Fleischproduktion ein entscheidender Punkt.

Die EU-weite Studie »Environmental Improvement of Products« (IMPRO) hat festgestellt, dass Fleisch und Milchprodukte für knapp ein Viertel aller durch Konsum in der EU angerichteten Umweltschäden verantwortlich sind, darunter die globale Erwärmung, der Ozonabbau, die Versäuerung, der Giftgehalt der menschlichen wie der natürlichen Umwelt und die Eutrophierung – worin die Abholzung und andere Veränderungen der Bodennutzung noch gar nicht enthalten waren. Die vorsichtige Schätzung bezüglich der Menge an Fleisch und Milchprodukten, die Verbraucher verschwenden, deutete an, dass ganze vier Prozent aller möglichen durch die EU verursachten Umweltschäden genau dem Anteil an Fleisch und Milchprodukten zuzuschreiben sind, den die Verbraucher wegwerfen (Weidema u. a. 2008). Im gegenwärtigen weltweiten Produktionssystem finanzieren wir die Zerstörung des Amazonas-Regenwaldes und tränken die amerikanischen Ebenen mit Agrochemikalien, um Sojabohnen und Getreidepflanzen für Tierfutter anzubauen, verschiffen es um die Welt, um unser Vieh zu mästen, transportieren die Tiere zu einem Schlachthof und töten sie, hacken sie in Stücke, verpacken sie in Plastik und bewahren sie mehrere Tage im Kühlschrank auf. Dann werfen wir einen ziemlich großen Teil davon in die Mülltonne – als seien ihr Leben und sämtliche für ihre Aufzucht aufgewendeten Ressourcen ohne Bedeutung.

Die Verschwendung von Fleisch und Milchprodukten ist ein oft unterschätztes Problem, denn in Studien zur Nahrungsmittelverschwendung stellen Gemüse und Obst einen Großteil der Gesamtmasse dar. Zum Beispiel weist die US-Regierung darauf hin, dass Obst und Gemüse 28 Prozent der Nahrungsverluste von Einzelhändlern, Gastronomiebetrieben und Verbrauchern ausmachen (Kantor u. a. 1997). Ebenso stellte WRAP im Vereinigten Königreich fest, dass es sich bei 40 Prozent der von Haus- und Wohnungsinhabern weggeworfenen Nahrungsabfälle um Obst und pflanzliches Material handelte. Folglich hat WRAP einen Großteil seiner Aufmerksamkeit neben anderen Maßnahmen zur Verlängerung der Haltbarkeit darauf gerichtet, Verbraucher zu ermuntern, Obst im Kühlschrank aufzubewahren (WRAP 2008b).

Dies ist ein sehr nützlicher Ratschlag, und wer ihn erteilt, reduziert nachweislich die Verschwendung. Aber was die Bekämpfung von Ressourcenvergeudung und die Umweltverträglichkeit angeht, könnte die Reduzierung der Menge an Fleisch und Milchprodukten, die weggeworfen wird, noch bessere Ergebnisse liefern. Eine im Jahr 2004 veröffentlichte wissenschaftliche Studie kam zu dem Ergebnis, dass in schwedischen Kantinen im Schnitt 20 Prozent des Essens verschwendet wurden, eine Menge, die jedes Jahr für 287 Portionen gereicht hätte. Die Autoren errechneten, dass das Ackerland, das benötigt wurde, um all die Nahrungsmittel zu erzeugen, die später in Kantinen weggeworfen wurden, 40 000 Hektar oder 1,5 Prozent der Anbaufläche entspräche. Obwohl Fleisch nur 20 Prozent sämtlicher Verluste nach Gewicht ausmachte, war es für nicht weniger als 91 Prozent des »verschwendeten« Landes verantwortlich, denn so viel Land wird beansprucht, um Futter für Nutztiere anzubauen. Wenn dies im selben Ausmaß für die fünfzehn Länder gelte, die seinerzeit die EU bildeten, dann würde sich das vergeudete Ackerland in der Größenordnung von 1,5 Millionen Hektar bewegen, ein Gebiet, das in etwa der gesamten landwirtschaftlichen Nutzfläche Belgiens entspricht – dabei ging es hier nur um einen einzigen kleinen Sektor der Nahrungsmittelindustrie (Engström und Carlsson-Kanyama 2004).

Wir alle haben die Macht, bei uns zu Hause die Verschwendung von Fleisch und Milchprodukten einzuschränken. Aber ich werde mich hier auf einen besonders unwirtschaftlichen Aspekt der Fleischindustrie konzentrieren: die Verschwendung von Innereien – von Lebern, Nieren, Lungen, Herzen, Zungen, Hirnen, Blut, Backen, Schwänzen, Pfoten, Ohren, Hoden, Mägen und Därmen der Tiere. Menschen auf der ganzen Welt haben seit Jahrhunderten Wege ersonnen, all diese Innereien auf eine Vielzahl raffinierter Arten zuzubereiten, von Pastete und Blutwurst bis zu Suppe aus dem Schwanz und Kuttelwurst. Während der letzten paar Jahrzehnte neigten die Verbraucher, vor allem in Großbritannien und den Vereinigten Staaten, verstärkt dazu, sie samt und sonders zu meiden. Das beste Schicksal, das die meisten dieser Delikatessen in der westlichen Welt erwarten können, ist, als Hundefutter zu enden. Homer Simpson bemerkte einmal: »Tiere scheißen in unseren Häusern! Und wir sammeln es auf! Haben wir einen Krieg verloren?« Dasselbe hätte er von den feinsten Leckerbissen sagen können, die wir unseren Haustieren zum Essen servieren.

Anstelle dieser Vielfalt haben Verbraucher sich in den letzten paar Jahrzehnten daran gewöhnt, nur das Muskelgewebe – das Fleisch eines Tieres – zu essen, woraus Supermärkte die Erkenntnis zogen, dass sie damit die größten Profite machen können. In dieser Hinsicht ist Großbritannien viel schlimmer als seine kontinentaleuropäischen Nachbarn, und die Vereinigten Staaten sind noch verschwenderischer. Der Verzehr von Innereien als Teil des Fleischkonsums hat sich in Großbritannien und den USA in den vergangenen dreißig Jahren in etwa halbiert. Jeder Franzose isst im Schnitt fast 100 kg Fleisch im Jahr, daneben lässt er sich aber auch noch 9 kg Innereien schmecken; die Briten essen pro Kilogramm Fleisch zwei Drittel weniger Innereien als die Franzosen und die Amerikaner 90 Prozent weniger. Die Franzosen holen deshalb 8 Prozent mehr Fleisch aus einem Tier heraus als die Amerikaner. Die Chinesen essen nicht einmal halb so viel Fleisch wie die Amerikaner, aber sie verzehren pro Kopf die mehr als dreifache Menge an Innereien. Chinesen und Südkoreaner nutzen diese Ressource etwa achtmal effizienter als die Amerikaner (FAO 2003a).

In Frankreich sind in vielen Restaurants und Metzgereien noch Kutteln, Kalbskopf, Zungenterrine, Gänsemagen und sogar Kuheuter erhältlich; in Spanien werden in Tapas-Bars knusprige Schweineohren oder golfballgroße Bündel eingewickelter Därme ausgestellt, damit die Kundschaft beim Bier daran knabbert. Im abgelegenen Bergland der Cevennen in Frankreich, wo ich als Jugendlicher auf einem Rinderhof arbeitete, ließen es sich die Bauern, bei denen ich wohnte, mit einer täglichen Kost aus Leber und Kuhbacken, serviert mit selbstgemachter Mayonnaise, gut gehen. In Kasachstan genoss ich das Nationalgericht der Kasachen, in Pferdedärme gestopftes Pferdefleisch, und ihr einfaches, aber köstliches Lieblingsessen am Straßenrand, gegrillten Schafskopf. Außerhalb von Beijing nagte ich auf einem Bahnsteig zum Frühstück an frisch gebratenen Hühnerfüßen; in Japan aß ich Sushi aus Krebseingeweiden. In der westchinesischen Stadt Kaschgar versetzte mich ein wundervolles Gericht mit dem reizenden Namen »Schaforgane« in Erstaunen: Straßenverkäufer stellen ihre Erzeugnisse in einem pyramidenartigen Gebilde zur Schau, bestehend aus einer gewaltigen Masse gelber gegrillter Lunge, geschmückt mit Girlanden aus gefüllten Därmen, geschmortem Magen und gegrillter Leber. Selbst in London kann der Innereien-Liebhaber Restaurants finden wie Gourmet San, ein bescheidenes Chinarestaurant in Bethnal Green, das seine Speisekarte mit würzigen Därmen vom Schwein, Fischkopf, gegrillten Kaninchennieren, Schweinelunge in Chilisauce, Wellhornschnecken und in Scheiben geschnittenem Schweineohr, Hähnchenmägen und geschmorten Schweinsfüßen ziert. Mein absolutes Lieblingsgericht ist *takatak*, das auf den Straßen Pakistans serviert wird und so heißt wegen des Geräuschs, welches das Messer macht, wenn es eine köstliche Mischung aus Hirn, Hoden und anderen Innereien zerhackt, die in einer großen Stahlpfanne gebraten werden.

Auf die Verschwendung, die es bedeutet, diese Körperteile zu meiden, wurde im Jahr 2008 ein Schlaglicht geworfen, als die Chinesen auf ein neues Handelsabkommen mit dem Vereinigten Königreich drängten und es durchsetzten. Es betraf den Export unerwünschter Schweinsfüße um die halbe Welt, damit die Chinesen darauf herumkauen können (Spencer 2008). In Südkorea machte ich einmal den Fehler, jemanden aus der Branche zu fragen, was das Land mit den ganzen Schlachthof-Abfällen anfange. »Wir haben keine Schlachthof-Abfälle«, kam mit unbewegter Miene die Antwort. Dort verkauft man die Teile, die in der westlichen Welt weggeworfen werden, zu Spitzenpreisen.

Als ich früher in jenem Jahr meine eigenen Schweine schlachtete, war ich ebenso sehr darauf erpicht, auf keines ihrer Körperteile zu verzichten, wie ich vorher Wert darauf gelegt hatte, die Tiere mit Abfällen zu mästen. Nach dem Schlachten, das kurz und schmerzlos zu Hause erfolgte, machten wir uns im Team daran, wieder die traditionellen Leckerbissen herzustellen. Wir fingen das Blut in einer großen Schüssel auf, stülpten die Gedärme um für Wurstpellen, rösteten die Hirne und knusprigen Ohren in einem mit Holz befeuerten Backofen, pökelten einen Jahresvorrat

Speck und Schinken, zerhackten den Magen zu einem klassischen kantonesischen Pfannengericht und nutzten Fett und Schlachtabfälle, um eine Vielzahl anderer Gerichte, wie Presskopf, zu ergänzen. Unter der begeisterten Anleitung meines Freundes, des Autors Martin Ellroy, stellten wir exquisite Delikatessen her, darunter »gerollte Milz« (ein Rezept, das sich in Fergus Hendersons eigenwilligem britischen Kochbuch *Nose to Tail Eating* findet) und purpurrote Morcilla, eine Wurst, die Blut, Sahne, Reis und Muskat enthält (basierend auf einem Rezept von Hugh Fearnley-Whittingstall).

Dass diese Gaumenfreuden nicht regelmäßiger auf unseren Tischen auftauchen, ist nicht bloß ein tragischer Verlust an schönen gastronomischen Traditionen; es ist auch eine beträchtliche Verschwendung von Ressourcen. Heute vergeuden wir ein Drittel bis die Hälfte jedes Tieres, das wir töten, und vieles davon hätte gegessen werden können, wenn wir nicht so zimperlich wären. Von einem Huhn verzehren wir direkt nur schätzungsweise 68 Prozent, von einem Schwein 62 Prozent, von einem Horntier 54 und von einem Schaf oder einer Ziege 52 Prozent (Nordberg und Edström 2003; C-Tech Innovation Ltd. 2004). Alles, was nicht wieder an Tiere verfüttert wird, muss zu unverhältnismäßig hohen Kosten der fachmännischen Tierkörperverwertung, Verbrennung oder anderen Verarbeitung zugeführt werden. Die Aufzucht von Tieren ist an sich schon ein ressourcenintensiver Prozess; wir sollten zumindest von ihren Kadavern so viel wie möglich verwerten. Allein im Vereinigten Königreich sind jedes Jahr 100 000 Tonnen Blut, die 20 000 Tonnen Protein darstellen, verfügbar. Aber nur ein Bruchteil davon wird von Menschen verzehrt: Unsere Nutztiere haben es vergossen, und das Mindeste, was wir tun könnten, wäre, es zu verspeisen (Arvanitoyannis und Ladas 2008).

Die Auffassung, dass Innereien grässlich sind, ist ein modernes, lokales Phänomen, das seine Entstehung einer Kultur verdankt, die völlig von den Ursprüngen der Nahrung abgekoppelt worden ist. Bei dem Gedanken, dass Fleisch von einem toten Tier stammt, zucken wir zusammen. Organe und Ohren erinnern uns daran, dass unsere Mahlzeit einst Augen und ein Gesicht hatte.

Die meisten Menschen finden Innereien ekelhaft. Es ist jedoch weit grotesker, den Tieren, die wir töten, keinen Respekt zu zollen, indem wir einige ihrer genießbarsten Teile wegwerfen. Als ich Kurse darüber gab, wie man Eichhörnchen zum Verzehr zubereitet, stellte ich fest, dass selbst Vegetarier, die zuvor jahrelang kein Fleisch gegessen hatten, verstehen, wie unvernünftig es wäre, die nahrhaften Herzen, Lebern und Nieren zu entsorgen. Es wäre eine köstliche Lösung, wenn jeder von uns etwas von dem Fleisch bester Qualität, an das wir gewöhnt sind, durch Innereien ersetzen würde, um die Tiere, die wir aufziehen, so effizient wie möglich zu verwerten.

10. MOTTEN UND SCHIMMEL: VERSCHWENDUNG IN EINEM HUNGERNDEN LAND

Drum schleppt der Stier sein Joch umsonst, der Pflüger
Vergeudet seinen Schweiß, das grüne Korn
Verfault ...

WILLIAM SHAKESPEARE, *EIN SOMMERNACHTSTRAUM*, II,1

»ES IST DIE ANKUNFT VON QAYAMAT (des Jüngsten Tages)«, sagte Sana, eine Paschtunin mittleren Alters mit zehn Kindern, die in einer Lehmziegel-Siedlung am Stadtrand von Islamabad, Pakistans wohlhabender Hauptstadt, wohnt. Es war Mai 2008, und Sanas Klage, »Wir haben nicht mehr genug zu essen«, war in den Slums in ganz Pakistan zu hören. Ihre Kinder scharten sich um sie, eine kleine Tochter zerrte an ihrem Schador, während ihr halbwüchsiger Sohn Wache hielt und seine Stimme den Wehklagen seiner Mutter hinzufügte. Bald hatte sich eine Menschenmenge versammelt – Verwandte und Nachbarn, Männer wie auch Frauen, die hinter den hauchdünnen Vorhängen hervortraten, mit denen sie ihre Behausungen vor fremden Blicken abschirmten. Sie alle ergänzten Sanas Geschichte um ihre eigenen kummervollen Beispiele: Löhne, die nicht ausbezahlt, Arbeiter, die entlassen worden waren, Mehlpreise, die in für sie unerreichbare Höhen kletterten, und Kinder – vor allem kleine Mädchen –, die nicht genug zu essen bekamen.

Die Stadt, welche die meisten Besucher Islamabads sehen, ist voller prächtiger Villen, eine abgesonderte diplomatische Enklave mit speziell für ausländisches Personal erbauten Hochhäusern. Obwohl die Planer sich nach Kräften bemüht haben, die Armen zu verstecken, kommen sie trotzdem in die Stadt, um als Dienstmädchen, Fahrer und, im Falle von Sanas erwachsenen Söhnen, Wachmänner zu arbeiten. »Aber jetzt können wir es uns nicht mehr leisten, Nahrungsmittel zu kaufen«, weinte Sana, während sie die Arme gen Himmel reckte.

Die unmittelbare Ursache für Sanas Hunger war die angespannte globale Versorgungslage bei Nahrungsmitteln, die nach der Ernte von 2007 entstand. In dem Jahr gerieten bis März 2008 weitere 17 Millionen Pakistaner in eine prekäre Ernährungslage, wodurch die Zahl der Hungrigen im Vergleich zum Vorjahr um 28 Prozent auf 77 Millionen anschwoll, beinahe die Hälfte der Bevölkerung des Landes. Mehr als ein Drittel der Kinder in Pakistan werden durch Unterernährung in ihrer Entwicklung gehemmt, während jedes Jahr 420 000 Kinder unter fünf Jahren sterben, eine Zahl, die voraussichtlich weiter steigen wird, wenn nicht bald mehr Nahrung verfügbar ist (IRIN 2008a). Und doch leben diese Pakistaner in einer Welt, wo mehr Nahrung produziert wird als jemals zuvor (allein 2,1 Mrd. Tonnen Getreide im Jahr 2007, eine Steigerung um fast 5 Prozent gegenüber dem Vorjahr, FAO 2008c), jedes Jahr Millionen Tonnen weggeworfen werden und relativ einfache Veränderungen den Druck von Märkten nehmen könnten, auf denen Frauen wie Sana Brot für ihre Kinder kaufen müssen.

Normalerweise baut Pakistan gerade genug Getreide an, um die eigene Bevölkerung zu ernähren, und es produziert einen Überschuss an Reis und Baumwolle für den Export. Außerdem verfügt das Land über ein reichliches Angebot an Früchten und Gemüse, die in dem milden Klima und in den fruchtbaren Böden das ganze Jahr über gedeihen – bewässert aus dem mächtigen Indus und seinen Nebenflüssen, die sich fächerförmig über das Land verteilen. In Belutschistan, der trockensten und hügeligsten Provinz Pakistans, werfen ausgedehnte Obstplantagen dennoch beachtliche Apfel- und Dattelernten ab. Die Provinz Sindh am Arabischen Meer erzeugt schon ab Mai Mangos. Der Punjab verfügt über Quadratkilometer mit Zitrusplantagen, die seine riesige Getreideproduktion ergänzen, während die Nordwestliche Grenzprovinz (North Western Frontier Province, NWFP, oder kurz Nordwestprovinz) und die nördlichen Gebiete vom Frühjahr bis zum Herbst Kirschen, Mandeln und Maulbeeren erzeugen. Ziegen, Schafe und Rinder durchstreifen die nicht kultivierbaren hügeligen und dürren Teile des Landes, wobei sie Gestrüpp und Grasland, Stroh und Spreu in hochwertiges Fleisch verwandeln. Insgesamt erzeugen pakistanische Bauern eine beneidenswerte Vielfalt von etwa vierzig unterschiedlichen Gemüsesorten und zwanzig Obstsorten. Im Gegensatz zu Europa kann ein Stück Land in Pakistan bis zu drei Ernten in einem einzigen Jahr abwerfen. Und dennoch leiden, teils aufgrund unbeabsichtigter Verschwendung, Millionen Bürger Hunger.

Islamabad liegt im Punjab, dem Brotkorb der Nation und Rückgrat ihrer Wirtschaft. Unweit von Sanas Zuhause, direkt jenseits des Beton- und Lehm-Mosaiks der Randbezirke Islamabads, begegnete ich Umar Hayat, einem Bauern, der auf einem Feld hockte, sich über seinen ergrauten Bart strich und eine Wasserpfeife rauchte, während sein Cousin neben ihm in kleinen Schlucken Tee trank. Sie blickten hinaus über die sich wiegenden goldenen Weizenähren und sannen über die Fläche nach, die sie schon gemäht hatten, und über die Wand aus Weizen, der noch auf dem Halm stand. Ihre Sicheln lagen auf dem Boden, Schweiß klebte an den hölzernen Griffen, und die Klingen waren an der Schneide feucht vom zurückbleibenden Saft des Strohs. Während Hayat sich ausruhte, setzten drei Kollegen ihre Arbeit in der Sonne fort, hackten Hände voll Weizen und warfen ihn auf den Boden. Das Unkraut wurde von den Ähren getrennt und jedes kostbare Bündel zum Trocknen in die Sonne gelegt. Auf der benachbarten Parzelle drosch eine andere Gruppe von Männern ihre Ernte mit einem automatischen Gebläse, das die Körner auf einen Haufen feuerte, während die Spreu langsam nach unten schwebte.

Bei so vielen Augen, die den Vorgang beobachteten, ist schwer zu begreifen, wie auch nur ein Getreidekorn abhandenkommen könnte. Aber tatsächlich gehen in den Entwicklungsländern im Zuge der anfänglichen Arbeitsgänge des Erntens, Transportierens und Lagerns zwischen 10 und 40 Prozent der Ernten verloren. Millionen Tonnen Getreide, Obst und Gemüse kommen um – größtenteils, weil die grundlegende landwirtschaftliche Infrastruktur und Ausbildung fehlen. Wenn die westlichen Länder unbedingt die globale Nahrungsversorgung verbessern wollen, dann wäre dies einer der ersten Punkte, wo sie ansetzen könnten.

Oftmals sind es sehr einfache Dinge, die erforderlich sind. Hayat und seine Arbeiter sagen, während ein Mähdrescher sie alle arbeitslos machen würde, sei das Einzige, was sie wirklich bräuchten, »eines dieser Fässer, die zwölf Fuß über dem Boden stehen – etwa so groß und rund«, zeigte Hayat mit seinen Händen an. »Ein Getreidesilo?«, fragte ich meinen Dolmetscher. »Genau«, kam die Antwort. »Dann könnte ich meinen Anteil der Ernte sicher lagern und etwaigen Überschuss verkaufen, wenn es auf dem Markt gefragt ist.«

Hayat steht auf der zweiten Sprosse der sozialen Leiter innerhalb der pakistanischen Bauernschaft. Als Pachtbauer oder Farmpächter, der die Felder eines feudalen Grundbesitzers bestellt und dafür die Hälfte der Ernte behält, rangiert er eine Stufe über einem Tagelöhner. Aber weil Hayat kein Kapital hat, kann er sich die Anschaffung von landwirtschaftlichem Gerät nicht leisten. Die höchste Summe, die er jemals in die Getreidelagerung investieren konnte, waren vor acht Jahren 2500 Rupien (knapp 44 Euro) für Metalltonnen. Fortan musste seine Frau nicht mehr die sogenannten *bharolas* bauen, Kuppeln aus Lehm und Stroh, in denen die Bauern Südasiens bis heute traditionell ihr Getreide lagern, und seine Tonnen sind zweifellos sicherere Behälter als die von vielen seiner Landsleute benutzten Jutesäcke. Obwohl ihm dies einen erheblichen Vorteil verschafft, müssen Metalltonnen für die Getreidelagerung sorgfältig konstruiert sein, vor allem wenn das Getreide zuvor nicht richtig getrocknet wurde oder wenn die Belüftung unzureichend ist, da an der Innenseite des Fasses Feuchtigkeit kondensiert, die Schimmel verursacht. Aber Hayat sagt, dass er dieses Problem gelöst habe, ebenso wie das der Nagetiere und Insekten: Er gebe sechs giftige Pillen in eine Streichholzschachtel und schließe sie zusammen mit seinem Weizen ein. Dies, so versichert er mir, halte das Getreide bis zu zehn Jahre frisch. Bei Hayats Pillen handelt es sich um Aluminiumphosphidtabletten, ein wirkungsvolles Desinfektionsmittel, das im Westen oft eingesetzt wird, aber dennoch eine gefährliche Substanz ist, die durch falsche Handhabung schon Dutzende von Todesfällen verursacht hat (Abder-Rahman u. a. 2000).

Obwohl relativ gut ausgestattet, kann Hayat in seinen Tonnen nur genug Getreide für sich und seine zwanzigköpfige Großfamilie lagern. Etwaigen Überschuss kann er nirgendwo aufbewahren, und weil er ständig in Schulden steckt und Rechnungen zu begleichen hat, muss er seinen Weizen gegen bar verkaufen, sobald er geerntet ist. Da alle anderen Pachtbauern zur selben Zeit ihre Ernte verkaufen, ist er stets gezwungen, seinen Weizen anzubieten, wenn der Preis am allerniedrigsten ist. Nur wer viel Geld habe, wie sein Grundherr, erklärt Hayat, könne es sich leisten, große Mengen Getreide über längere Zeiträume zu lagern. Es mangelt an neueren Forschungen zur gegenwärtigen Situation in Pakistan, aber viele der Probleme sind noch dieselben wie in den 1980er Jahren, als 80 Prozent der pakistanischen Bauern bis zu 7 Prozent ihres Getreides bei der Lagerung verloren, weil es von Insekten und anderen Schädlingen ruiniert wurde. Ein Großteil dieses »verdorbenen« Getreides wird an Vieh verfüttert und ist folglich nicht ganz verschwendet, aber selbst als Tierfutter ist verseuchtes Getreide eine enorm beeinträchtigte Ressource.

Obwohl Hayats langfristiges Lagerungsproblem mit einem kleinen Darlehen oder Dispositionskredit und fachmännischem Rat gelöst werden könnte, werden er und Millionen andere in seiner Lage in dem Bemühen, ihr Einkommen aufzubessern, gebremst, obwohl auch sie ihren Beitrag zum Nahrungsvorrat ihres Landes leisten (Proctor 1994). Stattdessen landet Hayats gesamter Überschuss in großen Speichereinheiten, die Getreidemühlen oder Regierungsstellen gehören. Aber die Tragödie ist, dass selbst diese Speicher nicht ausreichen. So merkwürdig es in einem überwiegend agrarischen Land auch erscheint, ein Großteil des Getreides der Nation verbleibt im Freien unter Abdeckplanen, oftmals ohne festen Sockel, um es vom Erdboden fernzuhalten, oder wird in alten und undichten Scheunen gelagert, wo es verschimmelt und von Rüsselkäfern, Getreidekapuzinern, Motten, Vögeln und Ratten gefressen wird. In einem 1994 veröffentlichten Bericht, der einen Überblick über frühere Studien gab, heißt es, dass von dem Getreide, das zwei Jahre lang in staatlich geleiteten Einrichtungen gelagert wurde, im Schnitt 9 Prozent, in manchen Fällen bis zu 15 Prozent durch Insekten vernichtet worden seien (Baloch u. a. 1994).

Weizen ist das bei weitem gängigste Grundnahrungsmittel in Pakistan. Etwa 20 Millionen Tonnen werden jedes Jahr angebaut. Die meisten Pakistaner essen ihn jeden Tag in Form der zahlreichen ungesäuerten Fladenbrote, für die Südasien berühmt ist – Chapati, Paratha und Naan. Doch obwohl Unterernährung in dem Land weit verbreitet ist und Engpässe zunehmen, gibt es noch immer Lücken in den Bemühungen, die landesweite Versorgung mit Nahrungsmitteln zu verbessern. Die Pakistaner machen sich viele moderne Agrartechnologien zunutze – von neuen Nutzpflanzen-Kreuzungen bis hin zu Stickstoff-Düngemitteln, Fungiziden und Pestiziden. Warum also hat man nicht in relativ einfache Aspekte einer Nacherntetechnologie investiert, obwohl Investitionen in die Getreidelagerung häufig eine kostengünstige Möglichkeit waren, Verluste zu verhindern?

Ich traf im Frühjahr 2008 auf dem Landweg von China kommend in Pakistan ein und durchquerte das Land von seiner nordwestlichsten Spitze im Karakorum-Gebirge bis hinunter zur Ebene des Punjab. Hinter dem Grenzübergang verläuft die Straße durch ein unfruchtbares, felsiges Land, bewohnt von Murmeltieren und Steinböcken, bis das Geröll endlich der schimmernden grünen Zunge der landwirtschaftlich genutzten Fläche des Hunzatals weicht. Der Weizen stand fest und grün in dieser großen Höhe, und die Kartoffeläcker waren kahl und warteten darauf, dass die neuen Triebe zum Vorschein kamen. Die Dörfer, die sich in Flussbiegungen schmiegten, sind Oasen, umgeben von terrassierten Feldern, und hellgrüne Pappelwälder jenseits der Felder liefern Bauholz und Brennstoff. In dieser Region arbeiten Männer und Frauen gemeinsam auf den Feldern. Trockensteinmauern säumen die Äcker, deren Furchen und Rillen von Hand geformt wurden, damit jeder Quadratzentimeter zum Anbau genutzt werden kann. Im Gegensatz zur abfallübersäten Schäbigkeit großer Teile des restlichen Pakistan wirken diese friedlichen Siedlungen auf den ersten Blick wie Miniaturparadiese. Aber die Ordnung, die minutiöse Pflege, die jedem Klumpen verfügbarer Erde zuteilwurde, lässt auch Verzweiflung erkennen. Die Gemeinden an diesem unbedeutenden, felsigen Ort zwischen schneebedeckten Gipfeln und dem tosenden Fluss weiter unten klammern sich mit letzter Kraft an die Welt. Einen Flecken Erde zu verschwenden ist ein unvorstellbarer Luxus.

Und dennoch leiden die nördlichen Gebiete genauso stark unter Nachernteverlusten wie alle übrigen Regionen Pakistans, größtenteils, weil dieses abgelegene Land bislang kaum Fördermittel erhalten hat. Im Rahmen einer umfassenden Studie über Nachernteverluste in Pakistan wurden Erhebungen in den vier Provinzen – Punjab, Sindh, NWFP und Belutschistan – gemacht, die nördlichen Gebiete aber gänzlich außen vor gelassen (Baloch u. a. 1994). Die Niederschläge in diesen Bergen sind weniger vorhersehbar, wodurch gemähte Garben leicht verderben können. Die meisten Bauern haben nur einen sehr kleinen Besitz und verfügen nicht über die finanziellen Mittel zum Kauf moderner Speichermöglichkeiten oder Getreide-Trockenvorrichtungen. Die Folge ist, dass alljährlich mindestens zehn Prozent der Weizenernte und manchmal mehr verderben.

NWFP, eine relativ arme Provinz, hat ähnliche Probleme. Zahir Shah, der in der Nähe von Besham im Bezirk Kohistan für eine regierungsunabhängige Entwicklungsorganisation arbeitet, ist beunruhigt wegen der Feldfrüchte, die als Folge des zweijährigen militanten Aufstands im benachbarten Swat-Tal vernichtet werden. Er ist außerdem besorgt darüber, was nach der Ernte wegen langfristiger infrastruktureller Probleme passiert. »Getreide wird an überdachten Orten in Säcken gelagert, die auf dem Erdboden gestapelt werden. Die Leute stellen sie nicht einmal auf Paletten, um die Feuchtigkeit abzuhalten«, erklärt er. »Ein Grund dafür ist mangelndes Bewusstsein. Aber selbst wenn es Händlern bewusst ist, machen sie sich Sorgen, dass Investitionen zur Lösung des Problems die Profite nicht maximieren werden. Zweifellos würde es jedoch helfen, unser Problem der Nahrungsunsicherheit zu lindern.«

Dies ist ein klassischer Fall: Investitionen erscheinen einem einzelnen Händler als nicht vorrangig oder gar rentabel, obwohl sie ökonomisch, für die Nation als Ganzes, wegen der dringenden Notwendigkeit größerer Nahrungsvorräte jeder Kosten-Nutzen-

Analyse standhalten würden (Proctor 1994). Der eingeschränkte Zugang zu Märkten ist das andere Hindernis für mehr Effizienz in der Region: Der Überschuss der Kleinbauern macht einen so winzigen Teil des Marktanteils aus, dass sie niemals einen guten Preis dafür erzielen können, und dies hemmt die Produktion. Würden die Kleinbauern sich in Kooperativen zusammenschließen, sagt Shah, hätten sie mehr Macht. Der Landwirtschaftsminister für NWFP stimmte zu. Er meinte, dass – obwohl in der Ernährung der Einheimischen Obst und Gemüse fehlten – »das meiste von dem, was wir doch anpflanzen, wegen der Nichtverfügbarkeit richtiger Konservierung verschwendet wird« (The Nation 2008). Diese Bereiche zeigen den Unterschied zwischen Abfall, der in reichen Ländern durch apathische Nachlässigkeit entsteht, und dem Abfall, der in armen Ländern durch das Fehlen finanzieller Mittel oder leicht verfügbarer Fachkenntnisse erzeugt wird.

Während ich durch die Berge nach Süden reiste, wechselte mit der Höhe die Jahreszeit. Statt grüner Triebe und frisch gepflügter Erde sah ich bald Hanglagen voller Menschen, die Weizen von Hand ernteten. Schließlich wichen die Gebirgsausläufer den gewaltigen Ebenen Zentralpakistans, wo sich Kilometer um Kilometer Getreidepflanzen auf einer scheinbar endlosen Nahrungsanbaufläche ausbreiten. Hier, im vergleichsweise wohlhabenden Punjab, haben einige Bauern die Handsicheln zugunsten kleiner und ramponierter Mähdrescher aufgegeben. Noch ist strittig, ob diese industriellen Ungetüme die Nacherntverluste reduzieren oder nicht. Einerseits lassen sich mit Maschineneinsatz große Mengen besser bewältigen, was ein Weg sein kann, um sicherzustellen, dass Getreide effizient in Speicher und auf Märkte gelangt. Andererseits kann die Konstruktion mancher dieser alten Maschinen bedeuten, dass Stroh, auf dem Subkontinent eine wertvolle Quelle für Tierfutter, verloren geht. Mit zwei Rupien (0,035 Cent) für einen 40-kg-Ballen stellt Stroh sogar einen beträchtlichen Batzen des Gesamtwertes der Ernte dar. Folglich gibt es in Pakistan sowohl Befürworter als auch Gegner der zunehmenden Mechanisierung. Oft ist es der Konflikt zwischen beiden, der zu Engpässen und Verschwendung im System der Nahrungsversorgung führt.

Beispielsweise wurden ein paar Speicher nach westlichem Muster zur Aufnahme von losem Getreide, das industriell geerntet und transportiert wird, gebaut. Doch diese Speicher haben sich als unvereinbar mit den per Hand transportierten Jutesäcken erwiesen, die in Pakistan nach wie vor in Gebrauch sind.

Faisalabad ist eine ehemalige britische Kolonialstadt im Zentrum des Punjab, und hier hat die Landwirtschaftsuniversität des National Institute of Food Science and Technology des Punjab ihren Sitz. Als ich den Vorsitzenden, Dr. Faqir Mohammad Anjum, besuchte, wollte er unbedingt über Nachernteverluste sprechen. »Wenn wir mehr Nahrung brauchen«, erklärte er, »sollten wir wenigstens bewahren, was wir gegenwärtig erzeugen. Darauf sollte die Regierung ihr Hauptaugenmerk richten.« Der Rektor der Universität, Professor Iqrar A. Khan, vertritt ebenfalls den Standpunkt, dass die Reduzierung der Nachernteverluste ausreichen würde, Pakistan in Bezug auf Weizen vollkommen autark zu machen. »Die Regierung sollte ihre Lagerkapazität vergrößern«, schrieb er in der landesweiten Zeitung *Dawn* und fügte hinzu, dass Bauern Kredite angeboten werden sollten, damit sie ihre Ernten lagern können.

Das Welternährungsprogramm der Vereinten Nationen hat errechnet, dass 12,5 Prozent des pakistanischen Weizens auf dem Weg vom Feld zur Mühle verloren gehen, die Verschwendung durch Einzelhändler und Verbraucher ist darin nicht eingerechnet. Sahib Haq, der die UN-Nahrungsnothilfe in Pakistan leitet, schilderte mir einige schreckliche Fälle, die er erlebt hatte, bei denen die Ernte ganzer Bezirke vernichtet wurde, weil Bauern ihr Getreide in primitiven, mit Planen abgedeckten unterirdischen Gruben lagerten. Überschwemmungen kamen und ließen die Ernte verfaulen.

Neben den Getreideverlusten hob Dr. Anjum besonders die Verschwendung hervor, zu der es in der Milchwirtschaft und in der Fleischbranche kommt. Pakistan ist der drittgrößte Milchproduzent auf der Welt, aber von seinen 38 Milliarden Litern pro Jahr verschwendet das Land bis zu 15 Prozent. Mit ihrer Fixierung auf eine Steigerung der Produktion, sagte er, ignoriere die Regierung das drängendere und einfache Problem: die Verluste in Molkereien, Schlachthöfen und Metzgereien. Das Land müsse sich darauf konzentrieren, die Kühlungs- und Verarbeitungskapazitäten sowie die Ausbildung der Fleischverarbeiter zu verbessern, so Dr. Anjum.

Pakistan ist auch der viertgrößte Dattelproduzent der Welt, aber einmal mehr bedeutet das Fehlen von Verarbeitungsanlagen, dass sein Anteil am Weltmarkt kaum ins Gewicht fällt. Das Nachbarland Iran hat erfolgreich in Vorrichtungen investiert, mittels derer die Oberflächen der Datteln mit Wachs behandelt werden, um auf diese Weise die Haltbarkeit der Früchte für den Export zu verlängern. Aber in Pakistan kommt es bis heute vor, dass ein Großteil der Ernte auf Marktplätzen durch Fliegen und hohe Temperaturen verdorben wird. Viele ältere, traditionelle Händler sitzen nach wie vor mit ihren offen ausgestellten Produkten in Basaren unter freiem Himmel, der Sonne und Insekten ausgesetzt – statt ihre Erzeugnisse in »unsichtbaren Märkten« anzubieten, wo der Bestand auf Grundlage von Proben en gros verkauft wird.

Ebenso wenig hat Pakistan in die lukrative Verarbeitung von Früchten zu Säften und anderen wertschöpfenden Erzeugnissen investiert. Dr. Anjum hat Nebenprodukte wie die Schalen von Zitrusfrüchten und Mangosteine im Blick, die man in Pakistan verfaulen lässt (nur ein paar pakistanische Firmen exportieren Orangenschalen), obwohl Länder wie Dänemark sie importieren, um nützliche Stoffe wie Pektin daraus zu gewinnen, und andere Schwellenländer, beispielsweise China, einen boomenden Exporthandel haben. Selbst die Verschwendung auf Seiten der Verbraucher ist noch immer ein Problem. Einer von Dr. Anjums Kollegen erzählte eine Geschichte, wie er die Koranschule einer Moschee besuchte, wo nicht mehr benötigte Chapatis in einem Hinterzimmer gelagert und als Viehfutter verkauft worden seien. »Seit ich das gesehen habe«, sagte er, »habe ich Moscheen nie wieder Geld gespendet.«

Geschichten von unnötigen landwirtschaftlichen Verlusten wiederholen sich in vielen Entwicklungsländern. Neben all den Nahrungsmitteln, die in wohlhabenden Ländern verschwendet werden, gibt es Millionen Tonnen an Nahrungsmitteln, die selbst in armen Teilen der Welt gerettet werden könnten. Die Grüne Revolution der 1960er und 1970er Jahre bescherte der globalen Landwirtschaft neue Getreidesorten, Pestizide, Düngemittel und andere Chemikalien, und diese steigerten die Erträge dramatisch. Westliche Unternehmen haben mit dem Export ihrer Hightech-Lösungen für die Landwirtschaft ein Vermögen gemacht. Dabei wurden kaum einfache Mittel wie Getreidespeicher, Trocken-vorrichtungen, Obstkisten, Kühlung und andere Grundlagen der Nacherntetechnologie berücksichtigt. All dies verspricht zwar we-niger Unternehmensgewinne, könnte aber größere Vorteile für die Verfügbarkeit von Nahrungsmitteln insgesamt bringen. Manchmal waren kostspielige, ertragreiche Sorten sogar Teil des Problems: Traditionelle Arten waren an die Umwelten angepasst, in denen sie angepflanzt und gelagert wurden. Sie hatten einen niedrige-ren Feuchtigkeitsgehalt im reifen Korn und dickere Hülsen, die resistent gegen Nagetiere, Insekten und Schimmel waren, sodass sie die Lagerung bis zur Zeit der nächsten Aussaat überstehen konnten (United Nations University Press 1979).

Diese Vernachlässigung der Nacherntverluste ist eines der Rätsel der globalen Landwirtschaft. Wie der Agronom Professor Vaclav Smil es ausdrückt, »wird den Nacherntverlusten unerklär-licherweise keine Aufmerksamkeit geschenkt«. Während die welt-größte elektronische Datenbank für die Landwirtschaft, Agricola, Zehntausende von Publikationen im Zusammenhang mit der Steigerung von Ernteerträgen auflistet, liefert eine Suche nach »Nacherntverlusten« für die 1990er Jahre gerade mal zwanzig Treffer (Smil 2004). Die FAO wies im Jahr 1981 darauf hin, dass eine Reduzierung der Nacherntverluste »ihre Bedeutung nicht nur aus einer moralischen Verpflichtung bezieht, sondern auch aus dem Umstand, dass sie … zur Aufrechterhaltung der Quantität und Qualität von Nahrungsmitteln weniger Ressourcen erfordert und die Umwelt weniger belastet als durch erhöhte Produktion« (FAO 1981). Aber obwohl die Welternährungskonferenz schon im Jahr 1974 erklärte, die Reduzierung der Nacherntverluste ge-nieße bei der Entwicklung Priorität, und im darauf folgenden Jahr eine UN-Resolution verabschiedet wurde, die eine 50-prozentige Verringerung im Laufe des folgenden Jahrzehnts verlangte, ist sie nach wie vor eine erheblich unterfinanzierte Dimension des Entwicklungsprozesses. Die für die Verbesserung der Landwirtschaft in den Entwicklungsländern bestimmte ausländische Hilfe ist weltweit von 20 Prozent der Öffentlichen Entwicklungszusammenarbeit (ODA, Official Development Assistance) in den frühen 1980er Jahren auf drei oder vier Prozent im Jahr 2007 geschrumpft (OECD 2008; DFIP 2004). Von den Investitionen zur Erforschung und Förderung landwirtschaftlicher Verbesserungen fließen nur fünf Prozent in die Reduzierung der Nachernteverluste (Kader und Rolle 2004). Wie die FAO erklärte, sei es »erschreckend festzustellen, dass so viel Zeit auf die Zucht der Pflanze verwendet, so viel Geld für Bewässerung, Düngung und Ernteschutzmaßnahmen ausgegeben wird, nur um sie etwa eine Woche nach der Ernte zu verschwenden« (FAO 1981; Kader 2005).

Die reichen Länder haben kräftig in die Überwindung dieser unbeabsichtigten Verluste innerhalb ihrer eigenen Grenzen investiert, vor allem seit dem Zweiten Weltkrieg, als die Verbesserung der heimischen Nahrungsversorgung als vorrangige politische Notwendigkeit galt. Die Tatsache, dass sie ein ähnliches Niveau der Verschwendung wiedereingeführt haben, durch unnötig strenge Schönheitsmaßstäbe oder weil sie sich Überproduktion leisten können, sollte nicht von der Tatsache ablenken, dass die Bemühungen zur Reduzierung unbeabsichtigter Verluste außerordentlich nützlich gewesen sind. Methoden, Getreide zu trocknen und zu lagern, das Wetter zu besiegen, frisches Obst und Gemüse zu transportieren, Produkte zu konservieren, zu kühlen und zu verarbeiten, damit sie lange genug halten, um die Verbraucher zu erreichen, waren in der westlichen Landwirtschaft eine große Erfolgsgeschichte. In reichen Ländern können die Erträge von Hauptgetreidepflanzen wie Weizen bei optimalen Witterungsbedingungen mit Verlusten von ganzen 0,07 Prozent eingebracht werden (Smil 2004). Schon im Jahr 1802 gab in England die philanthropische »Gesellschaft zur Besserung des Zustands und zur Hebung des Wohls der Armen« ihrer Freude über die verbesserte

Agrartechnologie der Nation und die Investition von Kapital in den »Entwurf und die Errichtung eines Lagerhauses für Korn und Trockennahrung ... als Schutz und Sicherheit gegen die Zeit der Knappheit« zum Ausdruck. »Dadurch ist einer Unannehmlichkeit vorgebeugt worden, unter welcher jeder Einzelne in diesem Land ehedem litt; der der alljährlichen Verschwendung und Überfülle von Nahrung unmittelbar, nachdem das Korn geerntet worden ist.«

Arme Nationen haben jedoch nach wie vor Mühe, ihre Ernten vor dem Wüten der Natur zu retten. Fast jeder Käfer, Pilz, Vogel und Nager auf dem Planeten möchte die Produkte des Anbaus in seine Finger bekommen. Diese Schädlinge abzuwehren ist das ständige Bemühen von Menschen seit den Anfängen von Nahrungsspeicherung vor mehr als zehn Jahrtausenden. Aber der Kampf tobt immer noch weiter.

Die veröffentlichten Zahlen über das exakte Ausmaß der Verschwendung stützten sich bislang meist auf veraltete Schätzungen. Tatsächlich wurden nur sehr wenige genaue Untersuchungen durchgeführt – ein Symptom für das mangelnde Interesse, das diesem Problem noch immer entgegengebracht wird. Auch die Verlässlichkeit der Daten wird oft angezweifelt, weil die Zahlen manchmal manipuliert werden – entweder, weil Verluste übertrieben werden sollen, um hilfswillige Geber zu ermuntern, sich von ihrem Geld zu trennen, oder weil man sie minimieren will, um politisch nicht in Verlegenheit zu kommen. Im Jahr 1993 verlor China 15 Prozent seiner Getreideernte; bis zu 11 Prozent Reis wurden vernichtet, weil die Kleinbauern ihn in schlecht instand gehaltenen Gebäuden lagerten (Smil 2004; Liang u.a. 1993). Auf die gleiche Weise gehen in Vietnam gewöhnlich 10–25 Prozent Reis verloren, und unter extremen Bedingungen kann dieser Anteil auf 40–80 Prozent steigen (World Resources Institute 1998). In ganz Asien belaufen sich die Nacherntverluste bei Reis im Schnitt auf ungefähr 13 Prozent, wenngleich in Brasilien und Bangladesch Verluste von 22 bzw. 20 Prozent verzeichnet werden. Vaclav Smil schätzte, dass, wenn die Getreideverlustrate in allen einkommensschwachen Ländern bei 15 Prozent liege, sich ihre

jährlichen Nachernteverluste auf 150 Millionen Tonnen Halmfrüchte belaufen würden. Dies ist das Sechsfache der Menge, die
laut FAO benötigt würde, um sämtliche hungrigen Menschen in
den Entwicklungsländern satt zu bekommen. Außerdem behaupten Experten, dass es möglich sein müsste, die Nachernteverluste
der Entwicklungsländer bei Getreidepflanzen und Knollen auf
ganze vier Prozent zu senken (Bender 1994).

Lagert man Getreide unter schlechten Bedingungen, wird selbst
der noch essbare Teil einen niedrigeren Nährstoffgehalt aufweisen
– der Spiegel der Aminosäuren, beispielsweise Lysin, kann bei der
Lagerung um bis zu 40 Prozent sinken, was auch für Thiamin und
Karotin gilt (Proctor 1994; Smil 2001). Unaufbereitete Statistiken
über Nahrungsverluste unterschätzen daher Defizite bei vorhan-
dener Nahrung.

Im Jahr 2008 wurde der Homo sapiens eine mehrheitlich urbane
Spezies. Heute müssen Nahrungsmittel von den Bauernhöfen bis
zu den Mündern der Verbraucher weitere Wege zurücklegen. Ein
Bauer, der einst nur für sein heimatliches Dorf produzierte, transportiert seine Erzeugnisse heute vielleicht in Städte, die Hunderte
oder sogar Tausende von Kilometern entfernt sind, was Methoden
und Know-how erfordert, mit denen Bauern und Händler nicht
immer vertraut sind. In jüngster Zeit haben viele Volkswirtschaften, teils auf Druck der Weltbank, den Handel liberalisiert. Infolgedessen obliegt die Getreidelagerung, die in Ländern wie Pakistan früher Sache des Staates war, heute privaten Händlern, denen
oft der nötige Sachverstand fehlt. Viele dieser Probleme können
nur durch die Verbreitung von Wissen gelöst werden.

Soll ein sozialer Aufruhr vermieden werden, ist es unerlässlich, diese frisch bevölkerten, rasch wachsenden Städte mit jeder
Menge hochwertiger Nahrungsmittel zu versorgen. Nahrungs-
mittelknappheit im städtischen Raum trug in der Vergangenheit
wiederholt zum Ausbruch von Revolutionen bei: 1789 in Paris,
1848 in mehreren europäischen Städten und 1917 in Russland.
Die Hungerkrawalle von 2008 in Ägypten, Kamerun, Elfenbeinküste, Senegal, Burkina Faso, Indonesien, Madagaskar und Haiti
sind kein Ausnahmefall.

Weil Halmfrüchte eine wichtige Rolle bei der Versorgung der Weltbevölkerung mit den Hauptkalorien spielen, wirken sich Getreideverluste besonders schädlich aus. Aber bei leicht verderblichen Nahrungsmitteln ist die Verschwendung oft weit größer. Milchprodukte laufen besonders häufig Gefahr, vergeudet zu werden, weil es auf Bauernhöfen und Märkten an Technologie zur Kühlung und Pasteurisierung mangelt. Allein in Ostafrika und im Nahen Osten beliefen sich im Jahr 2004 die Milchverluste auf umgerechnet 90 Millionen US-Dollar. In Uganda machten sie 27 Prozent der gesamten produzierten Milch aus. Schon mit einem bescheidenen Ausbildungsniveau und der Bereitstellung einiger Anlagen wäre es möglich, die Einkünfte der Bauern zu steigern und die lokale Ernährung zu verbessern; zudem würde die Notwendigkeit entfallen, Milchprodukte in die Region zu importieren. Zwischen 1998 und 2001 stiegen die Importe von Milchprodukten in den Entwicklungsländern insgesamt um 43 Prozent, was nach Auffassung der FAO »unnötig ist und durch eine von schlichtem Eigennutz diktierte Reduzierung der Nachernteverluste verringert werden könnte« (Armitage 2004).

Rasche und kostengünstige Einsparungen sind vor allem im Obst- und Gemüsesektor möglich. Doch die wertvollen Nahrungsmittel werden selbst an Orten verschwendet, wo die Leute nicht annähernd genug davon zu essen bekommen. Obst und Gemüse liefern nicht nur lebenswichtige Spurenelemente, sondern machen auch die überwiegend herbivore Kost vieler Armer auf der Welt schmackhafter und genießbarer. Die afrikanischen Grundnahrungsmittel Maniok und Süßkartoffeln haben eine kurze Haltbarkeit, und weil es kaum Tradition hat, sie in haltbarere Produkte wie Mehl umzuwandeln, verfaulen sie in den Scheunen der Hungrigen. Ähnliche Beispiele findet man überall auf der Welt – ein tragischer Einkommensverlust für die Bauern und eine Einbuße an gesunden, schmackhaften Nahrungsmitteln für unterernährte Bevölkerungen.

In Sri Lanka beträgt die Verlustrate bei Obst und Gemüse laut Jahresbericht des sri-lankischen Instituts für Nacherntetechnologie jährlich 30–40 Prozent, was 270 000 Tonnen mit einem Wert von ungefähr 9 Milliarden Sri-Lanka-Rupien (knapp 66,5 Mio. Euro) entspricht. Allein auf dem Hauptmarkt für landwirtschaftliche Erzeugnisse in der Hauptstadt Colombo – wo Tausende es sich nicht leisten können, genug frische Nahrungsmittel für eine richtige Ernährung zu kaufen – wirft der Stadtrat jeden Tag schätzungsweise 11 Tonnen Obst und Gemüse weg. Drei Viertel der Nachernteverluste des Landes an Obst und Gemüse, behauptet das sri-lankische Institut für Nacherntetechnologie, ließen sich durch relativ einfache Maßnahmen eliminieren. Gegenwärtig wird ein großer Tel der üppigen Obstlieferungen des Landes in Plastiksäcke geworfen und rollt auf holperigen Straßen in tropischer Hitze über viele Kilometer zum Markt. Bei der Ankunft dort ist die harte Arbeit des Bauern nur noch ein süßer, klebriger Schleim. Die Einführung von Kisten aus Holz oder Plastik, in denen Obst und Gemüse bei der Ernte sorgfältig gestapelt werden können – wie es in wohlhabenden Ländern geschieht –, würde dieses Problem beinahe auf der Stelle lösen. Durch Schulung ließe sich gleichfalls eine Menge erreichen, indem man den Bauern beispielsweise beibringt, wann der beste Zeitpunkt zum Obstpflücken ist, damit es sich möglichst lange hält. Die Abflückstelle am Stängel kann ebenfalls erhebliche Auswirkungen darauf haben, wie leicht Früchte verderben. Auf Märkten könnten einfach nur mit Schatten und Wasser Kühlsysteme entwickelt werden. Die Einführung solcher neuer Methoden kann eine gewaltige Veränderung herbeiführen. In Sri Lanka hat in den letzten Jahren eine Vielzahl von Projekten das Ausmaß der Verschwendung von 30 auf 6 Prozent gedrückt und die bäuerlichen Einkünfte um bis zu 23 000 Rupien (170 Euro) pro Hektar gesteigert. Doch trotz dieser guten Arbeit sind die Bemühungen in Sri Lanka chronisch unterfinanziert. Selbst die Regierung, die wiederverwendbare Plastikkisten für Obstbauern subventioniert, kann sich nur einen Bruchteil der erforderlichen Anzahl leisten.

Laut einer pakistanischen Studie kann die in Südasien vorherrschende Methode der Mangoernte mit Hilfe eines Stocks und eines Beutels dazu führen, dass viele Früchte auf den Boden fallen. Sie könnte verbessert werden, indem man die Früchte behutsamer mit einer Klinge oder einem Haken erntet, um sie damit abzu-schneiden, ohne dass Druckstellen entstehen. Denn eine Druck-stelle mag ein, zwei Tage nach dem Ernten noch nicht sichtbar sein, aber sie bietet schnell einem Heer von Insekten, Pilzen und Bakterien Einlass in die Frucht. Man schätzt, dass allein in Pa-kistan jedes Jahr Mangos im Wert von mehr als einer Milliarde Rupien ruiniert werden. Die Hälfte des Verlustes ließe sich durch bessere Erntetechniken vermeiden (Khushk und Memon 2006). Wie Daniyal Mueenuddin – ein pakistanischer Romancier und Mangozüchter im Punjab – mir erzählte, »geht es einzig darum, die an dem Vorgang beteiligten Männer zu motivieren und zu kon-trollieren«. Um zu veranschaulichen, dass dies keine neue Idee war, zitierte er aus Robert Frosts Gedicht von 1914 »Nach dem Apfelpflücken«:

Millionen Früchte wohl berührte ich,
die liebevoll durch meine Hand gegangen.
Ich schützte sie vor der Gefahr
des Falles.
Denn alles,
was fiel zum Erdengrund,
gleich ob gestoßen oder stoppelwund,
kam auf den Haufen, draus man Cider gärt,
nicht voll bewährt.

ROBERT FROST, *GEDICHTE* (1952)

INDIEN, DER RIESIGE NACHBAR von Pakistan und Sri Lanka, steht vor vielen derselben Probleme, aber in weit größerem Maß-stab. Indien ist der drittgrößte Agrarproduzent auf der Welt, der 41 Prozent sämtlicher weltweit angebauten Mangos, 30 Prozent des Blumenkohls, 23 Prozent der Bananen und 36 Prozent der grünen Erbsen anbaut. Mit 204 Millionen Tonnen Nahrungsgetreide pro Jahr ist Indien außerdem der drittgrößte Getreide-Erzeuger. Und mit einem jährlichen Ausstoß von 90 Milliarden Litern gewinnen Indiens Bauern mehr Milch von mehr Kühen als irgendein anderes

Land der Erde. Und doch hat Indien nur einen Anteil von 1–1,5 Prozent am globalen Lebensmittelhandel und verarbeitet nur 2 Prozent der einheimischen landwirtschaftlichen Erzeugnisse, im Gegensatz zu einigen Industriestaaten, die 60–70 Prozent verwerten. Schätzungen lassen darauf schließen, dass von Indiens Obst und Gemüse 35–40 Prozent verschwendet werden (World Bank). In einem Artikel der indischen *Economic Times* vom Mai 2008 sprach P. K. Mishra, Staatssekretär im indischen Landwirtschaftsministerium, sogar von Verlusten in Höhe von 72 Prozent.

Solche Zahlen erscheinen unglaublich, und tatsächlich gibt es viele nahrungsverarbeitende Unternehmen, die wahrscheinlich von staatlichen Entwicklungszuschüssen profitieren und möglicherweise deshalb übertriebene Behauptungen aufstellen. Aber dennoch ist klar, dass es fundamentale Probleme gibt. Indiens Landwirtschaftsminister Sharad Pawar macht in der *Economic Times* die »riesigen Nachernteverluste, die sich aus unsachgemäßer Lagerung, der Kühlkette und der Transportinfrastruktur ergeben«, dafür verantwortlich. Beispielsweise erbrachte eine Untersuchung der Obst- und Gemüse-Großmärkte in Indien, dass 17 Prozent keine überdachten Läden hatten und nur 16 Prozent über Kühllagermöglichkeiten verfügten (World Bank 2007). Die Kosten für Verkaufsstände variieren häufig, je nachdem ob sie vollem Sonnenlicht ausgesetzt sind oder im Schatten liegen. Insgesamt werden, so hat man errechnet, in der indischen Nahrungsmittelindustrie jedes Jahr Produkte im Wert von 518 Milliarden Rupien (knapp 9,2 Mrd. Euro) vergeudet, und diese Verschwendung ist größtenteils der fehlenden Infrastruktur geschuldet (Rabo India Finance 2005).

Einige Versuche, diese Probleme zu lösen, sind gescheitert, aber jene, die gut durchdacht waren und durchgeführt wurden, haben die ländlichen Gesellschaften verändert. Die Mikrokredit-Einrichtungen, denen der Gründer der Grameen Bank, der Friedensnobelpreisträger des Jahres 2006, Muhammad Yunus, den Weg bereitete, haben Dorfbewohnern geholfen, in ländliche Unternehmen zu investieren. Ähnliche Niedrigzinskredite flossen in den Aufbau einer Infrastruktur, die Nachernteverluste verringert. Der Plan zum Bau dorfgemeinschaftlicher Getreidespeicher (VCG, Village Community Granaries) in Madagaskar half 27 000 Kleinbauern, 80 000 Tonnen Rohreis zu lagern, und erhöhte die Produktion um 50 Prozent (Coulter o. J.). In Benin wurden Bohnen in luftdicht verschlossenen Lagerbehältern untergebracht, was bedeutete, dass Insektenlarvenbefall erstickt wurde; Süßkartoffeln wurden in Häusern auf Pfählen gelagert, um die Feuchtigkeit besser in den Griff zu bekommen (World Resources Institute 1998; Grolleaud 2001). Im ländlichen Nigeria kam es bei traditionellen Methoden des Erntens (14 Prozent), des Warenumschlags (9 Prozent) und der Verarbeitung (23 Prozent) zu erheblichen Verlusten. Aber in den 1990er Jahren investierte das Internationale Institut für tropische Landwirtschaft IITA (International Institute of Tropical Agriculture) in Nigeria in dörfliche Verarbeitungszentren, welche die Verluste bei der Verarbeitung mehr als halbierten und die Arbeitsstunden um 70 Prozent reduzierten (Bokanga 1996). Die Regierung der Philippinen – einer der Staaten, der von den Preisanstiegen bei Reis am schlimmsten getroffen wurde – verkündete in Folge der jüngsten Ernährungskrise umfangreiche Investitionen in Reis-Trocknungsmaschinen als Maßnahme gegen die von südostasiatischen Reisbauern erlittenen 25- bis 50-prozentigen Verluste (nach Wert, unter Berücksichtigung quantitativer wie qualitativer Einbußen). In Timor haben die UN einheimische Schmiede mit Geld für den Bau Hunderter kleiner Getreidesilos versorgt sowie Bauern und Haushalte unterwiesen – ein Versuch, Nahrung zu retten, die bereits produziert wird. Mitte der 1980er Jahre halfen die UN 9 Prozent der pakistanischen Bauern in nichtbewässerten Gebieten, in Metallbehälter zur Getreidelagerung zu investieren, um Jutesäcke und *bharolas* zu ersetzen. Diese Maßnahme reduzierte die lagerungsbedingten Verluste dieser Bauern um bis zu 70 Prozent. Gleichzeitige Projekte, die darauf abzielten, den Rattenbefall zu eliminieren, erhöhten die Erträge um 10–20 Prozent (Baloch u. a. 1994). Aber der überwiegende Teil der Bauern setzt weiterhin verbesserungswürdige Lagerungsmethoden ein und ist auf Gedeih und Verderb Motten, Nagetieren und Schimmel ausgeliefert. Nicht genug damit, dass Nahrungsmittel selbst verschwendet werden, auch der bäuerliche Materialeinsatz in den Entwicklungsländern ist vielfach extrem unwirtschaftlich. Zur Bewässerung von Feldfrüchten werden Flüsse trockengelegt und Grundwasserspiegel erschöpft, nur damit anschließend aufgrund der mangelhaften Systeme bis zu 60 Prozent des Wassers ungenutzt bleiben. Vaclav Smil schätzt, dass bei der Produktion von asiatischem Reis 69–75 Prozent des Stickstoffdüngers in die Umwelt gelangen, statt von den Pflanzen aufgenommen zu werden – wobei sogar beim Getreideanbau in den Industriestaaten 25–50 Prozent verloren gehen können. Auf der ganzen Welt gehen seiner Schätzung nach auf diese Weise jedes Jahr mindestens 50 Millionen Tonnen Stickstoff oder 40 Prozent der eingesetzten Gesamtmenge verloren, was einen finanziellen Verlust von 50 Milliarden US-Dollar ausmacht und einem Zehntel des Werts des gesamten Agrarhandels der Welt entspricht, die Kosten der anschließenden Umweltschäden nicht eingerechnet (Smil 2004).

Wenn das Problem der Nacherernteverluste in Pakistan also durch so einfache Dinge entschärft werden konnte, warum wird dann nicht mehr getan? Ich führte eine Reihe von Gesprächen sowohl mit Ministern und Staatssekretären in den Ministerien für Landwirtschaft und Ernährung in Islamabad als auch mit Politikberatern aus Großbritannien und den USA. Trotz der Tatsache, dass Pakistan damals unter akuten Nahrungsengpässen litt, schien der Mehrzahl der Regierungs- und Nichtregierungsvertreter, die ich traf, das Potenzial zur Verringerung der Nacherernteverluste egal zu sein. Einige Minister wollten überhaupt nicht darüber reden, möglicherweise, um in einer Zeit politischen Aufruhrs nicht die Verantwortung für die Ernährungskrise übernehmen zu müssen. Die Regierung von Präsident Pervez Musharraf war soeben von einer Bevölkerung abgewählt worden, die enttäuscht war von den Lebenshaltungskosten und vor allem über den hohen Mehlpreis; eine Umfrage im Juli 2008 kam zu dem Ergebnis, dass für 70 Prozent der Pakistaner nicht Demokratie, Korruption oder Terrorismus das vordringlichste Problem war, sondern die Inflation mit bis zu einem Drittel höheren Nahrungsmittelpreisen. Die neue Regierung war teilweise wegen des Versprechens gewählt worden, einen Wandel herbeizuführen, aber sie löste es nicht ein.

Meine Suche nach jemandem, der offen über die Unzulänglichkeiten des Landes reden würde, führte mich eines Abends zu einem Haus am Fuße der Margalla-Hügel im Norden von Islamabad, in dem Muhammad Shafi Niaz wohnte, der pensionierte Gründer und Vorsitzende der Agrarpreiskommission. Leute im Ruhestand sind, wie ich bei meinen Nachforschungen immer wieder feststellte, oft die unabhängigsten Kritiker des Status quo. »Vermeiden Sie es, mit Regierungsbeamten zu sprechen«, riet Niaz mir, »sie können Ihnen nicht die Wahrheit sagen, weil sie Angst haben. Ich habe auch manchmal gelitten, weil ich kein Blatt vor den Mund genommen habe, aber bis jetzt habe ich überlebt. Ich habe Glück.«

Als Berater von Musharrafs Kabinett zwischen 2000 und 2003 hatte Niaz seinerzeit auf die mangelnde landwirtschaftliche Lagerhaltung in Pakistan hingewiesen. Aber obwohl das Ministerium mehrere hoch bezahlte Experten beschäftigte, entsprachen die von der Regierung vorgelegten Strategiepapiere seiner Ansicht nach »nicht ganz den Anforderungen«. Niaz erklärte sich bereit, im ganzen Land gelagertes Getreide zu kontrollieren, und stellte fest, dass es, obwohl vielfach von Rüsselkäfern befallen, trotzdem zu Mehl vermahlen und auf dem Markt verkauft wurde. »Mein Fahrer«, sagte er und wendete sich zu dem Bediensteten neben ihm um, »muss Mehl in diesen Läden kaufen. Ich bin mitgegangen, und das Mehl dort ist schwarz und so bitter, dass es ungenießbar ist. Vielen Leuten wird übel, nachdem sie dieses Getreide gegessen haben.«

Niaz verschaffte sich einen Eindruck von neuen Maßnahmen zur Verbesserung der Lagerung, aber was er vorfand, bot Anlass zu noch mehr Sorge, als wenn überhaupt nichts getan worden wäre. Es hatte, wie er sagte, einige Versuche gegeben, dem Mangel durch den Bau von vier oder fünf Getreide-Großsilos abzuhelfen. Er inspizierte einen von ihnen in Quetta, der so schlecht konstruiert worden war, dass es unmöglich war, Getreide aus dem untersten Teil zu entnehmen, sodass Restgetreide dort gelassen wurde und schimmelte. Ein anderer außerhalb von Karatschi war mehrere Jahre zuvor fast fertiggestellt worden, aber bei einem Besuch im Jahr 2001 stellte Niaz fest, dass das Schloss eingerostet war: Nichts war jemals dort gelagert worden. Er rief den verantwortlichen Armeegeneral an. Der General weigerte sich zu sagen, warum er das Geld zum Bau des Silos erhalten habe, ohne ihn jemals in Betrieb zu nehmen. Der Leiter einer regierungsunabhängigen Entwicklungsorganisation in Pakistan führte diese Geschichte mit einer bedrohlicheren Vermutung weiter aus: »Aus irgendeinem unerfindlichen Grund«, sagte er, »wird nicht investiert. Es gibt Nutznießer der Getreideengpässe in Pakistan – die Importeure und die Exporteure.«

Überall auf der Welt nutzen Regierungen die Getreidelagerung als Möglichkeit, bestimmte einflussreiche Interessengruppen zu belohnen. In reichen Ländern haben Regierungen den Bauern immer schon großzügige Subventionen gewährt, selbst wenn dies die Überproduktion ankurbelt, und anschließend das Geld der Steuerzahler dazu verwendet, das resultierende Getreide zu horten (Sowell 2007). In manchen Entwicklungsländern kontrollieren Regierungsbeamte und die politische Elite die Nahrungsmittellagerung, und diese Position kann als Mittel genutzt werden, jedem Förderung zuteilwerden zu lassen, der mit der Beschaffung und Verteilung von Nahrungsmitteln zu tun hat (Proctor 1994). Folglich ist ein Getreidesilo, der einem Bauern vielleicht einfach nur wie eine vier Meter hohe Tonne vorkommt, für die Mächtigen ein Instrument wirtschaftlicher und politischer Unabhängigkeit, die zu fördern sie nicht immer bereit sind.

Es gibt noch einen indirekten Grund für die Ernährungskrise in Pakistan, der mit Verschwendung zu tun hat – den mutmaßlichen Zusammenhang zwischen dem Hunger dort und der unnötigen Verschwendung von Nahrung in weit entfernten, wohlhabenden Ländern. Seine Bedeutung wurde mir an einem Abend im Mai 2008 in Islamabad auf einer High-Society-Veranstaltung klar, zu der mich eine Gruppe im Ausland lebender Freunde mitgenommen hatte. Nachdem sie an der Tür 2000 Rupien (ca. 35 Euro) bezahlt hatten – genug, um einem Pakistaner Mehl für fünf Monate zu kaufen –, wurden die Gäste auf einen perfekt getrimmten

Rasen geleitet, wo Tische zum Abendessen gedeckt worden waren. Nach dem Verzehr einer Mahlzeit, die üppiger war als alles, was ich seit Monaten gesehen hatte, heruntergespült mit einer stattlichen Reihe verbotener alkoholischer Getränke, begann ich ein Gespräch mit einem aus Somalia gebürtigen Beamten des Welternährungsprogramms. »Die Privilegierten dieser Welt«, fauchte er, »sind ein Haufen egoistischer, verschwenderischer Arschlöcher. Jemand sollte ein Buch über diese Nahrungsverschwendungsgeschichte schreiben. Die Fakten in dieser Sache rauskriegen.« Wir schlenderten in den Speisesaal, wo ein Dutzend Warmhaltewannen mit Luxusgerichten standen, die kalt wurden. Da waren Berge von Meeresfrüchten, Rindfleischeintöpfe, Hühnerfrikassees, Salate und genug Reis und Brot, um hundert hungrige Menschen satt zu bekommen.

Am nächsten Tag sprach ich außerhalb der Mauern des Geländes mit Pachtbauern, während sie in der Sonne fast umkamen vor Hitze, und mit Slumbewohnern, die sich nicht genug Mehl für die kärgliche Nahrung ihrer Kinder leisten konnten. In Pakistan übertraf die Nahrungsmittelnachfrage das Angebot auf dem Markt, was die Preise in die Höhe trieb, und die Leute hungerten. Sie litten unter derselben Steigerung der Nahrungsmittelpreise wie der Rest der Welt, und aus denselben Gründen. Die räumliche Nähe des Festmahls zur Not auf der anderen Seite einer Ziegelmauer war grotesk. Aber sind die im Westen bei noch aufwendigeren und zahlreicheren Anlässen verschwendeten Nahrungsmittel nicht genauso verantwortlich für den Hunger in Pakistan?

In der Theorie müsste Pakistan relativ gut gefeit sein gegen die angespannte globale Versorgungslage bei Nahrungsmitteln, die sich im Jahr 2008 so dramatisch auf den Rest der Welt auswirkte, schließlich ist das Land bei Weizen mehr oder weniger autark und verfügt über Handelsschranken, die es vor globalen Marktschwankungen schützen sollen. Die Regierung kontrolliert die Importe, um Pakistans Bauern vor billigem, im Ausland angebauten Getreide zu schützen. Sie überwacht außerdem die Exporte, um Bauern daran zu hindern, ihr Getreide zu verkaufen, bevor die heimische Nachfrage befriedigt wurde. Würde die Regierung diese

Politik beenden – wie Ultraliberale im Westen fordern –, wären die Reichen der Welt in der Lage, die Armen bei Nahrungsmitteln zu überbieten, und den Pakistanern bliebe nichts zum Leben übrig. Die Regierung garantiert auch den Verkaufspreis von Getreide, um die Bauern vor Schwankungen zu schützen. Außerdem sollen Festpreise die Verbraucher vor Preissteigerungen schützen.

Allerdings funktioniert keine dieser Maßnahmen perfekt. In einem Land wie Pakistan kommen Im- und Exporte trotzdem vor, sowohl mit als auch ohne staatliche Genehmigung. Je größer das Missverhältnis zwischen Preisen innerhalb und außerhalb des Landes, desto größer der Anreiz für Schmuggler und korrupte Beamte, einen grenzüberschreitenden Handel zu eröffnen. Selbst eine kleine Öffnung kann dazu führen, dass die Preise steigen oder sinken, und somit folgen die Nahrungsmittelpreise in Pakistan nachweislich globalen Trends. Der Markt war in Pakistan nie vollkommen frei von Schwankungen bei den Weltmarktpreisen, und das Jahr 2007/08 machte da keine Ausnahme: Das Land exportierte Millionen Tonnen Getreide und musste dann später Millionen Tonnen importieren, sowohl gemäß Verträgen, die von der Regierung bewilligt worden waren, als auch durch Schmugglertätigkeit entlang der Grenzen mit Indien und Afghanistan. Dasselbe gilt in nahezu jedem anderen Winkel des Planeten – und infolgedessen ist fast niemand frei von den Folgen globaler Schwankungen und damit indirekt auch nicht von den Folgen westlichen Konsums und westlicher Verschwendung (Dawe 2008; Ivanic und Martin 2008).

Ich fragte die Gruppe, die sich um Sanas Elendsquartier versammelt hatte, was sie vom Ausmaß der westlichen Verschwendung hielten. »Warum verschwendet ihr?«, wollte Sanas Sohn Mohammed wissen: »Ihr solltet an die Welt von jemand anderem denken. Ihr könntet diese Nahrungsmittel den Armen in anderen Ländern schicken oder sogar euren eigenen Armen.« »Alle Eltern versuchen dafür zu sorgen, dass ihre Kinder genug zu essen bekommen«, sagte Sanas Bruder, »aber wenn das so weitergeht, werden die Leute auf die Straße gehen und anfangen zu rauben und Krawall zu machen, weil niemand auf Nahrung verzichten kann.«

Seine Vorhersage klang glaubhaft. In Pakistan wurden Armeetruppen eingesetzt, um Banden daran zu hindern, sich der Nahrung auf Feldern und in Lagerhäusern zu bemächtigen. Gegen globale Nahrungsmittel-Engpässe oder westliche Verschwendungssucht können die Pakistaner nicht viel mehr unternehmen, als zu randalieren – oder die internationale Aufmerksamkeit auf ihre Notlage zu lenken, vermutlich indem sie in so beträchtlicher Zahl verhungern, dass es für eine Meldung in den Nachrichten reicht oder sie einen Politiker zum Handeln zwingen.

So schrecklich es auch ist, in gewisser Weise ist es ermutigend, dass sowohl durch die Gleichgültigkeit der Wohlhabenden als auch durch die unabsichtlichen Nacherntverluste in Entwicklungsländern gegenwärtig Millionen Tonnen umkommen: Es bedeutet, dass viel mehr Nahrung leicht verfügbar gemacht werden könnte. Sollte die Welt mehr Getreide auf den Weltmarkt bringen müssen, dann wäre die riesige Grube mit verdorbenem Getreide in Entwicklungsländern der passende Ort, um mit dem Fouragieren zu beginnen. Die Dritte Welt würde von Investitionen in Agrartechnologien zur Verhinderung unabsichtlicher Verluste profitieren, während die industrialisierte Welt ihre Verschwendung einschränken müsste. Diese Maßnahmen, um zwei sehr unterschiedliche Arten von Abfall anzugehen, könnten helfen, das Leben der Armen zu verbessern. Es ist nachhaltiger, die verfügbare Nahrung durch Abfallreduzierung zu vermehren als durch Abholzung unberührter Wälder, um die landwirtschaftliche Nutzfläche zu vergrößern. Internationale Hilfsagenturen, Regierungen und einzelne Spender, Nahrungsmittelunternehmen und Verbraucher auf der ganzen Welt können helfen, mehr Nahrung verfügbar zu machen, ohne auch nur einen einzigen zusätzlichen Baum zu fällen.

11. DIE EVOLUTIONÄREN URSPRÜNGE DES ÜBERSCHUSSES

Und das Land trug in den sieben reichen Jahren die Fülle.
Und Josef sammelte die ganze Ernte der sieben Jahre, da Überfluss im Lande
Ägypten war, und tat sie in die Städte ...
da fingen an die sieben Hungerjahre zu kommen, wie Josef gesagt hatte. Und
es ward eine Hungersnot in allen Landen,
aber in ganz Ägypten war Brot.

1. MOSE 40, 47–54

VIELE MENSCHEN NEHMEN AN, dass die gleichgültige Haltung der Gesellschaft gegenüber der Verschwendung von Nahrungsmitteln ein neueres Phänomen ist und dass die Menschen in der Vergangenheit sparsamer waren und Nahrung zu kostbar, um sie wegzuwerfen. In diesem Fall ginge es bei der Korrektur unseres momentanen Verschwendungsniveaus lediglich darum, zu früheren Gewohnheiten zurückzukehren. Aber die Geschichte menschlicher Verschwendungssucht hat tiefere Wurzeln als den Spätkapitalismus oder die Konsumkultur. Verschwendung ist ein Produkt von Überschuss – und Überschuss ist seit mehr als zehntausend Jahren die Grundlage für menschlichen Erfolg. Alles, was wir als Zivilisation bezeichnen, hängt davon ab.

Es ist unerlässlich, zwischen unvermeidlichen Ineffizienzen und grundloser Verschwendung, die uns sogar langfristig schadet, zu differenzieren. Manche Form von Verschwendung ist anpassungsfähig und erstrebenswert, manche ist weniger anpassungsfähig und zerstörerisch. Wenn wir gegenwärtig der zerstörerischen Variante anhängen, welches sind dann die sozialen und evolutionären Kräfte, die uns veranlassen, uns so offensichtlich irrational zu verhalten?

Archäologische Zeugnisse deuten darauf hin, dass einige frühe Menschen tatsächlich auf eine Weise verschwenderisch mit ihrer Nahrung umgingen, die der Vergeudung moderner Supermärkte entspricht. Als Menschen vor etwa 12 000 Jahren erstmals von Alaska aus südwärts quer durch den amerikanischen Kontinent bis hinunter nach Patagonien wanderten, begegneten sie kontinentgroßen Herden sanftmütiger Tiere. Im Gegensatz zu den Tieren der afrikanischen Savanne, die sich seit zwei Millionen Jahren an der Seite unserer Vorfahren entwickelt hatten, verfügten die amerikanischen Arten über keine vorhergehende Kenntnis menschlicher Raubtiere und von daher nur über sehr begrenzte Fähigkeiten, ihnen aus dem Weg zu gehen. Ebenso hatten die menschlichen Jäger, da sie niemals so leichter Beute gegenübergestanden hatten, keine Ahnung, wie sie ihre Jagd nachhaltig regulieren sollten.

Riesige Faultiere, wollige Mammuts und Nagetiere so groß wie Bären fielen dem menschlichen Angriff zum Opfer. In etwas mehr als einem Jahrtausend wurden 75 Prozent der Großtierarten Amerikas ausgerottet, wobei der Beitrag des Klimawandels zu ihrem Untergang umstritten ist. Archäologische Überreste von Mammuts, die zu dieser Zeit von Menschen gejagt wurden, weisen nur an einem kleinen Teil der Knochen Spuren auf, die darauf hindeuten, dass die Tiere geschlachtet wurden. Die frühen Jäger hätten den Kadaver in Streifen schneiden und trocknen können, um das Fleisch haltbar zu machen, aber stattdessen sieht es so aus, als hätten sie einen großen Teil davon verfaulen lassen. Offenbar war es bequemer, weiterzuziehen und frisches Wild zu erlegen, als sich die Mühe zu machen, totes Fleisch daran zu hindern, zu schnell sein Verfallsdatum zu erreichen (Diamond 1994; Martin und Klein 1984). Die Tatsache, dass diese Praxis zur Ausrottung ihres bevorzugten Beutetiers führte, ist ein beunruhigendes Erbe – das wir heute durch das Überfischen der Ozeane noch immer weiterführen. Die im Gefolge der ersten Menschen Amerikas auf dem ganzen Kontinent verstreuten, halb aufgebrauchten Kadaver wolliger Mammuts sind die Ahnen moderner Fisch-Rückwürfe und Supermarkt-Müllcontainer, vollgepackt mit geschlachteten Tieren und verdorbenen Nahrungsmitteln, allesamt geopfert auf dem Altar menschlicher Habgier.

Nachdem die meisten amerikanischen Megafauna-Arten ausgerottet waren, mussten die Menschen sich andere Nahrungsquellen suchen. Offensichtlich kam es in diesem Kontext zur Entwicklung der Landwirtschaft in Nord-, Süd- und Mittelamerika. Jäger und Sammler, die zuvor die wilden Vorfahren von Mais und Kartoffeln gesammelt hatten, fingen nun an, sie zu domestizieren und anzubauen, und die Ergebnisse dieser Züchtungen ersetzten die Nahrung, die früher ausschließlicher durch das Sammeln wilder Pflanzen und die Jagd auf Großtiere beschafft worden war. Ein paralleles Szenario ereignete sich im Fruchtbaren Halbmond – der sich vom heutigen Jordanien bis zum Iran erstreckte –, wo die Landwirtschaft Tausende von Jahren früher entstanden war. Dort verlegten sich die Menschen auf den Anbau von Getreide, nachdem die gewaltigen Gazellenherden, die das Gebiet einst durchstreift hatten, stark dezimiert worden waren – wiederum entweder durch Jagd oder Klimawandel oder, was wahrscheinlicher ist, eine Kombination aus beidem (Martin 2005; Hopkin 2005a und 2005b). In Australien und Ozeanien brannten die ersten menschlichen Bewohner ganze Wälder nieder, um ein paar große Tiere zu fangen, während diese flohen – die meisten anderen Tiere ließ man in Rauch aufgehen, obwohl am Ende des menschlichen Raubzugs keine zum Domestizieren geeigneten Arten mehr übrig waren.

Die massenhafte Ausrottung von Großtieren bezeugt zweierlei: die Leistungsfähigkeit des Menschen als Jäger und seine Gleichgültigkeit gegenüber der nachhaltigen Nutzung von Ressourcen. Konfrontiert mit Überfluss, pflanzten die Menschen sich in der Vergangenheit oft exponentiell fort und stopften sich mit allen verfügbaren Ressourcen voll. In dieser Hinsicht ähneln wir anderen Arten – explodierenden Kaninchenbeständen oder dem Zyklus von Blüte und Verfall beim Meeresplankton. So wenig nachhaltig uns dies auch vorkommen mag, sorgten diese kurzfristigen Glücksfälle in früheren Zeiten doch für ausreichend Nahrung, um das menschliche Bevölkerungswachstum zu verstärken. Sie führten zur Ausrottung zahlreicher wilder Tiere und zur dauerhaften Zerstörung großer Ökosysteme. Sie schufen aber auch die Bedingungen, unter denen die menschliche Besiedlung sich entwickelte, die Landwirtschaft entstand und der Weg in die moderne Zivilisation geebnet wurde.

So wie die Jäger und Sammler ihre Beute manchmal zu extensiv jagten, beuteten die Menschen, als sie sich der Landwirtschaft zuwendeten, oft die Umwelt zu rücksichtslos aus, bis der Boden unfruchtbar wurde. Dies führte häufig zum Zusammenbruch ganzer Kulturen, da ihre Ressourcenbasis am Ende ausgelaugt war. In zahllosen Aufsätzen sowie in den Büchern *Der dritte Schimpanse. Evolution und Zukunft des Menschen* (Frankfurt am Main 1994) und *Kollaps. Warum Gesellschaften überleben oder untergehen* (Frankfurt am Main 2005) nennt Jared Diamond viele Beispiele dafür, darunter die Maya Zentralamerikas, die Bewohner der Osterinsel, die Anasazi aus dem Chaco Canyon in New Mexico sowie die mediterrane Kultur im Umkreis von Petra, der Hauptstadt des Nabatäerreiches, im Fruchtbaren Halbmond selbst. Aber umgekehrt trieb der Druck auf die Ressourcen Menschen manchmal auch zu neuen Höhen des Erfindungsreichtums. Wie Esther Boesrup in den 1960er und 1970er Jahren einwendete, förderte das Bevölkerungswachstum oftmals den menschlichen Innovationsgeist, brachte dabei neue Technologien hervor und erhöhte auf lange Sicht die landwirtschaftliche Produktivität und den Lebensstandard. Laut Boesrup war die ständige Überstrapazierung des Nahrungsangebots ein Ansporn für die technologische und gesellschaftliche Entwicklung.

Bei einer Land-Spezies wie dem Homo sapiens hängt die Fähigkeit, Territorium zu verteidigen oder zu vergrößern, entscheidend von der Größe einer Bevölkerung ab. Eine Gruppe, die nachhaltig lebt und ihre Gesamtzahl unter Kontrolle hält, wird eventuell von einem benachbarten Clan bezwungen, der groß genug geworden ist, um sie zu überwältigen. Eine Gruppe, die Raubbau an ihrem Territorium treibt, zerstört möglicherweise die Ressourcenbasis, auf die sie angewiesen ist. Aber wenn dadurch ihre Gesamtzahl vorübergehend steigt, sieht sie sich vielleicht in der Lage, die Territorien ihrer Nachbarn zu erobern. Es ist eine riskante Angelegenheit, die leider umweltschädigende Habgier belohnt. Dies ist der Erfolgsweg, den Menschen bei ihrer Monopolisierung der Erde beschritten haben.

Vor etwa 13 000 Jahren entwickelten die Vorläufer der ersten Bauern im Fruchtbaren Halbmond Möglichkeiten, wilde Getreidesorten in Gruben – und später in belüfteten Kornspeichern – zu lagern, die Nahrungsmittel (meistens) trocken hielten und verhinderten, dass die Saaten keimten. Die frühesten klimakontrollierten Speicher in festen Behausungen wurden von Archäologen im Jordantal gefunden und auf ein Alter von 11 500 Jahren datiert. Konservierungstechniken für andere Nahrungsmittel kamen später: die Gärung 6000 v. Chr., Butterfässer 4500 v. Chr. und das Einsalzen möglicherweise schon im 5. Jahrtausend v. Chr. Das keimfreie Eindosen oder »Einmachen« wurde erst 1795 von dem Franzosen Nicolas Appert perfektioniert, um Napoleons Armeen zu versorgen (Diamond 2003; Kipler und Ornelas 2000). Auf diese Weise gelagerter Überschuss konnte genutzt werden, um das ganze Jahr über Nahrung bereitzustellen, um damit zu handeln und um ihn bei Festmählern zu verteilen, die Bündnisse zwischen verschiedenen Völkern festigten. Außerdem ermöglichte diese Kontinuität, mehr Nachwuchs aufzuziehen und ein sesshafteres Leben zu führen, statt als Nomaden auf der unentwegten Suche nach Nahrung herumzuziehen. Halbsesshafte und dauerhafte Siedlungen tauchen in der archäologischen Überlieferung etwa um diese Zeit auf, und diese Siedlungen führten zur größten Revolution in der Menschheitsgeschichte – der Domestizierung von Pflanzen als Nahrung und der Entwicklung des Ackerbaus. Die Domestizierung von Pflanzen geschah zuerst wahrscheinlich per Zufall: Weggeworfene Samen von gesammelten wilden Pflanzen gingen dort auf, wo sie in der Nähe menschlicher Siedlungen auf die Erde gefallen waren, und die Menschen erkannten allmählich, wie vorteilhaft es war, sie bewusst anzubauen. An einem einzigen Ort zu wohnen bedeutete, dass angebaute Feldfrüchte beaufsichtigt und, sobald sie reif waren, geerntet werden konnten, während diejenigen, die den Boden bestellten, von dem Getreide lebten, das von früheren Ernten eingelagert worden war. Es entstand die revolutionäre Symbiose zwischen Menschen und Gräsern, die essbare Samen abwarfen.

Die Erzeugung und Lagerung von Überschuss bedeutete, dass Einzelne sich auf Tätigkeiten spezialisieren konnten, die nicht unmittelbar mit der Nahrungsproduktion zusammenhingen. Hand-

werker, Soldaten, Priester und Stammesführer konnten davon
ernährt werden, und so entwickelten sich mit den wachsenden
Vorräten soziale Spezialisierungen und Hierarchien. Je mehr
Nicht-Nahrungsmittelerzeuger eine Bevölkerung unterhalten
konnte, desto eher war sie in der Lage, ihr Territorium zu verteidigen und Technologien zu erfinden. Selbst in der modernen Welt
stellten die europäischen Mächte und die Vereinigten Staaten fest,
dass ihr Erfolg in beiden Weltkriegen des 20. Jahrhunderts ebenso
sehr von ihrer Fähigkeit, Nahrungsmittel zu produzieren, wie von
der Klugheit ihrer Generäle abhing. Die Landwirtschaft verbrei-
tete sich auf der ganzen Welt – teilweise durch benachbarte Gruppen, welche die neue Technologie beobachteten und erlernten.
Vor allem aber wohl, weil die Menschen, die Landwirtschaft betrieben und Überschuss produzierten, sich schneller fortpflanzten
und all jene unterwarfen, die es nicht taten.

Nachhaltiges Bevölkerungswachstum, Arbeitsteilung und mi-
litärische Tapferkeit sind die ersten Gründe für die Erzeugung
von Nahrungsüberschüssen. Über diese Erfordernisse hinaus wäre
eine Bevölkerung gut beraten, für Zeiten der Knappheit eine den
eigenen elementaren Nahrungsbedarf noch übersteigende Menge
anzubauen (Kipler und Ornelas 2000). Wie der Kulturanthropo-
loge Marvin Harris behauptete: »Einem anerkannten Prinzip der
ökologischen Analyse zufolge passen sich Gemeinschaften von Organismen nicht an den Normalzustand, sondern an Extremsituationen an« (Harris 1993). Hinter diesem Prinzip steckt die Überlegung, dass jede Bevölkerung, die nicht an Extreme angepasst ist,
unweigerlich jedes Mal aussterben wird, wenn ein außergewöhnliches Umweltereignis eintritt, beispielsweise ein besonders kalter
Winter oder trockener Sommer. In guten Jahren kann ein Überschuss im Hinblick auf knappe Ernten in der Zukunft eingelagert
werden – wie in der biblischen Geschichte von Joseph, der, durch
den Traum des Pharao gewarnt, sieben Jahre lang 20 Prozent der
Ernte zurücklegte und auf diese Weise eine Hungersnot in Ägypten abwendete. Getreide produzierende Länder legen noch immer
Vorräte an – gegenwärtig etwa 20 Prozent dessen, was tatsächlich
verbraucht wird –, um eine sichere Versorgung zu gewährleisten

(FAO 2008b; Proctor 1994). Jahr für Jahr Überschuss zu erzeugen, mag wie eine fürchterliche Verschwendung guter Nahrungsmittel aussehen. Was aber wäre, wenn in einem Jahr oder während mehrerer Jahre eine Katastrophe einen beträchtlichen Batzen unserer Agrarproduktion vernichtete? Weil wir ständig zu viel erzeugen, müssten wir in einem solchen Jahr lediglich etwas weniger verschwenden, um Unannehmlichkeiten zu vermeiden. Und genau dies passierte, wie wir gesehen haben, nach der Vernichtung beinahe der Hälfte der britischen Kartoffelernte im Jahr 2007.

Doch heute scheint der Überschuss des Westens den Nahrungsbedarf in einem so gewaltigen Maß zu übersteigen, dass man kaum glauben kann, dass die Höhe des Überschusses notwendig, vernünftig oder ungefährlich ist. Wenn wir die globale Nahrungsversorgung effizienter gestalten wollen, müssen wir die Spanne zwischen dem Sicherheitsnetz unentbehrlichen Überschusses und unnötiger Verschwendung sorgfältiger definieren.

Die erste Frage, die man stellen muss, lautet: Wie viel Nahrung brauchen wir tatsächlich? Unter Berücksichtigung der unterschiedlichen Durchschnittsbedürfnisse von Männern und Frauen, Kindern und Erwachsenen im Westen – wo es eine große alternde Bevölkerung gibt und städtische Lebensformen vorherrschen – schätzt die FAO den Mindestenergiebedarf von Westeuropäern und Amerikanern auf 1900 bis 2000 kcal pro Person und Tag. Agrarwissenschaftler glauben, dass Staaten, um Nahrungssicherheit zu garantieren, anstreben sollten, etwa 130 Prozent des Nährstoffbedarfs bereitzustellen. Ein Angebot von 2600 bis 2700 kcal pro Person und Tag wäre daher für wohlhabende Länder ausreichend. Umfangreiche historische Studien menschlicher Bevölkerungen wären erforderlich, um zu analysieren, wie erfolgreich Überschüsse in dieser Höhe Menschen bislang gegen Hungersnöte absicherten. Aber aufgrund der verfügbaren Belege und Expertenmeinungen sieht es so aus, als seien 130 Prozent des Bedarfs ein vernünftiger Schutz, obwohl natürlich alle Schichten der Bevölkerung Zugang zu den Nahrungsmitteln und Anspruch darauf haben müssen, was in vielen Entwicklungsländern ein chronisches Problem ist. Wie ich im nächsten Kapitel ausführlicher erörtern werde, stellen die

Geschäfte und Restaurants Europas und der USA ihren Bevölkerungen eine reiche Nahrungsauswahl zwischen 3500 und 3900 kcal pro Person und Tag zur Verfügung oder, anders ausgedrückt, bis zu 200 Prozent ihres tatsächlichen körperlichen Bedarfs. Würden die derzeit an Nutztiere verfütterten essbaren Getreidepflanzen und Hülsenfrüchte mit einbezogen, beliefe sich das gesamte verfügbare Nahrungsangebot in den Vereinigten Staaten auf über 400 Prozent des Energiebedarfs ihrer Einwohner, und fast jedes europäische Land liegt bei weit über 300 Prozent (FAO 2003a; Hiza und Bente 2007). Was ist der Zweck all dieser zusätzlichen Nahrungsmittel?

Das gegenwärtige Ausmaß der Überproduktion im Westen übersteigt alles, was man aus dem Blickwinkel der Landwirtschaft oder der öffentlichen Gesundheit für wünschenswert erachten würde. Es mag einiges dafür sprechen, dass einzelne Staaten die Importe einschränken und sogar die heimische Produktion erhöhen, um die Nahrungssicherheit zu verbessern, aber was die tatsächlich zur Verfügung stehenden Nahrungsmittel betrifft, ist der Überschuss in den reichen Ländern eindeutig übertrieben. Die nächste Schlüsselfrage, die wir stellen müssen, lautet also: Warum tun wir es?

Marvin Harris behauptete, »dass Lebensweisen, die andere für völlig undurchschaubar hielten, klar bestimmte und unschwer einsehbare Ursachen hatten ... dass auch scheinbar völlig abstruse Glaubensvorstellungen und Praktiken bei näherer Betrachtung als Folge ganz gewöhnlicher, banaler, fast könnte man sagen ›ordinärer‹ Umstände, Bedürfnisse und Handlungen erkennbar werden« (Harris 1993). Obwohl er den Überkonsum im Westen kritisierte, versuchte Harris gerade mit dieser pragmatischen Annahme einige der am stärksten der eigenen Intuition zuwiderlaufenden Essgewohnheiten zu erklären, indem er sich auf den Standpunkt stellte, dass sie sich als zweckmäßige Anpassung an Umweltbedingungen entwickelt hätten und ausnahmslos materiellen Interessen dienten. Andere, wie Vaclav Smil, gelangten zu der Einschätzung, dass das gegenwärtige Ausmaß der Nahrungsverschwendung »zu den abstoßendsten Beweisen menschlicher Irrationalität« gehöre

(Smil 2004). Aber nach der Logik von Harris' Theorie müsste die heutige westliche Kultur seinen Gesetzen des Pragmatismus nicht weniger gehorchen als jede andere. Was passiert also, wenn wir seine Ansichten auf das Rätsel des verschwendeten Nahrungsüberschusses in der heutigen Welt anwenden? Sind die Berge von Fleisch, Croissants und Blumenkohl, die verfaulen, in Wirklichkeit Beweis für die komplizierte Klugheit des westlichen Kapitalismus und nicht haarsträubendes Zeugnis idiotischer Verschwendungssucht? Könnte die Nahrungsverschwendung auf verschlungenen Wegen sogar den Interessen der Gesellschaft dienen?

Harris selber identifizierte eine Reihe von Gesellschaften, in denen Überproduktion und Überkonsum praktische Vorteile zu haben schienen. Einer dieser Vorteile war die als »Potlatch« bekannte Zeremonie, die bei indianischen Völkern, beispielsweise den Kwakiutl im amerikanischen Nordwesten, in Kanada und Alaska, beobachtet wurde. Beim Potlatch luden die Häuptlinge Gäste aus benachbarten Dörfern ein und verschenkten ganze Kisten Fisch und Walöl, Trockenfisch, haufenweise Decken, Pelze und zeremonielle Masken. Man goss Fischöl ins Feuer oder kippte es bei Schlemmerwettkämpfen in sich hinein. Sogar ganze Häuser wurden angeblich niedergebrannt, worin viele einen größenwahnsinnigen Drang sahen, Reichtum und Macht zur Schau zu stellen. Ein Potlatch-Festmahl galt erst dann als Erfolg, wenn die Gäste »bis zur Besinnungslosigkeit essen [konnten], ins Gebüsch wankten, sich den Finger in den Hals steckten, sich erbrachen und zurückkamen, um noch mehr zu essen«. Konkurrierende Häuptlinge wurden zum Wettstreit angespornt und veranstalteten ihre eigenen rituellen Feste des Schenkens, und wer mit einem Rivalen nicht mithielt, bezahlte mit Prestigeverlust. Europäische Zuschauer hielten das Ganze für eine sinnlose Verschwendung wertvoller Güter, und von 1885 bis 1952 erklärte die kanadische Regierung die Sitte für ungesetzlich (Bracken 1997).

Trotz der vorgeblichen »Irrationalität« des Potlatch behauptete Harris, dass der Gesellschaft als Ganzes in Wirklichkeit raffinierte materielle Vorteile daraus erwüchsen. Vergleichbare Einrichtungen, stellte er fest, seien auch in anderen Kulturen zu finden. In

Melanesien und Papua-Neuguinea redete der »Big Man« eines Dorfes seinen Freunden und Verwandten zu, ihre Süßkartoffelgärten zu erweitern, zusätzlichen Fisch zu fangen, mehr Schweine zusammenzutreiben, und dann verschenkte er das gesamte überschüssige Hab und Gut bei einem einzigen großen Festgelage. Harris glaubte, dass der Big Man der Gesellschaft nützte, indem er die Leute drängte, mehr zu produzieren, als sie es ansonsten vielleicht getan hätten. »Wo jeder gleichen Zugang zu den Subsistenzmitteln hat«, schreibt er, »erfüllt der in Form von Festen ausgetragene Wettstreit die praktische Aufgabe, die Arbeitskraft vor dem Rückfall auf ein Produktionsniveau zu bewahren, das keine Vorsorge für Krisenzeiten wie Krieg oder Missernten erlaubt.« Die Geschenke erfüllen außerdem die Funktion der Umverteilung zwischen Dörfern, bei denen aufgrund ihrer verschiedenen Mikro-Umwelten – gute Fischfangjahre an der Küste können schlechte Anbaujahre an Land oder eine schlechte Jagd in Hochlandgebieten ausgleichen – die Produktion unterschiedlich hoch ausgefallen ist (Harris 1993). Eine Erwiderung auf Harris' Theorie könnte lauten, dass die Melanesier und die Kwakiutl gelegentlich einfach Spaß an einer großen Sause haben, wie wir alle. Aber dies allein erklärt nicht, warum so viele Menschen ein Vergnügen daran entwickelt oder aufrechterhalten haben, mehr zu produzieren und zu verzehren, als ihre Körper benötigen. Dies verlangt nach einer Erklärung, und Harris' Theorie gilt ebenso sehr für moderne westliche Kulturen wie für Kwiakiutl und Melanesier.

Das heutige globale Ernährungssystem ähnelt in vielerlei Hinsicht dem Potlatch. In Industrienationen ist eine ähnliche Sitte unter der Bezeichnung Nahrungsmittelhilfe bekannt: Überschuss bei Ländern loswerden, die ein Defizit haben. Nahrungsmittelhilfe-Spenden aus westlichen Ländern wie den USA sind bis heute ein unerlässliches Sicherheitsventil für heimische Überproduktion, weil sie Bauern vor dem Bankrott retten. Im Jahr 1961 musste die Kennedy-Regierung mit dem größten Nahrungsüberschuss in der amerikanischen Geschichte fertig werden. Es war dieser Überschuss, der zu einer Entwicklungshilfepolitik führte, unter der, zum Beispiel im Jahr 1966, ein Fünftel der US-Weizenernte nach Indien geschickt wurde. Auf den ersten Blick könnte es so aussehen, als handelten die Spendernationen aus uneigennützigen Motiven. Aber genau wie beim Potlatch erwächst den Spendern Prestige: Man braucht sich bloß anzusehen, mit welchem Stolz Industrienationen bekannt geben, wie viele Tonnen Nahrung sie verschenken, um zu erkennen, dass Überschuss als Großzügigkeit präsentiert wird. Im ausgehenden 19. und beginnenden 20. Jahrhundert überreichten die Westmächte Potlatch-Häuptlingen sogar tatsächlich unvergleichliche »Geschenke« in Form von Mehl und Decken – ein frühes Beispiel für Nahrungsmittelhilfe als politisches Druckmittel.

Weitere Vorteile, die Spendernationen erwachsen, lassen sich in dem Eskimo-Sprichwort »Geschenke machen Sklaven, genauso wie Peitschen Hunde machen« zusammenfassen. In der heutigen Welt helfen Nahrungsmittelspenden oft, eine Hungersnot abzuwenden, aber sie können ebenso gut Abhängigkeit erzeugen. Wenn Nahrungsknappheit das Überleben der Bevölkerung eines armen Landes bedroht, dann wird die Nahrungsmittelhilfe diese Menschen normalerweise von den Spendern abhängig machen. Vielleicht muss das Land mit politischer Komplizenschaft dafür bezahlen oder mit Handelsabkommen, die man als ungerecht empfinden könnte. In den USA ließ der Agricultural Trade Development and Assistance Act von 1954 daran nicht den geringsten Zweifel: Die Verschickung von Nahrungsmitteln nach Afrika und Asien erschloss amerikanischen Exporten neue Märkte, und die Drohung der Verweigerung konnte eingesetzt werden, um politischen und wirtschaftlichen Druck auszuüben (Kipler und Ornelas 2000). Um dem Verlust an Unabhängigkeit bei den Entwicklungsländern gegenzusteuern, verlangten Hilfsorganisationen wie Care International im Jahr 2008 ein Ende der Nahrungsmittelhilfe, die nicht auf einen unmittelbaren Notstand reagierte (Doyle 2007).

Überproduktion und Überkonsum in der heutigen Welt bescheren sowohl Individuen als auch ganzen Nationen materielle Vorteile. Wenn eine mächtige Person oder Nation Nahrungsmittel verschenkt oder ein verschwenderisches Festmahl gibt, mehrt sie ihr Ansehen und die Zahl ihrer Freunde oder Anhänger. In seiner

Theorie der feinen Leute (1899) schrieb der norwegisch-amerikanische Kritiker Thorstein Veblen: »Nur Verschwendung bringt Prestige. Dem Verbrauch des unbedingt Notwendigen kommt nicht das geringste Verdienst zu, es sei denn im Vergleich mit den elendesten Kreaturen, die nicht einmal das Existenzminimum erreichen« (Veblen 1971). Auch Supermärkte stopfen ihre Regale mit zahllosen Produkten voll, weil sie ihren Kundenstamm vergrößern wollen, indem sie demonstrieren, dass sie größeren Überfluss bereitstellen als ihre Konkurrenten.

Wie bei den Kwakiutl war übermäßiges Essen auch im Westen von jeher ein weiteres Ventil für Überschuss – aber diesmal in weit größerem Maßstab. Zwei Drittel der Amerikaner sind übergewichtig, davon ist die Hälfte fettleibig, und fast acht Prozent leiden unter der damit verbundenen Diabetes Typ 2; und die Europäer sind auf dem bestem Wege, ihnen Gesellschaft zu leisten. Der steile Anstieg der Fettleibigkeit in den Vereinigten Staaten seit 1980 hängt stark mit dem wachsenden Nahrungsangebot zusammen (Jeffery und Harnack 2007). Versuche an Ratten deuten darauf hin, dass der Verzehr von Zucker und Fett die Freisetzung einer chemischen Substanz im Gehirn auslöst, die dem Konsumenten ein Wohlgefühl vermittelt (Wright 2008; Shell 2003). Während der gesamten Evolution der Säugetiere ist dies wahrscheinlich ein hilfreiches Mittel der Anpassung gewesen, weil es uns ermuntert zu essen, wenn Nahrung reichlich vorhanden ist, und für magere Zeiten Fettvorräte anzulegen. In dieser Hinsicht wiederholen unsere Agrarsysteme ein Handlungsmuster, das unser Körper vor Jahrmillionen entwickelte. Allerdings hat es für die Bewohner wohlhabender Staaten seit Jahrzehnten keine größeren Nahrungsengpässe mehr gegeben, dennoch wird der Trieb zum Überkonsum permanent ausgelöst. Am besten lassen sich die daraus resultierenden Probleme wahrscheinlich in den Griff bekommen, indem man die Leute dazu anhält, weniger und gesünder zu essen, und versucht, gesündere Nahrungsmittel erschwinglicher zu machen (Baylis 2008). Aber natürlich trifft es zu, dass die Bereitstellung von mehr Nahrung, als wir womöglich essen können, zum Problem der Überernährung beiträgt.

Nicht genug damit, dass wir zu viel essen, mästen wir auch noch Nutztiere in nie da gewesener Zahl, und trotzdem gibt es mehr Nahrung, als wir verbrauchen können, weshalb wir einen beträchtlichen Teil davon wegwerfen. Einmal mehr folgen wir damit einem seit langem bestehenden Muster beim Verbrauch von Überschuss, aber in weit größerem Maßstab als jemals zuvor.

Bereits im Jahr 1798 lenkte der Begründer der modernen Bevölkerungslehre, Thomas Robert Malthus (1766–1834), das Augenmerk auf die entscheidende Rolle, die Überschuss und verschwenderischer Verbrauch in der Nahrungsversorgung spielten. Malthus blickte auf die Agrarsysteme Chinas und Indiens, wo er sah, dass gewaltige Bevölkerungen mit der kleinstmöglichen Menge an Ressourcen auskamen, die auf dem verfügbaren Land auf die rationellste Art und Weise erzeugt wurden. Die Inder und Chinesen aßen, wie er feststellte, hauptsächlich vegetarische Kost, die auf Reis und anderen heimischen Getreidepflanzen beruhte. Im Gegensatz dazu verbrauchten die Europäer erhebliche Ressourcen bei der Mast enorm vieler Tiere und nutzten dabei Land oft verschwenderisch, um Tierfutter anzubauen statt Nahrungsmittel, die effizienter für die menschliche Ernährung hätten verwendet werden können.

Aber das effiziente System der Asiaten hatte einen Haken. Weil es ihnen keinerlei Spielraum lasse, so Malthus' Einwand, herrsche nach jeder Missernte Hungersnot: »Wahrscheinlich trägt so auch die äußerst bescheidene Lebensweise der Hindus in einem gewissen Grad zu den Hungersnöten in Indien bei«, schrieb er (Malthus 1977). Malthus hielt einen Luxus wie die unwirtschaftliche Produktion von Fleisch für einen Puffer gegen Knappheit. In extrem schlechten Jahren könnten die Europäer dem Hungertod nur entgehen, so Malthus, wenn sie weniger landwirtschaftliche Ressourcen verschwendeten.

Malthus hatte guten Grund, mit solchen Eventualitäten vertraut zu sein. Nur zwei Jahre vor der Erstveröffentlichung seines *Essay on the principle of population as it affects the future improvement of society, with remarks on the speculations of Mr. Godwin, M. Condorcet, and other writers* (1798) war England im Anschluss an zwei aufeinanderfolgende Missernten von einer Weizenknappheit heimgesucht worden. Diese wurde verschlimmert durch schlechte Erträge überall in Europa und Amerika. Folglich war der Mangel nicht durch Nahrungsimporte zu beheben, die Malthus ohnehin nicht favorisierte, weil auf sie kein Verlass sei. Beide Häuser des Parlaments und der Privy Council, der englische Staatsrat, wiesen darauf hin, dass vor der nächsten Ernte kein Weizen mehr übrig sei, wenn er weiter im selben Tempo verbraucht werde. Es gebe nur eine Möglichkeit, nämlich den Rest effizienter zu nutzen. Es sei an der Zeit, allmählich Malthus' Puffer anzugreifen und den Spielraum im System zu verringern. Der Erzbischof von Canterbury erließ einen Hirtenbrief, in dem er die Reichen aufforderte, weniger zu verbrauchen, um mehr für die Armen zu lassen. Dies bedeute, wie der Prediger William Agutter erklärte, das Gebot Christi: »Sammelt die übrigen Brocken, damit nichts umkommt« (Joh. 6,12), mit besonderer Eindringlichkeit zu befolgen. »Verschwendung«, so Agutter, »rührt von Unwissenheit, Undank und Undankbarkeit her, von Luxus und Mangel an Mitgefühl ... Er also, der mehr isst als nötig ... ist der Verschwendung schuldig. Er verbraucht achtlos, was ihm selbst nicht guttut und was viele wirklich brauchen.« Zusätzlich zu schlichter Verschwendung und Überkonsum, meinte Agutter, sei das Halten von Tieren in unnötiger Zahl eine Vergeudung gemeinsamer Nahrungsvorräte. »In Zeiten allgemeiner oder besonderer Knappheit«, erläuterte er, »ist es notwendig, einige Nahrungsmittel wegzulassen, die an sich weder ein besonderer Luxus noch übertrieben sein mögen, die aber zu viel von dem am meisten benötigten Nahrungsmittel verbrauchen würden; in welchem Fall es klug und patriotisch ist, uns einzuschränken, wo wir können« (Agutter 1796).

Etwa um dieselbe Zeit gab die »Gesellschaft zur Besserung des Zustands und zur Hebung des Wohls der Armen« einen Bericht heraus, der einen ähnlichen Standpunkt bekräftigte: »Immer wenn die Subsistenzmittel für die Bevölkerung nicht ausreichen ... kann, kurz gesagt, nichts als Vermehrung der Nahrung oder erhöhte Sparsamkeit und besseres Wirtschaften bei deren Verwendung den Fehlbetrag decken oder das Übel beseitigen.« Dies bedeutete, Fleischkonsum und liederliche Verschwendungssucht einzuschränken, und zwar durch die »Intensivierung der produktivsten Formen des Haushaltens; fortan lieber Getreide und Kartoffeln statt gemästeter Tiere, und ... durch Unterweisung der Reichen wie der Armen in einer sparsameren Nutzung von Nahrung und in einer weniger verschwenderischen Verwendung der notwendigen Nahrungsmittel« (Society for Bettering the Condition and Increasing the Comforts of the Poor 1802, III, S. 66 f.). Im mittelalterlichen Europa war es allgemein üblich, dass Pfarrbischöfe in Zeiten des Mangels ihre Ochsen zum Wohle der Armen opferten. In Russland wurden im Misserntejahr 1972 Küken getötet, weil ihre Fütterung unbezahlbar wurde. In Zeiten des Überflusses war es möglich, Vieh zu mästen und der Verschwendungssucht zu frönen, um Überschuss in Genussmittel zu verwandeln und für ein Polster in Zeiten des Mangels zu sorgen. Ressourcen zu vergeuden und unnötige Genussmittel zu konsumieren waren keine Verbrechen; beide Verhaltensweisen spielten in der menschlichen Agrarwirtschaft die Rolle eines selbstregulierenden Puffers oder homöostatischen Systems und dürften der Gesellschaft genützt haben, weil sie die Überschussproduktion ankurbelten, die ihrerseits wiederum die Gesellschaft vor Extremsituationen schützte. Erst wenn Ressourcen ihre Grenzen erreichten, wurden Überkonsum und Verschwendung sündhaft.

In der westlichen Welt besitzen wir heute einen größeren Puffer gegen Hungersnot, als Malthus oder seine Zeitgenossen jemals für möglich gehalten hätten. Unter günstigen ökologischen Bedingungen kann es harmlos oder sogar nützlich sein, all diesen Überschuss zu erzeugen und zu verbrauchen. Es gilt jedoch, Kosten und Nutzen gegeneinander abzuwägen, sobald die Gefahr eines Raubbaus an den Ressourcen so groß ist, dass er die Nahrungssicherheit zu untergraben droht. Was geschieht, wenn, wie bei den Bewohnern der Osterinsel, unsere ökologischen Grenzen erreicht sind? Verschwendung könnte zu einer tödlichen Angewohnheit werden.

Andere Gesellschaften in früheren Zeiten haben in Reaktion auf ähnliche ökologische Grenzen ihre verschwenderischen Gewohnheiten eingeschränkt, und dieses Verhalten könnte wertvolle Lektionen für uns enthalten. Eines der Lieblingsbeispiele von Marvin Harris waren die alten Inder, die als extravagante Zurschaustellung von Reichtum und Macht Vieh zu opfern pflegten. Aber Kühe – der Ursprung von Milch, Dung und Landarbeit – waren für die indischen Kleinbauern lebend mehr wert als tot, und so brach in einer Zeit von Bevölkerungswachstum und landwirtschaftlicher Not ein Volksaufstand gegen die Kuhschlachtung aus. Anführer waren zunächst die Anhänger des Buddhismus und Jainismus, die gegen den Verzehr von Fleisch und vor allem gegen die Opferung von Kühen waren, später nahm sogar die brahmanische Elite, die bei der Rinderopferung amtiert hatte, diese Botschaft auf. Aus der Kuhschlachtung als ehrenwerter Zurschaustellung von Reichtum wurde ein verabscheuungswürdiges Verbrechen (Harris 1988; Harris 1993).

Eine parallele Entwicklung vollzog sich vor vierhundert Jahren auf der Pazifikinsel Tikopia. Die Bauern dort hatten seit Tausenden von Jahren in der höchstmöglichen Bevölkerungsdichte auf dem verfügbaren Ackerland gelebt. Nach der Ankunft von Schweinen zusammen mit polynesischen Zuwanderern um 1200 n. Chr. wurde Schweinefleisch zur wichtigsten Proteinquelle und zum zentralen Statussymbol. Aber spätestens um 1600 wurde den Bewohnern Tikopias klar, dass Schweine zu viele landwirtschaftliche Produkte fraßen und zu einem untragbaren Luxus geworden waren. In einer dramatischen Kampagne für Ressourceneffizienz, hinter der vermutlich eine aufrührerische Volksbewegung und nicht die Schweinefleisch essende Elite stand, die sich den Entschluss erst im Nachhinein zu eigen machte, fiel die Entscheidung, jedes Schwein auf der Insel zu töten (Diamond 2005).

Heute stecken reiche Länder überschüssige Nahrungsvorräte in Nutztiere, Mülltonnen und die Körper ihrer eigenen übergewichtigen Bewohner. Gäbe es eine globale Demokratie, gehörten eine Reduzierung des mit Getreide gemästeten Viehbestands und ein Verbot der unnötigen Verschwendung von Nahrungsmitteln wahrscheinlich zu den ersten Maßnahmen, die von den Ärmeren vorgeschlagen würden. Auf Tikopia und im alten Indien fingen die Menschen tatsächlich an, das zu tun, was »gut« und »praktisch«

für sie war, indem sie ihre Verschwendung einschränkten, selbst wenn es viele Jahre dauerte, dieses Ziel zu erreichen.

Wie dieser Gesichtspunkt andeutet, ist Harris' Definition des Nutzens für die »Gesellschaft« insoweit problematisch, als sie konkurrierende Interessen innerhalb von und zwischen einzelnen Gesellschaften nicht hinreichend trennt. Supermarktleiter mögen von der Verschwendung landwirtschaftlicher Ressourcen einen Vorteil haben – und dazu anstiften. Ebenso profitieren reiche Nationen vielleicht von übermäßiger Fleischproduktion und von Verschwendung, trotz der Tatsache, dass der Motor für beides die umweltschädigende Ausbeutung des Landes und der Ozeane ist. Doch obwohl die globale Demokratie vielleicht noch in weiter Ferne liegt, besteht mehr Grund denn je, die Interessen der Gesellschaft aus einem globalen Blickwinkel zu betrachten. Es ist nicht mehr vernünftig, dass reiche Nationen natürliche Ressourcen überall auf der Welt plündern. Damit schaden sie der jeweiligen lokalen Umwelt und den Einheimischen. Außerdem entziehen sie anderen zum Überleben notwendige Nahrungsmittel, was moralisch nicht länger vertretbar ist – falls es das jemals war. Einigen Individuen oder Gruppen mit eigennützigen Interessen mag Verschwendung nach wie vor kurzfristige Vorteile bescheren, aber für die menschliche Gesellschaft als Ganzes ist sie unter Umständen katastrophal.

In der Vergangenheit konnte der nicht nachhaltige Verbrauch lokaler Ressourcen vorübergehend das Wachstum und die Muskelkraft befördern, die nötig waren, um benachbarte Territorien zu bezwingen – und genau dies tun wir noch immer, wenn wir in Tropenwälder vordringen, die von Völkern bewohnt werden, die weniger zahlreich und industrialisiert sind als wir selbst. Aber es wird zunehmend deutlich, dass dieses Verhalten das Klimasystem des Planeten aus dem Gleichgewicht zu bringen droht, was eine verheerende Wirkung auf unsere Fähigkeit haben könnte, weiterhin die momentan erzeugte Menge an Nahrungsmitteln anzubauen. Diesmal werden, wenn der gesamte Planet unserem Raubbau zum Opfer gefallen ist, keine benachbarten Territorien mehr übrig sein, in die wir einfallen können.

12. MAN ZÄHLT ALLES ZUSAMMEN UND FRAGT SICH ... »WAS, WENN?«

Mr. Forester: »*Jeglicher Luxus ist in der Tat schädlich ... aber Luxus, der ... die Früchte der Erde zerstört ... zeichnet sich durch Kriminalität aus.*«

Mr. Fax: »*Sie müssen gleichzeitig bedenken, dass ... die Verschwendung der Fülle der Ursprung der Knappheit ist ... In Notzeiten waren die Reichen oft bereit, ihre überflüssigen Dinge aufzugeben.*«

Mr. Forester: »*Was werden Sie dann von jenen sagen, die, in Zeiten tatsächlicher Hungersnot, an ihrer alten Lebensweise, an der frevelhaften Verschwendung von Luxus festhalten?*«

Mr. Fax: »*Ihnen habe ich wahrlich nichts zu sagen, außer dass sie nicht wissen, was sie tun.*«

THOMAS LOVE PEACOCK, *MELINCOURT* (1817)

LAUT EINER SCHÄTZUNG VON WRAP beläuft sich die Gesamtmenge der im Vereinigten Königreich von Bauernhöfen bis zu Privathaushalten produzierten Nahrungsabfälle auf ungefähr 18–20 Millionen Tonnen im Jahr (WRAP 2009c). Dies ist ein erster Versuch, Abfall aus allen Bereichen der Nahrungsmittelindustrie in Großbritannien zusammenzufassen, aber seine Genauigkeit ist, wie WRAP einräumt, sehr fraglich. Forscher an der Universität von Cardiff und am Royal Institute of International Affairs kamen bei einem anderen Versuch zu dem Ergebnis, dass fünf Prozent der Nahrungsmittel auf der landwirtschaftlichen Ebene vergeudet werden, sieben Prozent bei Weiterverarbeitung und Vertrieb, zehn Prozent im Einzelhandel und 33 Prozent auf der Verbraucherebene (Ambler-Edwards u. a. 2009). Allerdings gibt es weder Angaben über Verluste bei der Speisen- und Getränkebelieferung in der Privatwirtschaft und im öffentlichen Dienst noch eine Schätzung, welche Anteile des Nahrungsangebots diese verschiedenen Kanäle durchlaufen. Die Zahl von 33 Prozent Verlust durch Verbraucher basiert auf der WRAP-Studie über Nahrungsabfälle in Haushalten und übertreibt, wie bereits dargelegt, die tatsächlichen Nahrungsverluste, weil sie ungenießbaren organischen Abfall wie Teebeutel und Apfelsinenschalen mit einschließt.

In den Vereinigten Staaten veröffentlichte das Landwirtschaftsministerium im Jahr 1997 eine große Studie über Nahrungsabfälle. Sie stützte sich auf alte Statistiken, von denen einige bereits in den 1970er Jahren zusammengestellt worden waren, und sie ließ den Abfall auf Bauernhöfen und teilweise bei der Herstellung unberücksichtigt. Der Verfasser – sich der Schwächen des verfügbaren Datenmaterials sehr wohl bewusst – schätzte, dass im Jahr 1994 amerikanische Verbraucher, Einzelhändler und Gastronomiebetriebe 41 Millionen Tonnen Nahrungsmittel oder etwa 27 Prozent des gesamten Nahrungsangebots der USA vergeudeten (Kantor u. a. 1997). Seitdem gibt der Volkswirtschaftliche Forschungsdienst (ERS) des US-Landwirtschaftsministeriums alljährlich eine Schätzung ab, wie viel von den Nahrungsmittellieferungen des Landes vergeudet wird, und veröffentlicht im hauseigenen Datenblatt »Loss-Adjusted Food Availability« die Zahlen zum »verlustbereinigten Nahrungsangebot«. Obwohl niemals dokumentiert wurde, warum genau, sind die Verluste in diesem Blatt tatsächlich bedeutend höher, als man in der eigenen Studie herausgefunden hatte. Während die Studie beispielsweise schätzte, dass rotes Fleisch von Einzelhändlern mit einer Quote von einem Prozent und von Verbrauchern mit einer Quote von 16 Prozent verschwendet wird, weist das Datenblatt für das vergangene Jahrzehnt aus, dass Einzelhändler sieben und die Verbraucher 30 Prozent verschwenden. Die Menge an Nahrungsmitteln, die zwecks Erwerbs durch die Verbraucher in Geschäften und Restaurants landete, belief sich im Jahr 2004 umgerechnet auf insgesamt 3900 kcal pro Person und Tag. Davon ausgehend schätzte der ERS, dass nach »Verderb, Essensresten auf Tellern und anderen Verlusten zu Hause und im Vermarktungssystem« gerade mal 2717 kcal pro Person und Tag übrig blieben – ein Verlust von 30,3 Prozent sämtlicher Nahrungsmittel zwischen den Geschäften und Restaurants auf der einen und den Mägen der Verbraucher auf der anderen Seite (ERS 2008b).

Dennoch werde damit, wie Jean Buzby vom ERS zugibt, der Abfall immer noch unterschätzt. Als erwachsene Amerikaner gefragt wurden, wie viel sie innerhalb eines 24-Stunden-Zeitraums tatsächlich äßen, kamen Umfragen in großem Stil in den Jahren 1994–95 zu dem Ergebnis, dass die durchschnittliche aufgenommene Kalorienmenge eines Erwachsenen bei 2002 kcal pro Person und Tag lag (1800 kcal bei Frauen und 2200 kcal bei Männern). Marion Nestle, eine der führenden Ernährungswissenschaftlerinnen in den USA, meint, dass die Kalorienaufnahme jedoch vermutlich zwischen 2500 und 2600 kcal liege, weil die Leute zu niedrige Angaben darüber machten, wie viel sie tatsächlich essen. Obwohl verlässliche neuere Daten fehlen, weist Nestle darauf hin, dass der Nahrungsverbrauch seitdem mit ziemlicher Sicherheit gestiegen sei. Da die Umfragen aber nur bei Erwachsenen durchgeführt wurden und nicht bei einem Querschnitt aller Altersgruppen unter Einbeziehung von Säuglingen, Kindern und alten Menschen, ist eher unwahrscheinlich, dass die durchschnittliche Kalorienaufnahme inzwischen bei immerhin 2700 kcal pro Person und Tag liegt, und deshalb scheint der Umfang der US-Nahrungsmittellieferungen, die allein auf der Einzelhandels- und Verbraucherebene verschwendet werden, nach diesen Zahlen bei fast unglaublichen 30–50 Prozent oder 1200–1900 kcal pro Person und Tag zu liegen (Blair und Sobal 2006). Die Diskrepanz zwischen tatsächlichen und geschätzten Verlusten kann teilweise dem Umstand zugeschrieben werden, dass die Verbraucher das Fett vom Fleisch abschneiden und wegwerfen, was bedeutet, dass sie den kalorienhaltigsten Teil wegwerfen (Dowler und Seo 1985; Miller 1979).

In jüngerer Zeit führte Dr. Timothy Jones im Rahmen eines staatlich finanzierten Projekts an der Universität von Arizona in den 1990er und frühen 2000er Jahren eine Studie zu Nahrungsabfällen durch. Seine Ergebnisse, die leider nie in wissenschaftlichen Fachzeitschriften veröffentlicht wurden, deuteten darauf hin, dass der Abfall von Verbrauchern, Gastronomiebetrieben und Einzelhändlern um etwa 20 Prozent höher lag als in der früheren Untersuchung des US-Landwirtschaftsministeriums. Nach Jones wurden insgesamt 53,8 Millionen Tonnen essbarer oder vormals essbarer Nahrungsmittel verschwendet (29,3 Mio. Tonnen durch Verbraucher und 24,5 Mio. Tonnen durch Supermärkte, Restaurants und kleine Lebensmittelläden). Jones' Arbeit war insofern besonders interessant, als sie tatsächlich die von Familien über lange Zeiträume hinweg gekauften Nahrungsmittel erfasste, statt sich, wie WRAP es im Vereinigten Königreich tat, auf landesweite Durchschnittskäufe zu verlassen. Jones' Stichprobenumfang war relativ klein und örtlich begrenzt, aber falls seine Zahlen repräsentativ waren für den jeweiligen landesweiten Durchschnitt, so würden die Verbraucher in den USA mehr Nahrungsmittel kaufen, als nach Schätzungen des US-Landwirtschaftsministeriums im ganzen Lande für Haushaltseinkäufe und Gastronomiebetriebe zusammengenommen erhältlich sind. Jones kam zu dem Ergebnis, dass die Haushalte 14 Prozent der eingekauften Nahrungsmittel vergeudeten; landesweit hochgerechnet ergäbe dies eine Verschwendung von 29 Millionen Tonnen, was Einkäufen von etwa 209 Millionen Tonnen entsprechen würde, während nach Schätzungen des US-Landwirtschaftsministeriums das landesweite Nahrungsangebot im Jahr 1994 lediglich 161 Millionen Tonnen betrug (Kantor u. a. 1997). Nach Jones' Ansicht könnte Amerika durchaus noch mehr Nahrungsmittel zur Verfügung haben, als bislang geschätzt wurde, aber es ist nicht verwunderlich, dass das Landwirtschaftsministerium seine Ergebnisse nicht übernommen hat (Jones 2004a). Man muss zugeben, dass die ministeriellen Schätzungen zur Verfügbarkeit von Nahrung doch recht beachtliche Mengen an Nahrungsmitteln auslassen; beispielsweise findet der Im- und Export industriell verarbeiteter Nahrungsmittel nicht immer Eingang in das Datenblatt und trug deshalb zum Gesamtnahrungsangebot bei, ohne mitgezählt zu werden. Ebenso werden essbare Innereien – eine riesige potenzielle Quelle für sehr nahrhafte Kost in einer solchen Gesellschaft von Fleischfressern – in den Daten über das Nahrungsangebot größtenteils weggelassen, sodass ihre Verschwendung gar nicht auftaucht. Aber immerhin zeigen die Untersuchungen von Jones, dass noch viel mehr zu tun bleibt, um herauszufinden, wie viel Nahrung die Amerikaner zur Verfügung haben und wie viel davon verschwendet wird.

Jones führte auch einige Studien zur US-Landwirtschaft durch, und er schätzt, dass etwa zehn Prozent aller auf amerikanischen Farmen angebauten Nahrungsmittel verschwendet werden, während weitere drei Prozent bei Lagerung und Transport verloren gehen. Begrenzteren Studien folgend, ging er davon aus, dass Hersteller und Verarbeiter etwa zehn Prozent der Nahrung vergeuden. Im Bereich der gewerblichen Speisen- und Getränkeversorgung sowie im Gastronomiesektor würden manche kleinen Eckläden 26 Prozent, Fastfood-Restaurants zehn Prozent und Restaurants mit vollem Service drei Prozent verschwenden. Jones glaubt, dass insgesamt Nahrungsmittel im Wert von schätzungsweise 136 Milliarden US-Dollar vergeudet werden, bevor etwas im Bauch des amerikanischen Verbrauchers landen kann (Jones 2004a). Bezieht man die Verschwendung in jedem Glied der Versorgungskette mit ein, dann wird laut Jones etwa die Hälfte aller Nahrungsmittel in den USA verschwendet.

Nachdem es mehrere Jahre vernachlässigt worden ist, schafft es das Thema nun endlich wieder auf die Agenda innerhalb des US-Landwirtschaftsministeriums. Es ist größtenteils dem Engagement und der Neugier von Jean Buzby beim ERS zu verdanken, dass Geld für vier neue Studien über Nahrungsabfälle bereitgestellt wurde. Eine Studie befasst sich mit dem Verlust einiger Erzeugnisse zwischen Bauernhof und Einzelhandel; eine andere beschreibt den Verlust von Obst und Gemüse auf verschiedenen Stationen in der Versorgungskette, und eine weitere Verluste bei frischem Obst, Gemüse, Fleisch, Geflügel und Meeresfrüchten im Einzelhandel. Die Ergebnisse werden mit Hilfe der Transportdaten des Lieferanten berechnet: Wie viele Nahrungsmittel sind in sechs großen Supermarktketten angekommen, verglichen mit der tatsächlich verkauften Menge? Diese Studie wurde im März 2009 veröffentlicht, aber sie hatte keinen nennenswerten Einfluss auf die bestehenden Schätzungen des ERS über Nahrungsabfälle insgesamt (Buzby u. a. 2009). Die interessanteste Forschungsarbeit von allen ist jedoch eine Studie, welche die Lebensmitteleinkäufe von Haushalten erfasst und diese mit dem tatsächlichen heimischen Nahrungsverbrauch vergleicht, wie er in Übersichten über die landesweite Nahrungsaufnahme dokumentiert ist. Diese Studie konnte das bislang aussagekräftigste Bild darüber vermitteln, wie viel die Leute kaufen, wie viel sie verbrauchen und wie viel sie wegwerfen.

Es ist bloß bedauerlich, dass die US-Zentralregierung nicht die finanziellen Mittel für eine gründliche forensische Analyse der Inhalte von Mülleimern in den Häusern und Wohnungen sowie in Unternehmen bereitgestellt hat, begleitet von Umfragen, um die Gründe aufzudecken. Dies ist die einzige empirische Möglichkeit, um zu ermitteln, wie viel Nahrungsmittel verschwendet werden, und der beste Weg, um die Leute davon zu überzeugen, damit aufzuhören. Im Vereinigten Königreich kostete die WRAP-Untersuchung der Nahrungsverluste in Haushalten ganze 420 000 Pfund; die Nachfolgekampagne, mit der man versuchen wollte, die Leute dazu zu bringen, weniger zu verschwenden, hatte bis März 2009 vier Millionen Pfund gekostet, und sie hat den britischen Verbrauchern bereits geschätzte 300 Millionen Pfund erspart. Die USA sind eine Nation von mehr als 300 Millionen Einwohnern mit dem größten Pro-Kopf-Nahrungsangebot auf der Welt – und die Hälfte davon wird verschwendet. Momentan sind gerade mal 1,5 Personen im ERS damit beauftragt herauszufinden, warum, und was dagegen unternommen werden kann. Dieses gigantische Problem verdient viel mehr Ausgaben und Aufwand.

Wie das Beispiel USA zeigt, deuten Umfragen über die Nahrungsaufnahme ausnahmslos darauf hin, dass die Menschen in den Industrieländern viel weniger verzehren als die Gesamtmenge der im jeweiligen Land verfügbaren Nahrungsmittel. Empirische Studien über Nahrungsabfälle belegen, dass die Diskrepanz zwischen Angebot und Aufnahme zum großen Teil der Verschwendung zugeschrieben werden kann. Weil Erhebungen über die Nahrungsaufnahme jedoch selber in hohem Maß zur Ungenauigkeit neigen und sie ohnehin nur in wenigen Ländern durchgeführt wurden, werde ich mich im Folgenden auf die Diskrepanz zwischen Nahrungsbedarf und Nahrungsangebot konzentrieren.

Wie im vorhergehenden Kapitel dargelegt, hält man die Versorgung einer Bevölkerung mit 130 Prozent ihres Nahrungsbedarfs für einen ausreichenden Puffer gegen Nahrungsengpässe, solange alle Menschen innerhalb eines Landes ausreichenden Zugang zu Nahrung und Anspruch darauf haben. Die Nahrungsvorräte in Geschäften und Restaurants, die sich auf 130 Prozent des Nahrungsbedarfs belaufen, verbergen allerdings viel größere Überschüsse: Die Prozentzahl umfasst weder die Getreidepflanzen und Hülsenfrüchte, die einfach an Vieh verfüttert werden, noch die Abzweigung von Früchten für andere als Nahrungszwecke noch Fisch-Rückwürfe. Ebenso wenig beinhaltet sie den Teil der Ernten, den Bauern auf dem Feld verrotten lassen oder den sie an Tiere verfüttern. Wie Vaclav Smil mir im Februar 2008 mitteilte, »existiert im Westen, wo wir etwa die Hälfte dessen, was wir anbauen, wegwerfen, keine Notwendigkeit für irgendeine Spanne [von 130 Prozent]«. Die Ineffizienz des Westens ist größtenteils kulturellen Entscheidungen über die Wichtigkeit von Fleisch und die »Qualität« pflanzlicher Produkte geschuldet. Fürs Erste werde ich zum Problem des Überschusses, der tatsächlich in Geschäften und Restaurants für den menschlichen Verzehr bereitgestellt wird, zurückkehren. Alles, was merklich über 130 Prozent hinausgeht, hat gute Chancen, als Abfall zu enden: Umfragen zur Nahrungsaufnahme kommen zu dem Ergebnis, dass Bevölkerungen nicht mehr verzehren als 130 Prozent ihres Bedarfs. Der menschliche Appetit und die Größe unserer Mägen sind begrenzt.

Obwohl der Nahrungsüberschuss in enger Beziehung zum Wohlstandsniveau steht, scheinen manche reichen Länder ihre Bevölkerungen mit einem höheren »unnötigen Überschuss« zu versorgen als andere, was zumindest erkennen lässt, dass reich sein nicht heißt, dass ein Land so viele Nahrungsmittel verschwenden muss – das Ausmaß der Verschwendung wird auch von anderen kulturellen Faktoren bestimmt. Die (laut Schätzung des US-Landwirtschaftsministeriums) 3900 kcal pro Person und Tag der USA bedeuten, dass das Land mit 200 Prozent des Energiebedarfs der Bevölkerung über den größten Nahrungsüberschuss von allen Nationen verfügt (Hiza und Bente 2007). Nach den Daten der FAO von 2003 stellen das Vereinigte Königreich, Irland, Belgien, Italien und Kanada durchweg 170 bis 190 Prozent des Bedarfs bereit;

die Niederlande, Island, Finnland und Neuseeland liegen zwischen 160 und 170 Prozent, Schweden und Australien zwischen 150 und 160 Prozent, während Japan die 150-Prozent-Marke unterschreitet, aber für ein hinreichendes Angebot sorgt, obwohl alle diese Länder ein ähnliches Wohlstandsniveau haben. Ein hohes Überschussniveau findet sich jedoch nicht ausschließlich in den allerreichsten Ländern, sondern auch in einigen mittleren, wie Ägypten, Marokko, Tunesien, Mexiko und Ungarn, möglicherweise weil diese Länder über weniger gut ausgebaute Einzelhandels- und Vertriebssysteme verfügen. Der Zusammenhang zwischen Wohlstand und dem Ausmaß der Nahrungsverschwendung ist in der Forschung umstritten, sodass man nicht unbesehen davon ausgehen kann, dass reichere Länder und wohlhabende Haushalte einen größeren Anteil ihrer Nahrungsmittel vergeuden als arme (WRAP 2008a; Sibrián u. a. 2008).

Angenommen, die Entwicklungsländer hätten das Rüstzeug, die Nachernteverluste auf das Niveau zu senken, das von der westlichen Landwirtschaft erreicht wird, und die reichen Länder lernten durch sorgfältigeren Umgang mit Nahrungsmitteln, die Verschwendung zu reduzieren. Was würde dies für die Landwirtschaft der Welt bedeuten? Gestützt auf FAO-Daten, errechnete der Nahrungsökonom W. H. Bender im Jahr 1994, dass die globale Nahrungsnachfrage um 19,6 Prozent abnehmen könnte, wenn alle reicheren Nationen ihre Nahrungsversorgung auf 130 Prozent des Nahrungsbedarfs reduzierten und alle ärmeren Nationen ihre Nachernteverluste auf das Niveau der reicheren Nationen absenkten (Bender 1994). Bender berechnete dies, indem er in jedem reichen Land sämtliche bereitgestellten Nahrungsmittel ermittelte, die 130 Prozent des Bedarfs überschritten; für den Anteil dieses »unnötigen Überschusses«, der aus Fleisch und Milchprodukten besteht, nahm Bender an, dass das Vieh für diesen »unnötigen Überschuss« nicht mehr gezüchtet würde und deshalb auch die für seine Fütterung verwendeten Getreidepflanzen und Hülsenfrüchte nicht mehr gebraucht würden. Diese vorgeschlagene Effizienzsteigerung kalkuliert trotzdem vier Prozent Nachernteverluste bei Beschaffung, Lagerung und Vertrieb in ärmeren Ländern ein, und sie ermöglicht reicheren Ländern nach wie vor, 30 Prozent mehr Nahrungsmittel verfügbar zu machen, als tatsächlich von ihren Bevölkerungen benötigt werden, ohne den Fleischanteil zu verändern, den ihre Ernährung bereits enthält, und deshalb ist sie keineswegs unmöglich. Bender schätzte, dass sich 7,4 Prozent des globalen Nahrungsverbrauchs einsparen ließen, wenn die Verluste in öffentlichen Einrichtungen und Haushalten so weit reduziert würden, dass die nationale Versorgung mit Nahrungsmitteln in keinem Land 130 Prozent des Bedarfs überstiege, was der besten Praxis in Hochlohnländern entspricht. Wenn man berücksichtigt, dass es sich bei den vergeudeten Nahrungsmitteln zum Teil um Fleisch handelte, zu dessen Erzeugung Getreide benötigt wurde, erhöhen sich die potenziellen Einsparungen auf 12,5 Prozent des globalen Nahrungsverbrauchs. Die Reduzierung der Nachernte-verluste auf 4 Prozent, wie es die leistungsstärksten Hochlohn-länder schaffen, könnte nach Benders vorsichtiger Schätzung im Fall von Getreide 1,65 Prozent und im Falle von Knollenfrüchten 5,45 Prozent des globalen Nahrungsangebots einsparen und die Gesamtersparnis auf 19,6 Prozent erhöhen (Bender 1994). Ange-sichts des vagen Charakters der FAO-Daten müssen Benders 19,6 Prozent potenzielle Einsparungen allerdings wohl auf »irgendet-was im Bereich von 15–25 Prozent« (Vaclav Smil) berichtigt wer-den.

Berechnet man die potenziellen Einsparungen mit Hilfe der aktuellsten FAO-Daten für jedes einzelne Land neu, dann sieht es sogar ganz so aus, als könnten 33 Prozent der global bereitge-stellten Nahrungsmittel eingespart werden. Ein »unnötiger Über-schuss« in dieser Höhe würde ausreichen, um den Hunger der Unterernährten der Welt dreiundzwanzigfach zu stillen oder den gesamten Nahrungsbedarf von zusätzlichen drei Milliarden Men-schen zur Verfügung zu stellen. Darin nicht enthalten sind die Einsparungen, die möglich wären, wenn die Menschen im Wes-ten weniger Produkte von mit Getreide gefütterten Nutztieren essen würden. Dadurch würde Getreide freigesetzt, das an Tiere verfüttert statt von Menschen verzehrt wird. Ebenso wenig sind die potenziellen Einsparungen bei landwirtschaftlichen Produkten berücksichtigt, die gegenwärtig in reichen Ländern verschwendet werden, bevor sie in die menschliche Nahrungskette gelangen – beispielsweise Kartoffeln, die aus ästhetischen Gründen aussortiert werden.

Hält man fürs Erste an Benders vorsichtigerer Zahl fest und verlangt man lediglich von den reichen Ländern, ihr unnötiges überschüssiges Nahrungsangebot zu reduzieren, so ist das Potenzial für all das Agrarland, das dadurch freigesetzt würde, gewaltig: 19,6 Prozent des Agrarlandes der Welt bedeuten 294 Millionen Hektar Anbaufläche und 659 Millionen Hektar Weideland. Nur vier Millionen Hektar Anbaufläche von guter Qualität würden gebraucht, um die 27 Millionen Tonnen Getreide zu erzeugen, die gegenwärtig erforderlich sind, um den Hunger der Unterernährten der Welt zu stillen (Williams u. a. 2006). Vielleicht wird mehr Land benötigt, um die wachsende Weltbevölkerung zu ernähren, und zweifellos würde ein Großteil davon verwendet werden, um dem globalen Anstieg des Fleischverbrauchs zu genügen. Aber lässt man diese Anforderungen für den Moment einmal außer Acht, bestünde eine Option darin, dieses Land zu nutzen, um die globale Erwärmung zu bekämpfen und einiges von dem Schaden wiedergutzumachen, den wir dem Planeten bereits zugefügt haben.

Wir könnten beispielsweise Weidenbüsche und Miscanthus anpflanzen, um beides statt Öl und Kohle als Brennstoff zu verwenden. Holz ist eine ausgezeichnete und potenziell nachhaltige Brennstoffquelle. Schnell wachsende Arten wie Weide können in Zyklen von nur wenigen Jahren angepflanzt, industriell geerntet und in zentralisierten Anlagen verbrannt werden, wo die Energie zur Stromerzeugung und Heizung in häuslichen oder industriellen Anwendungen genutzt werden kann. In vielen Ländern, Großbritannien inbegriffen, wird Biomasse bereits in Kraftwerken genutzt und in anderen Branchen, die hohe Temperaturen verlangen, beispielsweise bei der Stahl- oder Betonherstellung, statt fossiler Brennstoffe verbrannt. Auch die britische Regierung fördert Biomasse als rentablen erneuerbaren Brennstoff, und man hat eingehend erforscht, welchen Beitrag sie zur Reduzierung der

Kohlendioxid-Emissionen leisten kann. Allerdings ist die Verwendung von Agrarland für ausgesprochene Biokraftstoff- und Biomasse-Pflanzen unter den gegenwärtigen Umständen nicht immer eine gute Idee. Erstens, weil es keine internationalen Protokolle gibt, um zu verhindern, dass dadurch die Nachfrage nach Agrarland steigt. Damit wird folglich die Abholzung anderswo auf der Welt potenziell verstärkt und infolgedessen werden mehr Treibhausgase freigesetzt, als diese Politik einsparen will. Und zweitens konkurrieren solche Energiepflanzen zurzeit in einigen Fällen mit Nahrungspflanzen für Menschen (RFA 2008).

Aber nehmen wir an, dass diese Einwände durch eine wirkungsvolle globale Kontrolle der Bodennutzung, die Wälder und natürliche Lebensräume schützte und die Versorgung der Armen der Welt mit Nahrungsmitteln gewährleistete, erledigt würden. Wenn das Land, das durch Einsparung von 19,6 Prozent der global bereitgestellten Nahrungsmittel freigesetzt werden könnte, genutzt würde, um mit Weidenbüschen oder ähnlichen Nutzpflanzen Energie zu erzeugen, könnte es ungefähr 164 Millionen Terajoules Energie hervorbringen. Das entspricht der Wärme, die von 1,8 Milliarden Häusern europäischer Bauart verbraucht wird. Für die industrielle und häusliche Anwendung eingesetzt, würden dadurch theoretisch bis zu 35 Prozent aller anthropogenen Emissionen aus fossilen Brennstoffen eliminiert (Forster u. a. 2007; Braschkat u. a. 2003). Dieser Gesamtsumme können wir jene Emissionen hinzufügen, die entfielen, weil auf all diesem Land keine Nahrungsmittel mehr angebaut würden. Angenommen, der globale Nahrungsverbrauch ist für etwa 30 Prozent der Gesamtemissionen verantwortlich, dann würde die Einstellung von 20 Prozent der Produktion die Emissionen um etwa 6 Prozent senken. Mit anderen Worten: Würde die Produktion unnötiger Nahrung zurückgefahren und Weide angepflanzt, um sie anstelle von Öl und Kohle als Brennstoff zu verwenden, dann könnten die Emissionen an Treibhausgasen um – sage und schreibe – 40 Prozent gesenkt werden.

Ein anderes bahnbrechendes Ergebnis würde erreicht, wenn auf all dem freigesetzten Land dauerhafte Wälder angepflanzt würden.* Aufgrund des Bevölkerungsdrucks und der steigenden Nahrungsnachfrage ist die Aufforstung jedoch ein unwahrscheinliches Szenario, obwohl aus fünfzig Ländern weltweit Nettozuwächse an Wäldern gemeldet werden. Das Land müsste sorgfältig ausgesucht werden, weil mancher Boden ungeeignet ist (Waggoner und Ausubel 2001). Dies würde verlorenen natürlichen Lebensraum wiederherstellen und könnte eine Ableitvorrichtung für 50 bis 100 Prozent der von Menschen verursachten Treibhausgasemissionen schaffen.

Diese Zahlen repräsentieren lediglich theoretische Szenarien, und sie sind keinesfalls ein Ersatz für eine Senkung der Emissionen durch Reduzierung des fossilen Brennstoffverbrauchs. Sie sollen in erster Linie veranschaulichen, wie wertvoll die landwirtschaftlichen Nutzflächen der Welt für uns sein könnten und wie töricht es ist, sie zu vergeuden. In der Praxis ist unwahrscheinlich, dass wir auch nur annähernd so viel erreichen. Aber angesichts eines solchen Potenzials ist es sicher einen Versuch wert, auch nur einen Bruchteil davon zu schaffen.

---

* Dieser Vorschlag unterscheidet sich grundsätzlich von populären Programmen zum »Kohlenstoff-Ausgleich«, bei denen Verbraucher aufgefordert werden, Treibhausgase zu emittieren (durch Fliegen beispielsweise) und diese Emissionen dann auszugleichen, indem sie Bäume pflanzen oder andere Projekte finanzieren. In dem hier vorgestellten Szenario hingegen werden die Menschen aufgefordert, ihre Emissionen zu reduzieren, indem sie aufhören, so viel Nahrung zu verschwenden, wodurch sie theoretisch Land freisetzen, das anschließend besser genutzt werden kann.

TEIL III

DRECK UND GELD LIEGEN NAHE BEISAMMEN

13. VERMEIDUNG:
NAHRUNGSMITTEL SIND ZUM ESSEN DA

O Kinder Adams, habt eine gepflegte Erscheinung an jeder Gebetsstätte, und esst und trinkt, doch überschreitet (dabei) das Maß nicht; wahrlich, Er liebt nicht diejenigen, die nicht maßhalten.

KORAN 7:31

IN DER MITTELALTERLICHEN STADT KASCHGAR im fernen Nordwesten Chinas schiebe ich draußen vor einem Pilaw-Lokal, das aussieht, als habe es jahrhundertelang die Kaufleute der Seidenstraße versorgt, meine leere Schale beiseite und rülpse zufrieden. Abdul, der Besitzer des Restaurants, mit dem ich mich in einfachem Englisch darüber unterhalten habe, ob es sich lohnen würde, in London ein uigurisches Restaurant zu eröffnen, gießt mir eine zweite Tasse aromatischen Tee ein, und ich nippe daran, während ich seine Fragen beantworte. »In London könnten Sie für diese Schale Pilaw 45 chinesische Yuan nehmen«, versichere ich ihm – etwa das Sechsfache des Preises in China. Aber während ich noch rede, dämmert mir, dass ihn etwas anderes interessiert. Ich merke, dass er bestürzt in meine Schale späht.

»Sauber?«, will er wissen. Ich blicke überrascht nach unten. Das Pilaw, angereichert mit Aprikosen und Hammelknochen, war köstlich, und ich habe alles aufgegessen. Aber Abdul zeigt mit dem Finger auf vier oder fünf einzelne Reiskörner, die seitlich an der Schale und in den Spalten des Knochens haften. Mit meinen eigenen Waffen geschlagen, kratze ich die letzten Körner ab, lecke den Knochen sauber und genieße seinen zufriedenen Blick. Dann deute ich auf die Schale seines Kollegen, in der sich noch ein paar Spuren sauren Joghurts befinden. »Sauber?«, frage ich, und Abdul bricht in schallendes Gelächter aus, während sein zweiter Koch anfängt, seine Schale leer zu essen.

Die Erwartung, dass die Leute jeden Fitzel Essen wegputzen, den man ihnen vorsetzt, ist nicht das einzige kulturelle Bollwerk gegen Verschwendung bei den Uiguren – einem Turkvolk mit eigener Sprache im chinesischen Uigurischen Autonomen Gebiet

Xinjiang. Als Muslime zentralasiatischer ethnischer Zugehörigkeit halten die Uiguren sich für radikal verschieden von den Han-Chinesen, die das Land führen. In einigen Gegenden gibt es starke Anflüge von Feindseligkeit gegenüber dem Volk, das sie als Kolonialherren betrachten. Besonders augenfällig ist der Konflikt der Kulturen in den jeweiligen-Einstellungen zum Essen. Chinesische Gastfreundschaft besteht darin, mehr Essen auf den Tisch zu bringen, als die Gäste verzehren können. Auf Tischen von Restaurants in China stapeln sich am Ende einer Mahlzeit die Gerichte, die kaum angerührt wurden. Wie verlautet, lassen 81 Prozent der Gäste chinesischer Restaurants Essen auf ihren Tellern (Taylor 2006). Im Gegensatz dazu halten die Uiguren es für *haram* (verboten), Nahrung zu verschwenden. Wenn sie ein Tier töten, wird jeder Teil von ihm verwendet. Wer frühmorgens über einen Basar in Xinjiang schlendert, der sieht den Schlachter, der auf den Verkauf von Innereien spezialisiert ist und eine Anhängerladung Herzen, Lungen, Nieren, Füße und Köpfe von Kühen, Ziegen und Schafen feilbietet. Auf einem zwanzig Meilen von Kaschgar entfernten Viehmarkt, den ich besuchte, versorgte ein Stand, der ausschließlich gegrillte Kuhhufe anbot, lange Schlangen hungriger Bauern und Städter. Das Wissen, was mit jedem Teil eines Tieres zu tun ist, gehört zum festen Bestandteil des kulturellen Erbes der Uiguren.

Diese Genügsamkeit erstreckt sich direkt von der Schlachtbank bis zur Küche. Um zu gewährleisten, dass niemand mehr nimmt, als er oder sie essen kann, bietet jedes Restaurant sein Hauptgericht in drei verschiedenen Größen an: voll, halb oder viertel. Wenn zu Hause Essen übrig bleibt, ist es üblich, die Reste den Nachbarn anzubieten oder sie raus auf die Straße zu bringen, für die Armen. Essen auf seinem Teller zu lassen, ist eine Beleidigung für den Gastgeber, für den Koch, für den Bauern, der es angebaut hat – und für Allah.

Warum diese gegensätzlichen Gruppen – die Han-Chinesen und die Uiguren – sich in ihrer Einstellung zur Vergeudung von Nahrung so deutlich unterscheiden, weiß man nicht. Vielleicht fanden die Schweine haltenden Chinesen stets eine Verwendung für ihre

Reste und hatten somit weniger zu verlieren, wenn sie Essen auf ihren Tellern zurückließen, im Gegensatz zu den Schweine ablehnenden Muslimen. Vielleicht begünstigten die Pracht und Hierarchie des chinesischen Hofes übermäßigen Konsum als Kernelement der Vorstellung von Gastfreundschaft. Derweil dürften die Uiguren in einem gewissen Grad von der Ermahnung des Koran, »esst und trinkt, doch überschreitet (dabei) das Maß nicht; wahrlich, Er liebt nicht diejenigen, die nicht maßhalten«, beeinflusst worden sein. Vielleicht wurden diese kulturellen Haltungen durch die reale Umwelt geprägt – als langjährige Bewohner von Trockenzonen haben die Turkvölker gelernt, jeden Bissen zu verbrauchen, den der Boden abwirft, im Gegensatz zu den relativ wohlhabenden Chinesen, die in den üppigen, fruchtbaren Flussgebieten Ostasiens lebten. Oder die jüngste Geschichte katastrophaler Hungersnöte in China begünstigte eine kulturelle Gegenreaktion auf die Genügsamkeit. Welches auch immer die letzten Ursprünge des Kontrastes sind, klar ist, dass die Menge an Nahrungsmitteln, die eine Gesellschaft verschwendet, von kulturellen Einstellungen abhängt. Es gibt gesetzliche, steuerliche und logistische Maßnahmen, die ergriffen werden können, um die Nahrungsabfälle zu reduzieren – aber deren Wirksamkeit wird darauf beruhen, was die Gesellschaft für akzeptabel erachtet. In diesem Sinne liegt die Lösung des Problems der Verschwendung in unseren Händen. Wären wir der Ansicht, wie es die wüstenbewohnenden Uiguren sind, dass Nahrung eine endliche, unbezahlbare Ressource ist, die es wertzuschätzen gilt, wäre unsere Situation eine vollkommen andere.

Um zu erleben, wie anders alles wirklich sein könnte, braucht man nur zu irgendeiner Mülldeponie in Großbritannien, den USA oder unzähligen anderen Ländern zu gehen und deren Inhalt zu untersuchen. Unter den allgemeinen Abfällen findet sich eine ganze Reihe ungegessener Nahrungsmittel: Der Geruch verrät sie zuerst; bei näherem Hinschauen sieht es so aus, als sei mit dem Müll ein Supermarkt zum Verfaulen ausgekippt worden. Einiges davon – die verderbenden Nudeln, halb gegessene Brotlaibe, keimende Kartoffeln – stammt offensichtlich aus Restaurants und

Haushalten. Es gibt aber auch ganze Kisten voller Nahrungsmittel, die eindeutig niemals das Innere einer Einkaufstasche erblickt haben: Eier, Apfelsinen, Blumenkohl, unregelmäßig verstreut wie ein Beutel bunter Murmeln. Die ganze Welt ist hier in einer einzigen übelriechenden Nussschale vertreten: Bananen von den Karibischen Inseln, Trauben aus Südafrika, Reis aus Indien oder Amerika. Alles ist aus der Erde gekommen, und der Erde wurde es kurzerhand zurückgegeben, nun vermischt mit Plastik, Papier und altem Hausrat. Solch eine riesige Ansammlung von Müll ist schwer genug zu verdauen; noch schwerer fällt es, an all die individuellen Leben und Vorgänge zu denken, die damit verbunden sind. Dies mit den Zigtausenden ähnlicher Berge zu multiplizieren, übersteigt unsere Vorstellungskraft. Ein Apfel, in den nur einmal gebissen wurde, bevor man ihn wegwarf, eine Palette mit Schokoladentafeln, die es nie aus der Fabrik hinaus schafften – sie alle verdienen ein besseres Schicksal, als hier zu enden, wo sie zu giftigem Abwasser und Methan verfaulen.

Das A und O zur Bewältigung der Nahrungsabfälle – das jede westliche Nation ohne weiteres von den Uiguren lernen könnte –, ist die im europäischen und nationalen Recht anerkannte dreistufige Abfallhierarchie oder »Nutzungspyramide«: Vermeidung – Verwertung – Beseitigung.* Zunächst einmal muss es darum gehen, von vornherein mit der Produktion von Überschuss und Abfall aufzuhören – und so den Verbrauch von Ressourcen und die Belastung der Umwelt zu vermeiden. Die zweite Priorität, falls doch Überschuss anfällt, lautet: gewährleisten, dass alles, was von Menschen gegessen werden kann, auch von ihnen gegessen wird, dass man Überschuss also für den menschlichen Verzehr spendet und umverteilt. Selbst wenn sämtliche Wege für diese Hauptverwertung erschöpft wurden, haben Nahrungsmittel noch immer ein enormes Potenzial, und die Frage ist, wie man am besten Nutzen

---

* Ende 2010 steht eine Novellierung des Gesetzes an. Der Entwurf des neuen Kreislaufwirtschaftsgesetzes sieht eine fünfstufige Abfallhierarchie vor: Abfallvermeidung, Vorbereitung der Abfälle zur Wiederverwendung, Recycling, sonstige, insbesondere energetische Verwertung, Abfallbeseitigung. (http://www.bmu.de/abfallwirtschaft/downloads/doc/45401.php)

daraus zieht – ob man sie an Vieh verfüttert oder in industriellen Biogasanlagen aufspaltet, um Wärme, Elektrizität und den Boden anreichernden Kompost zu erzeugen. Die gegenwärtige Praxis, Nahrungsmittel zu deponieren, ist der schlechteste Weg und ein eklatantes Beispiel für unsere Ressourcen-Misswirtschaft.

Die bislang in diesem Buch skizzierten ökologischen und sozialen Gründe zur Reduzierung der Nahrungsabfälle ändern vielleicht nur das Verhalten einiger. Die hartnäckige Veränderungsresistenz sieht man vielleicht an den negativen Reaktionen auf die Forderung des britischen Premierministers Gordon Brown vom Juli 2008 an die Adresse der Verbraucher, weniger Nahrungsmittel zu verschwenden. Der Zeitpunkt für Browns öffentliche Wortmeldung war denkbar unglücklich gewählt – er stand im Begriff, sich beim G-8-Gipfel in Japan zu einem Acht-Gänge-Festmahl an den Tisch zu begeben. Seine eigene Popularität befand sich auf einem Tiefpunkt; und die Politiker hatten gerade dafür gestimmt, ihre umstrittenen persönlichen Steuerfreibeträge für die Einrichtung von Zweitwohnungen zu behalten. Zudem vermittelte Brown, indem er auf die Ernährungskrise hauptsächlich mit einem Hinweis auf die Verschwendung durch die Verbraucher reagierte, den Eindruck, dass er Einzelnen die Schuld gab, statt all die anderen zahllosen Faktoren einzubeziehen. Sein Ratschlag hatte kaum eine Chance, beherzigt zu werden. Brown wurde als albern, bevormundend und scheinheilig tituliert. Ein *Times*-Leser brachte mit einem Kommentar auf der Website der Zeitung eine weitverbreitete Ansicht zum Ausdruck: »Ich vergeude einige der Lebensmittel, die ich kaufe, weil ich gerne Geld gegen Zeit und Auswahl eintausche. Und das von dem Kanzler, der uns in so große Schulden gestürzt hat, dass meine Kinder sie vielleicht noch abbezahlen. Wie realitätsfremd ist dieser Mann?« Ein anderer, streitlustigerer Schreiber ergänzte: »Hmmm. Ich meine mich zu erinnern, das letzte Mal, als ich bei Tesco war, für mein Zeug bezahlt zu haben. Ich hab dafür bezahlt. Danach kann ich damit machen, was ich will. Kapiert?«

Man möchte gern glauben – trotz gegenteiliger Anzeichen –, die Leute würden eine solche Haltung nicht verteidigen, wäre ihnen klar, dass jemand anderem die Nahrung vorenthalten bleibt, wenn sie weggeworfen wird. Aber weder Gordon Brown noch seine Nachfolger oder Kollegen in anderen Ländern sollten sich entmutigen lassen: Sie sollten entschiedene Strategien vorstellen, um das Problem über die gesamte Nahrungskette hinweg anzugehen. Aber ist es wirklich möglich, einen Wandel herbeizuführen? WRAP hat den Erfolg seiner Kampagne »Love Food Hate Waste« (»Liebe das Essen, hasse den Abfall«) gemessen und seit ihrem Start im Jahr 2007 unzählige Bestätigungen von Angehörigen der Öffentlichkeit, von Politikern, Supermärkten und den Medien erhalten. Anscheinend hat sie 1,8 Millionen Haushalte davon überzeugt, jährlich 137 000 Tonnen Nahrungsmittel im Wert von 296 Millionen Pfund einzusparen. Durch Zusammenarbeit mit lokalen Behörden, Einzelhändlern und Organisationen wie dem Women's Institute (WI) hat sie allmählich einen Wandel der Einstellungen bewirkt. Eine Umfrage unter Haus- und Wohnungsinhabern hat ergeben, dass die frisch überzeugten Nichtverschwender der Ansicht sind, Mahlzeiten jetzt besser zu planen (37 Prozent), Nahrungsmittel aufzubrauchen, die bereits im Kühlschrank liegen, bevor neue eingekauft werden (31 Prozent), ihre Tiefkühltruhen effektiver zu nutzen (20 Prozent) und Portionsgrößen genauer abzumessen, um nicht zu viel zu kochen (22 Prozent). Andere Recherchen deuten indes darauf hin, dass 84 Prozent der Haus- und Wohnungsinhaber nach wie vor den Eindruck haben, dass sie keine Nahrungsmittel in nennenswerten Mengen verschwenden – wie es aussieht, haben die meisten Menschen die Botschaft noch nicht verstanden (WRAP 2009d). In anderen Ländern haben schon kleine Bemühungen in Schulen, wo Kinder dazu angehalten wurden, sich genauer anzusehen, was sie wegwerfen, zu einem Rückgang der Essensreste auf Tellern um 35 Prozent geführt (Engström und Carlsson-Kanyama 2004). Aus der Geschichte wissen wir, dass Kulturen sich anpassen können, wenn die Not es gebietet. Puritanische Stimmen, die auf Genügsamkeit drängen, hat es immer schon gegeben. Wenn Ressourcen stark beansprucht werden, erscheint Verschwendungssucht als töricht; wenn Überfluss herrscht, verschwindet das Thema Verschwendung von der Tagesordnung.

Vor nicht allzu langer Zeit war der Westen genügsamer als heute. Eine Umfrage in Großbritannien während der 1930er Jahre kam zu dem Ergebnis, dass Nahrungsabfälle in Haushalten lediglich 2–3 Prozent des Kalorienwertes der Nahrungsmittel ausmachten, die ins Haus kamen (Cathcart und Murray 1939). Im Jahr 1976 betrug die Abfallquote offenbar nur 4–6 Prozent (Dowler 1977; Wenlock und Buss 1977). Ähnliche Studien in den Vereinigten Staaten in den 1960er und 1970er Jahren kamen auf etwa 7 Prozent. Nicht einberechnet wurden z. B. die äußeren Blätter von Gemüse, Kartoffelschalen, Kerngehäuse, Häute etc. (Harrison u. a. 1975; Zaehringer und Early 1976). Die Abfallquote an britischen Schulen lag in den 1960er und 1970er Jahren bei 8–10 Prozent (Singer 1979). In jenen magereren Zeiten wurden Speisereste aufgebraucht statt weggeworfen. Überschuss wurde eingemacht oder eingelegt, um ihn für die Wintermonate aufzubewahren, was übrig blieb, pflegte man wieder aufzuwärmen oder in das Essen des nächsten Tages zu integrieren. Innereien – sogar Lunge oder Euter – waren eine weitverbreitete Mahlzeit (Singer 1979). In den USA machten sich während der Großen Depression amerikanische Familien das Motto zu eigen: »Take all you want, but eat all you take« (»Nimm alles, was du willst, aber iss alles, was du nimmst«), und während der Weltkriege machten Engpässe die Reduzierung der Nahrungsabfälle auf beiden Seiten des Atlantiks sowohl zu einer Frage der nationalen Sicherheit als auch der häuslichen Notwendigkeit (Poppendieck 1986). Die amerikanische, britische, französische und deutsche Regierung gaben Verordnungen heraus, in denen sie ihre jeweilige Bevölkerung aufriefen, keine Nahrungsmittel wegzuwerfen – Großbritannien machte im Ersten Weltkrieg jede Verschwendung von Weizen, Roggen oder Reis zu einer Ordnungswidrigkeit. Es wurden Vorschläge unterbreitet, die Vergeudung jeglicher Nahrungsmittel zu einer strafbaren Handlung zu machen. Ladenbesitzer, Einzelpersonen und Institutionen wurden vor Gericht gestellt und zu Geldstrafen verurteilt, wenn man in ihren Mülltonnen Nahrungsmittel fand. Im Zweiten Weltkrieg produzierte die französische Regierung einen Film, der die Leute ermunterte, mit Gemüseabfällen Kaninchen zu halten, und auch Großbritannien erklärte auf diese

Weise zu Hause aufgezogene Nahrung für »markenfrei«. In beiden Kriegen tauchten Propagandaplakate auf, mit Slogans wie »Can all you can« (»Mach so viel ein, wie du kannst«) und »A clear plate means a clear conscience: Don't take more than you can eat« (»Ein reiner Teller bedeutet ein reines Gewissen: Nimm nicht mehr, als du essen kannst«). Die Nationalsozialisten inszenierten ab 1936 als Reaktion auf Berichte, wonach zehn Prozent der deutschen Nahrungsmittel schlecht würden, eine Kampagne unter dem Motto »Kampf dem Verderb« (Berghoff 2001).

Ältere Generationen, die den Zweiten Weltkrieg durchgemacht haben, erinnern sich an die Rationierung. Mancher mag nicht so weit gehen wie die in Schottland geborene Großmutter meiner Frau, die es verurteilt, Milch wegzuschütten, selbst wenn sie kurz davor steht, dick zu werden: »Perfekt für Scones«, sagt sie. Einmal schimpfte sie mit mir, als ich einen Teebeutel wegwarf. »Aber Tristram!«, schrie sie. »Du hast ihn erst einmal benutzt!« Früher war es allgemein üblich, alten Braten kalt in Sandwiches zu essen und sämtliche Reste als Eintopf zu kochen. Milch, die im Begriff stand sauer zu werden, wurde zu Hüttenkäse verarbeitet. Aus altbackenem Brot wurde Paniermehl zum Braten gemacht, oder es wurde zu einer herrlich knusprigen Pampe namens Brot-und-Butter-Pudding verbacken. Leider ergibt die weitere Analyse, trotz der anfänglichen Schlussfolgerungen von WRAP, ältere Leute würden weniger verschwenden, dass sie sich heute mehr oder weniger genauso verhalten wie wir alle – von überdimensionierten Fertiggericht-Portionen aus dem Supermarkt oder großen Packungen Obst und Gemüse hinters Licht geführt, die sie einfach nicht schaffen können (WRAP 2008a).

Es ist kein Zufall, dass der Verlag Penguin in dieser Zeit der Rezession soeben den Klassiker aus Kriegszeiten über Geflügel- und Kaninchenhaltung mit Essensresten, C. Goodchilds und A. Thompsons *Keeping Poultry and Rabits on Scraps* (1941), wiederveröffentlicht hat, während das WI, das im Jahr 1915 in Großbritannien gegründet worden war, um Frauen im Ersten Weltkrieg Anleitungen zur Reduzierung der Haushaltsabfälle zu geben, heute Kurse über Resteverwertung anbietet. »Die Leute wollen das können«, sagte Ruth Bond vom WI. »Von allem anderen einmal abgesehen, hilft es ihnen, Geld zu sparen« (Ristow 2008). Einige Restaurants haben die Dinge selber in die Hand genommen: Im Obalende Suya Express, einem nigerianischen Restaurant in Ost-London, müssen die Gäste 2,50 Pfund an Oxfam spenden, wenn sie ihre Mahlzeit nicht aufessen. Das Chinarestaurant Kowloon in der Gerrard Street in Londons Chinatown verfährt ähnlich, und die Idee hat sich auch in mindestens einem Restaurant in New York durchgesetzt (Ashton 2006; Associated Press 2008). Abfallexperte Timothy Jones ermöglichte ein Projekt in Chicago, wo Restaurants sämtliche Portionsgrößen verkleinerten, aber ohne Aufpreis »übergroße Portionen« anboten, wenn Gäste darum baten. Auf diese Weise fühlten Menschen mit großem Appetit sich nicht ausgenommen, aber es wurde viel weniger Essen vergeudet.

Wenn die versteckten Kosten der Verschwendung spürbarer werden – durch die Schädigung der Umwelt, wirtschaftliche Rezession, Ressourcenknappheit oder einfach hohe Nahrungsmittelpreise aufgrund übermäßiger Nachfrage –, lernen die Menschen vielleicht, mit ihrem kontraproduktiven Verhalten aufzuhören. Es gibt Anzeichen dafür, dass die gegenwärtige Kreditklemme Supermärkte, Institutionen und Einzelpersonen den Nutzen der Abfallvermeidung lehrt – 60 Prozent der Haus- und Wohnungsinhaber in Großbritannien behaupten, dass die Rezession sie ansporne, bewusster einzukaufen und weniger zu verschwenden (WRAP 2009d). Aber die Frage bleibt, ob die Lektionen dieses Mal endgültig gelernt oder ob die Prinzipien aufgeweicht werden, sobald es wieder aufwärtsgeht.

Viele Menschen verstehen heute zwar, dass es notwendig ist, fossile Brennstoffe und andere Ressourcen ökonomischer zu nutzen – durch Hausisolierung, Doppelverglasung, wirtschaftliche Heißwasserspeicher und Recycling, die allesamt sowohl finanzielle Ersparnisse bieten als auch die Umwelt weniger belasten. Dies sind langfristige Maßnahmen, und sie deuten darauf hin, dass die Notwendigkeit des sparsamen Umgangs mit Ressourcen akzeptiert wurde. Aber Nahrungsmittel sind bis dato ein blinder Fleck geblieben, und es gibt noch gewaltige Einsparmöglichkeiten.

Auch außerhalb unserer Küchenwände können wir Einfluss auf die Nahrungsmittelindustrie nehmen. Konsumentenmacht ist ein neues demokratisches Element. Politiker wählen wir nur etwa alle vier Jahre, aber wir stimmen jeden Tag mit unserem Geld ab: Wir können es einsetzen, um eine Veränderung herbeizuführen – oft viel schneller, als die Legislative es jemals leisten kann. Der Zweck eines Unternehmens ist es, innerhalb des gesetzlichen Rahmens, so viel Geld zu verdienen, wie es kann (Diamond 2005). Manche Firmen machen sich ethische Grundsätze zu eigen, selbst wenn dies schädlich für die Gewinne ist; aber es passiert sehr selten. Stattdessen gibt es zwei Königswege, damit die gewinnbringenden Aktivitäten eines Unternehmens den Interessen der Gesellschaft und der Umwelt keinen Schaden zufügen. Der erste besteht darin, die Geschäftsführer und Direktoren von dem Profit zu überzeugen, den die Firma macht, wenn sie sich auf eine bestimmte Weise verhält. Man muss den Supermärkten begreiflich machen, dass sie unweigerlich an Popularität einbüßen, wenn sie es versäumen, einschneidende Maßnahmen zur Abfallreduzierung in ihren Filialen und den ganzen Weg die Versorgungskette hinauf zu ergreifen. Man muss den Supermärkten einschärfen, dass wir keine Müllcontainer voller Nahrungsmittel mehr sehen wollen.

Es gibt zahlreiche Möglichkeiten, wie Supermärkte dieses Ziel erreichen können, ohne ihre Gewinnspannen auch nur anzutasten. Große Supermarkt- und Sandwich-Ketten, wie Sainsbury's und Pret A Manger, machen ihre Spenden an Wohltätigkeitsorganisationen publik. Sie wissen also, dass ihnen dieses Verhalten öffentliche Zustimmung und damit Kunden einbringt.

Tesco hat auf öffentliches Verlangen mit der Einführung eines neuen Kohlenstoff-Kennzeichnungssystems reagiert. In einer von der gemeinnützigen Organisation Carbon Trust in Auftrag gegebenen Umfrage gaben 67 Prozent aller Kunden an, die CO_2-Bilanz beeinflusse sie bei der Wahl eines Produktes. Das ist ein Beleg dafür, dass durch mehr Informationen auf Nahrungsmitteln ein echter Wandel erreicht werden könnte. Diese Art der Kennzeichnung müsste die Verschwendung einrechnen – wenn 20 Prozent eines Produktes während seiner Produktion verloren gehen, stiege seine CO2-Bilanz entsprechend und die Leute würden es eher nicht kaufen, was Einzelhändler, Hersteller und Bauern zu mehr Wirtschaftlichkeit anspornen würde.

Mit Preisnachlässen für Produkte, die sich dem Ende ihrer Haltbarkeit nähern, haben die Supermärkte ein wichtiges Instrument in der Hand, ihren Abfall zu reduzieren. Und die meisten Supermärkte tun dies heute auch in gewissem Umfang, aber keiner tut so viel, wie er eigentlich könnte. Laut britischem Einzelhandelsverband steht dem in erster Linie entgegen, dass es einfach zu viel Personalzeit erfordere, die Regale abzuklappern und die Preise zu reduzieren. Der Leiter der technischen Dienste einer Supermarktkette schätzte, dass die Neuauszeichnung der Ware pro Jahr elf Millionen Pfund koste, die in Arbeitskräften und verlorenen Gewinnmargen stecken (Imperial College London 2007). Man könnte sich ein System überlegen, das dieses Problem überwindet. Gleichzeitig sollte es der Tatsache Rechnung tragen, dass viele Verbraucher hinten in die Regale greifen, um die Artikel mit der längsten Haltbarkeit zu nehmen, sodass der ältere Bestand unverkauft bleibt. Die Supermärkte könnten bekannt geben, dass die Ladenkasse jedes Mal, wenn ein Artikel sich seinem Verbrauchsdatum nähert, automatisch einen Rabatt abziehen wird, der in einem bestimmten Verhältnis zur Resthaltbarkeit steht.

Die Supermärkte behaupten (nicht ohne einigen Widerspruch von Seiten der eigenen Mitarbeiter), dass das großflächig eingesetzte EPoS(»electronic point of sale«)-System den Abfall eingeschränkt habe, das heißt, ein Produkt wird an der Kasse eingescannt, der Verkauf über ein Computersystem mit dem Lager abgeglichen und der Artikel aus dem Inventar gestrichen. Das System dokumentiere den Absatz, sage die regelmäßige Nachfrage vorher und zeige an, wann der Bestand im Angebot reduziert werden sollte. Dem wurde allerdings von einem Supermarkt-Angestellten in einer BBC-Sendung vom Februar 2009 entgegengehalten, dass der aus EPoS resultierende Kontrollverlust der Mitarbeiter im Verkaufsraum den Abfall in Wirklichkeit noch vermehre. Eine neue Technologie namens Radio Frequency Identification (RFID; Funkerkennung) ermöglicht Unternehmen nun, den Bestand auf dem gesamten Weg durch die Versorgungskette zu verfolgen, und hilft ihnen auf diese Weise, Angebot, Nachfrage und Lagerung effizienter zu verwalten. Obwohl diese Technologie erwiesenermaßen in der Lage ist, in einem einzigen Jahr Millionen von Pfund einzusparen, wird sie – trotz ihrer Beliebtheit in den USA – in Großbritannien und Kontinentaleuropa bislang nur zögerlich aufgenommen (Defra 2007a; LeGood und Clarke 2006). In Bezug auf Nahrungs- und Getränkeerzeugnisse wird RFID gegenwärtig meistens nur auf Palettenebene bei der Zuweisung an Depots angewendet und nicht auf Einzelproduktebene. Dort könnten mit Hilfe dieser Technologie Haltbarkeits- und andere Informationen selbst dann noch weiterverfolgt werden, wenn der Bestand zwecks Auslieferung an Filialen und Haushalte längst aufgeteilt worden ist. Eine neue Generation kostengünstigerer RFID-Tags aus leitfähiger Tinte macht RFID auf Einzelproduktebene vielleicht mittelfristig zu einer Möglichkeit, die Einsparungen beim Abfall nach sich zöge.

Ich sprach mit einem Bezirksleiter der europaweit operierenden, aus Deutschland stammenden Supermarktkette Lidl, der die Ansicht vertrat, dass selbst ohne diese fortschrittlichen Technologien Abfallreduzierungen ohne weiteres erreichbar seien. Er behauptete, eine Filiale habe die Abfallmenge einfach durch eine strengere Befolgung der Unternehmensvorschriften und ein sorgfältiges Augenmerk darauf, wie viel genau von jedem Artikel verkauft wird, drastisch reduziert. »Bis vor zwei Monaten«, sagte er, »hatte der örtliche Filialleiter ständig zu viel Ware auf Lager, weil er dem Abfallproblem schlichtweg keine Beachtung schenkte. Aber allein durch größere Sorgfalt und durch Schulung der für die Bestellungen Verantwortlichen haben wir das Abfallaufkommen enorm eingeschränkt.« Discounter wie Lidl haben aufgrund ihrer sehr knappen Gewinnspannen relativ hohe Anreize zur Verringerung des Abfalls – insbesondere angesichts des typischen sozio-demographischen Profils ihrer Stammkundschaft. Aber diese und andere Beispiele für Initiativen zur Abfallreduzierung in der Branche sind auch ein Hinweis darauf, dass die Nahrungsmittelindustrie auf Druck von Seiten der Öffentlichkeit und der Medien reagiert. Noch vor sieben Jahren spielten Nahrungsabfälle in der öffentlichen Agenda kaum eine Rolle; heute widmen sich jede Tageszeitung in Großbritannien und viele Fernseh- und Rundfunksendungen dem Thema, und die Unternehmen beginnen zuzuhören.

Die zweite Möglichkeit, wie die Öffentlichkeit Geschäftspraktiken ändern kann, besteht darin, Regierungen davon zu überzeugen, Maßnahmen zu ergreifen, um Unternehmen zu überzeugen – oder zu zwingen –, weniger verschwenderisch mit den natürlichen Ressourcen der Welt umzugehen. Sobald die Gründe für die Verschwendung identifiziert sind, erscheint der Weg zur Linderung des Problems oftmals relativ klar, selbst wenn es erhebliche politische Willenskraft erfordert, entsprechend zu handeln. Und tatsächlich aktiv werden Politiker nur, wenn sie wissen, dass sie von breiten Schichten der Bevölkerung unterstützt werden.

Das erste Problem ist die mangelnde Transparenz. Die Nahrungsmittelindustrie muss uns offenlegen, wie viel sie verschwendet. Im Vereinigten Königreich – und in anderen europäischen Ländern, wo ähnliche Vorgänge zu beobachten sind – könnten als erster Schritt die Tonnagen an Nahrungsabfällen in die Protokolle über Feststoffabfall eingetragen werden, wie sie die großen Hersteller bereits heute gemäß der Richtlinie 2008/1/EG (IVU-Richtlinie) zur »Integrierten Vermeidung und Verminderung der Umweltverschmutzung« ausfüllen müssen. Damit wären auf der Stelle 30–40 Prozent der nahrungsverarbeitenden Betriebe im Vereinigten Königreich erfasst. Nach Schätzung des britischen Umweltministeriums bräuchte es lediglich zwei Angestellte in der Umweltbehörde, um das Gesamtprojekt mit Kosten von gerade mal 100 000 Pfund jährlich zu leiten. Ein ähnliches System könnte auch auf große Lebensmitteleinzelhändler, das heißt die Supermärkte, ausgedehnt werden. Angesichts der Möglichkeit von Falschmeldungen wäre es außerdem ratsam, einen Mechanismus zur Überprüfung der Daten zu haben, ähnlich den Fangquoten der EU-Kommission. Danach würden die Unternehmen Buch darüber führen, wie viel sie verschwenden, und diese Zahlen müssten mit dem übereinstimmen, was sich tatsächlich im Müllcontainer befindet, wenn der Inspektor vorbeikommt.

Die britische Regierung und WRAP haben im Jahr 2005 statt

rechtsverbindlicher Ziele eine freiwillige Vereinbarung namens Courtauld Commitment initiiert, durch die Unternehmen sich entschieden, ihren Abfall zu reduzieren. Zu den ursprünglichen Unterzeichnern gehörten Alliance Boots, Asda, Budgens, die Co-operative Group, Iceland, Londis, Marks & Spencer, Morrisons, Sainsbury's, Somerfield, Tesco und Waitrose. Bis 2010 haben weitere Firmen der Lebensmittelbranche, darunter Heinz, Northern Foods und Unilever, unterzeichnet. Der Hauptfokus liegt auf dem Verpackungsmaterial, wobei das Gesamtziel lautet, spätestens 2010 mit der Reduzierung der verwendeten Menge zu beginnen. Bis Herbst 2010 wurde laut WRAP eine Reduzierung von durchschnittlich 4 Prozent des Verpackungsmaterials erreicht, die angestrebten Ziele zur Verringerung der Nahrungsmittelabfälle konnten jedoch nicht realisiert werden (http://www.wrap.org.uk). Staatlich finanzierte Forschungsarbeiten, die von WRAP koordiniert wurden, haben inzwischen mehreren dieser Firmen geholfen, ihre Verpackungen anders zu gestalten, um den Abfall zu reduzieren. In der Frage der eigentlichen Nahrungsmittel verpflichteten sich die Unterzeichner anfangs lediglich auf das vage Ziel, »Wege zu ermitteln, das Problem der Nahrungsabfälle in Haushalten anzugehen« (WRAP 2009b; WRAP 2008c).

Tim Lang, unter anderem Bevollmächtigter der britischen Regierungskommission für nachhaltige Entwicklung, kam im Jahr 2008 zu dem Schluss, dass »die Ziele Schritt für Schritt angehoben werden [müssen], sei es auf dem Wege der Gesetzgebung, durch steuerliche Maßnahmen oder öffentliche Bloßstellung; die Courtauld Commitment ist eine niedrige Hürde, und man springt darüber; was wir brauchen, ist eine Revolution« (Sustainable Development Commission 2008). Der Bericht Food Matters des Cabinet Office aus dem Jahr 2008, der die staatliche Lebensmittelstrategie für das 21. Jahrhundert skizzierte, unterstrich, dass die britische Regierung eine »neue freiwillige Vereinbarung [anstreben würde], um die Menge der in der Versorgungskette und in den Haushalten verschwendeten Nahrungsmittel erheblich zu senken – zur Entscheidung bis Februar 2009«. Das enthaltene Element »Versorgungskette« ist allerdings zurückgestellt worden. Die Lebensmittelkonzerne zögern bislang, diese Verpflichtung einzugehen, und haben eine Entscheidung bis 2010 vertagt. Sie haben nicht erkennen lassen, wie diese am Ende aussehen wird. Im Januar 2009 verkündeten die Courtauld-Unterzeichner – darunter die großen Supermärkte und einige Produzenten – immerhin ihre neue Initiative, die Verbraucher bis zum Jahr 2010 davon abhalten soll, 155 000 Tonnen Nahrungsmittel wegzuwerfen. Der Erfolg ihrer Bemühungen ist jedoch unmöglich einzuschätzen, und die Zielvorgabe wird unter die eigenen direkten Leistungen von WRAP bei der Verringerung der Nahrungsabfälle in Haushalten subsumiert werden (statt diese zu ergänzen) – ganz zu schweigen von dem Effekt, den die Rezession auf das Ausmaß der Verschwendung haben wird. Dieser Effekt lässt sich auch deswegen schlecht quantifizieren, da WRAP gegenwärtig, um sich ein Bild von den Einsparungen zu machen, in erster Linie die Verbraucher fragt, was sie für die Abfallreduzierung tun. Die Supermärkte versprachen, die Nahrungsabfälle in Haushalten durch Änderungen bei Etikettierung und Packungsgrößen, bei Hinweisen zur Lagerung und beim Verpackungsdesign (um den Inhalt länger frisch zu halten) zu minimieren. Sainsbury's beispielsweise hat neue Lagerungsempfehlungen für frisches Obst und Gemüse eingeführt und veranstaltet seit einiger Zeit die Kampagne »Love Your Leftovers« (sinngemäß »Liebe deine Speisereste«), die Rat und Menü-Ideen zur Verwertung von übrig gebliebenem Essen anbietet. Marks & Spencer hat seine Fleischverpackung neu konzipiert, um weniger Plastik zu verwenden und Fleisch länger frisch zu halten. Der Produzent Warburtons führte einen neuen, 600 g kleinen Brotlaib ein, der für Ein-Personen-Haushalte gedacht ist (WRAP 2009a). Dennoch richten sich die Ziele nach wie vor auf Haushaltsabfälle, statt den Abfall innerhalb der eigenen Firmen oder Versorgungsketten zu eliminieren. Natürlich dürfen Supermärkte den Verbrauchern Ratschläge geben, aber verständlicherweise wittern Kunden die Heuchelei, wenn sie Supermarkt-Müllcontainer sehen, in denen mehr Nahrungsmittel vergammeln, als sie in einem ganzen Jahr wegwerfen würden. Außerdem müssen Unternehmen nach wie vor keinerlei Sanktionen, Wiedergutmachungskosten oder Strafen fürchten: Wenn sie wirklich vorhaben, den Zielvorgaben nachzukommen, warum lehnen sie dann Strafen bei Nichterfüllung ab?

Inzwischen hat sich eine gemeinsame Initiative von Regierung und Industrie, die Food Industry Sustainability Strategy Champions' Group on Waste (CGW), die aus Vertretern von Nahrungsmittelproduzenten, Supermärkten, der Regierung und anderer Interessengruppen besteht, freiwillig auf den Versuch verständigt, die Verpackungs- und Nahrungsabfälle in der nahrungsmittelverarbeitenden Industrie (Einzelhändler ausgenommen) von 2006 an über fünf Jahre um jährlich drei Prozent zu reduzieren. Die Einbeziehung von Nahrungsabfällen in das Ziel war eine dringend nötige Ergänzung der Richtlinie 94/62/EG des Europäischen Parlaments und des Rates vom 20. Dezember 1994 über Verpackungen und Verpackungsabfälle. Aber abgesehen davon, dass es ein schwaches Ziel ist, gibt es gegenwärtig keine Möglichkeit, Fortschritte zu kontrollieren, und die Ausgangsdaten für 2006 fehlen. Solche kleinen Veränderungen zu messen erfordert präzise Abfallmeldungen. Es ist lächerlich zu unterstellen (wie es die CGW tut), dass zwei Drittel des verarbeitenden Sektors auf der Basis der von einer »freiwilligen aktiven Gruppe« von Unternehmen gemeldeten Abfalldaten sinnvoll beurteilt werden könnten. Denn es ist klar, dass die wenigen Unternehmen, die einer solchen Gruppe beitreten, in Bezug auf Abfall wahrscheinlich fortschrittlich denken und damit kaum repräsentativ sein dürften. Und doch hat die CGW sich nachdrücklich der Einführung von Bestimmungen widersetzt, die Nahrungsmittelkonzerne verpflichtet hätten, ihren Abfall zu melden. Nach dem Willen ihrer Mitglieder sollten alle Meldungen freiwillig und anonym erfolgen, um die Preisgabe von Informationen zu vermeiden, die den Konkurrenten nützen könnten – selbst wenn sie allen Unternehmen helfen, größere Wirtschaftlichkeit zu erreichen. Statt jedes Unternehmen zur Rechenschaft zu ziehen, wurde das Ziel für die Branche insgesamt vorgegeben, damit Firmen, die das Ziel verfehlen, »nicht benachteiligt würden«. Anfangs hatte die Herausforderung darin bestanden, die Nahrungsmittel- und Verpackungsabfälle der nahrungsverarbeitenden Industrie bis 2010 um 15–20 Prozent zu reduzieren. Man

richtete sechs von der Branche geleitete »Champions' Groups«
ein, die berichten sollten, ob dies machbar sei – und die dieses
ohnehin schon anspruchslose Ziel noch weiter verwässerten. Das
Ergebnis der freiwilligen Beratungen wurde im Jahr 2007 veröffentlicht, wonach eine Reduzierung der Nahrungsmittel- und Verpackungsabfälle um lediglich drei Prozent pro Jahr von 2006 über
fünf Jahre als realistisches Ziel galt (Defra 2006a; Defra 2007a).
Die CGW hat außerdem zusammen mit anderen Organisationen
ein Abfallhandelsprojekt zur Diskussion gestellt, das wie der Handel mit Kohlenstoff-Emissionen funktionieren würde. Es würden
Abfall-Lizenzen erteilt, und anschließend könnten die wirtschaftlichsten Unternehmen überschüssige Lizenzen an verschwenderischere Firmen verkaufen (Defra 2007a). Allerdings müsste es
einen Mechanismus geben, um Abfall korrekt zu erfassen und
zu kontrollieren, und die Fallstricke des europäischen Projekts
zum CO_2-Handel müssten vermieden werden. Dieses Projekt ist
durch die Art und Weise, wie Lizenzen zugewiesen wurden, zum
Bargeldgeschenk für umweltschädliche Unternehmen geworden.
Wie nicht anders zu erwarten, hat das CGW-Projekt an Schwung
verloren – im Jahr 2008 fanden überhaupt keine Besprechungen
statt. Es stimmt, dass Initiativen am besten mit dem Wohlwollen
und der Kooperation der Branche und der Öffentlichkeit funktionieren. Aber diesen freiwilligen Vereinbarungen fehlt momentan
der Biss.

Einige Brancheninitiativen nehmen tatsächlich für sich in Anspruch, Früchte zu tragen. Die Food and Drink Federation (FDF),
ein Handelsverband, der die Interessen der Nahrungsmittel- und
Getränkehersteller im Vereinigten Königreich vertritt, gab im
November 2008 eine Pressemitteilung heraus, in der behauptet
wurde, eine Umfrage unter den Mitgliedern habe ergeben, dass
sie 82 Prozent der Nahrungsmittel- und Verpackungsabfälle, die in
den Fabriken anfallen, recycelt oder rückgewonnen und dass sie
»die Produktion von über einer halben Million Tonnen Nahrungsabfälle verhindert« hätten (FDF 2008a). Ihre Recyclingquoten sind
eindrucksvoll, aber wenn sie sagen, sie hätten eine halbe Million
Tonnen Nahrungsabfälle »verhindert« (die beispielsweise auch

Nahrungsmittel einschließen würden wie jene zig Millionen Scheiben Brot, die von Sandwich-Herstellern weggeworfen werden), meinen sie in Wirklichkeit, dass sie sie der gesetzlichen Definition von Abfall »entzogen« haben, indem sie sie an Tiere verfütterten. Ohne Frage ist dies weitaus besser, als sie zu deponieren, aber die Formulierung »Nahrungsabfälle verhindern« sollte der Aufgabe vorbehalten bleiben, tatsächlich zu verhindern, dass Nahrungsmittel verschwendet werden. WRAP hat zu verstehen gegeben, die FDF-Umfrage könnte genutzt werden, um Ausgangsdaten für die Branche als Ganzes festzulegen. Die FDF ist jedoch die selbsternannte Anführerin bei der Abfallreduzierung, und ihre relativ aufgeklärten Mitglieder – vor allem jene, die sich anboten, auf die Umfrage zu antworten – sind zweifellos nicht repräsentativ für die Branche. Außerdem besteht die Umfrage aus von den Unternehmen selbst gemeldeten und anonymen Daten, die nicht überprüft werden können (FDF 2008b; Morley und Bartlett 2008).

Eine Möglichkeit, diese Probleme zu umgehen, wäre, einen repräsentativen Querschnitt von Nahrungsmittelunternehmen für eine obligatorische Abfallrevision auszuwählen, während der die Unternehmen regelmäßig ihr Abfallaufkommen dokumentieren würden, um anschließend stichprobenartig auf die Verlässlichkeit ihrer Zahlen hin überprüft zu werden. Als Ausgleich für ihre Mühe könnten teilnehmende Firmen bevorzugt Hilfe von Envirowise, dem Umweltberatungsdienst der britischen Regierung, erhalten. Die Folgen dieser Hilfe könnten dann gemessen und innerhalb der Branche als positive Beispiele hingestellt werden. Eine andere Möglichkeit, mit den Konkurrenzängsten der Unternehmen bei einer Bekanntgabe ihrer Abfalldaten umzugehen, wäre es, die Meldung der Daten bindend vorzuschreiben, die Daten jedoch zusammenzufassen, statt sie für jede einzelne Firma gesondert zu veröffentlichen. So ergäbe sich zumindest ein Gesamtbild der Branche und Verbesserungen könnten gemessen werden.

Die andere Hauptinitiative der britischen Regierung im Zusammenhang mit Nahrungsabfällen ist die Deponiesteuer, die von der Entsorgung biologisch abbaubaren Abfalls in Deponien abschreckt. Nachdem die Steuer ein Jahrzehnt lang so niedrig angesetzt worden war, dass sie sich kaum auswirkte, erhöhte das Vereinigte Königreich sie im April 2008 von 11 Pfund pro Tonne (Stand 1996) auf 32 Pfund, in der Absicht, den Satz noch mindestens zwei Jahre lang um 8 Pfund pro Jahr zu erhöhen. Zusätzlich zu dieser Steuer sind noch Gebühren an die Privatfirmen zu entrichten, die den Müll abholen und entsorgen, sodass die Gesamtkosten sich im Bereich von 50–60 Pfund oder mehr pro Tonne bewegen können. Dies allein schreckt Unternehmen nicht sonderlich davon ab, Nahrungsmittel zu vergeuden. Die Verschwendung von einer Tonne Nahrungsmittel kostet ein Unternehmen um die 1000 Pfund. Es ist unwahrscheinlich, dass die Zahlung von zusätzlichen 32 Pfund das Unternehmen davon abbringen wird, den Abfall auf diese Weise zu entsorgen. Allerdings scheint der erhöhte Steuersatz sich endlich insoweit als wirksam zu erweisen, als er Unternehmen davon überzeugt, mit dem Deponieren ihrer Nahrungsabfälle aufzuhören und sie stattdessen der anaeroben Vergärung oder Kompostierung zuzuleiten. Das ist gut so, weil es sehr unangenehme Folgen haben könnte, wenn die zur Deponierung bestimmte Menge nicht verkleinert wird.

Die EU-Deponierichtlinie (1999/31/EC) verlangte, dass in allen Mitgliedsstaaten zur Deponierung bestimmte, biologisch abbaubare Siedlungsabfälle reduziert werden müssten, und zwar bis Juli 2006 auf 75 Prozent des Niveaus von 1995, bis 2009 auf 50 Prozent und bis 2016 weiter auf 35 Prozent. Weil Großbritannien, Spanien und Griechenland anfangs so schlechte Recyclingquoten hatten und im Jahr 1995 mehr als 80 Prozent ihrer Feststoffabfälle deponierten, gewährte die EU ihnen eine Fristverlängerung von bis zu vier Jahren, um in dieser Zeit aufzuholen. Was bedeutet, dass die Ziele Großbritanniens für 2010, 2013 und 2020 gelten. Trotz dieses Zugeständnisses wies das National Audit Office (NAO), der britische Rechnungshof, im Januar 2009 darauf hin, dass das Vereinigte Königreich dennoch »Gefahr laufe«, das Ziel für 2013 zu verfehlen, weil das britische Umweltministerium zu lange brauche, um ausreichende Bestimmungen zur Reduzierung und anderweitigen Verwendung der Abfälle in Kraft zu setzen. Das Ministerium übertrug die Aufgabe, zur Deponierung bestimmte Abfälle anderen

Zwecken zuzuführen, den Gemeindeverwaltungen und schrieb jeder Behörde ein jährliches Maß vor, das dem jeweiligen Anteil an den nationalen Zielen entspricht. Seit 2005 muss eine Gemeinde, falls sie ihr Ziel verfehlt, die Genehmigung für zusätzliche Mengen von anderen Gemeinden kaufen, die ihre Ziele übertroffen haben. Die Gemeindeverwaltungen versuchen seitdem hauptsächlich durch staatlich finanzierte Private Finanzierungsinitiativen (PFI), die sich chronisch verzögern und vom Umweltministerium nicht ausreichend kontrolliert werden, eine Recycling-Infrastruktur aufzubauen und Abfälle anders zu verwerten. Die Schwierigkeiten an den Finanzmärkten haben es inzwischen noch weniger wahrscheinlich gemacht, dass diese Projekte rechtzeitig laufen werden, um die nationalen Ziele zu erreichen. Obwohl die EU die Höhe des Bußgeldes noch nicht bekannt gegeben hat, das sie gegen das Vereinigte Königreich wegen Verfehlens des Ziels für 2013 verhängen wird, schätzt die britische Regierung, dass es sich in der Größenordnung von mehreren hundert Millionen Pfund bewegen wird. Das britische Umweltministerium hat verlauten lassen, dass man Gemeindeverwaltungen eine Geldstrafe von 150 Pfund für jede Tonne Abfall, welche die ihr zugeteilte Menge übersteigt, auferlegen werde. Diese Geldstrafen werden erdrückend sein, und letztendlich wird der Steuerzahler dafür aufkommen müssen. Der britische Rechnungshof hat darauf hingewiesen, dass man die Deponieziele nicht erreichen werde, wenn die Gemeindeverwaltungen weiterhin keine Nicht-PFI-Projekte initiierten (einschließlich der Kompostierung für Gemeinden und Haushalte). Aber da die Zentralregierung Letztere nicht finanziert, müssen die Gemeindeverwaltungen derzeit keine Rechenschaft darüber ablegen, und die Regierung hat keine wirksame Handhabe, ihren Fortschritt zu kontrollieren (National Audit Office 2009).

In dem kläglichen Bemühen, die Ziele zu erreichen, hat das Vereinigte Königreich seinen alten Ruf als »Schmutzfink Europas« bestätigt, während viele andere EU-Mitgliedsstaaten entweder bequem im Zeitplan sind oder an ihren Ziele sogar Jahre im Voraus ankommen. Australien erreichte sein Endziel von 2016 mindestens fünfzehn Jahre zu früh, nachdem ein Gesetz eingeführt worden war, dass biologisch abbaubare Abfälle aus Haushalten wie aus Gewerbebetrieben getrennt gesammelt und kompostiert werden müssen. Damit einher gingen ausgedehnte Informationskampagnen, um das Verhalten der Öffentlichkeit zu ändern. Deutschland hatte im Jahr 2005 den Anteil der zur Deponierung bestimmten biologisch abbaubaren Abfälle auf ganze fünf Prozent des Niveaus von 1995 gesenkt, nachdem der Hälfte aller Haushalte separate Mülltonnen zur Verfügung gestellt worden waren, um biologisch abbaubare Abfälle zu sammeln, damit sie der Kompostierung oder anaeroben Vergärung zugeführt werden konnten. Jegliche noch verbleibenden Siedlungsabfälle in Deutschland müssen vor der Deponierung verbrannt werden oder eine mechanisch-biologische Behandlung durchlaufen, die Abfall so verarbeitet, dass er entweder auf Land aufgetragen oder als Brennstoff verwendet werden kann. Frankreich, Dänemark, die Niederlande, Italien, die flämische Region Belgiens und Schweden haben durch eine oder mehrere der nachfolgenden Maßnahmen die Ziele durchweg vor der Zeit erreicht: Verbot der Deponierung von biologisch abbaubarem Material oder unsortiertem Hausmüll, getrennte Sammlung von biologisch abbaubarem Abfall zwecks Kompostierung oder anaerober Vergärung, Besteuerung der Deponierung, Förderung häuslicher Kompostierung und Müllverbrennung (normalerweise mit Energiegewinnung, um die Wärme aus der Verbrennung zu nutzen) (EC 2005a; Fehr u. a. 2002). Irland ist eines der wenigen Länder, die noch schlechter abschneiden als das Vereinigte Königreich; dort steigt die Menge der zur Deponierung bestimmten Nahrungsabfälle sogar um fünf Prozent pro Jahr. Wie der Umweltminister eingeräumt hat, besteht der einzige geeignete Weg für Irland darin, Verordnungen einzuführen, um die Trennung der privaten wie gewerblichen Nahrungsabfälle zu erzwingen.

Im Allgemeinen gelingt es mit Hilfe der EU-Deponierichtlinie recht gut, Nahrungsabfälle anderen Verwendungszwecken statt der Deponierung zuzuführen, und von daher trägt die Richtlinie durchaus positiv – obschon bislang nicht gemessen – zur Reduzierung der globalen Erwärmung und Umweltverschmutzung bei. Allerdings existiert im Grunde noch immer kein gesetzlicher

Rahmen, der die Verschwendung von Nahrungsmitteln direkt eingrenzt – weder im Vereinigten Königreich noch in den meisten anderen Ländern. In Großbritannien und in Kontinentaleuropa bedienen sich die Regierungen fiskalischer Instrumente, um einen Wandel herbeizuführen, aber das Problem ist so akut, dass inzwischen vieles für harte Gesetze, Vorschriften oder zumindest eine Anpassung an die derzeitige Steuergesetzgebung spricht. Vom Parlament im Wege des Gesetzgebungsverfahrens beschlossene Gesetze könnten bis zu fünf Jahre brauchen, bevor sie geltendes Recht werden, und vielleicht so kostspielig für die Branche sein, dass Regierungen sie blockieren würden. Ihre Durchsetzung könnte den Steuerzahler zwar einerseits ganz schön viel kosten, aber andererseits haben auch Nahrungsabfälle einen Preis für Verbraucher und für die Umwelt. Durch eine gesetzliche Regelung würde vielleicht mehr erreicht werden als durch die gegenwärtige Kombination aus freiwilligen Vereinbarungen und Deponiesteuern allein. Es gäbe wahrscheinlich schon vor Inkrafttreten der Gesetze erste Ergebnisse, weil die Nahrungsmittelunternehmen bereits vorab Änderungen einführen würden.

Wie aktuelle Trends andeuten, würden wir nicht so viele Nahrungsmittel verschwenden, wenn sie teurer wären; aber im Idealfall geht es weniger darum, dass die Nahrungsmittel selbst teurer sein sollten, sondern ihre Verschwendung. Letzteres wäre bei einzelnen Verbrauchern schwer durchzusetzen, wenngleich die Südkoreaner bewiesen haben, dass es möglich ist – nicht durch Steuererhöhungen, sondern einfach, indem sie im Jahr 2005 die Deponierung jedweder Nahrungsabfälle gesetzlich verboten. In Südkorea müssen sämtliche Nahrungsabfälle zu Hause auf dafür vorgesehene Beutel aufgeteilt werden, die anschließend abgeholt werden, damit der Inhalt kompostiert oder als Tierfutter verwendet werden kann. Diese Beutel müssen gekauft werden, sodass man umso mehr zahlt, je mehr man verschwendet. Momentan kosten sie zwar noch nicht viel, aber weil die Bürger gezwungen sind, ihren Müll abzumessen, denken sie darüber nach, wie viel sie eigentlich wegwerfen. In Verbindung mit Kampagnen zur Schärfung des öffentlichen Bewusstseins sind Reduzierungen erreicht worden. Jeder, der es versäumt, seinen Müll zu trennen, und am Ende Essensreste in den Sack für den allgemeinen Abfall wirft, riskiert obendrein eine Geldstrafe. Allerdings wird diese kaum jemals verhängt, weil die Vorschriften beinahe durchweg beachtet werden. Mein Freund und Dolmetscher in Südkorea, Tehion Kim, erzählte mir, er hasse es, gezwungen zu werden, seine Nahrungsabfälle zu trennen – aber gleichwohl tue er es. Insgesamt werden in Südkorea aus der landesweiten Müllflut 98 Prozent der Nahrungsmittel aussortiert. Damit sind die Verhältnisse in Südkorea entgegengesetzt zu denen in den USA, wo nur 2,6 Prozent der kommunalen Nahrungsabfälle recycelt werden (EPA [US] 2008; Hogg u. a. 2007b). Die EU wirft pro Jahr zwei Milliarden Tonnen Abfälle weg (darunter 700 Mio. Tonnen landwirtschaftliche Abfälle); von den 1,3 Millionen Tonnen Siedlungsabfällen werden 67 Prozent entweder verbrannt oder deponiert (EC 2009). Im Vereinigten Königreich werden laut WRAP von den 6,7 Millionen Tonnen Nahrungsabfällen aus Haushalten derzeit 5,9 Millionen Tonnen deponiert, während der Rest in den Ausguss gekippt, an Haustiere verfüttert, zu Hause kompostiert oder von den Kommunen abgeholt und getrennt behandelt wird.

Zu Anfang ist es vielleicht einfacher, lukrativer und leichter durchzusetzen, Unternehmen die Verschwendung von Nahrungsmitteln teuer bezahlen zu lassen oder zu erschweren, als sich an die Verbraucher zu halten. Steuern sollten sehr behutsam eingesetzt werden, aber die jämmerlichen Selbstverpflichtungen der Industrie rechtfertigen ihre Erwägung. Um ein wirkungsvolles Mittel der Abschreckung zu schaffen, könnte es, ungeachtet der Entsorgungsmethode, eine Sondersteuer geben, die den sozialen und ökologischen Kosten der Verschwendung Rechnung trägt. Die Deponiesteuer soll die alternative Verwendung bestimmter Abfälle fördern; aber momentan gibt es keinen weiteren Anreiz, überschüssige Nahrungsmittel nicht zu entsorgen, sondern sie zur Ernährung von Menschen zu nutzen. Es gibt eine Steuerbelastung, irgendwo oberhalb von 32 Pfund pro Tonne, die Unternehmen davon abbringen würde, Nahrungsmittel derart rücksichtslos zu verschwenden. Darüber hinaus wäre es vielleicht effektiver, wenn die Steuer auf Nahrungsmittel entsprechend ihrem Wert oder auf ihre Umweltbelastung erhoben würde, statt die Steuer nach Gewicht (d. h. pro Tonne) zu erheben. Das setzt nämlich voraus, dass sämtliche Nahrungsmittel denselben Wert haben und die Umwelt in gleicher Weise belasten. Jedes Steueraufkommen könnte in Programme fließen, die Unternehmen bei der Verringerung ihrer Abfälle helfen, wie es momentan mit den Einnahmen aus der Deponiesteuer geschieht. Man könnte durch eine Senkung der Steuern auf andere, weniger umweltschädliche Waren einen Ausgleich schaffen, obwohl die Steuereinnahmen, sollte das Programm Wirkung zeigen, kontinuierlich sinken würden. Eine Grundlage dafür existiert bereits teilweise innerhalb des bestehenden Nahrungsmittel-Besteuerungssystems sowohl in Großbritannien als auch in vielen anderen Ländern. Regierungen helfen, Nahrungsmittel erschwinglich für die Verbraucher zu machen. So sind in Großbritannien Grundnahrungsmittel von der Mehrwertsteuer befreit, wohingegen es einen Standardsatz (gewöhnlich 17,5 Prozent, aber während der Rezession vorübergehend bei 15 Prozent zurückgehalten) auf Genusswaren wie Süßigkeiten, Chips und Eiscreme gibt. Eine Mehrwertsteuerbefreiung ist sinnvoll für das Lebensnotwendige, aber die weggeworfenen Nahrungsmittel gehören nicht zum Lebensnotwendigen. Sie sind ebenso ein Luxus wie Eiscreme und sehr viel schädlicher. Administrative Durchführbarkeit und Erfolg dieser Steuer wären vielleicht am ehesten gewährleistet, würde sie ausschließlich bei Einzelhändlern erhoben – wenn man davon ausgeht, dass sie die Verschwendung in ihren Versorgungsketten verantworten.

Eine Alternative, die damit vereinbar wäre, besteht darin, Abmachungen wie die Courtauld Commitment voranzutreiben, sie verbindlich zu machen, die Zielvorgaben anzuheben, Strafen zu verhängen, und darauf zu drängen, dass international an ihnen festgehalten wird. Statt der 15-prozentigen Verringerung der Nahrungsabfälle im Laufe von fünf Jahren, wie bei der CGW-Verpflichtung, sollte die Vorgabe viel strenger sein – zum Beispiel 50 Prozent – und letztendlich darauf abzielen, mit der Verschwendung fertig zubereiteter und frischer, genießbarer Nahrung komplett Schluss zu machen.

Sollte dies scheitern, könnten Regierungen jederzeit wieder Gesetze einführen, die bereits im Ersten und Zweiten Weltkrieg in Kraft waren und die es schlicht verboten, Nahrungsmittel wegzuwerfen. Drakonische Gesetze gelten im Allgemeinen als unpopulär und undurchführbar, und gewiss ist es besser, sozialen Wandel ohne Zuflucht zu solchen Maßnahmen zu erreichen. Aber die jüngste Welle von Rauchverboten, der früher undenkbare Eingriff in die öffentliche Intimsphäre im Gefolge des »Krieges gegen den Terror« oder auch die rasch in Kraft gesetzten Nahrungsabfallgesetze in Südkorea lassen sehr wohl den Schluss zu, dass Menschen sich einschneidenden gesetzlichen Maßnahmen beugen, wenn es entweder eine weitverbreitete öffentliche Akzeptanz gibt oder ausreichende Bemühungen auf Seiten des Gesetzgebers, das Wahlvolk zu überzeugen. Unternehmen würden auf jeden Fall gegen jede Gesetzgebung Einspruch erheben, die sie zwänge, ihre verschwenderischen Gewohnheiten zu ändern. Eine legislative Vorgehensweise – unterstützt durch gewissenhafte Forschung und Verhandlung – könnte aber gerechtfertigt sein, wenn die Unternehmen ihr Verhalten nicht ohne Druck ändern.

14. VERWERTUNG: DIE ÄHRENLESER

Es muss einen Grund geben, warum manche Menschen es sich leisten kön-
nen, so gut zu leben. Sie müssen dafür gearbeitet haben. Ich bin nur wütend,
wenn ich Abfall sehe. Wenn ich sehe, dass Menschen Dinge wegwerfen, die
wir gebrauchen könnten.

MUTTER TERESA, *A GIFT FOR GOD* (1975)

DIE LAGERHALLE IN BERMONDSEY, SÜDLONDON, strahlt
eine gewisse industrielle Effizienz aus. Ein Gabelstapler räumt
Paletten mit Supermarkt-Nahrungsmitteln in einen Kühlraum und
stapelt an den Wänden die Kisten mit Hähnchenbrüsten von Marks
& Spencer und Gehacktem von Sainsbury's. Nebenan schleppen
Arbeiter Kisten mit Granatäpfeln und Äpfeln, Brokkoli und Blattsalaten, Hunderten von Brotlaiben und genug Frühstücksflocken,
um die Speisung der Fünftausend nachzuspielen. All diese Nahrungsmittel sind in tadellosem Zustand, noch innerhalb des Ver-
fallsdatums – und alle wurden von der Nahrungsmittelindustrie
als Überschuss gespendet. Sie sind von allerhöchster Qualität, bei
weitem keine Essensabfälle und Reste. Darunter sind sogar einige
Produkte, die zu kaufen sich die meisten Leute in Großbritannien
normalerweise nicht leisten könnten. Von diesem zentralen Depot
aus werden sie von der Wohltätigkeitsorganisation FareShare zu
Hunderten von Gemeindezentren und Obdachlosenunterkünften
transportiert, deren Nutznießer auf sie angewiesen sind.

Karitative Organisationen, die Nahrungsmittel umverteilen,
wirken seit einem halben Jahrhundert in Europa und Amerika.
Sie haben gelernt, die Fülle überschüssiger Nahrungsmittel jenen
Millionen Menschen in Entwicklungsländern zukommen zu lassen, die nicht genug Geld haben, um ordentlich zu essen. Auf
diese Weise werden die überschüssigen Nahrungsmittel ihrem
angemessenen Zweck zugeführt, und die Armen bekommen die
Möglichkeit einer anständigen Ernährung. Gegenwärtig werden so
viele hochwertige Nahrungsmittel weggeworfen, dass kein Anlass
besteht, Menschen etwas Minderwertiges zu geben.

Der einschränkende Faktor bei Nahrungsmittelumverteilungs-

Programmen ist nicht die Verfügbarkeit erstklassiger Nahrungs-mittel, sondern die Verfügbarkeit von Geldern. Selbst wenn sehr viele Menschen spenden, fehlen karitativen Organisationen die finanziellen Mittel, um davon immer Gebrauch zu machen. Es kostet Geld, Depots zu verwalten, Kühltransporter zu kaufen, ausgebildete Fahrer und Experten im Umgang mit Nahrungsmitteln zu organisieren und mit Unternehmen und karitativen Organisationen zusammenzuarbeiten, um das Angebot auf die Nachfrage abzustimmen. FareShare wäre in der Lage, viel mehr neu zu verteilen, aber die britische Regierung hat es bislang versäumt, die Organisation zu unterstützen. Selbst als FareShare im Rahmen eines Recycling-Subventionsprogramms, bei dessen Ausarbeitung man der Regierung geholfen hatte, eine Finanzierung beantragte. Als FareShare im Jahr 2005 eine Million Pfund Lotterie-Fördermittel erhielt, verdoppelte die Organisation beinahe auf einen Schlag die Menge der jährlich umverteilten Nahrungsmittel. Im Jahr 2008 wurden von FareShare 3000 Tonnen Nahrungsmittel neu an 25 000 Menschen in 500 verschiedenen Gemeindezentren und anderen Organisationen verteilt, während weitere 5000 Tonnen schließlich entweder als Tierfutter verwendet, anaeroben Vergärungsanlagen, der Kompostierung oder anderen Wegen des Abfallrecyclings zugeführt wurden.

Warum der Lotteriefonds bezahlen musste, um den Überschuss der Supermärkte wegzuräumen, ist nicht klar; stattdessen ist zumindest vertretbar, dass die Supermärkte selber zahlen sollen, um ihr eigenes Überangebot neu zu verteilen. Tatsächlich geschieht dies auch bereits in kleinem Umfang, weil FareShare den meisten Unternehmen heute etwa 16 Pfund pro Tonne in Rechnung stellt, um ihnen erstklassige überschüssige Nahrungsmittel abzunehmen. Die Unternehmen sind unter anderem deshalb bereit zu zahlen – und liefern sogar die Nahrungsmittel –, weil sie dadurch die 50 Pfund oder mehr pro Tonne sparen, die ihnen an Deponiesteuern und Entsorgungskosten berechnet würden. Diese Gebühren könnten mit der Zeit dazu beitragen, die Nahrungsmittelumverteilung zu einer nachhaltigen Angelegenheit zu machen, und ganz sicher würde sie es werden, wenn alle geeigneten Nahrungsmittelfirmen teilnehmen und genug zahlen würden.

Inzwischen registrieren Supermärkte und andere Nahrungsmittelfirmen im Vereinigten Königreich allmählich die lauter werdenden öffentlichen Stimmen, die Sache gefälligst ernster zu nehmen. In der Vergangenheit hatten Nahrungsmittelspenden von Supermärkten einen symbolischen Wert – etwas, das man in die Berichte zur gesellschaftlichen Verantwortung des Unternehmens aufnehmen konnte. Aber heute übernehmen einige Firmen eine zunehmend konstruktive Rolle beim Ausbau der Umverteilung (siehe Kapitel 2). FareShare hat sogar eine Vereinbarung mit allen großen Supermarktketten in Großbritannien getroffen – ausgenommen Morrisons, denen nachzulaufen FareShare aufgegeben hat. Die von den Supermärkten gespendete Menge stellt nach wie vor nur einen winzigen Bruchteil ihres Gesamtabfallaufkommens dar; der Trend ist vielversprechend, aber es geht noch immer viel zu langsam voran.

Am besten für die karitative Umverteilung eignen sich die durch Überproduktion entstandenen Produkte von Herstellern. Das Verbrauchsdatum ist hier normalerweise noch längst nicht überschritten – selbst Kühlwaren wie Joghurt sind auf jeden Fall noch etwa fünf Tage haltbar –, und sie sind in großen Mengen verfügbar, sehr oft auf Paletten, die leicht transportiert werden können. Manche Hersteller, beispielsweise Kellog's im Vereinigten Königreich und Kraft in den USA, arbeiten mit FareShare oder Feeding America zusammen und liefern diese wertvollen Nahrungsmittel sogar direkt an die Umverteilungslager. Von den größeren Nahrungsmittelfirmen erhält FareShare häufig ganze Lkw-Ladungen, die aus etwa sechsundzwanzig Paletten oder ca. 18 Tonnen Nahrungsmitteln und anderen Gütern des täglichen Bedarfs bestehen, die ansonsten weggeworfen worden wären. Diese Firmen fangen an, das zu tun, was eigentlich alle tun müssten.

Wenn sämtliche Nahrungsmittelunternehmen sich rasch entschließen würden, ihren Überschuss auf diese Weise neu zu verteilen, hätten Regierungen triftige Gründe, eine Laisser-faire-Haltung einzunehmen – und sich darauf zu verlassen, dass die Unternehmen auf den öffentlichen Veränderungsdruck reagieren. Aber angesichts der langen Tradition der Nachlässigkeit in der

Nahrungsmittelbranche ist eher wahrscheinlich, dass sie sich Zeit lassen werden. Von daher spricht einiges dafür, die Unternehmen zu verpflichten, überschüssige Waren karitativen Organisationen zur Verfügung zu stellen. Diese Verwendung sollte Vorrang genießen gegenüber Deponierung, Kompostierung oder anaerober Vergärung (EC 2008b). Ebenso wenig wäre es abwegig, von den Einzelhändlern zu erwarten, dass sie für die vollen Kosten der Umverteilung aufkommen oder zumindest einen erheblichen Beitrag dazu leisten. Schließlich wurden die Nahrungsmittel zu Lasten der Umwelt hergestellt und werden andernfalls zu Lasten des Landes und des Klimas entsorgt werden.

Würde die im vorhergehenden Kapitel vorgeschlagene Steuer auf die Verschwendung von Nahrungsmitteln (ungeachtet der Entsorgungsmethode) eingeführt, würde dies Supermärkte anspornen, karitative Umverteilungsorganisationen dafür zu bezahlen, dass sie Nahrungsmittel mitnehmen. Momentan konkurrieren die karitativen Umverteiler mit Anlagen zur anaeroben Vergärung und Kompostierung, deren Kosten sich vielleicht teils deswegen als niedriger erweisen, weil sie staatliche Subventionen erhalten, was ihnen einen unfairen Vorteil gegenüber den Umverteilern verschafft. Wie Maria Kortbech-Oelsen von FareShare es ausdrückt: »Diese neuen Recycling-Technologien sind alle sehr gut, aber die Regierung prüft nicht die Stufen weiter oben in der Abfallhierarchie. In die Verwertungs- und Wiederverwertungs-Optionen für den menschlichen Konsum wird nicht investiert.« Obwohl in den Publikationen des britischen Umweltministeriums einschließlich des »Waste Strategy Annual Progress Reports« von der Notwendigkeit die Rede ist, auf die Abfallhierarchie zu achten, ist in den steuerpolitischen Maßnahmen der Regierung davon nichts zu bemerken. Der Grundsatz, Nahrungsabfälle ungeachtet der Entsorgungsmethode zu besteuern, stünde im Einklang mit der Regierungslinie, steuerlichem Zwang den Vorzug vor direkter Regulierung zu geben. Je höher die Steuer, desto mehr Unternehmen wären bereit, karitative Umverteilungsorganisationen zu bezahlen, und umso mehr würden sie sich anstrengen, Nahrungsmittel gar nicht erst zu verschwenden. Mit anderen Worten, diese Steuer würde einen Markt für die Umverteilung von Nahrungsmitteln schaffen, so wie die Deponiesteuer einen Markt für die anaerobe Vergärung und andere Entsorgungsmethoden jenseits der Deponierung geschaffen hat. Die karitativen Umverteilungsorganisationen würden der Branche dadurch einen Dienst erweisen.

Auch die Regierung würde von der Durchsetzung dieser Veränderung profitieren. Möglich, dass es ausschließlich die Drohung mit Geldbußen gemäß EU-Deponierichtlinie war, die Großbritannien zwang, die Deponiesteuer einzusetzen, um Unternehmen mittels dieses fiskalischen Instruments zu animieren, Abfallstoffe anderen Verwendungszwecken zuzuführen. Aber auch für die Regierung gibt es legislative Anreize zu verhindern, dass überhaupt Nahrungsmittel verschwendet werden: Entsprechende Gesetze würden helfen, die Treibhausgasemissionen auf das Niveau zu senken, zu dem Großbritannien zum Beispiel laut eigenem Climate Change Act von 2008 gesetzlich verpflichtet ist.

Möglicherweise noch rentabler, als Supermärkte zu zwingen, die Umverteilung zu finanzieren, wäre es, sie außerdem zu ermuntern, überschüssige Nahrungsmittel in den jeweiligen Filialen selbst zu verschenken. Dies würde helfen, das Argument der Supermärkte zu entkräften, dass Steuern die Nahrungsmittel für den Verbraucher verteuern würden. Die Empfänger des Überschusses könnten – falls erforderlich – auf bestimmte Gruppen begrenzt werden, beispielsweise die Belegschaft von Notdiensten, im Pflegebereich Tätige oder Empfänger staatlicher Unterstützungsleistungen. Dadurch käme es Supermärkte teurer, Nahrungsmittel zu verschwenden – weil sie potenzielle Umsätze verschenkten. Sie würden deshalb zu große Bestände vermeiden und auf diese Weise den anfallenden Überschuss von vornherein reduzieren. Gegenwärtig gelten lediglich zu geringe Bestände als Ursache für entgangene Umsätze, sodass Filialleiter unter dem ständigen Druck stehen, Nachschub zu lagern. Nach dem neuen System wären sowohl zu große als auch zu kleine Bestände den Profiten abträglich, und die Einzelhändler hätten einen mächtigen Anreiz, ihre Lebensmittelbestellungen zu optimieren. Diese Veränderungen könnten durch Gesetze herbeigeführt werden. Es gibt aber sogar

Anzeichen dafür, dass Unternehmen überzeugt werden könnten, sie freiwillig einzuführen, da sie in der Tat erhebliche PR-Vorteile bieten und die Attraktivität gegenüber konkurrierenden Supermarktketten steigern könnten.

Der Supermarkt Lidl beispielsweise testete kürzlich die Strategie, überschüssige Nahrungsmittel zu verschenken. Vor allem in der Weihnachtszeit landen Produkte, von denen der Discounter zu viel eingekauft hat, am Kassentresen und werden von den Kassiererinnen nach Gutdünken an Käufer verschenkt. Ich sprach mit einem Lidl-Bezirksleiter, der mir erzählte, man verfahre so mit »Stapelwaren« (Nahrungsmittel, die bei Zimmertemperatur aufbewahrt werden), weil es eine Möglichkeit sei, die Kosten der Abfallentsorgung zu vermeiden. Allerdings habe man aufgehört, Brot zu verschenken, da die Leute einfach warteten, bis sie es umsonst bekamen, statt es zu kaufen. »Es schadete unserem Umsatz«, meinte der Manager.

Eine einfache Änderung könnte dieses Problem lösen: Man erlaubt den Kunden, überschüssige Artikel im Wert von, sagen wir, 20 Prozent des gerade getätigten Einkaufs gratis mitzunehmen. Dies würde die Leute davon abhalten, sich vollkommen umsonst zu bedienen, und den Interessen des Supermarktes dienen, weil mehr Leute in die Filiale gelockt würden. Ein Laden für organische Vollwertkost in der Nähe meiner Wohnung macht so etwas Ähnliches mit sämtlichem Obst und Gemüse, das fleckig, angeschlagen oder überreif ist: Statt es in die Tonne zu werfen, legt der Besitzer es in eine »Gratiskiste«, aus der Kunden sich bedienen dürfen. Dies beruhigt seine Kunden, dass er mit den Produkten, die seinen Laden durchlaufen, nicht verschwenderisch umgeht, und zweifellos werden einige angelockt, weil sie wissen, es gibt vielleicht ein paar Artikel umsonst. Ich zögere allerdings, den Supermärkten einen solchen Vorschlag zu machen. Erstens widerstrebt es mir, deren Marketingarbeit zu erledigen, und zweitens landen kostenlose und herabgesetzte Produkte vielleicht bloß in den Mülleimern der Käufer. Das Problem würde wiederum abgeschwächt durch die Tatsache, dass potenzielle Umsatzeinbußen eine abschreckende Wirkung auf die Produktion von Überschuss hätten.

Bei anderen Initiativen, die in einigen Geschäften bereits teilweise umgesetzt worden sind, werden Produkte wie frisches Obst und Gemüse, deren Mindesthaltbarkeitsdatum in Kürze abläuft, zu anderen Erzeugnissen weiterverarbeitet, soweit dies im Laden selbst möglich ist. Aus Obst könnten beispielsweise Smoothies, cremige Milchmixgetränke mit Eis, gemacht werden, die an Automaten an Kunden verschenkt oder verkauft würden. Obwohl die relativ kleine Menge an Überschuss, die in einzelnen Geschäften anfällt, den Transport zu Verarbeitungsstellen außerhalb des Geländes meistens zu kostspielig machen würde, wäre es dank der immer beliebteren Praxis, Überschuss zu Zentrallagern zurückzutransportieren, wo er ökonomischer gesammelt werden kann, für manche Filialen sogar machbar. Für Produkte wie Fertiggerichte, Fleisch, Fisch, Brot und bestimmte Milcherzeugnisse würde es sich außerdem anbieten, sie einzufrieren, was die Weiterverteilung an karitative Gemeindezentren und dergleichen erleichtern könnte.

Gegenwärtig schätzt man im Vereinigten Königreich, dass die Gesamtmenge der neu verteilten Nahrungsmittel bei kaum mehr als 15 000 Tonnen jährlich liegen dürfte (zwischen einem und drei Prozent der Nahrungsabfälle im Einzelhandel und ein Bruchteil von einem Prozent sämtlicher in der Versorgungskette anfallenden Nahrungsabfälle; Evolve 2007). Andere glauben jedoch, dass die tatsächliche Zahl nur halb so hoch ist (Hawkes und Webster 2000). In den Vereinigten Staaten werden mehr als eine Million Tonnen Nahrungsmittel neu verteilt, die helfen, etwa 26 Millionen Menschen zu ernähren (Hawkes und Webster 2000). Dies bedeutet, dass in den USA pro Person vierzehnmal mehr Nahrungsmittel großzügig neu verteilt werden als in Großbritannien – und dennoch streben Befürworter des Systems in den USA an, diese Menge mehr als zu verdreifachen. Obwohl dies viel mit der philanthropischen Einstellung der Amerikaner zu tätiger Nächstenliebe zu tun hat – im Gegensatz zum garantierten Wohlfahrtsstaat in Großbritannien –, ist die Kooperationsbereitschaft der Unternehmer ein nützliches Vorbild für andere Nationen. Nach der vorsichtigen Schätzung von FareShare könnten britische Wohltätigkeitsorganisationen, wenn die Umverteiler lediglich 25 Prozent des allein im Einzelhandel abfallenden Überschusses an geeigneten Nahrungsmitteln verwenden könnten, ihre Kapazität um mehr als das Achtfache steigern, um 125 000 Tonnen erstklassiger Nahrungsmittel im Jahr umzuschlagen (Evolve 2007). Der Verband weist darauf hin, dass dies nicht nur den Unternehmen und der britischen Wirtschaft insgesamt erhebliche Ersparnisse bescheren, sondern auch die Umwelt schützen würde. Obwohl andere europäische Länder, unterstützt von der European Federation of Food Banks, einer Organisation, die gegen Hunger und Nahrungsverschwendung kämpft, eine stärkere Tradition der Umverteilung haben, gibt es auch hier noch sehr viel Erweiterungsspielraum (Hawkes und Webster 2000).

Bei dieser potenziellen Erweiterung ist noch gar nicht in Betracht gezogen, dass in kleinerem, informellerem Rahmen auch Gastronomiebetriebe, wie Restaurants und Kantinen, in der Lage sind, Nahrungsmittel zu spenden. Weil der unbedenkliche Verzehr zubereiteter Nahrung weiter gewährleistet sein muss, können Restaurants ihre Mahlzeiten allerdings nicht so ohne weiteres transportieren. Aus diesem Grund wird Umverteilung im Vereinigten Königreich in diesem Bereich nur selten praktiziert, obwohl einige der Gastropubs und Restaurants der Whitebread-Kette, beispielsweise Lokale von TGI Friday's, Pizza Hut und Beefeater, schon Überschuss an FareShare gespendet haben. In den USA organisieren wohltätige Nahrungs-Rettungsteams regelmäßig Suppenküchen, die Restaurant-Überschüsse verschenken. Es wäre nicht einmal unmöglich, ein System ähnlich dem einzuführen, das in Indien und Pakistan weithin praktiziert wird, wo ärmere Menschen im Restaurant versorgt werden – entweder finanziert durch Spenden von Gästen oder weil man ihnen überschüssiges Essen schenkt.

Und ebenfalls noch gar nicht berücksichtigt sind die Möglichkeiten der Nachlese von Nahrung auf den Feldern der Bauern, wenn das Einholen der Ernte unwirtschaftlich geworden ist. In den USA stellen Organisationen wie Feeding America und The Society of St. Andrew Freiwillige zur Verfügung, um im Rahmen von

Programmen wie dem Potato Project, dem Gleaning Network und Harvest of Hope genießbares frisches Obst und Gemüse direkt bei den Erzeugern abzuholen. Im Vereinigten Königreich existiert kein solches System, wofür es aber keinen Grund gibt. In der EU durften in der Vergangenheit überschüssige Agrarerzeugnisse, die dem Markt vorenthalten wurden, um die Preise stabil zu halten, im Rahmen des Surplus Food Scheme der Europäischen Union neu verteilt werden. Doch der Intervention Board for Agricultural Produce des Vereinigten Königreichs zog es fünfundzwanzig Jahre lang vor, Überschüsse als Tierfutter und zur Kompostierung zu verwenden, und erst mit den Reformen der Gemeinsamen Agrarpolitik (GAP) von 1996 wurde den Spenden an Wohltätigkeitsorganisationen ausdrücklich Vorrang eingeräumt. In denselben Reformen wurde der subventionierte Export überschüssiger Grundnahrungsmittel, wie Butter und Trockenmilch, größtenteils in ärmere Länder, beschlossen. Bereits seit 1972 war die Verteilung an karitative Organisationen, Sozialhilfeempfänger, Schulen, Gefängnisse, Krankenhäuser und Altersheime innerhalb der EU erlaubt (The Food Magazine 1997; Acheson 1998).

Die Vereinigten Staaten verfügen über einen für die Nahrungsmittelumverteilung günstigen gesetzlichen Rahmen. Unter der Regierung von Präsident Clinton wurde eine Reihe von Gesetzen verabschiedet, die Unternehmen dazu anhalten sollen, Nahrungsmittel lieber zu spenden als wegzuwerfen. Das »Gute-Samariter-Gesetz« vom 1. Oktober 1996 schützt Unternehmen vor der Haftung in dem extrem seltenen, praktisch noch nie da gewesenen Fall, dass jemand von gespendeten Nahrungsmitteln krank wird. Dies schafft Vertrauen auf Unternehmensseite. In Fällen, wo diese Angst lediglich eine Ausrede war, hat es den Vorwand beseitigt. Außerdem dürfen Großunternehmen die Kosten der gespendeten Nahrungsmittel mit der Steuer verrechnen. Darüber hinaus erhalten Unternehmen einen Steuernachlass auf den Transport von Nahrungsmitteln, wenn sie auf der Rückfahrt, wenn der Laster sowieso leer gewesen wäre, Nahrungsmittel für einen wohltätigen Zweck befördern. Fragwürdig bleibt, warum die Steuerzahler und der Staat auf Steueraufkommen verzichten sollen, um Firmen davon zu überzeugen, ihre überzähligen Produkte neu zu verteilen. Aber es ist ohne Zweifel so, dass diese Steuervergünstigungen und andere Anreize in den Vereinigten Staaten ein Ansporn waren, die Umverteilung von Nahrungsmitteln zu intensivieren.

Statt mit dem Zuckerbrot von Steuervergünstigungen zu winken, haben sich das Vereinigte Königreich und Kontinentaleuropa entschieden, die Peitsche der Steuererhöhungen für die Deponierung von Abfallstoffen einzusetzen. Obwohl dieses Instrument angepasst werden muss, um der Umverteilung auf die oben geschilderten Arten Vorrang einzuräumen, ist es wohl eine gerechtere Methode als das amerikanische System, das man als nachgiebig gegenüber den Interessen der Branche betrachten kann, auch wenn die Maßnahmen bei den karitativen Umverteilungsorganisationen populär sind.

Das vielleicht beste Modell findet sich in Kanada. Dort ist ein System weit verbreitet, das dem in den USA ähnlich ist – allerdings mit ein paar entscheidenden Unterschieden: Kanada bietet Spenderfirmen keine Steueranreize, und der Staat hat noch nie finanzielle Unterstützung zur Förderung der Umverteilung bereitgestellt. Kanadas wohlfahrtsstaatliches System ähnelt dem Großbritanniens, sodass weniger wahrscheinlich ist, dass Empfänger abhängig von Nahrungsmittel-Zuwendungen werden – wie es wohl in den Vereinigten Staaten mit ihrer Kombination aus karitativen Umverteilungsorganisationen und einem staatlich geleiteten System von »Lebensmittelmarken« passieren kann. Stattdessen betonen die Kanadier die gemeinschaftliche Basis ihrer Arbeit, indem »Menschen geholfen wird, sich selbst zu helfen« (Hawkes und Webster 2000).

Die Umverteilung von Nahrungsmitteln ist ein Weg, die Ernährung ärmerer Menschen zu verbessern. Sie entschärft das Abfallproblem, aber sie löst es nicht. Allein im Vereinigten Königreich leiden schätzungsweise vier Millionen Menschen unter »Nahrungsunsicherheit« – nicht bloß die Obdachlosen, sondern auch Rentner, verarmte Einwanderer, Alleinerziehende und viele Kinder. Um sie alle zu erreichen, müsste die Umverteilung um das 160-Fache zunehmen. Aber selbst diese vielen Menschen würden nicht all die überschüssigen Nahrungsmittel verzehren, die gegenwärtig weggeworfen werden. Die historische Weigerung der Supermärkte, selbst dieses Wenige zu tun, um mit ihren unvorstellbaren Abfallmengen den Hunger zu lindern, veranschaulicht das Ausmaß ihrer früheren Vernachlässigung sozialer und moralischer Belange, eine Vernachlässigung, die sich größtenteils in der Gegenwart fortsetzt.

Eines der größten Hindernisse für den Ausbau der Umverteilung im Vereinigten Königreich ist die Tatsache, dass wir das System der »food pantries« oder »food banks« selten einsetzen, das in den USA (wie in Deutschland die »Tafeln«) eine Stütze der Netzwerke und eine Anlaufstelle für Empfänger ist, die sich kostenlose Nahrungsmittel mit nach Hause nehmen. Stattdessen beharren Organisationen wie FareShare darauf, die Nahrungsmittel nur an Gemeindezentren und Obdachlosenheime zu liefern, die Mahlzeiten an Ort und Stelle ausgeben. Der Grund dafür ist insoweit vernünftig, als gewährleistet ist, dass das Essen ordentlich zubereitet wurde, und eine ganzheitliche Fürsorge garantiert ist, Kontakt mit anderen im Zentrum und mit Sozialarbeitern eingeschlossen. Aber auch das System der Tafeln bietet Vorteile. Essen für die Familie in den eigenen vier Wänden zubereiten zu können, kann ein wichtiger Teil des Familienlebens sein. Die Empfänger erhalten die Nahrungsmittel auf diese Weise genauso wie gewöhnliche Konsumenten – der einzige Unterschied ist die Tatsache, dass sie nicht dafür bezahlen müssen. Wie ein Nahrungsmittelempfänger im Gefolge der durch den Hurrikan Kathrina ausgelösten Katastrophe sagte: »Sie geben einem das Gefühl, dass man nicht bettelt.«

Die andere große Hürde war bislang, dass die Umverteilung ihre eingeschworenen Gegner hat. Tim Lang, der jahrzehntelang ein innovativer Berater bei der Verbesserung der ökologischen und sozialen Nachhaltigkeit der Nahrungsversorgung Großbritanniens war, hat einen langen Kampf gegen karitative Organisationen wie FareShare geführt. Er ist der Ansicht, dass die Geschenke an die Armen Zyklen der Abhängigkeit schaffen und Regierungen des Drucks entheben, etwas Grundsätzlicheres gegen die Ursachen der Armut zu unternehmen. In der Sendung *You and Yours* auf

BBC Radio 4 vom 22. Dezember 2003, in der ich die Umverteilung von Nahrungsmitteln befürwortete, äußerte er, dass diese Praxis gleichbedeutend damit sei, »die Armen wie Schweine zu behandeln«. Dieser Ansicht ist er nach wie vor, wie er mir im Juli 2008 versicherte. Er irrt sich. Hausschweine werden in Gefangenschaft gehalten und haben keine Wahl hinsichtlich des Futters, das sie fressen. Menschen dagegen schon. Millionen Tonnen erstklassiger Nahrungsmittel landen auf dem Müll, aber die Armen werden daran gehindert, sich davon zu nehmen, weil es angeblich ihre Würde verletzen würde. Dabei ist es doch gerade dieses von Lang befürwortete Szenario, das die Menschen ihrer Freiheit und obendrein noch ihrer Würde beraubt.

Es stimmt, dass es Streitfragen gibt, die mit Vorsicht behandelt werden sollten. Natürlich muss es Sicherungen geben, um zu gewährleisten, dass die Umverteilung nicht zum Ersatz für andere Fürsorge-Initiativen wird. Nachdem die Regierung des Vereinigten Königreichs bei der Förderung der Umverteilung in den Hintergrund getreten ist, kann sie sich die Umverteilung gegenwärtig nicht als Verdienst anrechnen oder als Ausrede benutzen, andere Arten der Unterstützung einzustellen. Das ist ein mögliches Argument dagegen, sich zu engagieren, wenngleich, wie ich glaube, kein überzeugendes. Lang weist zu Recht darauf hin, dass man gar nicht erst zulassen dürfe, dass Menschen in die Lage geraten, Nahrungsmittelhilfe zu benötigen. Doch selbst wenn wir den besten erdenklichen Wohlfahrtsstaat hätten, gäbe es immer noch Menschen, die davon profitieren würden, das Geld zu sparen und für andere Dinge zu verwenden, beispielsweise Heizungsrechnungen, die Abzahlung von Schulden, Extras für ihre Kinder oder Urlaube. Die Ernährungsorganisation Sustain, der Lang viele Jahre vorstand, ist noch aus einem anderen Grund gegen eine vermehrte Umverteilung. Man sieht darin ein Zeichen für die zunehmende Unfähigkeit Großbritanniens, alle seine Bürger mit ausreichenden finanziellen oder sozialen Mitteln zu versehen, sich Nahrung auf »kulturell akzeptable Weise« zu beschaffen. Allerdings folgt aus der größeren Umverteilung nicht zwangsläufig, dass der Staat nicht mehr für seine Bürger sorgen könne. Dahinter kann auch ein geschärftes unternehmerisches und öffentliches Bewusstsein für ein vorher bereits existierendes Problem stecken sowie die gestiegene Bereitschaft, Nahrungsmittel nachhaltig zu verwenden (und steigende Entsorgungskosten zu vermeiden) (Hawkes und Webster 2000).

Meine Behauptungen kann man leicht nachprüfen, weil FareShare die Nutznießer halbjährlich befragt: 92 Prozent von ihnen geben an, dass die Nahrungsmittel, die sie erhalten, ihnen helfen, gesund zu bleiben; für 29 Prozent der Abnehmer ist es das einzige Mal, dass sie Obst und Gemüse essen; und 44 Prozent sind der Meinung, dass sie, wenn sie wegen der Mahlzeit vorbeikommen, leichter Kontakt zu Tischgenossen finden und auf ein größeres Angebot an Betreuungsdiensten zugreifen können. All jene, die es trotz dieser offenkundigen Vorteile dennoch für verwerflich halten, arme Menschen mit Gratis-Essen zu versorgen, sollten sich stattdessen dafür stark machen, dass überschüssige Nahrungsmittel an jeden ohne Rücksicht auf seine finanzielle Situation verschenkt werden.

Und es sind nicht bloß große Organisationen, die einen Unterschied machen können. Politisch engagiertere Gruppen, wie Food Not Bombs, handeln bewusst außerhalb des Gesetzes und praktizieren Freeganismus – in den USA als »dumpster diving« (»Containern« oder »Dumpstern«) bezeichnet –, indem sie Gratis-Mahlzeiten an Umstehende oder Gemeindezentren verschenken. Das Ziel dieser Organisation, die in vielen Städten in der gesamten westlichen Welt aktiv ist, beschränkt sich nicht darauf, Menschen satt zu machen; ihre Aktionen werfen auch ein Schlaglicht auf das groteske Ausmaß der Verschwendung und die Ressourcen-Misswirtschaft des westlichen Kapitalismus.

Auf einige der anregendsten und effektivsten Fälle von Nahrungsmittelumverteilung bin ich bei informellen Gruppen und Einzelpersonen gestoßen, die oft unterhalb des Radars der offiziellen Politik arbeiten. Als ich im Jahr 2000 umzog, rief ich die Nummer auf einer hingekritzelten Notiz an, die ich in Victoria an einem Laternenmast hatte kleben sehen und die Werbung für die Dienste eines Mannes und seines Lieferwagens (»Man and Van«)

machte. Kurt traf wenig später ein und sein Blick hellte sich auf, als wir die verschiedenen »rückgewonnenen« Möbelstücke aus der Tür schleppten, darunter das Doppelbett, das mein Freund Sangam mit Holz aus Müllcontainern gebaut hatte, sowie Stühle, Tische, ein Sofa und sogar ein antiker Perserteppich, der draußen auf der Straße liegen gelassen worden war.

Kurt erzählte mir, dass er den größten Teil seiner Zeit damit verbringe, als selbsternannter Freiwilliger ausrangierte Büromöbel und Computer abzuholen und sie neu an Wohltätigkeitsorganisationen in ganz England – und sogar in Afrika – zu verteilen. Außerdem hatten Kurt und seine Partnerin Carolyn seit Jahren überschüssiges Essen aus Geschäften und Restaurants abgeholt und inoffizielle Suppenküchen eröffnet. Sie operierten gewöhnlich von der Ladefläche ihres Lieferwagens aus im Londoner Banken- und Börsenviertel, wohin Leute aus allen sozialen Schichten – von Bankern bis zu obdachlosen Pennern – kamen und ihr Gratis-Essen verzehrten. Irgendjemand stellte ihnen dann unentgeltlich ein Ladenlokal zur Verfügung, das sie genauso führten wie ein gewöhnliches Lebensmittelgeschäft, außer dass das gesamte Angebot aus Spenden bestand, sehr viele Artikel abgelaufen waren und kein Geld den Besitzer wechselte. »Hinz und Kunz kamen dorthin, um sich ihr Gratiszeug zu besorgen«, erklärte mir Carolyn.

Allmählich dämmerte mir, dass ich zufällig dem König und der Königin der Londoner Freeganer in die Arme gelaufen war. Jahre später erfuhr ich, dass Carolyn – die heute als Peace bekannt ist – in all das hineingeraten war, als sie selber obdachlos auf der Straße gelebt hatte. Sobald sie herausgefunden hatte, wo sie genug Essen und Kleidung für sich bekommen konnte, stellte sie fest, dass Ladenbesitzer und andere bereit waren, mehr zu geben, als sie selber vielleicht brauchen konnte, und deshalb fing sie an, für andere zu sammeln. Carolyn wurde Stadtstreicherin und besorgte sich einen Haufen Einkaufswagen und Rucksäcke, um die Waren, die man ihr schenkte, herumzufahren und an andere Obdachlose zu verteilen. Dann lernte sie Kurt kennen, und die beiden wurden ein Team.

Nachdem sie dreizehn Jahre damit verbracht haben, inoffiziell

abzuholen und zu verschenken, sind Kurt und Carolyn nun offiziell geworden. Sie haben Verträge mit fünf großen Nahrungsmittelanbietern abgeschlossen, haben einen freiwilligen Helfer, holen
Nahrungsmittel ab und verschenken sie auf der Straße an »jeden,
der bescheiden genug ist, um zu kommen und sie sich zu holen«.
Immer wenn ich Skeptiker fragen höre, welchen Einfluss der Einzelne aufs Ganze gesehen überhaupt haben kann, denke ich an
Kurt und Carolyn.

15. BESEITIGUNG: KOMPOST UND GAS

Man darf also das Vermögen, das auch unserem Nächsten nützen kann,
nicht wegwerfen; denn es ist ein Besitz, weil es besitzenswert ist, und heißt
Vermögen, weil es etwas vermag und nützt und zum Nutzen der Menschen
von Gott geschaffen ist

KLEMENS VON ALEXANDRIEN (CA. 140/150 – CA. 215)

VIELE VON UNS ERINNERN SICH DARAN, wie sie als Kinder
in Teiche wateten und zusahen, wie Blasen von dem schlammigen
Grund aufstiegen, und sie vor dem üblen Geruch zurückwichen.
Dieses Gas – meist Methan oder »Sumpfgas« – ist das Nebenprodukt von Mikroben, die in dem sauerstoffarmen Wasser Laub und
anderes organisches Material aufspalten. Vor Milliarden von Jahren, als das Leben auf der Erde noch ganz am Anfang stand, gab
es für die mikroskopischen Organismen, die sich aus der Ursuppe
entwickelten, zwei Möglichkeiten, Energie aus der Umwelt nutzbar zu machen. Eine erforderte Luftsauerstoff; die andere konnte
ohne ihn stattfinden, anaerob. In den frühen Stadien der Erdge-
schichte, als die Atmosphäre hauptsächlich aus Wasserdampf und
Kohlendioxid bestand, dominierten anaerobe Bedingungen. Erst
nach Millionen von Jahren, in deren Verlauf photosynthetische
Organismen Kohlendioxid aufnahmen und die Erdatmosphäre mit
Sauerstoff vollpumpten, erfolgte die Ablösung durch die sauer-
stoffabhängige Atmung. Für jene Mikroben, die nur unter anaeroben Bedingungen überleben konnten, war dies katastrophal, und
ihre Nischen wurden langsam enger (Kasting 2006). Allerdings
gab es noch viele Orte auf Erden, wo Sauerstoff knapp war. Und
in Torfmooren, Sümpfen und am Grund stiller Teiche herrschen
noch immer Mikroben und setzen langsam Methan frei.
Methan ist entflammbar, und es wurde behauptet, dass die As-
syrer schon im 10. Jahrhundert v. Chr. das Gas nutzten, um ihr
Badewasser zu erhitzen. Von Ingenieuren des britischen Empire
wurden im 19. Jahrhundert ausgeklügelte Systeme entwickelt, um
organisches Material, beispielsweise menschliche Abwässer, zu
sammeln und das »Biogas« abzusaugen, damit es in Straßenlater-

nen verbrannt werden konnte. China hatte solche Anlagen spätestens Ende des 19. Jahrhunderts in Betrieb, in die Dung eingeleitet wurde und die Gas, Kompost und Abwasser abgaben, das Wasserpflanzen und Fische ernährte. Bis zu den 1980er Jahren waren mit Förderung der chinesischen Regierung in China Millionen von Biogas-Fermentern gebaut worden, die Methan in ländliche Häuser leiteten, während sie gleichzeitig eine hygienische Behandlung tierischer und menschlicher Fäkalien ermöglichten (Kangmin und Ho 2005).

Heute wird die anaerobe Vergärung in der gesamten industriellen Welt eingesetzt, um Abwässer und verstärkt auch Gülle zu behandeln. Kürzlich fand man heraus, dass Methan aus Stallmist und Dung zu den umweltfreundlichsten Biokraftstoffen gehört, die zurzeit verfügbar sind (RFA 2008). Diese Systeme werden zunehmend als eine der besten Möglichkeiten zur Behandlung von Nahrungsabfällen propagiert (Cabinet Office 2008; Defra 2007b). In den Entwicklungsländern erhalten sie im Rahmen des »Mechanismus für umweltverträgliche Entwicklung« CDM (Clean Development Mechanism) der Vereinten Nationen finanzielle Mittel und haben das Potenzial, die Entwaldung zu bremsen, wenn statt Holz das gesammelte Gas als Brennstoff verbrannt wird.

Werden Nahrungsabfälle, Dung, Schlachthof-Nebenprodukte oder anderes organisches »Rohmaterial« in großen Tanks aufgelöst, lässt sich das Gas verbrennen, um Strom zu erzeugen, und das heiße »Abwasser« kann genutzt werden, um Heizungswärme für nahe gelegene Gewerbebetriebe oder Wohnungen bereitzustellen. Als Alternative kann das Gas gereinigt und direkt in das Gasversorgungsnetz gepumpt und in Privatwohnungen zum Heizen genutzt werden. Diese Biogas-Netzeinspeisung erfolgt in Deutschland, Frankreich und Österreich. Oder das Gas kann in Flaschen abgefüllt und anstelle von Benzin oder Diesel verwendet werden – wie es in der Schweiz, in Deutschland und vor allem in Schweden geschieht, wo gegenwärtig eine Flotte von Bussen und Taxen sowie eine Zuglinie mit Gasen aus Schlachthofabfällen betrieben werden. Faktisch werden sie alle von umweltfreundlicher, sauberer Solarenergie betrieben, die in der Nahrung gespeichert wird, solange die Pflanze oder das Tier lebt, und freigesetzt wird, wenn der Organismus sich zersetzt.

Die anaerobe Vergärung als Mittel zur Entsorgung von Nahrungsabfällen ist der Deponierung nicht nur wegen dieser Art der Stromerzeugung vorzuziehen, sondern auch, weil bei der Verbrennung von Methan (CH_4) der darin enthaltene Kohlenstoff sich an Sauerstoff bindet, um Kohlendioxid (CO_2), ein weit weniger starkes Treibhausgas als Methan, zu bilden. In einer neueren Untersuchung wurde geschätzt, dass durch Vermeiden der Deponierung entsprechend Emissionen zwischen 0,4 Tonnen und einer Tonne Kohlendioxid pro Tonne Nahrungsabfälle eingespart werden könnten. Wenn von den 5,4 Millionen Tonnen Nahrungsabfällen britischer Haushalte 60 Prozent (3,2 Mio. t) der anaeroben Vergärung zugeführt würden, statt sie zu deponieren, könnten 1,6–3 Millionen Tonnen CO_2-Emissionen eingespart werden (Hogg u. a. 2007b). Zudem gilt dieses Kohlendioxid als überhaupt nicht mitverantwortlich für die globale Erwärmung, weil der freigesetzte Kohlenstoff von Pflanzen stammt, die vor kurzem noch Kohlendioxid aus der Atmosphäre aufgenommen haben – im Gegensatz zur Verbrennung fossiler Brennstoffe, die Kohlenstoff freisetzt, der seit Millionen von Jahren gespeichert wurde. Das nach der anaeroben Vergärung übrige aufgespaltene organische Material kann verwendet werden, um Felder oder Gärten zu düngen, und damit unter Umständen, wenngleich nicht immer in der Praxis, industriellen Stickstoffdünger ersetzen. Da Fermenter direkt in oder in großer Nähe zu Stadtgebieten gebaut werden dürfen, könnten sie außerdem die Entfernung verringern, über die städtischer Müll transportiert werden muss, obwohl derzeit manchmal das Gegenteil der Fall ist. Aus ebendiesen Gründen werben viele Regierungen jetzt für die anaerobe Vergärung als Lösung ihrer Probleme mit Nahrungsabfällen.

Weil die anaerobe Vergärung Elektrizität erzeugt, wird sie im Allgemeinen für besser erachtet als die unkomplizierte Kompostierung. Letztere macht die Energie im organischen Material nicht nutzbar. Sie zersetzt es aerob, wobei statt Methan Kohlendioxid freigesetzt wird, und produziert Kompost. Deshalb hält man sie im Allgemeinen für besser als die Deponierung. Aber wenn die Sauerstoffzufuhr nicht stimmt, kann sie auch Ammoniak-Emissionen oder sogar Methan produzieren (Mata-Alvarez u. a. 2000).

Die Vorteile sowohl der zentralisierten Kompostierung als auch der anaeroben Vergärung werden teilweise konterkariert durch die Verwendung einer Flotte von Spezialfahrzeugen für die Müllabholung von Haus zu Haus. Obwohl dies in der Zukunft, wenn die Kommunen lernen, ein einziges Fahrzeug einzusetzen, das alle möglichen getrennten Abfälle abholt, vielleicht nicht mehr ein so großes Problem darstellt. Laut WRAP ist die anaerobe Vergärung auch besser als alternative Methoden, beispielsweise Vergasung oder Pyrolyse, die momentan noch sehr teuer sind und eine Menge Energie erfordern, um die Nahrungsmittel auf Temperaturen von bis zu 800 Grad Celsius zu erhitzen zwecks Umwandlung in Holzgas und »Syngas« (Synthesegas) oder Öl, die anschließend als Kraftstoff verwendet werden können. Außerdem ist es sauberer, für getrennte organische Abfallstoffe die anaerobe Vergärung zu verwenden, statt sie entweder zusammen mit anderen Abfällen zu verbrennen oder durch mechanisch-biologische Behandlung oder Autoklav-Systeme aus gemischten Siedlungsabfällen zu extrahieren. Bei dieser Methode wird der Abfall unter Dampfdruck behandelt, um die Rückgewinnung des organischen Materials zu ermöglichen, das anschließend auf Acker- oder Weideland ausgebracht oder als Kraftstoff verwendet werden kann. Neu aufkommende Technologien mögen in der Zukunft eine Rolle spielen, sind aber momentan unwirtschaftlich, beispielsweise die enzymatische Hydrolyse, die Enzyme nutzt, um die Nahrungsmittel in Kohlehydrate aufzuspalten, die zu Ethanol für Kraftstoff fermentieren. Aus diesen Gründen ist die anaerobe Vergärung derzeit in Europa wahrscheinlich die beste Behandlungsmethode für die meisten vermischten Nahrungsabfälle.

Ein beachtlicher Nachteil jedoch ist, dass anaerobe Biogasanlagen teuer im Bau und schwer zu unterhalten sind. Mehrere Regierungen in Europa haben sich deshalb entschlossen zu versuchen, die Branche durch Bereitstellung von Subventionen und Fördermitteln anzukurbeln. Deutschland gehört zu den Ländern, die den

Ausbau der Kapazitäten für die anaerobe Vergärung bislang am erfolgreichsten gefördert haben, größtenteils in Form von Hofbiogasanlagen, die sowohl Gülle und Jauche als auch Nahrungsabfälle behandeln. Anfangs wurde dieser Ausbau beschleunigt durch die hohen Preise, die Bauern Firmen für die Erlaubnis in Rechnung stellen konnten, ihren Abfall zu entsorgen, aber sie wurden auch unterstützt durch das im Februar 2000 vom Deutschen Bundestag verabschiedete Erneuerbare-Energien-Gesetz (EEG; Erneuerung 2008 und 2010), gemäß dem für jede aus erneuerbarer Energie erzeugte Kilowattstunde eine feste Vergütung zu zahlen ist (Weiland 2000). Großbritannien hat lange gebraucht, um nachzuziehen, aber die Kosten für die Deponierung von Abfällen haben inzwischen eine solche Höhe erreicht, dass viele Unternehmen und Kommunalverwaltungen sich entschließen, stattdessen anaerobe Vergärungsanlagen zur Behandlung ihres Abfalls zu bezahlen.

Im Vereinigten Königreich erhalten die Betreiber anaerober Biogasanlagen über diese indirekte Hilfe hinaus direkte Zuschüsse zu den Baukosten und können jetzt über den Carbon Trust zusätzliches Geld beantragen. Die Walisische Versammlung beschloss im Jahr 2009, 26 Millionen Pfund an Betriebs- und Beschaffungsmitteln für anaerobe Vergärungsanlagen zur Verfügung zu stellen. Am wichtigsten ist, dass die Betreiber den Strom, den sie erzeugen, im Rahmen des staatlichen Renewable-Obligation-Programms zu einem erhöhten Preis verkaufen dürfen. Künftig werden sie noch mehr erhalten als die Betreiber anderer erneuerbarer Energiequellen, weil die anaerobe Vergärung den doppelten Zweck der Abfallbehandlung und Ökostromerzeugung erfüllt (WRAP 2008d). Wie Joan Ruddock, die britische Ministerin für Energie und Klimawandel, in einer Rede auf einer Konferenz des britischen Verbandes der Umweltdienste im Oktober 2007 betonte, »erfüllt sie ökologisch alle Kriterien. Sie erzeugt 100 Prozent erneuerbare Energie, und das behandelte Material kann dem Land als Dünger zurückgegeben werden – was uns einen vortrefflichen Kreislauf bietet. Und das ganze Verfahren reduziert, verglichen mit anderen Abfallverfahren, die Treibhausgas-Emissionen.«

Folglich sind in Großbritannien viele anaerobe Vergärungsanlagen in Planung, und das Ganze verspricht eine boomende Industrie zu werden. Eine Studie im Vereinigten Königreich fand bereits heraus, dass im Jahr 2006 von 604 883 Tonnen Nahrungsabfällen, die eine Auswahl von Nahrungsmittelherstellern produzierte, 66 239 Tonnen der anaeroben Vergärung zugeführt wurden – obwohl nicht klar ist, wie repräsentativ diese Zahlen sind. Es gibt eine ganze Reihe unterschiedlicher Modelle anaerober Fermenter, und jedes unterscheidet sich vom anderen bezüglich der Art des Abfalls, die es verarbeitet, und der Abfallbehandlung.

Als ich im März 2008 mit dem Zug in Ludlow, einer Kleinstadt im Westen Englands, eintraf, wusste ich, dass ich den richtigen Stadtteil erreicht hatte, als etwas meine Nasenlöcher kitzelte – ein dezenter Hauch von Küchenabfällen. Da die Klagen über den Gestank bis heute eine Hürde für Anlagen zur Behandlung von Nahrungsabfällen sind, klopfte ich an ein paar Türen und fragte die Anwohner, was sie darüber dächten. Sie alle beteiligen sich an dem staatlich finanzierten Recycling-Projekt und sammeln ihre Nahrungsabfälle getrennt in speziellen Beuteln. Jeder, mit dem ich sprach, schien wohlwollend zu sein, was die Anlage vor seiner Haustür betraf. »Es ist schade wegen der Gerüche«, meinten sie, »aber man muss es machen.«

In der Greenfinch-Anlage selber zeigte mir Michael Chesshire, der Kopf hinter dem Projekt, von der Besichtigungsempore aus die riesigen Haufen in Säcke abgefüllter Nahrungsabfälle. Bei näherem Hinsehen bekam man einen intimen Einblick in die Ludlower Küchenabfalleimer – halb gegessene Bananen, Kohlblätter und Brotlaibe, die sich noch in ihrer Plastikverpackung befanden (die den Restkompost einiger Anlagen verunreinigen kann). Vom Sammelplatz wird der Abfall mittels Förderband in einen pulverisierenden Zerkleinerer gehoben, bei 72 Grad Celsius pasteurisiert und von dort in den ersten der Faulbehälter gepumpt. Einen Monat später kommt er am anderen Ende als torfähnlicher Kompost heraus, der von Bauern abgeholt wird. Das Gas wird zur Produktion erneuerbarer Energie verwendet, die Chesshire »zu einem sehr guten Kurs« an Marks & Spencer verkauft. Chesshire ist recht begeistert von dem System. Aber er räumt ein, dass Anlagen wie seine nur profitabel sein können, wenn sie mehr als 10 000 Tonnen Nahrungsabfälle jährlich verarbeiten – etwa das Dreifache der gegenwärtigen Menge.

Der Bau der Anlage bei Holsworthy in Devon kostete etwa acht Millionen Pfund, aber obwohl die britische Regierung die Hälfte der Kosten übernahm, ging der Betrieb am Ende ein. Außerdem fand die Regierung anfangs, dass die Anlage insgesamt negative Auswirkungen auf die Umwelt habe, weil die Einsparungen bei den Treibhausgasen von den Schwefeldioxid-Emissionen und die Verteilung von zu vielen Nährstoffen auf dem Land übertroffen würden. Die Anlage wurde daraufhin im Jahr 2005 von Summerleaze Ltd. gekauft. Das Unternehmen vermehrte seine Einnahmen, indem es sich von wenig ergiebigem Viehdung auf Nahrungsabfälle verlegte. So zahlen Nahrungsmittelunternehmen, welche die Kosten der Deponierung zu vermeiden suchen, Müllabladegebühren zwischen zwei Pfund und immerhin 42 Pfund pro Tonne – was gegenwärtig etwa 60 Prozent der Einnahmen der Anlage einbringt. Faktisch sorgt daher die Steuergesetzgebung der Regierung in London für das finanzielle Rückgrat der anaeroben Vergärung, und Studien in den USA haben ebenfalls gezeigt, dass die anaerobe Vergärung durch diese »Müllabladegebühren« finanziert werden muss, um kostengünstig zu arbeiten. Den dortigen Nahrungsmittelherstellern müsste eine Müllabladegebühr von fast 46 US-Doller pro Tonne berechnet werden, soll die in anaeroben Biogasanlagen erzeugte Energie mit dem Marktpreis für herkömmlich erzeugten Strom (0,053 \$/kWh) konkurrieren (Matteson und Jenkins 2007). Die Verwandlung von Nahrungsabfällen in Energie ist allein nicht wirtschaftlich: Es ist ein Abfallentsorgungsservice, für den bezahlt werden muss.

Wie viel Strom erzeugt die anaerobe Vergärung, und ist es wirklich der beste Weg zur Behandlung aller Arten von Nahrungsabfällen? Es gibt Dutzende auf der ganzen Welt veröffentlichte wissenschaftliche Aufsätze, welche die anaerobe Vergärung mit Kompostierung, Verbrennung, Deponierung und zahlreichen anderen Alternativen vergleichen. Regierungen haben Studien finanziert, in denen berechnet wird, welche dieser verschiedenen

Möglichkeiten der Behandlung von Nahrungsabfällen die kostengünstigsten und umweltfreundlichsten sind. Aber es gibt eine Abfallentsorgungsmethode, die bei wissenschaftlichen Vergleichen regelmäßig und unerklärlicherweise ausgelassen wird. Im Gegensatz zur anaeroben Vergärung ist sie ohne staatliche Gelder finanziell tragfähig. Sie bringt sogar Geld ein, ohne Firmen oder Steuerzahler für den Service zur Kasse zu bitten; und sie ist wohl die bei weitem umweltverträglichste. Außerdem ist sie ungefähr neun Jahrtausende alt. Sie heißt Schweinefutter.

Nicht alle Nahrungsabfälle sind dafür geeignet, sie an Nutztiere zu verfüttern, und in Europa, Australien und einigen US-Bundesstaaten verhindern gegenwärtig Gesetze über tierische Nebenprodukte die Verwendung der meisten Nahrungsabfälle für diesen Zweck. Aber dennoch gibt es eine Menge außerordentlich nährstoffreicher Nahrungsabfälle, die derzeit entweder deponiert oder anaeroben Vergärungsanlagen zugeführt werden, die jedoch weit besser als Viehfutter genutzt würden. Damit könnte außerdem die Notwendigkeit entfallen, so viel umweltschädliches getreidebasiertes Futter zu verwenden. Nahrungsmittel-Nebenprodukte an Nutztiere zu verfüttern erfordert weniger Kapitalinvestitionen und Verarbeitung als die anaerobe Vergärung. Wenn man ebenfalls Strom und Wärme möchte, kann man den anfallenden Dung in einen anaeroben Fermenter einleiten. Zu vergleichsweise geringen Kosten kann man Elektrizität, Wärme, gehaltvollen Fauldünger und riesige Mengen an nachhaltig gezüchtetem Fleisch bekommen.

Forscher haben festgestellt, dass es unter dem Aspekt der Treibhausgasemissionen fünfmal besser sein könnte, Nahrungsabfälle an Schweine zu verfüttern, als sie zu verbrennen, und dass der Wasserverbrauch dadurch um 99,9 Prozent gesenkt werden könnte. Die meisten Emissionen im Zusammenhang mit der Verfütterung von Nahrungsabfällen an Schweine würden zudem von der Wärmebehandlung der Abfälle herrühren. Da es in Europa aber verboten ist, tierische Nebenprodukte an Nutztiere zu verfüttern, sei eine Wärmebehandlung jener ehemaligen Nahrungsmittel, die frei von tierischen Nebenprodukten sind, beispielsweise Brot und

Gemüse, nicht erforderlich (Ogino u. a. 2007). Ein Vergleich der ökologischen Folgen der Verarbeitung von Nahrungsabfällen zu Tierfutter, ihrer Verbrennung, Kompostierung und Deponierung ergab darüber hinaus, dass unter dem Aspekt der globalen Erwärmung die Futterherstellung ökologisch am unbedenklichsten ist (Lee u. a. 2007).

Erstaunlicherweise gibt es meines Wissens nirgendwo auch nur eine einzige Studie, die einen Vergleich der ökologischen und finanziellen Vorteile der anaeroben Vergärung mit der Schweinefütterung zum Thema hat, sodass ich meine eigenen Berechnungen benutzen musste, um beide miteinander zu vergleichen. Die Zahlen zur Einschätzung der Kohlenstoff-Einsparungen durch Verwendung von Nahrungsabfällen für die anaerobe Vergärung wurden mir von Michael Chesshire bei Greenfinch zur Verfügung gestellt. Sie sind, wie er sagt, vorläufig, aber ein Vergleich mit mehreren anderen Versuchen, ähnliche Biogasanlagen zu beurteilen, lässt darauf schließen, dass sie stimmen. Die Greenfinch-Anlage ist kein idealer Vergleich, weil die Haushalts-Küchenabfälle, die dort verwendet werden, nach geltendem europäischem Recht nicht an Nutztiere verfüttert werden dürfen. Es gibt jedoch gewerbliche und industrielle überschüssige Nahrungsmittel, die ähnliche Mengen Biogas ergeben würden, die aber alternativ an Schweine verfüttert werden könnten, und folglich müsste der Vergleich immerhin einen nützlichen Hinweis liefern.

Die Verwendung von Nahrungsabfällen für die anaerobe Vergärung ersetzt nominell fossile Brennstoff-Energiequellen durch eine erneuerbare Energiequelle, sodass die Kohlenstoff-Ersparnis in den Treibhausgasen zum Ausdruck kommt, die ausgestoßen worden wären, hätte man dieselbe Energiemenge auf konventionelle Art erzeugt. Andererseits wird bei der Verfütterung von Nahrungsabfällen an Schweine Kohlenstoff dadurch eingespart, dass die Notwendigkeit zur Produktion von konventionellem Schweinefutter entfällt, das aus Getreide und Hülsenfrüchten gemacht wird, wozu erforderlich ist, dass Traktoren gefahren werden, Land gepflügt wird und Agrochemikalien hergestellt werden.

Für jede Tonne Nahrungsabfälle wirft die Greenfinch-Anlage

95 m³ Methan ab, das 255 kWh erneuerbaren Strom erzeugt, wodurch 110 kg Kohlendioxid-Emissionen eingespart werden. Würde die Anlage ihr Ziel erreichen, die Hälfte ihres Warmwassers zum Heizen zu nutzen, beliefen sich die gesamten Kohlendioxid-Einsparungen auf 143 kg. Im Gegensatz dazu lägen die Einsparungen, die möglich wären, würde konventionelles Schweinefutter durch Futter aus Küchenabfällen ersetzt, bei 236 kg Kohlendioxid oder beim Zweifachen der Kohlenstoff-Ersparnis im Falle der Verwendung der Nahrungsabfälle zur Erzeugung von Strom in einem anaeroben Fermenter. Selbst wenn man die potenziellen Emissionseinsparungen aufgrund der momentan ungenutzten Wärme aus der anaeroben Vergärungsanlage einbezieht, ist die Verfütterung landläufiger Abfälle an Schweine immer noch um 65 Prozent (236 kg statt 143 kg) besser, als sie für die anaerobe Vergärung zu verwenden.

Nicht berücksichtigt ist dabei die Tatsache, dass Schweinemist zur Erzeugung von Biogas genutzt werden kann. Zu Recht, weil man dazu genauso gut den Mist konventionell gefütterter Schweine verwenden könnte. Vor allem aber sind darin nicht die vermiedenen Emissionen enthalten, die Veränderungen der Bodennutzung im Zusammenhang mit der Produktion von Sojamehl als Tierfutter, beispielsweise der Abholzung in Südamerika, geschuldet sind. Wenn man Veränderungen der Bodennutzung einbezieht, dann steigen die Emissionen, die durch eine Tonne auf abgeholztem Land angebautes und an Tiere in Europa verfüttertes südamerikanisches Sojamehl erzeugt werden, rapide von 700 kg Kohlendioxid entsprechend auf bis zu 232 800 kg pro Tonne – oder sie lägen, wenn man sie sich über zwanzig Soja-Erntejahre auf ebendiesem Stück Land verteilt dächte, bei 11 640 kg Emissionen pro Tonne (Dalgaard u. a. 2008). Mit anderen Worten: Angenommen, man hätte eine Tonne Nahrungsabfälle mit einem ähnlichen Nährwert wie Sojamehl, könnte es 26- bis 520-mal besser sein, sie an Schweine zu verfüttern, als sie in einen anaeroben Fermenter zu geben.

Über diese Nutzeffekte für die globale Erwärmung hinaus ist es besser, Nahrungsabfälle an Schweine zu verfüttern, als sie in anaerobe Fermenter zu füllen, weil sich dadurch das Risiko anderer, damit verbundener ökologischer Probleme wie Versäuerung, Eutrophierung und Überdüngung terrestrischer Lebensräume reduzieren lässt, die als Folge des Ausbringens der Gärrückstände auf Acker- oder Weideland auftreten können. Außerdem würde die Verwendung von Nahrungsabfällen statt angebauten Tierfutters ungefähr eine Million Liter Wasser pro Tonne einsparen, und sie könnte Millionen Hektar landwirtschaftliche Nutzflächen für bessere Zwecke freisetzen (Ogino u. a. 2007). Vielleicht am wichtigsten von allem ist die vermiedene Schädigung des Artenreichtums der Welt, zu der es momentan durch den Anbau von Tierfutter kommt. Die anaerobe Vergärung besitzt keinen dieser Vorteile.

Dies ist der ökologische Nutzen. Der ökonomische Sachverhalt ist genauso klar. Der potenzielle Wert von einer Tonne Nahrungsabfälle in einem anaeroben Fermenter für die Wirtschaft läge bei 37,20 Pfund. Eine Tonne von in Schweinefleisch verwandelten Nahrungsabfällen hätte hingegen einen Einzelhandelswert von 330 Pfund.

Die anaerobe Vergärung mag gegenwärtig die beste Option für die meisten Arten von Nahrungsabfällen sein, die nicht an Nutztiere verfüttert werden dürfen, beispielsweise Küchenabfälle aus Gastronomie und Haushalten. Was mich jedoch beunruhigt, ist das technophile Vertrauen, das Verantwortliche der Regierungen, der Nahrungsmittelindustrie und der Medien in die ökologischen Vorteile dieses Verfahrens haben. Im Jahr 2005 vermittelte eine viel beachtete BBC-Dokumentation den Leuten den Eindruck, die Vorteile der anaeroben Vergärung glichen sogar die Tatsache aus, dass Nahrungsmittel überhaupt erst verschwendet wurden. Dies eröffnet der Nahrungsmittelindustrie einen zu leichten Weg, sich einen umweltfreundlichen, »grünen« Anstrich zu geben – mit der Folge, dass sich seitdem praktisch alle Absichtserklärungen seitens der großen Supermarktketten darauf konzentriert haben, die Menge der zur Deponierung bestimmten Nahrungsabfälle zu reduzieren, statt auf den viel bedeutsameren Schritt, sie an sich zu reduzieren. Tatsache ist, dass die Energie, die rückgewonnen wird, weil Nahrungsmittel in anaerobe Fermenter wandern, nur ein

Bruchteil der Energie ist, die für den Anbau der Nahrungsmittel aufgewendet wurde. Jagte man zum Beispiel eine Tonne Tomaten durch einen anaeroben Fermenter, würden damit nur 0,75 Prozent der bei ihrer Erzeugung überhaupt erst freigesetzten Emissionen wiedergutgemacht. Die durchmischten Nahrungsabfälle in der Greenfinch-Anlage sparen 143 kg CO_2-Emissionen pro Tonne ein, und Tomaten erbringen vielleicht etwa halb so viel Methan wie durchmischte Nahrungsabfälle, was einem CO_2-Ausstoß von 71,5 kg/t entspricht (Zhang u. a. 2007; Mahro und Timm 2007). Im Vergleich dazu beträgt das globale Erwärmungspotenzial (GWP) der Erzeugung von einer Tonne Tomaten 6400 kg CO_2-Emissionen, nicht eingerechnet die Emissionen aufgrund von Transport, Kühlung und Verpackung, die den Gesamt-CO_2-Ausstoß wahrscheinlich noch einmal ungefähr verdoppeln würden (Williams u. a. 2006). In Hinsicht auf die globale Erwärmung betrachtet, ist es mindestens 130-mal besser, die Tomaten gar nicht erst anzupflanzen, als sie in Gas zu verwandeln.

Die Supermärkte haben behauptet, dass beim anaeroben Vergären überschüssiger Nahrungsmittel »nichts unterwegs vergeudet« werde, während Medienberichte das Verfahren als den »Traum eines jeden Umweltschützers«, den »Robocop der Nahrungsabfälle« und als »zu schön, um wahr zu sein«, bezeichnet haben und ihren Lesern versicherten, es könne »dem Vereinigten Königreich Sicherheit bei der Versorgung mit Brennstoffen verschaffen«. Schätzungen zufolge würden die Nahrungsabfälle sämtlicher Haushalte des Vereinigten Königreichs, wenn man sie zwecks anaerober Vergärung abholte, realistischerweise immer noch lediglich zwischen 0,5 und einem Prozent des inländischen Strombedarfs erzeugen, was zur Versorgung von gerade mal 103 000–164 000 der insgesamt 24,5 Millionen britischen Haushalte ausreichen würde (Hogg u. a. 2007b).

Es ist verblüffend, wie sehr jedes Nahrungsmittelunternehmen sich plötzlich darum reißt, am umweltfreundlichsten dazustehen. Beispielsweise kündigte McDonald's im Jahr 2008 an, spätestens im Jahr 2010 nichts mehr deponieren zu wollen – eine vorbildliche Absichtserklärung. Aber wir können heute zwischen »etwas weniger schlechten« Maßnahmen der Abfallbewirtschaftung und wirklich guten unterscheiden – zwischen »grünen« Maßnahmen und dem Versuch, sich ein »grünes« Image zu geben. McDonald's – dessen »grüne Referenzen« in der Presse gepriesen wurden, als der Konzern die Deponie-Ankündigung machte – führt seit 2008 ein Abfallverbrennungsprojekt durch, das im März 2009 noch immer weniger als ein Prozent der Filialen erfasste. Man hoffe, diesen Anteil zu vergrößern, wie Marie-Louise Terbeek, die Umweltgeschäftsführerin von McDonald's, mir im März 2009 erklärte. Ein anderes Beispiel: Die anaerobe Anlage bei Holsworthy nimmt Sahne und Molke, die Schweine liebend gern fressen würden. Der Biogen-Anlage in der Nähe von Luton werden industrielle Nahrungsabfälle wie Brot zugeführt, die brauchbares Schweinefutter abgäben. Freunde der anaeroben Vergärung sprechen sogar davon, dass man versuchen wolle, mit Bauern zu konkurrieren, die Obst und Gemüse-Nebenprodukte für ihr Vieh kaufen. Betriebswirtschaftlich möglich ist dies nur aufgrund der gegenwärtigen Subventionspolitik der britischen Regierung für anaerobe Anlagen. Weil eine vergleichbare Unterstützung für Schweinezüchter, die diese Nahrungsabfälle verwerten wollen, fehlt, verzerrt die »grüne« Politik der Regierung den Markt und dürfte wohl negative Folgen für die Umwelt haben.

Ein Grund, warum die Einsparungen bei den Treibhausgasemissionen, welche die Verfütterung von Abfällen bietet, von den europäischen Regierungen ignoriert werden, sind die Probleme mit der Art und Weise, wie die Berechnungen gemäß Kyoto-Protokoll vorgenommen wurden. Man denkt vielleicht, dass die Emissionen, die bei der Herstellung einer Wurst freigesetzt werden, die in einem europäischen Land verzehrt wird, dort angerechnet werden müssten. Wenn europäische Konsumenten Südamerikaner dafür bezahlen, dass sie den Amazonas-Regenwald abbrennen, um dort Soja zur Fütterung jener Tiere anzubauen, die zu europäischen Würsten verarbeitet werden, werden die Emissionen jedoch Brasilien angerechnet. Die beim Soja-Transport über den Atlantik anfallenden Emissionen werden überhaupt niemandem angerechnet, weil sie im Kyoto-Protokoll nicht berücksichtigt wurden. Obwohl die Umstellung von kommerziellem Futter auf die Verfütterung von Abfällen also die Kohlenstoff-Emissionen weltweit reduzieren würde, würde ein Großteil dieser Reduktion nicht zugunsten des europäischen Landes, das diese Umstellung vollzieht, zählen.

Biogasanlagen sind attraktiv für Leute, die glauben, dass High-tech-Lösungen stets die beste Antwort sind. Die Kohlenstoff-»Einsparungen« dieser Anlagen sind unmittelbar erkennbar und gemäß Kyoto-Protokoll anrechnungsfähig; sie belegen schwarz auf weiß, dass Emissionen reduziert wurden, und sie helfen, die Zielvorgaben für erneuerbare Energien zu erfüllen. Aber in diesem Fall haben fehlende Forschungen und mangelnde Besonnenheit Regierungen und Unternehmen, trotz allerbesten Willens, veranlasst, die falschen Entscheidungen zu treffen.

16. ALLESFRESSENDE BRÜDER: DIE SCHWEINE UND WIR

Dearly beloved brethren,
Is it not a sin
To peel the potatoes
And throw away the skin?
For the skin feeds the pigs
And the pigs feed us,
Dearly beloved brethren,
Is it not thus?

BRITISCHER VOLKSREIM

SEIT NEUNTAUSEND JAHREN leben Menschen Seite an Seite mit Hausschweinen. Schon immer vertilgten Schweine menschlichen Abfall, und Menschen aßen ihr Fleisch. Das Schwein war so nützlich, dass die Bewohner weit auseinanderliegender Regionen wie der Philippinen, Westeuropas und Afrikas es domestizierten – einmal quer durch das Gebiet seines natürlichen Lebensraums. Für die Schweine selbst zeigte sich, dass die Vorteile, die ihnen in Form von reichlich Futter und Schutz zuteilwurden, den Preis wert waren – nämlich mit ansehen zu müssen, wie regelmäßig einige aus den eigenen Reihen getötet und aufgegessen wurden. Vermutlich nahm die Domestizierung des Schweins sogar ihren Anfang, als Schweine auf der Suche nach Futter in menschliche Siedlungen eindrangen, und resultierte nicht daraus, dass Menschen aus eigenem Antrieb loszogen, um sie zu fangen. Als die Beziehung zwischen Schweinen und Menschen sich weiterentwickelte, nahmen ihre Besitzer sie überallhin mit, egal wohin sie gingen. Die alten Polynesier transportierten sie in ihren Kanus, wenn sie in See stachen, um neue Inseln zu kolonisieren; die Koreaner sperrten sie unter ihre häuslichen Aborte, damit sie alles wegputzten, von Küchenabfällen über Tiereingeweide bis zu menschlichen Exkrementen. Diese Schweineabort-Gerüste wirkten dem Ausbruch von Krankheiten derart wirkungsvoll entgegen, dass die alten Chinesen Terrakotta-Statuetten der Schweine zusammen mit ihren Kaisern begruben. Schweine räumten Abfälle weg, die ansonsten Brutstätten für schädliche Nagetiere, Insekten, Krankheitserreger und Parasiten gewesen wären, und verwandelten den unerwünschten Müll in stickstoffreichen Dung sowie in köstliche Fleischproteine und Fett (Nelson 1998; Sauer 1969). Heute findet man, mit ein paar bemerkenswerten Ausnahmen, fast überall dort, wo auf der Welt Menschen leben, auch Schweine.

Bis in die Neuzeit blieb Abfall-Recycling eine der wichtigsten Funktionen des Schweins in menschlichen Gesellschaften – manchmal wichtiger als seine Rolle als Fleischlieferant (Nemeth 1995). Oft wurden Schweine herdenweise in Waldungen gemästet, wo sie nach Eicheln, Bucheckern und Kastanien suchten; aber in landwirtschaftlichen und industriellen Gebieten, wo Wälder abgeholzt worden waren, bestand ihr Futter hauptsächlich aus Nebenprodukten der menschlichen Nahrungskette. In Europa wurde diese Funktion im Leben mit einer Mischung aus Bewunderung und Abscheu betrachtet. Auf Bauernhöfen überall auf dem Kontinent wurden sämtliche Nahrungsmittel, die ansonsten auf dem Müll gelandet wären, für die Schweine liegen gelassen. Im 17. Jahrhundert, als der Schweinebestand allein in England die Zwei-Millionen-Grenze erreichte, äußerte der Autor Gervase Markham, das Schwein sei

»des Landwirts bester Aasfresser und der Hausfrau nützlichste Senkgrube; denn sein Futter und Unterhalt bestehen aus dem, was ansonsten auf dem Hof verrotten würde ...; denn vom Landwirt bekommt es Hülsenfrucht, Häcksel, Stallstaub, menschlichen Kot, Abfall und das Unkraut seines Hofs; und von der Hausfrau ihren Treber, Essensreste, Molke, Spülwasser aus Zubern und dergleichen, womit es sehr ausreichend lebt und in guter körperlich Verfassung bleibt« (Markham 1676).

An Markham erinnernd, ergänzte der Agrarreformer John Mortimer im Jahr 1707: »Schweine sind insoweit sehr vorteilhaft für den Landbewohner ..., als sie sich von dem ernähren, was ansonsten von keinem Nutzen oder Vorteil wäre, sondern weggeworfen würde« (Mortimer 1707). Schweine verwandelten also etwas Nutzloses in etwas Nützliches. In anderen Teilen der Welt, in Goa, Südkorea und sogar in großstädtischen Zentren wie Delhi, steht es Schweinen nach wie vor frei, Müllplätze und Latrinen nach organischen Abfällen zu durchstöbern, die sie in Fleisch verwandeln.

Schweinezucht in industriellem Maßstab wurde erstmals dort möglich, wo geballte Mengen ungenutzter Nahrung an einem einzigen Ort verfügbar waren. Die gebräuchlichsten Bezugsquellen waren große Müller- und Molkereibetriebe – Letztere produzierten große Mengen an protein- und fettreicher Molke – sowie Brauereien, die ständig verbrauchten Hopfendolden und Getreide entsorgen mussten. Besitzern solcher Einrichtungen wurde geraten, entweder ihren Abfall an Schweinefarmen zu verkaufen oder, noch besser, sich eine eigene Herde anzuschaffen. In den 1720er Jahren schrieb Daniel Defoe in seiner *Tour through the Whole Island of Great Britain*, dass die wichtigsten Schinken produzierenden Gebiete Englands die Milchgrafschaften Wiltshire und Gloucestershire seien: »Die Mastschweine werden mit der gewaltigen Menge an Molke und Magermilch gefüttert, die so viele Bauern übrig haben und die andernfalls weggeschüttet werden müsste« (Mastoris und Malcolmson 2001). Im Jahr 1748 stellte ein schwedischer Tourist in England bewundernd fest, dass:

»die Brenner sehr viele halten, oft zwischen 200 und 600 Stück, die sie mit der Hefe füttern und allem, was von der Destillerie übrig ist: ... Auf dieselbe Weise, und mit demselben Ziel, wird eine große Anzahl Schweine in Stärkefabriken gehalten, die mit dem Ausschuss-Weizen gefüttert und gemästet werden« (Mastoris und Malcolmson 2001).

Dies war auch noch in den 1830er Jahren der Fall, als ein Autor bemerkte, Schweine seien »besonders wertvoll für jene Menschen, deren andere Beschäftigungen für einen reichlichen Nachschub an Nahrungsmitteln zu geringfügigen Kosten sorgen« (Mastoris und Malcolmson 2001).

Bis in jüngste Zeit herrschte weitgehend Konsens darüber,

dass es ökonomisch oder ökologisch unrentabel sei, Schweine mit etwas anderem als Abfällen oder Futter aus dem Wald zu füttern. Die anderen wichtigsten Haustiere, die Menschen seit zehntausend Jahren hielten – Rinder, Schafe und Ziegen – waren nützlich, weil sie Wiederkäuer waren und Zellulose in Gräsern, Blättern und Sträuchern verdauen konnten, die andernfalls nutzlos waren für Menschen. Im Gegensatz dazu benötigte das Schwein, da es, wie der Mensch, ein monogastrischer (mit nur einem Magen ausgestatteter) Allesfresser war, Nahrung, die der menschlichen sehr ähnelte. Schweine sind relativ effizient, aber trotzdem verwandeln sie nur etwa ein Fünftel dessen, was sie fressen, in Fleisch – daher die Ereignisse auf Tikopia. Das ist laut Marvin Harris auch der Grund, warum die Vorfahren der Juden verboten, Schweine zu essen, nachdem die Abholzung des Nahen Ostens in prähistorischer Zeit den Schweinen ihr natürliches Futter und den natürlichen Schatten genommen hatte: Gott leitete eine Kampagne zur Ressourceneffizienz ein und wies sein Volk an: »Alles, was die Klauen spaltet und wiederkäut unter den Tieren, sollt ihr essen« (3. Mose 11,3), aber nicht das Schwein, »ob es wohl die Klauen spaltet, so wiederkäut es doch nicht« (5. Mose 14,8). Dies sagt die Heilige Schrift, dahinter steckt nicht die häufig wiederholte Vorstellung, dass Schweinefleisch Krankheiten verursachen könne, was auch für andere Fleischsorten gilt (Harris 1988; Harris 1993). Was damals stimmte, galt Jahrtausende später gleichermaßen. Am Ende des 19. Jahrhunderts wies der Paläontologe Nathanial Southgate darauf hin, dass die Haltung des Schweins »in dem früheren Zustand keine Kosten verursachte; in dem späteren ist es, außer soweit es mit den Abfällen eines Haushalts gefüttert werden könnte, ein kostspieliges Tier« (Shaler 2007).

Es waren die dramatischen landwirtschaftlichen Veränderungen während des 19. Jahrhunderts, vor allem in den Vereinigten Staaten, welche die Tradition umstürzten. Als europäische Siedler es über das Alleghenygebirge schafften, befanden sie sich in der weiten Ebene, aus der später die Staaten des Mittleren Westens wurden. Riesige Savannen konnten genutzt werden, um Rinder weiden zu lassen oder Mais anzubauen. Aber in solcher Entfernung zu den Hauptbevölkerungszentren des Ostens waren diese Waren praktisch wertlos; es hieß, Mais »[war] von so geringem Wert ..., dass er Holz als Brennstoff ersetzte«. Bei diesem Preis rentierte es sich, Schweine in die Maisfelder loszulassen, damit sie selber den ganzen Ertrag einbrachten und sich an den Getreideernten mästeten, bevor sie in die großstädtischen Zentren Cincinnati und später Chicago transportiert wurden. Aber selbst dort war Schweinefleisch vor dem Aufkommen von Kühlwaggons in der zweiten Hälfte des 19. Jahrhunderts so reichlich vorhanden, dass die Packer oft nur die besten Stücke verwendeten und die restlichen Kadaver im Fluss entsorgten (Giedion 1948). Wie eine Wochenzeitung im Jahr 1908 kommentierte: »Ein Großteil des Schweins ... verkam früher. Man dachte nicht daran, sich um die vielen kleinen Stücke zu kümmern, die heute aufgeklaubt und als Nahrung genutzt oder für Fett oder Seife verwendet werden.« Zweifellos, um ihr besudeltes Image aufzupolieren, brüsteten die Chicagoer Fleischpacker sich später mit ihrer Sparsamkeit, weil sie jedes Teil des Schweins verwendeten, »bis auf das Quieken« (Washington 1980; Carrier 1998).

Von dieser Zeit an wurden Schweine in Europa und Amerika mit billigem Getreide aufgezogen. Doch in Zeiten der Knappheit, beispielsweise während der beiden Weltkriege, musste diese verschwenderische Praxis eingeschränkt werden. Um die »Konkurrenz zwischen Schweinen und Menschen um Getreidenahrung« zu reduzieren, so die Londoner *Times* am 31. Oktober 1918, wurde gegen Ende des Ersten Weltkriegs die Verfütterung jedweder für den menschlichen Verzehr bestimmter Halmfrüchte an Tiere zur Straftat erklärt und mit einer Geldbuße geahndet; stattdessen waren als Schweinefutter nur noch herkömmliche Nebenprodukte und Abfälle erlaubt (Bathurst 1921; Mastoris und Malcolmson 2001). Dasselbe geschah erneut im Zweiten Weltkrieg, als Großbritanniens Nahrungsmittelimporte unterbrochen wurden. Wie die Historiker Stephanos Mastoris und Robert Malcolmson nachgewiesen haben, ging die Anzahl der Schweine in Großbritannien von 1939 bis 1945 um 60 Prozent zurück. Im Juni 1940 wies ein Artikel im *Journal of the Ministry of Agriculture* darauf hin, dass Großbritannien zu traditionellen Methoden zurückkehren müsse:

»Während der vergangenen sechzig Jahre haben wir uns schließlich in immer stärkerem Maße auf importierte Nahrungsmittel verlassen; jetzt müssen wir lernen, uns mit reduzierten Vorräten zu behelfen; und ein wenig Hilfe bei unserem Problem können wir finden, indem wir die Ernährungs- und Bewirtschaftungssysteme studieren, die bis zu der Zeit (um 1880) vorherrschten, als die Flut billigen Getreides und anderer Nahrungsmittel aus Übersee einzutreffen begann.«

Die alte Art der Schweinezucht in Großbritannien wiederzuerlernen wurde vom Small Pig Keeper's Council gefördert, der 1940 zusammentrat, um die gemeinsame Nutzung von Schweinen in assoziierten »pig clubs« und die Sammlung von Küchen- und Speiseabfällen für ihr Futter anzuregen. König Georg VI. gab dem Projekt seine Unterstützung, indem er eine fotografische Aufnahme arrangierte, die ihn zeigte, wie er einem solchen »Schweineclub« beitrat. Ein im Mai 1940 veröffentlichtes Flugblatt propagierte die Linie der Regierung: »Diejenigen, die heute Schweine größtenteils mit überschüssigen Nahrungsmitteln aus Küchen, Gärten oder Schrebergärten halten und füttern können, werden nicht nur sich selbst helfen, sondern darüber hinaus der Nation einen Dienst erweisen. Sie werden helfen, die Fleischversorgung der Nation aufzubessern und Frachtkosten zu sparen« (Mastoris und Malcolmson 2001).

Als Teil der Kriegsanstrengung wurden die Pferdeställe im Londoner Hyde Park zur Schweinefarm umfunktioniert, um die sich die Polizei kümmerte. An Straßenecken abgestellte Schweinefuttereimer wurden bei Touren abgeholt und direkt an die städtische Schweineherde verfüttert. Kinder, die während des Krieges aufwuchsen, haben den Schweinefuttereimer noch in lebhafter Erinnerung; für viele ist er zu einer Ikone der Sparsamkeit geworden, die mit der Verschwendungssucht kontrastiert, die ihrem Empfinden nach in der modernen Welt vorherrscht. »Nichts wurde jemals verschwendet«, erinnert sich ein Zivilist aus dem in Derbyshire, England, gelegenen Chesterfield zu Kriegszeiten: »Früher hatten wir eine Schweinetonne, [in] der wir immer alle Nahrungsabfälle sammelten, zum Beispiel Kartoffelschalen, altbackenes Brot, eigentlich alles ... Sie holten die Tonnen jedes Mal mit Lastern ab, nicht unähnlich den Müllwagen, die wir heute sehen« (BBC WW2-Archiv 2005).

Die Deutschen, die während beider Kriege ähnliche Probleme mit der Nahrungsversorgung hatten, waren sich der Verschwendung, die es bedeutete, Getreide an Nutztiere zu verfüttern, und der notwendigen Einsparungen durch systematische Verfütterung von Speiseresten nicht weniger bewusst. Typisch war die Stadtverwaltung von Stuttgart: Im Ersten Weltkrieg erwarb sie einen 740 Morgen großen Bauernhof, wo Schweine im Rahmen eines offiziell organisierten Recyclingprogramms mit Küchenabfällen gefüttert wurden. Während des schwierigen Winters 1916/17 wurde das Schweinefleisch mit beträchtlichem Gewinn verkauft, der anschließend verwendet wurde, um 7500 Schulkinder der Stadt satt zu machen (Allen 1998). Während des Zweiten Weltkriegs versuchten die Nazis ebenso wie die britische Regierung, der unwirtschaftlichen Praxis, Tiere mit Getreide statt mit Nebenprodukten zu züchten, einen Riegel vorzuschieben. Franz Wirz, der Ernährungsbeauftragte des Reichsgesundheitsführers, behauptete, dass etwa 90 000 Kalorien Getreide erforderlich seien, um gerade mal 9300 Kalorien Schweinefleisch zu erzeugen, und Hermann Göring sagte, Bauern, die Tiere mit Getreide mästeten, seien »Verräter« (Proctor 2002; Picker 1951).

Nach dem Zweiten Weltkrieg machte die Kampagne für landwirtschaftliche Intensivierung – die durch zunehmende Bewässerung, die Züchtung von Feldfrüchten, die höhere Erträge abwarfen, sowie den Einsatz fossiler Brennstoffe (und damit von Stickstoffdünger) und staatliche Subventionsspritzen in der Landwirtschaft erreicht wurde – erneut billiges Getreide in Hülle und Fülle verfügbar. Die Preise sind seitdem stetig gefallen (Kipler und Ornelas 2000). Das Gesamtangebot an Getreide stieg zwischen 1980 und 2004 um 43 Prozent, und die internationalen Preise halbierten sich preisbereinigt zwischen 1961 und 2006. Zwischen 1964 und 2004 wuchs die jährliche Sojaernte der Welt von 29 Millionen auf 200 Millionen Tonnen, und das meiste davon wird heute nach Auspressen des Öls als Tierfutter verwendet (Steinfeld u. a. 2006; Garnett 2008). Bis zu den 1980er Jahren nahm die Speiserestverfütterung in Europa und Nordamerika sehr stark ab, während mit billigem subventioniertem Getreide erzeugtes billiges Fleisch westliche Märkte überschwemmte. Von den 1960er Jahren bis 1994 sank die Zahl der mit Küchenabfällen und Speiseresten gemästeten Schweine in den USA von 130 000 pro Jahr auf weniger als 50 000 (Westendorf 2000). Einer Handvoll größerer Betriebe, die solche Abfälle verfütterten, gelang es, im Geschäft zu bleiben, und in England ist John Rigby einer dieser Bauern der alten Schule. Rigby übernahm die Schweinezucht von seinem Vater und Großvater, die nach dem Zweiten Weltkrieg, als Bauern bis zu fünf Schillinge für einen Eimer voll Küchenabfälle zahlten, mit der Speiserestverfütterung anfingen. Angesichts der Verfügbarkeit von billigem Getreide, der Verbreitung der Maul- und Klauenseuche und der klassischen Schweinepest sowie durch die gedrückten Preise von Schlachthöfen, die mit Fisch-Nebenprodukten belastetes Schweinefleisch befürchteten, wurde die Verfütterung von Küchen- und Speiseabfällen jedoch immer weniger konkurrenzfähig.

Im Jahr 2001 fand die Speiserestverfütterung ein abruptes Ende. In jenem Jahr kam die britische Regierung zu dem Schluss, dass der katastrophale Ausbruch der Maul- und Klauenseuche auf das Konto eines landwirtschaftlichen Betriebes ging, in dem Küchen- und Speiseabfälle an Schweine verfüttert wurden. Es stellte sich heraus, dass der Züchter das Gesetz nicht befolgt hatte, wonach Nahrungsabfälle eine Stunde lang gekocht werden müssen, um Krankheitserreger wie das Maul- und Klauenseuchen-Virus abzutöten, und dass der unbehandelte Abfall, den er angeblich an seine Schweine verfütterte, möglicherweise illegal importiertes infiziertes Fleisch enthielt. Die Regierung reagierte am 24. Mai 2001 mit der »Animal By-Products (Amendment) (England) Order 2001«, welche die Speiserestverfütterung in Großbritannien verbot. Die Europäische Union zog rasch nach. Nervöse Verwaltungsbeamte in den Vereinigten Staaten verfolgten die Ereignisse in Europa genau, und Texas, einst eine Hochburg der Speiserestverfütterung, führte ähnliche Gesetze ein. Auch in Australien ist die Verfütterung von Küchen- und Speiseabfällen heute verboten. Vor 2001 hatten Institutionen John Rigby sieben Pfund pro Tonne gezahlt, damit er ihre Nahrungsabfälle fortbrachte – und er pflegte sie als Tierfutter für 120–160 Pfund pro Tonne weiterzuverkaufen, nachdem er sie mit Schrot vermischt hatte, was einen maximalen jährlichen Gewinn von 750 000 Pfund abwarf. Im Jahr 2008 machte Rigby Verlust mit seinen Schweinen, und er überlegt nun, ganz aus der Schweinezucht auszusteigen.

Im Jahr 2007/08 bedeutete ein plötzlicher Anstieg der Preise für landwirtschaftliche Waren, darunter Tierfutter, dass der Preis von Getreideschweinefutter in den zwölf Monaten vor Juli 2007 um 40 Prozent stieg und weiter steigen sollte. Im September 2007 verkaufte sich als Tierfutter klassifizierter Weizen mit etwa 170 Pfund pro Tonne, das Doppelte des Preises vom Vorjahr, und Mais kostete 75 Prozent mehr als im Durchschnitt des Jahres 2006. Nominell waren dies die höchsten jemals verzeichneten Preise; und selbst bereinigt waren es die höchsten seit den starken Steigerungen während der Krise der 1970er Jahre (The Economist 2007).

Viehzüchter, insbesondere Schweinezüchter, gingen pleite, weil sie für ihr Futter mehr bezahlten, als sie für ihr Schweinefleisch erhielten. Für Bauern, die Intensivschweinezucht betreiben, macht Futter etwa 60 Prozent der Gesamtkosten aus (Defra 2007d). Im Jahr 2007 schätzte die Schweineindustrie des Vereinigten Königreichs, dass die Bauern bei jedem Schwein, das sie züchteten, 20 Pfund verloren. Die Branche ist bereits um 40 Prozent geschrumpft, und dieser Trend setzt sich zwangsläufig weiter fort. Trotz der Agrarsubventionen, die Landwirte über Wasser halten sollen, wird Getreide zu wertvoll, um es an Tiere zu verfüttern. Noch während die Preise fallen, erkennen Regierungen auf der ganzen Welt, dass eine Branche, die so abhängig von billigem Getreide ist, für unvermeidliche Schwankungen und Unsicherheit bei den globalen Nahrungsmittellieferungen anfällig ist. Dies schafft einen neuen ökonomischen Anreiz, das Verbot zu überdenken und zur früheren Praxis der Speiserestverfütterung zurückzukehren.

Die moderne Wissenschaft hat die Vorteile von Küchen- und Speiseabfällen nicht ganz vergessen. Forschungen haben nachgewiesen, dass Speisereste von Gastronomiebetrieben beachtliche 20 Prozent rohes Protein und 25 Prozent Fett enthalten können. Dies ist mehr als ausreichend für Schweine, die zum Schlachten gemästet werden, und Speisereste enthalten im Allgemeinen genug Mineralien und Vitamine und mehr als die empfohlene Menge unterschiedlicher Aminosäuren (ausgenommen möglicherweise Lysin, das ergänzt werden kann). Eine Gruppe amerikanischer Forscher hat herausgefunden, dass die Fütterung von Schweinen ausschließlich mit Küchen- und Speiseabfällen die Wachstumsraten von 0,9 kg pro Tag auf ein halbes Kilo pro Tag senken könnte. Aber eine ordentliche Wachstumsrate von knapp 0,8 kg pro Tag sei dadurch zu erreichen, dass den Abfällen einfach 25 Prozent Getreide hinzugefügt werden, um dessen Wassergehalt herabzusetzen (Westendorf und Meyer 2003; Westendorf 2000). In diesem Szenario würden die mit Abfall gefütterten Schweine ein zusätzliches Viertel der Zeit benötigen, um ihr Schlachtgewicht zu erreichen, aber der Bauer würde für jeden Tag bis zu drei Viertel der Kosten seines Futters sparen und möglicherweise zusätzliches Geld verlangen, weil er Firmen ihre Nahrungsabfälle abnimmt. Noch bessere Gewichtszunahmen können durch Zerkleinern und Trocknen der Abfälle erreicht werden, die anschließend mit Getreide und Hülsenfrüchten vermischt und zu Futterpellets geformt werden. Einige Futterhersteller, wie die Enviro-Feed Corporation in New Jersey in den USA, haben ein System entwickelt, bei dem die Küchen- und Speiseabfälle durch einen einzigen heißen Luftstoß sowohl gekocht als auch getrocknet werden, womit die gesetzlichen Kochauflagen für jene US-Bundesstaaten erfüllt werden, in denen die Speiserestverfütterung nach wie vor erlaubt ist, und das die Abfälle außerdem in leicht zu transportierendes, unverderbliches Schweinefutter verwandelt. Das Ganze ist ein energieintensives Verfahren, das normalerweise viele der ökologischen Vorteile der Verwendung überschüssiger Nahrungsmittel neutralisiert, aber statt fossile Brennstoffe als Hitzelieferanten zu verwenden, werden Nahrungsabfälle verbrannt (Jones u. a. 2004; Myer u. a. 2000). Eine Studie in Südkorea hat gezeigt, dass die Futterkosten um 33 Prozent gesenkt werden konnten, als die Hälfte der konventionellen Mais-Soja-Kost von Schweinen zwischen 25 und 100 kg Körpergewicht durch gemischte Nahrungsabfälle ersetzt wurde, bestehend aus Restaurant-, Bäckerei- und Geflügelabfällen, die zunächst von Bakterien aerob zersetzt und anschließend vakuumgetrocknet wurden, bis sie einen mittleren Feuchtigkeitsgehalt aufwiesen. Die vermischten Nahrungsabfälle waren sogar so schmackhaft, dass die damit gefütterten Schweine einen größeren Appetit entwickelten als ihre mit herkömmlichem Futter gemästeten Artgenossen (Kwak u. a. 2006).

In Großbritannien schätzt man, dass eine jährliche Gesamtmenge von bis zu 1,7 Millionen Tonnen Restaurant-, Supermarkt- und industriellen Nahrungsabfällen, die früher an Schweine verfüttert wurden, nach 2001 eine neue Bestimmung finden mussten. Ein Teil wird an Haustiere verfüttert; der Rest endet größtenteils in Deponien, während die Verfütterer von Küchen- und Speiseabfällen pleitegingen. Zu ihrer anhaltenden Bestürzung weigerte sich die britische Regierung, sie zu entschädigen, wie sie es bei anderen vom Ausbruch der Maul- und Klauenseuche betroffenen Bauern tat, obwohl die Züchter erst kürzlich ermuntert worden waren, Millionen Pfund in Ausrüstung zur Speiserestverarbeitung zu investieren. In anderen Ländern, wie Deutschland und Österreich, war die Branche, die Speisereste verfütterte, viel größer; und die dortigen Regierungen unterstützten die Betroffenen bei der Umstellung ihrer Betriebe und subventionierten die Anschaffung anaerober Vergärungsanlagen zur Verarbeitung der Abfälle (vgl. House of Commons 2007).

In der Panik des Jahres 2001 musste die britische Regierung zeigen, dass sie handelte. Sie hatte einen starken Anreiz zu behaupten, man habe den Ursprung der Infektion gefunden. Ein vorübergehendes Verbot mag gerechtfertigt gewesen sein, aber die Speiserestverfütterung auf Dauer zu verbieten war eine übereilte, drastische und unnötige politische Entscheidung. Das einzige Problem bei dem früheren Gesetz, das von den Bauern verlangt hatte, die Abfälle zu kochen, war die nicht richtige Durchführung gewesen. Aber mit dem neuen Gesetz wird es auch nicht besser werden. Ich kenne viele Landwirte, die es für so überzogen halten, dass sie regelmäßig dagegen verstoßen, und selbst ein Tierarzt, der beauftragt ist, das Gesetz zu achten und zu wahren, hält sich nicht daran. Wie ich beim Durchstöbern ihrer Müllcontainer feststellen konnte, verstoßen auch die meisten der bekannten Supermärkte und andere Einzelhändler gegen das Gesetz, indem sie zusammen mit anderem Abfall, der zur Deponierung bestimmt ist, rohes Fleisch wegwerfen, obwohl das Gesetz verlangt, dass es fachmännisch behandelt wird, weil es in Kontakt mit Nutztieren kommen könnte, wenn es deponiert wird. Selbst die Art und Weise, wie offiziell mit manchen tierischen Nebenprodukten umgegangen wird, bedeutet, dass sie schließlich auf Bauernhöfen kompostiert und auf Acker- oder Weideland ausgebracht werden, wo nach wie vor das potenzielle Risiko eines Ausbruchs der Krankheit besteht.

Die unlogische Schlussfolgerung, mit der die britische Regierung das Verbot bekräftigte, wurde von Ben Bradshaw, dem damaligen Unterstaatssekretär im Umweltministerium, im Unterhaus vorgetragen: »Die Erfahrung hat gezeigt, dass es, egal wie streng die Gesetze sind, immer welche geben wird, die sich nicht an die Vorschriften halten ... Daraus kann man nur den einen Schluss ziehen: Die Regierung hat die richtige Entscheidung getroffen, als sie die Verfütterung von Speiseresten an Schweine verbot.« Wenn es, wie Mr. Bradshaw betont, immer Verstöße gegen die Vorschriften geben wird, »egal wie streng die Gesetze sind«, wie kann es dann stimmen, dass der einzig mögliche Weg, damit fertig zu werden, darin besteht, die Gesetze zu verschärfen?

Der Umgang mit dem Thema erfordert starke Nerven. Mein Onkel war Schäfer in den Pennines, einem Gebirgszug in Nordengland, und seine Söhne praktizierten das uralte Handwerk des Steinmauernbaus in Cumbria, der Grafschaft, die von der Maul- und Klauenseuche in Großbritannien am schlimmsten getroffen wurde. Die Schafherden, die seit Jahrhunderten gehegt worden waren, wurden erbarmungslos gekeult und verbrannt. Meine Verwandten wanderten im Gefolge der Katastrophe nach Neuseeland aus, und die jammervollen Geschichten leben in ihrer Gemeinschaft weiter. Niemand möchte einen weiteren Ausbruch einer ansteckenden Krankheit bei Nutztieren. Aber man kann die Sache nicht nur von einem Standpunkt aus betrachten.

Beamte des britischen Umweltministeriums räumen ein, dass die Politik gegen die Speiserestverfütterung einzig und allein unter dem Aspekt der Tiergesundheit ohne Rücksicht auf die ökologischen oder ökonomischen Kosten und Vorteile durchgesetzt worden sei. Dr. Martin Blissit, der Sachbearbeiter für meldepflichtige Krankheiten, erzählte mir im November 2007 am Telefon: »Ich würde sagen, es würde einen Markt geben für alle Forschungsarbeiten, die den Nutzen von Nahrungsabfällen für Landwirte nachwiesen. Politische Entscheidungsträger und Politiker wären interessiert. Wenn jemand ein Risiko als x einschätzt, aber meint, die Vorteile seien y, und es gäbe stichhaltige Beweise für die Vorteile, wäre man verpflichtet, die Sache zu prüfen.« Aber bislang wurde noch keine Studie in Auftrag gegeben, um das zu untersuchen.

Der Ausbruch der Maul- und Klauenseuche kostete die Wirtschaft des Vereinigten Königreichs geschätzte acht Milliarden Pfund, führte zur Keulung von sechs Millionen Tieren und verursachte Bauern und anderen von der ländlichen Wirtschaft Abhängigen unsägliches Leid.

Welches sind im Vergleich dazu die Kosten des Verbots von Küchen- und Speiseabfällen? Die herstellenden und verarbeitenden Sektoren von achtzehn europäischen Ländern produzieren jedes Jahr geschätzte 222 Millionen Tonnen Abfälle an Fisch, Molkereiprodukten, Tieren, Obst und Gemüse (Awarenet 2004). Natürlich wäre es viel besser, wenn wir von vornherein aufhören würden, so viele Nahrungsmittel zu verschwenden, aber selbst wenn dies gelänge, könnten wir die unvermeidlichen Nebenprodukte trotzdem als Tierfutter nutzen. Noch mehr Abfall wird von den neun anderen EU-Mitgliedern produziert, für die Daten fehlen. Hinzu kommen viele Millionen weiterer Tonnen von Einzelhändlern, Gastronomen, Bauernhöfen und selbst Haushalten – Quellen, die in der Vergangenheit für die Schweinezucht genutzt wurden und in Ländern wie Südkorea und Taiwan auch nach wie vor dafür gebraucht werden. Industrielle Nahrungsabfälle, die nicht in die Nähe von Fleisch gekommen sind, werden bereits wieder an Nutztiere verfüttert. Dürften 44 Millionen Tonnen weiterer Nahrungsabfälle an Schweine verfüttert werden, wenn das Gesetz geändert würde, dann könnten diese verwendet werden, um jedes Jahr drei Millionen Tonnen Schweinefleisch mit einem Einzelhandelswert von 15 Milliarden Pfund zu erzeugen. Ganz zu schweigen von den enormen Kosten für die Beseitigung der Abfälle unter dem gegenwärtigen System, die eingespart würden. Die Kosten für die Beseitigung überschüssiger Nahrungsmittel sind seit dem Verbot um 40 Prozent in die Höhe geschnellt; und ein Nahrungsmittelhersteller in England gab im Jahr 2008 an, pro Jahr 126 000 Pfund an Entsorgungskosten zu sparen, weil man die erlaubten Nahrungsabfälle Schweinen zukommen lasse, statt sie anaeroben Vergärungsanlagen zuzuführen. Millionen Hektar Land, die gegenwärtig verwendet werden, um Getreide und Hülsenfrüchte für Nutztiere in Europa anzubauen, könnten freigesetzt werden. Angenommen, nur drei Millionen Tonnen hätten einen Nährwert, der dem von Sojamehl entspräche (was gewiss der Fall ist), und diese drei Millionen Tonnen würden für die Viehzucht eingesetzt, statt Tropenwälder zu diesem Zweck abzuholzen, dann lägen die durch Verwendung dieses Futters möglichen Emissionseinsparungen bei bis zu 700 Millionen Tonnen Kohlendioxid, nicht eingerechnet die vermiedenen Methan-Emissionen, weil die Nahrungsabfälle nicht deponiert wurden. Dies sind nur ungefähre Zahlen, aber sie vermitteln eine Vorstellung von dem entgangenen Wert der Küchen- und Speiseabfälle. Was nottut, ist eine umfassende, staatlich finanzierte Untersuchung der Kosten und Vorteile einer Aufrechterhaltung des Verbots.

Wichtig ist, das Verbot der Verfütterung von Nahrungsabfällen an Schweine und Hühner von dem früheren Verbot der Verfütterung tierischer Nebenprodukte an Wiederkäuer durch die »Animal By-Products Order« (1999) zu unterscheiden. Das letztere Verbot wurde im Anschluss an jahrelange Forschungen über BSE (Bovine spongiforme Enzephalopathie; Rinderwahnsinn) verabschiedet, eine Krankheit, von der man annahm, dass sie durch die Fütterung von Rindern mit den Gehirnen von Schafen, die unter Scrapie (Traberkrankheit) litten, verursacht worden war. Als Pflanzenfresser sind Rinder von der Evolution nicht dafür vorgesehen, Tiere zu fressen, und viele sahen in der BSE-Krise eine Rache der Natur an skrupellosen Praktiken in der modernen Landwirtschaft. Küchen- und Speiseabfälle an Schweine zu verfüttern ist jedoch etwas völlig anderes. Schweine und Geflügel sind beide von Natur aus Allesfresser. In der Wildnis stöbern Schweine unweigerlich sowohl nach Fleisch – verschlingen sogar andere tote Schweine – als auch nach Wurzeln und Blättern, und die Wissenschaft hat nachgewiesen, dass die richtige Hitzebehandlung von Küchen- und Speiseabfällen sämtliche Krankheitserreger abtötet und die Abfälle für Schweine ungefährlich macht (Sancho u. a. 2004).

Die europäischen Gesetzgeber haben endlich angefangen, diese Vorschriften nochmals zu prüfen, und sind nun zu der Ansicht gekommen, dass die Verfütterung von Schweine-Nebenprodukten an Hühner zulässig sein könnte. Das ist gut, aber es geht nicht weit genug. Eine der in den Medien geäußerten Sorgen, als die Europäische Kommission dies im Jahr 2008 bekannt gab, war, dass Muslime kein europäisches Hähnchenfleisch mehr würden essen wollen, weil es unter Verwendung von Schweineinnereien gezüchtet worden sei, die *haram* (»verboten«) sind. Ich war damals in Pakistan und sprach mit meinen muslimischen Freunden darüber. Sie verwarfen den Gedanken ausnahmslos und wiesen darauf hin, dass Hühner – überall auf der Welt – immer schon gierig nach zahllosen Dingen gepickt hätten, deren Verzehr Muslimen verboten sei, einschließlich Insekten, Eidechsen, Aas und Fäkalien. Aber Hähnchen werde in der gesamten muslimischen Welt gegessen.

Die ökologische Notwendigkeit, das Verbot der Verfütterung von Nahrungsabfällen, die tierische Nebenprodukte enthalten, an Schweine und Hühner aufzuheben, wird inzwischen international anerkannt. Die FAO hat die durch das Verbot verursachten Umweltschäden geprüft und die Europäer im Jahr 2006 aufgefordert, ihre Position zu überdenken:

»Nahrungsabfälle und agroindustrielle Nebenprodukte könnten in verschiedenen Kontexten erheblich zum Futterangebot beitragen und aus demselben Grund den Druck auf Land lockern. Es besteht auch ein ökologisches Interesse daran, die Nährstoffe und die Energie, die in Nahrungsabfällen und Nebenprodukten enthalten sind, wiederzuverwenden, statt sie auf umweltschädigende Weisen zu entsorgen.«

Die FAO hebt hervor, dass die EU vor dem Verbot jedes Jahr etwa 2,5 Millionen Tonnen tierischer Nebenprodukte an Vieh verfütterte, was 2,9 Millionen Tonnen Sojamehl entspricht. Die Sojamehl-Importe der EU stiegen im Anschluss an das Verbot zwischen 2001 und 2003 um fast drei Millionen Tonnen. Ein Großteil davon stammte aus Brasilien und anderen südamerikanischen Ländern, wo der Amazonas-Regenwald zerstört wird, um die ständig wachsende Nachfrage zu befriedigen. Die UN kamen zu dem Schluss, dass

»durch die Ausbreitung und den Transport von Sojabohnen Folgen für die Umwelt hinsichtlich des Schwindens der Artenvielfalt, der Umweltverschmutzung und der Treibhausgasemissionen entstehen ... Die Notwendigkeit, sich mit solchen Einbußen zu beschäftigen, wird wahrscheinlich zunehmend akut werden, und politische Entscheidungen in diesem Bereich werden von größter Tragweite für die ökologische und soziale Nachhaltigkeit des Sektors sein« (Steinfeld u. a. 2006; UNEP 2009).

Niemand möchte auf den Feldern Europas noch einmal Scheiterhaufen für die Verbrennung erkrankter Tiere sehen – aber die Feuer, die im Amazonas-Regenwald wüten, wirken nur deshalb weniger schrecklich, weil sie weiter entfernt sind. Sicher gehandhabt und bei richtiger Durchsetzung der Gesetze zur Tierhygiene, kann die Speiserestverfütterung beides verhindern. Gegenwärtig versickern in der Nahrungskette wertvolle Abfälle. Wenn wir diese undichten Stellen verschließen würden, müssten die Produzenten der Nahrungsabfälle nicht mehr so hohe Entsorgungskosten bezahlen, die Bauern könnten Fleisch nachhaltiger erzeugen, und der Druck auf die Nahrungsmittelmärkte der Welt würde verringert. In einem Bericht aus dem Jahr 2009 behaupteten die UN – vielleicht ein wenig optimistisch –, dass die auf diese Weise freigesetzten Nahrungsmittel »sämtliche bis 2050 erwarteten zusätzlichen drei Milliarden Menschen ernähren könnten« (UNEP 2009).

Sogar in Europa gibt es Befürworter einer Wiedereinführung der Speiserestverfütterung. Der Konservative Boris Johnson, Bürgermeister von London, vertritt den Standpunkt, dass es »das Richtige« wäre, das Verbot zu widerrufen, und sein Kollege Peter Atkinson, Abgeordneter für Hexham, betont, die Verfütterer von Speiseresten »hatten gut eingeführte Betriebe und leisteten mit der Wiederverwertung der Abfälle von Gastronomiebetrieben und Nahrungsmittelherstellern einen nützlichen Dienst«. Der Londoner Experte für Ernährungspolitik Tim Lang stimmt zu, dass es »verrückt ist: Genau darin sind Schweine gut; das Gesetz sollte noch einmal auf den Prüfstand. Wir laden in Deponien ab, was konsumiert werden sollte.« Wie Lord Haskins mir gegenüber im Juli 2008 bemerkte: »Zum Zeitpunkt der Krise gab es keine Alternative zu dem Verbot, aber jetzt gibt es triftige Gründe dafür, es aufzuheben.« Zur Wiedereinführung der Speiserestverfütterung wird es erforderlich sein, die EU-Mitgliedsstaaten und das Europäische Parlament davon zu überzeugen. Dieser Prozess wird mühsam sein, aber er sollte sofort beginnen. In der Zukunft, vor allem falls Getreide noch teurer wird und Verbraucher deswegen anfangen, auf Fleisch zu verzichten, holt die Realität unsere Bürokraten und Gesetzgeber vielleicht endlich ein.

In der Zwischenzeit gibt es allerdings noch jede Menge Nahrungsabfälle, deren Verfütterung an Vieh den Bauern durchaus gesetzlich erlaubt ist. Obst-, Gemüse-, Bäckerei- und Molkereiabfälle sind allesamt zulässige »ehemalige Nahrungsmittel«. Das Gesetz besagt jedoch, dass jedes Nahrungsmittel, das auch nur unter einem Dach mit tierischen Nebenprodukten war, als verunreinigt zu gelten habe. Eine Fabrik, die Bratwurst im Schlafrock herstellt, darf ihr überschüssiges Brot nicht den Bauern geben, auch wenn die Produktionsketten vollkommen getrennt sind. Erst wenn die

Bäckerei einen offiziellen Plan einreicht, der die völlige Trennung gewährleistet, und ihn sich von der lokalen Behörde genehmigen lässt, dürfen die Brotabfälle vernünftig verwendet werden.

Man sollte meinen, dass in Zeiten des Umweltbewusstseins, hoher Futterpreise und eindringlicher Versuche, die Menge der zur Deponierung bestimmten biologisch abbaubaren Abfälle zu verringern, jeder alles in seiner Macht Stehende tut, um so viele dieser Mülltrennungspläne wie möglich zu genehmigen und die Nahrungsabfälle zum Vieh zu schaffen. Leider ist dem nicht so. Die Bürokratie, die Angst, ein mangelndes Bewusstsein und eine lasche Haltung gegenüber der zunehmenden Schädigung der Umwelt halten viele Branchen davon ab, ihre zur Verfütterung erlaubten und verbotenen Nahrungsabfälle zu trennen, zum Schaden sowohl der Bauern als auch der Nahrungsmittelindustrie. Vielen Managern in der Branche ist nicht bewusst, wie viel sie einsparen könnten, wenn sie ihren Abfall Bauern gäben, statt dafür zu bezahlen, dass er deponiert wird. Außerdem verstehen in Großbritannien viele der Beamten von der nationalen Tiergesundheitsbehörde NOAH (National Office of Animal Health), die für die Genehmigung der Trennung erlaubter Nahrungsmittel verantwortlich sind, die Vorschriften nicht einmal selber und geben falsche und irreführende Ratschläge bezüglich dessen, was an Nutztiere verfüttert werden darf und was nicht. Die britische Regierung verwendet gegenwärtig eine Menge Geld darauf, Bauern und Geschäftsführern von Nahrungsmittelanbietern mit zwei Jahren Haft für Verstöße gegen das Verbot der Verfütterung von Küchen- und Speiseabfällen zu drohen. Die Regierungsvertreter sollten stattdessen lieber mit der Branche zusammenarbeiten, um sicherzustellen, dass sämtliche gesetzlich erlaubten Nahrungsabfälle dem Vieh zugutekommen. Um dies zu erreichen, würde es wahrscheinlich genügen, Informationen unter Landwirten, lokalen Behörden und der Nahrungsmittelindustrie zu verteilen.

Es gibt viele Fälle, wo Branchen und Bauern solche für beide Seiten vorteilhaften Beziehungen eingegangen sind. Der große Bierbrauer hier in meiner Nähe in Sussex, Harveys aus Lewes, bringt seine verbrauchte Hefe zum nahe gelegenen Plumpton

Agricultural College, für die Rinder. Unser hiesiger Käsehersteller, der jede Woche 10 000–15 000 Liter Molke herauspumpt, erlaubt den ortsansässigen Biobauern, sie für ihre Schweine mitzunehmen. Wie ein amerikanischer Farmer, der seine Schweine mit Brot, Bio-Ziegenmilchmolke, überschüssiger Milch, Hüttenkäse und Käserinden füttert, bescheinigt: »Das sind sogenannte Prä-Verbraucher-Abfälle, die ausgezeichnete Nahrung für die Schweine sind ... Wenn man diese Nahrungsmittel zu Schweinefleisch recycelt, fließt weniger in den Abfallstrom, es hilft der Molkerei und Bäckerei und erspart uns Geld für Futter. Die Schweine sind ganz wild darauf.«

Aber zu oft werden solche Gelegenheiten verpasst. Ein Nahrungsmittelhersteller in Luton betreibt gegenwärtig zwei Sandwich-Fabriken: In einer werden jährlich 65 000 Pfund dafür ausgegeben, die Abfälle einer anaeroben Vergärungsanlage zuzuführen, trotz der Tatsache, dass sie Tonnen von Brot enthalten, das an Vieh verfüttert werden könnte.[*] Die andere Fabrik stellt ausschließlich vegetarische Sandwichs für die Linda-McCartney-Kette her, und deshalb verkauft sie den Abfall für 25 Pfund pro Tonne an einen Schweinezüchter, statt dafür zu bezahlen, dass er fortgeschafft wird. Von der australischen Regierung finanzierte Forscher fanden heraus, dass Zehntausende Tonnen Nahrungsmittel, vom Bio-Kürbiskernkuchen bis zu Buttermilch, Bierhefe und Okara (ein Nebenprodukt der Tofu-Herstellung), die legal an Schweine hätten verfüttert werden können, unnötig vergeudet worden waren (Wlcek und Zollitsch 2005). Eine Studie in Großbritannien kam zu dem Ergebnis, dass 94 Prozent der Obst- und Gemüseabfälle, die gegenwärtig von Herstellern deponiert werden, an Vieh hät-

---

[*] Im Anschluss an meine Nachforschungen wollte das Unternehmen von Ende April 2009 an damit aufhören, sein gesamtes ungenutztes Brot der anaeroben Vergärung zuzuführen und es stattdessen ausnahmslos zur Fütterung von Schweinen und Kühen zur Verfügung zu stellen. Dies ist viel besser, als es zu deponieren, aber trotzdem ist es eine Verschwendung von Nahrungsmitteln, die von Menschen verzehrt werden könnten. Inwieweit das Unternehmen seinen Versprechungen bisher nachgekommen ist, muss außerdem noch offenbleiben.

ten verfüttert werden können. Die Supermarktkette Asda testet im Vereinigten Königreich bereits ein Projekt, wodurch Bäckereiabfälle an der Quelle getrennt werden, sodass sie an Vieh verfüttert werden können. Aber aufgrund des »widerstandsfähigen Systems« sieht das Unternehmen sich gegenwärtig außerstande, es wirklich umzusetzen.

Dieses System räumt dem überschaubaren Risiko eines Krankheitsausbruchs Vorrang ein vor den eindeutigen Folgen, die das Verfüttern von Getreide an Vieh für den Planeten und die Armen der Welt hat. Während des Zweiten Weltkriegs wussten wir, dass das Füttern von Schweinen mit Getreide unseren Landsleuten Nahrung vorenthalten würde. Wie ein Autor im Großbritannien der Kriegszeit meinte, »ist es besser, fünf Menschen mit Gerstenmehl am Leben zu erhalten als einen, der angenehm mit Schweinefleisch ernährt wurde« (Mastoris und Malcolmson 2001). Wir beschlossen dann, Schweine stattdessen mit Küchen- und Speiseabfällen zu füttern. Warum kommen wir jetzt nicht zu dem gleichen Schluss, nur weil die Menschen, denen wir Nahrung vorenthalten, eine andere Hautfarbe haben und ein paar tausend Meilen weit weg leben?

17. INSELN DER HOFFNUNG
JAPAN, TAIWAN UND SÜDKOREA

Im Japanischen gibt es eine als »mottainai« bekannte buddhistische Vorstellung, die uns anspornt ... dankbar zu sein für die Ressourcen, die wir haben, ihnen Respekt entgegenzubringen und sie mit Bedacht zu nutzen. Sie fordert uns auch auf, nicht zu verschwenden.

WANGARI MAATHAI, FRIEDENSNOBELPREISTRÄGERIN 2004

MEINE ERSTE ERFAHRUNG mit japanischem Essen – in Japan, nicht in London mit seinen sushigefüllten Müllsäcken – war ebenso wunderbar wie zufällig. Nach Abschluss meiner Recherchen über Südkoreas Nahrungsabfallgesetze nahm ich einen Zug quer durch das Land und ging schließlich an Bord eines Schiffes zum Hafen Hakata an der Nordküste der südwestjapanischen Insel Kyushu. Als wir am Kai anlegten, bekam eine Frau namens Yuriko Kawasaki zufällig mit, wie ich wegen meiner Weiterreise nach Tokio den Weg zum Bahnhof erfragte, und bot ihren Rat an. Ich könne versuchen, einen Zug zu erwischen, der mit etwas Glück gegen Mitternacht in Tokio ankäme; ich könne in der nahe gelegenen Stadt Fukuoka in einem Hotel absteigen und bis zum Morgen warten; oder ich könne mit zu ihr nach Hause kommen. Bevor ich auf falsche Gedanken kam, fügte sie hinzu, dass sie bei ihren Angehörigen wohne, die gewohnt seien, als »Gastgeberfamilie« zu fungieren und Ausländer aus der ganzen Welt zu beherbergen. Es käme nicht in Frage, dass ich bezahlte. Ich wäre ihr Gast.

Als wir bei ihr zu Hause eintrafen, führten Yurikos Verlobter und ihr Bruder mich in das traditionelle Haus mit Wänden aus Holz und Papier und boten mir schließlich einen Stuhl an. Nachdem sie mir ein Glas selbst gebrauten Sake gereicht hatte, begann Yurikos Mutter, Takeko, uns das Abendessen zu servieren: Schalen mit Sashimi, eine Schüssel mit gekochtem Tintenfisch, eine eingelegte Gurke, eine kalte Wurstplatte und eine Terrine Seetanggelee. Die Familie sprach ein traditionelles japanisches Tischgebet, *hadakimasu*, und wir fingen an zu essen. Aber Takeko tischte immerfort weitere Speisen auf, bis deren Komplexität und

Qualität mich schier überwältigten. Mich mit Essstäbchen aus den gemeinsamen Schüsseln bedienend und die Happen in meine Schale mit Sojasauce, Wasabi und Chili dippend, langte ich hungrig zu und genoss die Vielfalt der Geschmacksrichtungen – bis Yurikos Vater Jingo darauf hinwies, dass dies bloß die Vorspeisen seien. Daraufhin kam Takeko mit einem Fleisch-Kartoffel-Eintopf und mehreren Platten mit mariniertem Fisch aus der Küche. Zum Schluss bekam jeder von uns eine Schale Reis mit klein geschnittenem Gemüse, »zum Sattmachen«, und eine Schale Misosuppe. Jedes Gericht wurde in kleinen Mengen gegessen, aber die Auswahl machte die Mahlzeit zu einer der üppigsten, an die ich mich erinnern kann.

Fasziniert davon, wie eine Familie mit bescheidenen Mitteln eine solche gastronomische Vielfalt aufrechterhalten konnte, fragte ich sie, wie sie es schafften, keine Nahrungsmittel zu verschwenden, wenn sie so viel davon hätten. Während die einzelnen Speisen serviert wurden, erläuterte Yurikos Vater, Jingo, mir stolz Herkunft und Ursprung jedes Gerichts, wobei er besonderen Wert auf die Frische legte, und erklärte, wie jede Zutat so verwendet werden könne, dass man das Maximum aus ihr heraushole. Den Reis und das Gemüse baue er selbst auf seinen eigenen Feldern mit einem »Minimum an Chemikalien« an. Der Fisch komme von Takekos Bruder, der Fischer sei, und den Seetang sammelten sie am Strand. Alles stamme aus wenigen Meilen Umkreis vom Haus und sei knapp einen Tag alt, bevor es verbraucht werde.

Auf Ahnenfotos an der Wand deutend, sagte Jingo, dass sein Vater und Großvater dieselben Felder wie er bestellt und das Holzhaus erbaut hätten, in dem wir säßen, und dass sie im Zweiten Weltkrieg bei der »Verteidigung« dieses Landes gestorben seien. Ich verkniff es mir, mich anzuschließen, als seine Thai-Schwiegertochter gegen diese Interpretation der japanischen Militärgeschichte protestierte. Jingo deutete auf die vier Generationen der Familie, die um den Tisch herum saßen, und meinte, er würde dasselbe für sie tun.

Ich sagte ihm, er erinnere mich an meinen Vater, der gegenüber seinen Gästen immer damit geprahlt habe, dass die Gemüse, die sie äßen, »Sushi« seien – so frisch, dass sie noch zappelten auf dem Teller –, und dass auch ihm das Land viel bedeutet habe, bei dessen Verteidigung seine Brüder in demselben Krieg starben. Jingo ereiferte sich und zog mich herüber zum Familiencomputer, um mir auf Google Maps seine Felder zu zeigen, und mich zu überreden, im Gegenzug mein Land zu zeigen. Auf den Luftaufnahmen erschien sein saftig grünes Reisfeld als kleine dunkelgrüne Parzellen, eingezwängt in fruchtbare Talgründe zwischen bewaldeten Hügeln und eine wild wuchernde Stadtlandschaft. Ich hatte mir die Felder meiner Familie noch nie auf Google angesehen und war erstaunt, dass ich mir jeden Baum in der Nähe meines Schweinepferchs herauspicken konnte. Die Familie fragte mich, welche Tiere auf den Feldern grasen würden. Ich versuchte zu erklären, dass Landwirtschaft in so kleinem Maßstab, auf schlechtem saurem Boden, unwirtschaftlich geworden sei, dass unsere einzige Beute Rotwild sei, das wir erlegten, um die rasch wachsenden Bestände niedrig zu halten, dass wir das Land hauptsächlich wegen des Artenschutzes bewirtschafteten und seit dem Tod meines Vaters kein Vieh mehr auf den Weiden hätten. »Das ist mottainai!«, verkündete Onsri, Jingos Schwiegertochter, die von allen in der Familie am besten Englisch sprach. »Mottainai?«, fragte ich. »Was ist das?« Die Familienmitglieder blickten einander an und holten tief Luft; dann schickten sie sich an, die vielen Varianten dieser Vorstellung in der japanischen Kultur zu erläutern.

»Mottainai« kann man nicht übersetzen, aber der Begriff bezeichnet die Verurteilung von Vergeudung und Verschwendung und bedeutet eine Befürwortung von Sparsamkeit und Genügsamkeit. Das Wort wird für alles benutzt, vom Sockenstopfen bis zum Abkratzen der letzten Reiskörner vom Boden einer Schale. »In der Schule«, sagte Yuriko, »wird uns beigebracht, dass es ein Zeichen von Undankbarkeit gegenüber den Bauern ist, nach einer Mahlzeit irgendetwas ungegessen auf dem Teller zu lassen, und dass uns das Mottainai-Ungeheuer erwischen wird, wenn wir es doch tun.«

Ich gestand der Familie, dass ich genau deswegen nach Japan gekommen sei, um *mottainai* zu untersuchen, und dass ich froh über alles wäre, was sie mir erzählen könnten. Jingo begann sofort mit einer Litanei über Japan und wie es sich seit seiner Kindheit verändert habe.

Japan durchlief nach dem Krieg eine Phase extremer Nahrungsengpässe, als man günstigstenfalls auf eine Schale Reis und etwas Seetang hoffen konnte, und es gab niemals bewusste Verschwendung von Nahrungsmitteln. Wie Jingo es sah, änderten sich die Dinge nach den Olympischen Spielen 1964 in Tokio, und in den 1980er Jahren erlebte Japan einen gewaltigen finanziellen Aufschwung. Es war vor allem Gourmetkost, der die neuerdings wohlhabenden Japaner sich zuwendeten, um ihren Wohlstand zu genießen und zur Schau zu stellen. Viele sahen darin eine Renaissance der japanischen Kultur, aber der Trend begünstigte auch Verhaltensweisen, die früheren Traditionen Japans zuwiderliefen. »Heutzutage«, winkte Jingo ungeduldig ab, »haben die Kinder alles und verschwenden so viel.«

Er teilte die Breite des Tisches mit seinen Händen auf, um die Epochen der Weltgeschichte darzustellen: »Während der letzten vier Milliarden Jahre sind auf diesem Planeten Menschen und andere Lebewesen gediehen; aber im letzten Jahrhundert« – das er als die letzten zwei Zentimeter auf dem Tisch markierte – »haben die Leute fast sämtliche Ressourcen der Welt aufgebraucht.« Jingo zeigte auf seinen kleinen Enkelsohn: »Er wird wieder zu dem Leben zurückkehren müssen, das wir nach dem Krieg hatten, Reis mit der Hand anpflanzen und Rinder einsetzen, um den Pflug zu ziehen. Wir haben so viel verschwendet, dass für die nächste Generation nichts mehr übrig ist.«

Am nächsten Morgen wachte ich früh auf und kam um sechs nach unten, um Takeko in mütterlicher Aufregung in der Küche herumwirbeln zu sehen, denn heute sollte es weitere Gäste und ein großes Essen geben. Sobald ich auftauchte, winkte sie mich in den Wagen, und wir brachen zu einer haarsträubenden Fahrt eine halbe Meile zur Küste hinunter auf, wo ihr Bruder seinen Fang im Hafen angelandet hatte. Er hatte ihr eine schöne große Seebrasse für Sashimi und eine Kiste mit kleineren, glitzernden roten Fischen beiseitegelegt. Auf der Rückfahrt überholten wir Jingo, der

sein Fahrrad vorwärts schob, während er einen riesigen weißen Rettich und ein Bündel anderer Gemüse umklammerte. Zurück im Haus, war ihr dreijähriger Enkel gerade dabei, die Töpfe mit Reis-Setzlingen im Hof zu begießen.

Takeko übertrug mir die Aufgabe, die kleinen Fische auszunehmen, die sie anschließend grillte und zusammen mit Schalen Lachs, einer Schüssel Misosuppe und Tassen grünen Tees zum Frühstück servierte. Nachdem ich mich durch die anspruchsvolle Prozedur, einen ganzen Fisch mit Essstäbchen auseinanderzurupfen, gewurstelt hatte, sorgte ich für weiteres Gelächter, als ich darauf bestand, Takeko weiter in der Küche zur Hand zu gehen – mit ihrer um meine Taille gebundenen geblümten Spitzenschürze. Meine erste Aufgabe war, die Brasse über Jingos Komposttonne abzuschuppen und auszunehmen, anschließend die Gräten herauszuziehen, die Filets mit kochendem Wasser zu übergießen, sie in Eiswasser einzutauchen, in dünne Scheiben zu schneiden und in einer drachenähnlichen schuppigen Anordnung zurück auf das Skelett des Fisches zu legen. Kopf und Schwanz der Brasse wurden mit Cocktailspießen aufgerichtet, und der wiederhergestellte Fisch wurde auf ein dickes Bett aus »kühlendem« geraspeltem Rettich gelegt und in den Kühlschrank gestellt.

In diesem Moment schlenderte ein Freund der Familie in den Hof, der ein totes Huhn dabeihatte. »Tataki!«, riefen alle aus und überredeten ihn, sein Federvieh gegen ein paar Fische einzutauschen. Nach einer kleinen freundschaftlichen Plauderei und einem ausgiebigen Blick auf den riesengroßen Ausländer in der Küche ging er wieder, und Takeko reichte mir den Vogel. Ich konnte es erst nicht glauben, als die Familie mir erklärte, dass man dieses Huhn roh essen werde, als Tataki, der fleischlichen Entsprechung zu Sashimi. »Aber von rohem Hühnerfleisch können Sie bestimmt ernsthaft krank werden?«, protestierte ich. Yuriko erklärte, dass dieses Huhn von ihrem Freund gezüchtet und von ihm an diesem Tag frisch geschlachtet worden sei, sodass es perfekt sei für Tataki: Das wüsste ich doch sicher? Ich sah zu, wie Takeko die Brüste filetierte und sie ein paar Sekunden grillte, lediglich um die Oberfläche des Fleischs zu sterilisieren, dort wo es vielleicht mit Keimen in Berührung gekommen war. Doch die etwa vier Zentimeter Fleisch an den Innenseiten der Brüste blieben kalt, rosa und vollkommen roh. Anschließend wurde das Fleisch in weiterem Eiswasser schnell abgekühlt, und ich wurde angewiesen, es in dünne Scheiben zu schneiden und sie so anzurichten wie das Sashimi. Für die Scheiben roher Leber gab es getrennte Beilagenschälchen.

Kurz darauf trafen die Gäste zum Mittagessen ein, und der Zweck ihres Besuchs wurde klar. Sie kamen von einem Fernsehsender und hatten die Kawasakis zehn Jahre zuvor für eine Sendung über Gastgeberfamilien gefilmt, und nun waren sie zurückgekehrt, um eine Fortsetzung zu drehen. Vor laufenden Kameras nahmen wir alle zum Mittagessen Platz, und binnen kurzem wurden Japans Fernsehzuschauer mit der Geschichte von dem englischen Rucksackreisenden aufgeheitert, der am Vorabend aufgekreuzt war, um etwas über *mottainai* zu erfahren, und soeben das ganze Sashimi und Tataki auf dem Tisch zubereitet hatte. Nachdem der frisierte Moderator Komplimente über mein »Kochen« gemacht hatte, probierte ich das rohe Huhn und war überrascht, wie saftig und zart es war. Onsri hatte ein köstliches Thai-Curry mit Meeresfrüchten gemacht; und Takeko servierte weiteres Seetanggelee und eine riesige Schüssel süßen Reis, bedeckt mit Gemüsen und Lachskaviar. Zum Schluss, als alle sich fast satt gegessen hatten, brachte sie für jeden von uns einen kleinen gegrillten Fisch. Angesichts der Fülle von Gerichten war es unmöglich, alles aufzuessen, und es war noch ein Festmahl übrig, nachdem die Gäste gegangen waren.

Ich versuchte, mir vorzustellen, wie jede Zutat der Mahlzeit von der gewissenhaften Familie Kawasaki wieder verwendet und in etwas Neues verwandelt werden könnte. Aus dem rohen Hühnerfleisch würde ein Eintopf gezaubert, die Gräten und Köpfe der Fische würden gesammelt, um Suppe daraus zu machen, und übrig gebliebenes Fischcurry würde an diesem Abend gegessen. Ein ziemliches Jonglieren, mit einem so unterschiedlich bestückten Kühlschrank zurechtzukommen, aber im häuslichen Maßstab gerade noch machbar.

Aber wenn die Vorlieben der Kawasakis repräsentativ für die japanische Kultur waren, wie könnte die 126 Millionen Einwohner starke verstädterte Bevölkerung des Landes dann ein so außerordentliches Niveau hinsichtlich Frische, Fülle und Vielfalt in industriellem Maßstab aufrechterhalten? Hier im Hause der Kawasakis, angesichts der eng mit dem Land und dem Meer verbundenen Familie und der verschiedenen Generationen, die durch die Erfahrung des Nahrungsanbaus miteinander verbunden waren, wird Verschwendung wie selbstverständlich vermieden. Aber wie können solche Köstlichkeiten in einer wohlhabenden Stadt, weit weg von den Quellen der Produktion, verfügbar gemacht werden, ohne dass große Mengen davon ihre Frische einbüßten und vergeudet wurden?

Die Antwort lautet, sie können nicht. Die japanische Schwäche für hochwertige, extrem frische Nahrungsmittel produziert Verschwendung in enormem Ausmaß. Eine Studie im Jahr 2006 fand heraus, dass die jedes Jahr in Japan verschwendeten Nahrungsmittel einen Wert von ungefähr elf Trillionen Yen (knapp 66 Mrd. Euro) haben, was bedeutet, dass Japan, finanziell betrachtet, pro Einwohner und Jahr Nahrungsmittel im Wert von 437 Pfund (522 Euro) verschwendet. Die Gesamtmenge der Nahrungsabfälle pro Kopf und Jahr liegt bei 151 kg (einschließlich nicht essbarer Dinge wie Zitronenschalen), was übrigens viel weniger ist als der britische Durchschnitt von 223 kg pro Person und Jahr – wenngleich der Unterschied ebenso viel mit unterschiedlichen Methoden der Berechnung von Daten wie mit unterschiedlichen Mengen tatsächlichen Abfalls zu tun haben mag. Japan erzeugt jedes Jahr etwa 19 Millionen Tonnen Nahrungsmittelabfälle, obwohl die Regierung nur 6 Millionen davon als essbar definiert. Von diesen 19 Millionen Tonnen stammen 11,3 Millionen von der Nahrungsmittelindustrie, der Rest kommt aus Haushalten – diese Zahlen beinhalten noch gar nicht den Abfall aus Fischerei und Landwirtschaft (MAFF [Japan] 2007). Japan verschwendet demnach anscheinend genauso viel Nahrungsmittel, wie es mit seiner gesamten Agrar- und Fischerei-Industrie produziert (Fitzpatrick 2005). Laut japanischem Ministerium für Landwirtschaft, Forsten und

Fischerei (MAFF; Ministry of Agriculture, Forestry and Fisheries) stellt dies ein Viertel des gesamten Nahrungsverbrauchs Japans dar, aber wären die Nahrungsmittel, die in japanische Mülltonnen gekippt wurden, gerettet worden, hätte ihr Wert (der Geld-, nicht der Nährwert) ausgereicht, um mehr als 160 Millionen Menschen zu ernähren. Mit anderen Worten, auf je drei Japaner kommen vier weitere Menschen, die allein vom Wert des Abfalls der Japaner ernährt werden könnten. Obwohl dieses Problem sehr schwer zu lösen ist, oder gerade deswegen, hat die japanische Regierung ein äußerst vielversprechendes Nahrungsmittel-Recyclingsystem eingeführt. Das ist ein Beleg dafür, wie sich die Dinge erstaunlich schnell ändern können, wenn der politische Wille aufgerüttelt wird.

Obwohl der Wert der in Japan weggeworfenen Nahrungsmittel hoch ist, verschwenden die Japaner nicht so viel wie die westlichen Nationen, indem sie sich »überfressen«. Dies wurde mir schlagartig klar, als ich anfing, in Tokio in Restaurants zu gehen. Die Portionsgrößen sind dort etwas kleiner als in Großbritannien und viel kleiner als in amerikanischen Lokalen. Zweifellos ist dies eine Erklärung für das sehr niedrige Niveau der Fettleibigkeit in Japan. Die einzigen wirklich dicken Menschen, die ich entdeckte, als ich herumreiste, waren Sumo-Ringer. Die Japaner sind stolz auf diese Tatsache und behaupten, durch ihre »Disziplin« den Tücken westlicher »Völlerei« und »Faulheit« zu entgehen. Die Männer prahlen besonders mit den schlanken Taillen des weiblichen Teils der Nation – obwohl dieses Schlankheitsideal nicht weniger schädlich sein dürfte als die Size-Zero-Mentalität der westlichen Modebranche. Das Nahrungsangebot des Landes stellt durchschnittlich 2548 kcal pro Person und Tag bereit, zieht man davon ab, was verschwendet wird, so bleiben noch 1891 kcal, die tatsächlich verzehrt werden (China Daily 2008). Dieser Wert liegt unter dem weltweiten Durchschnitt von 2808 kcal und unterbietet, selbst wenn man die unterdurchschnittliche Körpergröße der Japaner berücksichtigt, noch immer weit den US-amerikanischen Durchschnitt von 3900 kcal.

Doch obwohl die Japaner darauf achten, dass ihre Bäuche leer bleiben, schaffen sie es dennoch, ihre Müllsäcke überquellen zu lassen. Ironischerweise ist es ihre Liebe zu gutem Essen, die sie oft veranlasst, derart viel zu verschwenden. Den Einwohnern der dicht bevölkerten Städte Japans mag der Luxus anderer entwickelter Nationen abgehen, und sie sind sich ihrer relativ winzigen Wohnungen und überfüllten öffentlichen Verkehrsnetze sehr bewusst, aber dafür haben sie – vielleicht zum Ausgleich für diese Unannehmlichkeiten – ihr Vergnügen an gastronomischen Genüssen in beinahe beispiellosem Ausmaß veredelt. Wie ich bei der Familie Kawasaki erleben konnte, sind Japans Kühlschränke und Gefriertruhen vollgestopft mit Leckerbissen, und in Familien der städtischen Mittelschicht gesellen sich zu der Auswahl einheimischer Produkte noch Legionen importierter Genüsse hinzu: von französischen Käsesorten bis zu mediterranen Salaten. Wie erstklassig in Japan gegessen wird, ist überall zu beobachten, in den Wohnungen der Leute ebenso wie auf den Straßen der Städte. Tokio hat mehr mit Michelin-Sternen ausgezeichnete Restaurants als jede andere Stadt auf der Welt, sogar mehr als Paris. Als wollten sie dem Nachdruck verleihen, haben die Japaner einen besonderen Ausdruck dafür gefunden, Einkommen in Essen umzusetzen: *kuidaore* – »essen bis zum finanziellen Kollaps«.

Die japanische Freude an allem Rohen wirft viele logistische Probleme auf, die zu Verschwendung führen können. Sushi, Sashimi, Tataki, rohe Eier und die riesige Auswahl anderer Spezialitäten, welche die Japaner als zentral für ihre Lebensweise erachten, sind allesamt auf extrem schnelle Nahrungsversorgungsketten angewiesen, um die Nahrungsmittel in der geringstmöglichen Zeit vom Meer oder Bauernhof zum Verbraucher zu bringen. Das japanische Leben dreht sich um diese Dringlichkeit. Tokio ist eine Stadt, die niemals schläft, aber wenn man überhaupt von einem Tagesbeginn sprechen kann, dann findet er gegen vier Uhr morgens in Tsukiji statt, dem Standort des vermutlich größten Fischmarktes der Welt und Nervenzentrum des japanischen Lebens. Einmal schaffte ich es frühmorgens rechtzeitig zu dem Markt, um mich in den Großhandelsbereich zu schmuggeln – zu dem Touristen eigentlich keinen Zutritt haben –, wo Legionen von Thunfischen, geraubt aus den Ozeanen der Welt, auf dem Betonboden lagen und langsam auftauten, während ihr Blut in Gullys sickerte; ihre Augen waren eingesunken, und sie hatten die Mäuler offen, als schnappten sie noch immer nach Wasser. Markthändler ziehen sie von dort weg, um sie mit langen Klingen, Sägen und Zangen geschickt zu zerteilen. In fünf Minuten sind die knapp zwei Meter langen Tiere in scharlachrote Blöcke zerlegt und auf Eis ausgelegt, der Reihe nach angeordnet von den fettesten, teuersten Stücken an abwärts. Gabelstapler mit den letzten Lieferungen flitzen herum, und zwischen ihnen weichen die Restaurantbesitzer und Haus- und Wohnungsinhaber aus, die in ihren Gummistiefeln kommen und Bambuskörbe mit den frischesten Einkäufen füllen – von strampelnden Krustentieren und stacheligen Seeanemonen bis zu Tiefseefischen mit riesigen, schillernden Augen. Drüben auf dem »Lebend«-Großmarkt zappeln Fische in blubbernden blauen Wassertanks, während Männer ihre Hände hineintauchen, um irgendeinen zu packen, von Aalen bis zu Tintenfischen, allesamt dazu ausersehen, mit noch pochendem Herzen auf den Tellern der Fisch liebenden Japaner zu landen. Gegen neun am Morgen ist der größte Teil der Tagesarbeit erledigt, und die Fische – als verließen sie ihr seichtes Grab in Tsukiji – schwärmen in Lastern, Lieferwagen und Körben, die in die frühmorgendliche Metro geschleppt werden, über die ganze Stadt aus, mit Kurs auf die Küchen der Nation.

Ihre kurze Reise vom Meer ist sehr bald vorüber, denn kein Japaner bewahrt frischen Fisch lange auf. Als ich mich auf den Supermarktregalen Tokios umsah, entdeckte ich kaum Thunfisch, Lachs oder Makrele, deren Verbrauchsdatum mehr als einen Tag nach dem Kaufdatum lag, und die maximale Haltbarkeit betrug zwei Tage. Selbst Fische zum Kochen werden selten länger als zwei Tage vorrätig gehalten. Ladenbesitzer tun lautstark ihr Bestes, um Erzeugnisse am Ende des Tages abzustoßen, aber zwangsläufig erreichen sehr viele nicht ihr Ziel, bevor ihre Frische in den Augen der pingeligen Japaner gefährdet ist.

Just in der Woche meiner Ankunft in Japan schauderte die kulinarische Welt des Landes vor einem Skandal zurück, der den japanischen Stolz in seinem tiefsten Innern getroffen hatte. Senba-Kitcho, die 71 Jahre alte Präsidentin und dritte Tochter des verstorbenen Gründers einer der berühmtesten Familienrestaurant-Ketten des Landes, verkündete mit vor Schmach gebeugtem Kopf, dass das Unternehmen seine Türen schließe. Ende des Jahres 2007 war festgestellt worden, dass in einigen Filialen Essen, das Gäste unberührt gelassen hatten, erneut serviert worden war, darunter Früchtegelee, in Bambusblätter eingewickeltes Sushi und die vielgeliebte Abalone oder Ohrschnecke. Außerdem waren die Verzehrdaten von Feinkostprodukten wie Konditoreiwaren und gesalzenem Alaska-Seelachsrogen unerlaubt verlängert worden. Als ein Angestellter auspackte, wurde von *mottainai* und Reduzierung der Verschwendung gemurmelt, aber der Schaden war angerichtet worden, und die Kette war auf dem Weg zur Schließung.

Der Wirbel erreichte seinen Höhepunkt, als Kontrollen in der Nahrungsmittelindustrie mehrere in den Medien viel beachtete Fälle von Verstößen gegen Verbrauchsdaten aufdeckten. Eine berühmte Fleischverarbeitungsfirma musste schließen, nachdem Polizisten behauptet hatten, dass dort seit vierundzwanzig Jahren die Verfallsdaten geändert worden seien. Einen bekannten Keksfabrikanten mit einer 300-jährigen Geschichte ließ man ebenfalls auffliegen, nachdem er über einen Zeitraum von vierunddreißig Jahren die Herstellungsdaten gefälscht hatte (Japan Times 2007a). Im November schließlich wurde auch McDonald's entlarvt, als ein Franchisenehmer, der vier Tokioter Filialen betrieb, beschuldigt wurde, unerlaubt Joghurt- und Milchshake-Zutaten, deren Verfallsdatum abgelaufen war, verwendet und, der Unternehmenspolitik zuwiderlaufend, Salate mehr als zwölf Stunden nach ihrer Zubereitung verkauft zu haben. Statt sie wegzuwerfen, klebten Angestellte angeblich neue Etiketten auf unverkaufte Produkte und stießen sie so schnell ab, wie sie konnten (Japan Times 2007b).

Die Tatsache, dass in Verbindung mit diesen Verstößen gegen Japans ultrarigorose Gesetze zur Lebensmittelsicherheit nicht ein einziger Fall von Lebensmittelvergiftung auftrat, hätte als Beleg dafür genommen werden können, dass die Gesetze selbst unnötig streng waren. Es sind Vorschläge in Japan gemacht worden, die gesetzlichen Vorschriften zu lockern, um die Verschwendung einzudämmen: Die auflagenstärkste japanische Tageszeitung *Yomiuri Shimbun* brachte im Juni 2008 eine fünftägige Artikelserie über Nahrungsabfälle und führte ein Experiment durch, bei dem Lebensmittel, die vor fünfundzwanzig Jahren eingedost worden waren, von Reportern gegessen wurden, die zu dem Schluss kamen, dass sie zwar schrecklich geschmeckt, ihnen aber nicht geschadet hätten (China Daily 2008). Aber die Mehrzahl der Menschen in Japan hat auf vorhersehbarere Weise mit der Verurteilung der in den Skandal verwickelten Betriebe reagiert, und die Regierung erklärte in einer Stellungnahme, man erwäge, die Vorschriften noch weiter zu verschärfen.

Eines Tages muss Japan sich vielleicht entscheiden, ob diese kulinarischen Vorlieben aufrechterhalten werden können, und angesichts der globalen Ernährungskrise bereiten einige die Leute bereits auf diese Eventualität vor. »Die Zeit wird kommen«, sagt Akio Shibata, Direktor des Maribeni Institute und einer von Japans führenden Experten für Nahrungsversorgung, »wo die Japaner merken werden, dass sie bei Nahrungsmitteln nicht die Qualität, den Geschmack und die Preise kriegen, die sie mittlerweile erwarten« (Lewis 2008).

Einige Ecken Japans erleben gerade ein Comeback traditioneller Ansichten über Nahrung, die ebenso ideologisch wie gastronomisch sind. In Tokios schickem Bezirk Ginza – Heimat von Luxus-Kaufhäusern und Cocktailbars – hat sich das Restaurant Chakodamari auf das jahrhundertealte Hakozen-Mahl spezialisiert. »Bei einem hakozen-Mahl«, erklärte der Besitzer, Mitsuru Owada, der *Japan Times*, »sollten die Leute nichts übrig lassen, deshalb servieren wir mittlere Essensportionen.« Das Restaurant bittet Speisende sogar, zen-buddhistischen Mönchen nachzueifern, die nach einer Mahlzeit heißes Wasser in ihre Reisschalen gießen und mit Hilfe eines Stücks eingelegter Gurke jegliche Reste aufwischen. Wie der Sprecher einer angeschlossenen nichtstaatlichen Organisation sagte: »Man hat wissenschaftlich nachgewiesen, dass, wenn die Leute aufhören, Essen übrig zu lassen, das anschließend im Müll landet, die Unabhängigkeit Japans in Bezug auf Nahrungsmittel von gegenwärtig 40 auf 70 Prozent zunehmen wird« (Arita 2008).

Auf die spektakulärsten Quellen für Verschwendung stößt man in der Tat in Bereichen der Nahrungsmittelindustrie, wo traditionelle gastronomische Gewohnheiten Japans untergraben wurden. Kleine Lebensmittelläden haben sich ausgebreitet, und ihre zahlreichen »Lunch-Boxen« mit Fertiggerichten werden in unglaublichen Mengen vergeudet. Japanische Fertiggerichte sind normalerweise im Schnitt viel schmackhafter als der salzige Schlabber, der in Europa und Amerika als Mikrowellengericht aufgetischt wird. Es gibt stets eine reiche Auswahl an Nudeln mit Gemüse und Sauce, Schalen mit Sushi oder Klößen mit Fleischfüllung, alles relativ frisch zubereitet. Das Problem ist, dass die Haltbarkeit normalerweise nur ein paar Tage beträgt. Man mag sie lieben oder verabscheuen, aber europäische Mikrowellengerichte werden in luftdichten Behältern hermetisch verschlossen, zum Zeitpunkt der Herstellung sterilisiert und mit einem Sud aus Konservierungsstoffen eingelegt, sodass das Alter ihnen praktisch nichts anhaben kann und sie folglich Haltbarkeitsdaten von etwa zwei Wochen tragen. So widerlich es einem auch vorkommen mag, reduziert diese Art der Haltbarmachung doch den Anteil der verschwendeten Gerichte. Die japanischen »Lunch-Boxen« hingegen haben zur Folge, dass kleine Lebensmittelläden und Supermärkte in Japan für sechs der insgesamt 19 Millionen Tonnen Nahrungsabfälle, die in Japan anfallen, verantwortlich sind.

Wie die meisten Industrienationen deponierte Japan früher seine Nahrungsabfälle, aber als Inselstaat ging dem Land schnell der Platz aus, sodass man anfing, Müll zu verbrennen, um das Volumen zu verringern. Dabei hat die Verbrennung von Papier und Kunststoff einige nicht unerhebliche Vorteile: Aus dem, was ansonsten nutzlos gewesen wäre, wird Strom erzeugt (der Nachteil ist, dass beim Verbrennen von Kunststoffen schädliche Dioxine und andere giftige Chemikalien entstehen). Die Verbrennung von Nahrungsmitteln verbraucht jedoch Energie, weil Nahrungsmittel zu etwa 80 Prozent aus Wasser bestehen. Als immer mehr Leute anfingen, Papier zu recyceln, stieg der Anteil der Nahrungsabfälle im Allgemeinmüll, was dessen Verbrennung noch teurer machte. Nicht genug damit, dass Millionen Tonnen wertvoller Nahrungsmittel vergeudet wurden, erzeugte die japanische Wegwerfmentalität also auch noch Berge problematischen Mülls. Die Regierung verlangte von der Nahrungsmittelindustrie, dieses Problem zu lösen, statt es auf der Nation als Ganzes abzuladen.

Der Grundpfeiler des Ansatzes der japanischen Regierung zur Bekämpfung des Problems ist das Gesetz über das Recyceln von Nahrungsabfällen (»Act on the Promotion to Recover and Utilize Recyclable Food Resources«), das im Jahr 2001 verabschiedet wurde und Nahrungsmittelunternehmen verpflichtet, 48 Prozent ihrer gesamten Nahrungsabfälle bis 2006 zu recyceln. Im Jahr 2002 recycelte Japan nur 10 Prozent seines Gesamtvolumens an überschüssigen Nahrungsmitteln, aber 45 Prozent seiner gewerblichen und industriellen Nahrungsabfälle (MAFF [Japan] 2008). Im Jahr 2005 hatte die Branche die gesetzlich vorgeschriebene Höhe übersprungen und recycelte 59 Prozent der gewerblichen und industriellen Nahrungsabfälle (MAFF [Japan] 2007). Die jüngste Revision des Gesetzes schreibt vor, dass Unternehmen diese Quote bis zum Jahr 2012 auf durchschnittlich 66 Prozent erhöhen sollen. Folglich sind es Unternehmen, die bei der Änderung des japanischen Abfallprofils vorangehen. Die Regierung zog es in erster Linie deshalb vor, sie als Zielgruppe anzupeilen, weil es für Unternehmen leichter ist, Nahrungsmittel von Nicht-Nahrungsmitteln zu trennen, und für Recycling-Anlagen viel leichter, sie zu sammeln und zu verarbeiten, als ein gesondertes System für Millionen einzelner Haushalte zu organisieren. So werden von Japans häuslichen Nahrungsabfällen bislang nur etwa 2 Prozent recycelt.

Japans Gesetz über das Recyceln von Nahrungsabfällen unterscheidet sich in entscheidenden Punkten von den gesetzlichen Regelungen, die in Europa und Amerika verabschiedet wurden. Erstens befasst sich das japanische Gesetz ausdrücklich mit Nahrungsmitteln, während die europäischen Gesetze auf biologisch abbaubare Abfälle im Allgemeinen abzielen, einschließlich der Abfälle aus Parks und Gärten. Und zweitens wurde, zumindest in Großbritannien, die größte Mühe darauf verwandt, die Kommunen, und damit indirekt Haushalte stärker als Unternehmen, zu zwingen, ihre Recyclingquote zu verbessern. Natürlich muss auch dies geschehen, aber für Verbraucher kann es frustrierend sein, zum Beispiel leere Flaschen zu einem Glascontainer zu bringen, nur um unterwegs an einer Kneipe mit einer Mülltonne voll mit Flaschen vorbeizukommen, die niemals recycelt werden.

Die entscheidende Tatsache, die japanischen Gesetzgebern, Industriellen, Landwirten und Wissenschaftlern ins Auge springt, den meisten Europäern und einigen Amerikanern jedoch entgangen ist, lautet, dass man mit überschüssigen Nahrungsmitteln, die nicht von Menschen verzehrt werden können, nichts Besseres anfangen kann, als sie an Tiere zu verfüttern. Wie Dr. Tomoyuki Kawashima, Leiter der Forschungsgruppe funktionelle Nahrungsmittel am National Institute of Livestock and Grassland Science in Tsukuba, mir im Jahr 2008 in einem Gespräch erläuterte, sei es »wichtig, das Kaskadensystem aufrechtzuerhalten. Werft nicht gleich alle Nahrungsabfälle in einen Biogas-Fermenter oder auf einen Komposthaufen. Verwendet zuerst die überschüssigen Nahrungsmittel, um Nutztiere aufzuziehen. Nehmt dann den Dung der Tiere, um Biogas herzustellen, und schließlich den Gärrest als Kompost. Andernfalls vergeudet ihr das größte Potenzial der Nahrungsabfälle.«

Gegenwärtig importiert Japan 90 Prozent seines konzentrierten, protein- und kohlehydratreichen Viehfutters. Abgesehen von den Auswirkungen des Anbaus von Getreide und Hülsenfrüchten auf die Umwelt und ihrer anschließenden Verschiffung Tausende von Meilen über das Meer führt dies zu einem ständigen Abfluss von Devisen und droht nun Japan in ein permanentes Handelsdefizit zu stürzen. Warum weiterhin so viel importieren, wenn 19 Millionen Tonnen Nahrungsmittel weggeworfen werden? Die Richtlinien des japanischen Nahrungsabfall-Recycling-Gesetzes aus dem Jahr 2001 selbst stellen klar: »Da es der effektivste Weg zur Nutzung des Nähr- oder Brennwerts der recycelten Nahrungsmittel ist, abgesehen davon, dass es zu [Japans] Selbstversorgungsquote bei Nahrungsmitteln beiträgt, ist es wichtig, der Weiterverarbeitung [von Nahrungsabfällen] zu Futter Vorrang einzuräumen.«

Es ist bedauerlich, dass die Regierung in Tokio nicht mehr getan hat, um die Menge der Nahrungsmittel, die verschwendet werden, von vornherein zu reduzieren. Dahinter steckt zweifellos die Einsicht, dass der Wunsch nach reichlich vorhandenen frischen Nahrungsmitteln derart tief in der japanischen Kultur verankert ist, dass alle Maßnahmen, die als Gefährdung dieses Überflusses angesehen würden, unpopulär wären. Aber wenigstens macht sie das Beste aus den Abfällen, die tatsächlich anfallen. Ein einzelner Mann im japanischen Landwirtschaftsministerium hat sich heldenhaft für die unwiderlegbare Logik des Recycelns nicht gegessener Nahrungsmittel zu Tierfutter eingesetzt: Itsaki Shimadu. Unterhält man sich im Kreise seiner Hauptverbündeten, Herrn Satoshi Motomura und Frau Eri Utamaru, mit Shimadu-san, so hat man das Gefühl, sich in Gegenwart eines zum Wanderprediger gewandelten Technokraten zu befinden. Er spricht von Statistiken und Flussdiagrammen, aber in seinen Augen glitzert die Leidenschaft des Fanatikers.

»Japans Nahrungsabfälle zu Tierfutter zu recyceln«, erläutert er, »wird den Ackerbau und die Viehzucht retten, die Nahrungsabhängigkeit der Nation verringern und die Abfallentsorgungssituation klären. Die Japaner denken, sie essen hauptsächlich Reis, aber nur wenigen ist klar, dass sie eigentlich mehr importierten Mais essen – in Form von mit Getreide gemästeten Tieren. Dieser Mais wird immer teurer, jetzt, wo die Chinesen selber mehr Fleisch essen.« Während Schweinezüchter in anderen Teilen der Welt durch die hohen Kosten für Tierfutter ruiniert werden, bekommen Japans Schweinezüchter eine billige, umweltfreundliche Alternative. Wie Masaru Shizawa, leitender Direktor der Vereinigung der japanischen Schweinefleischproduzenten und Besitzer von 3000 Säuen, meinte: »Der Preisanstieg bei Futtergetreide könnte der japanischen Viehproduktion in der Zukunft einen Schlag versetzen. In der Zwischenzeit sollte allerdings das Recycling von Nahrungsabfällen gefördert werden.«

Shimadu-san erklärt: »Gegenwärtig werden 37 Prozent der in Japan recycelten Nahrungsmittel – etwa 2,5 Millionen Tonnen – in Tierfutter verwandelt, aber diesen Anteil zu steigern ist eine großartige Möglichkeit, das Problem der fehlenden wirtschaftlichen Unabhängigkeit zu lindern.« Er drückt mir eine Broschüre in die Hand, in der erfolgreiche Recycling-Projekte für Nahrungsabfälle überall im Lande vorgestellt werden, und besteht darauf, dass ich jedes einzelne besichtigen müsse, um mich selbst zu überzeugen. Tatsächlich hatte ich mir schon ein oder zwei angesehen, aber er reicht mir die Visitenkarten mehrerer Vorstandsvorsitzender und Direktoren, und ich verspreche, noch ein paar mehr zu besuchen.

Was ich im Laufe der kommenden Wochen herausfinde, ändert meinen Eindruck vom Nahrungsabfall-Recycling vollkommen. Ich war früher schon in vielen Fabriken gewesen, die sich mit Nahrungsabfällen befassen, aber die Japaner haben die Wiederverwertung auf eine neue Ebene technischer und hygienischer Vollendung geführt.

Als Erstes suchte ich Takeshi Tanami auf, den Geschäftsführer der zwei Jahre alten Alfo-Fabrik, die auf einer Halbinsel liegt, die von der Stadt Tokio ins Meer hinausragt. Symbolisch über einem Deponiegelände errichtet, ist die Alfo-Fabrik Bestandteil des »Super Eco-Town Project« der Tokioter Stadtverwaltung, mit dem diese versucht, die Hauptstadt für ihren eigenen Abfall verantwortlich zu machen, statt ihn weiter bei benachbarten Präfekturen abzuladen. Die spezielle Innovation von Alfo ist die Verwendung von Speiseöl, um sämtliche überschüssigen Nahrungsmittel zu frittieren, sie zu sterilisieren und zu brauchbarem Tierfutter zu trocknen. Infolgedessen durchzieht ein schwerer, süßlicher Geruch, irgendwo zwischen Pommesbude und Süßwarenladen, die ganze Fabrik. Nachdem es die zehn Tonnen fassende Bratpfanne durchlaufen hat, wird das Ausgangsmaterial durch eine irrsinnige Reihe gigantischer Maschinen gepumpt, die gut dreißig Meter in die Luft ragen und deren metallene Röhren sich über drei Stockwerke drehen und winden; Gase werden gereinigt und desodoriert, Öl wird aus den Nahrungsmitteln gepresst und wiederverwendet – bevor das Endprodukt als geruchloses braunes Pulver, das an Kaffeesatz erinnert, auf den Boden des Lagerhauses fällt. Es ist ein beeindruckendes System unter Einsatz modernster Maschinen. Aber wie Tanami-san selber als Erster betont, ist es nicht ohne Probleme.

Erstens holt Alfo seine Nahrungsmittel von Restaurants, Hotels und Geschäften in Plastiksäcken ab, was bedeutet, dass große, teure Maschinen diese Säcke wieder herausfischen müssen, und dieses Verfahren funktioniert nie hundertprozentig. Die anderen Tücken, wenn Nahrungsabfälle von Restaurants bezogen werden, liegen ausgebreitet auf einem Tisch im Verarbeitungsraum – verbogene Gabeln, Löffel und Messer, die gelegentlich die Zerkleinerungsmaschine verstopfen. Zweitens waren kommerzielle Futtermittelhersteller, die Alfos Nahrungsabfälle konventionellem Futter hinzugeben, bis vor kurzem nicht gewillt, ihren Erzeugnissen mehr als drei Prozent des aus Nahrungsabfällen recycelten Futters beizumischen. Sie machen sich wegen öffentlicher Ängste Sorgen, weshalb sie die Beimischungen euphemistisch als »Nahrungsmittel-Nebenprodukte« bezeichnen. Außerdem waren sie bislang lediglich bereit, sie für 10 000 Yen (88 Euro) pro Tonne zu kaufen, was weniger als die Hälfte dessen ist, was sie für ein kommerzielles Futter mit entsprechendem Proteingehalt bezahlen würden.

Die andere Hauptschwierigkeit, vor der Alfo steht und über die Tanami-san ausgiebig klagt, ist, dass der Tokioter Stadtrat das städtische Entsorgungssystem für Allgemeinmüll derart großzügig subventioniert, dass damit die wirtschaftliche Rentabilität des Recycling untergraben wird, und folglich arbeitet die Alfo-Fabrik nur mit der Hälfte ihrer 140-Tonnen-Tages-Kapazität. Ein weiteres Problem bei Alfo ist, dass das von der Fabrik verwendete Frittierverfahren riesige Mengen Energie erfordert. Es wird favorisiert, weil es feuchte Nahrungsabfälle in trockenes Pulver verwandelt, das gewöhnlichem Schweinefutter beigegeben werden kann. Eine wissenschaftliche Studie hat allerdings nachgewiesen, dass Frittieren die einzige Methode des Nahrungsmittel-Recyclings ist, die mehr Treibhausgase ausstößt als die Verbrennung. Außerdem werden, brät man Nahrungsmittel bei so hohen Temperaturen, einige ihrer wertvollsten Nährstoffe denaturiert. Zudem ist das Verfahren sehr kostspielig: Um kostendeckend zu arbeiten, muss die Fabrik jeden Tag 70 Tonnen Nahrungsabfälle verarbeiten. Es ist schwer einzusehen, wie sie bei einer Kapitalinvestition von 2,8 Milliarden Yen (ca. 246 Mio. Euro, wovon ein Drittel von der Regierung übernommen wurde) auch nur annähernd Gewinn machen kann.

Hiroyuki Yakou, der Vorstandsvorsitzende von Agri-Gaia System Ltd., stand als nächster Nahrungsabfall-Gourmet auf meiner Liste. Er war ein eleganter Geschäftsmann mit dem frischen Gesicht eines Missionars und brannte darauf, mich aufzuklären. Agri-Gaia ist auf die Behandlung überschüssiger abgepackter Mittagessen von der allgegenwärtigen Kette Seven-Eleven spezialisiert. Das Unternehmen verwandelt die erstklassigen Nahrungsabfälle in Tierfutter, und der Rest wandert in die Kompostherstellung. Statt der von Alfo produzierten homogenen braunen Substanz stellt Yakou-san stolz ein Menü aus Gläsern vor mich hin, die jeweils eine andere Sorte getrocknete Nahrungsabfälle enthalten, noch klar erkennbar als Nudeln in dem einen Glas und als Gemüse oder Salat in einem anderen. Ich mache mich darüber lustig, wie sie wohl schmecken – aber er erwidert meinen Blick mit ernster Miene: Selbstverständlich habe er sie probiert, um ihre Qualität zu testen. Jede der Zutaten zu trennen bedeutet, dass Yakou-san jede einzelne mit ihrem bekannten Nährwert an Futtermittelproduzenten verkaufen kann, die sich sodann an die Herstellung von Tierfutter fast ausschließlich aus seinen Abfällen herantrauen.

Als Yakou-san mich zur Besichtigungsempore führt, traue ich meinen Augen kaum. Eine Fertigungsstraße mit fünfzig Arbeitern, allesamt angetan mit den für den Umgang mit Nahrungsmitteln vorgeschriebenen weißen Kitteln, Mützen, Handschuhen, Masken und Stiefeln, drängt sich um Transportbänder zusammen, die den Inhalt einer Lagerhalle voll unverkaufter abgepackter Mahlzeiten auf sie zuwälzen. Ich schätze, das wären genug Mittagessen für 40 000 Menschen. Die Reinlichkeit und Rationalisierung des Verfahrens scheinen in keinem Verhältnis zu den schlichten Gewohnheiten des anvisierten Endverbrauchers zu stehen. Yakou-san sieht meinen perplexen Blick und bemerkt: »Die Idee war, das Modell einer Fabrik für Lunch-Boxen zu nehmen und es umzudrehen.« Statt Zutaten in Plastikschalen zu füllen und sie alle in Packungen unterzubringen, packen diese Angestellten jede Schale von Hand aus und sortieren die Zutaten in getrennte Behälter. Nur so, sagt Yakou-san, könne die Verpackung zu hundert Prozent entfernt und der Inhalt maximal verwertet werden. Unterdessen, fügt er hinzu, saugen die von der Decke herabhängenden Rohre Gerüche auf und Methan an, halten die entflammbaren Gase auf Normaldruck und nutzen sie zur Energieerzeugung. Immer noch ungläubig, frage ich, wie um alles in der Welt der Verkauf von Schweinefutter auch nur annähernd die Kosten der Beschäftigung von fünfzig Arbeitern in einer Fabrik wieder einspielen könne, die drei Milliarden Yen (knapp 26,5 Mio. Euro, die zur Hälfte von der Regierung übernommen wurden) gekostet hat. Yakou-san hat diese Frage schon des Öfteren gehört. »Was wir machen, ist Folgendes«, sagt er, »wir verändern das Image des Nahrungsabfall-Recyclings. Wegen der staatlichen Bürokratie und aufgrund von Widerstand vor Ort hat es sechs Jahre gedauert, die Genehmigung zu bekommen, hier eine Fabrik zu errichten. In der Abfallindustrie gibt es jede Menge Mafia-Leute«, erklärt Yakou, »von daher beruht das Gesetz auf der Vorstellung, dass die Menschen von Geburt an schlecht sind. All dies müssen wir ändern, bevor das Nahrungsabfall-Recycling richtig anlaufen kann.«

Staatliche Beschränkungen behindern vielerorts nach Kräften die Abfallsammlung, sodass Agri-Gaia, obwohl der Betrieb schon vor einem Jahr aufgemacht hat, nach wie vor nur mit einem Sechstel seiner Tageskapazität von 250 Tonnen arbeitet. Aber Yakou hegt eine Leidenschaft für die Fabrik und schwärmt mir lang und breit von ihren Möglichkeiten vor: »Ich glaube nämlich nicht, dass das Material, das wir von Geschäften abholen, überhaupt Abfall ist«, sagt er. »Es ist ein wertvolles Produkt. Dank der Biokraftstoff-Politik von Präsident Bush sind die Nahrungsmittelpreise in die Höhe geschnellt. Es ist ein ökonomisches Grundprinzip, dass Dinge an den gehen, der den höchsten Preis zahlen kann, egal wer es ist. Wenn reiche Leute also Nahrungsmittel kaufen können, selbst wenn sie Sprit daraus machen werden, können sie arme Leute im Preis überbieten. Die Menschen in Afrika und Mexiko brauchen diese Nahrungsmittel zum Überleben. Nun muss Japan das seinige tun. Schweine und Hühner sind von ihrer Evolution her Allesfresser. Erst Menschen kamen auf die Idee, sie ausschließlich mit Getreide zu füttern. Gibt man Tieren die nahrhafte, abwechslungsreiche Kost, die für Menschen gemacht wurde, werden sie bessere Eier legen, und das Fleisch wird leckerer schmecken. Bei Blindversuchen zogen neun von elf Probanden das mit unserem Abfallfutter gezüchtete Schweinefleisch dem unter Verwendung von konventionellem Futter erzeugten vor.« Für Yakou-san liegt der Schlüssel darin, die Öffentlichkeit zu erziehen, aus Nahrungsabfällen hergestelltes Futter als etwas Positives zu betrachten. Er betont, dass Seven-Eleven als Gegenleistung für das Recyceln seiner Nahrungsabfälle gute Publicity bekomme. Und die Schweinefleischerzeuger müssten ebenfalls gute Publicity bekommen, weil sie es verwenden.

Nach meinen Besuchen der kapitalintensiven Superfabriken von Agri-Gaia und Alfo war ich erleichtert und erfreut, das Odakyu Food Ecology Centre in der Stadt Sagamihara zu besichtigen. Anderthalb Stunden von Tokio entfernt, wird diese Fabrik von der inspirierenden Persönlichkeit Kouichi Takahashis geleitet, und alles an dem Betrieb trägt das Gütesiegel vernünftiger Überlegung. Wohin man auch blickt, erscheinen ökonomische und ökologische Interessen im perfekten Einklang. Das Zentrum gehört Odakyu, einer der namhaftesten Kaufhausketten im Lande und Besitzerin mehrerer anderer Unternehmen, darunter auch Zugverbindungen. Einem Modell folgend, das dem Konzern vor einigen Jahren von Takahashi-san vorgeschlagen wurde, liefert Odakyu ungenutzte Nahrungsmittel aus seinen Supermärkten, Restaurants und Zuglinien an die Fabrik, wo sie in Schweinefutter verwandelt werden, und kauft anschließend das Schweinefleisch zurück, um es als hochwertiges Ökoerzeugnis in den unternehmenseigenen Geschäften zu verkaufen. Diese Bio-Einzelhandels-Schleife ist das ehrgeizigste Ziel des Recycelns von Nahrungsabfällen. Von mehreren Projekten in Japan übernommen, müsste sie auf der ganzen Welt als Geschäftsmodell dienen. Sie reduziert Lebensmittelkilometer, beseitigt ein Abfallentsorgungsproblem,

340

liefert nachhaltig erzeugtes Fleisch und beschert den Einzelhändlern wertvolle Publicity.

Das ganze System steht und fällt mit Takahashis-sans brillan-
ter und simpler Methode, die Abfälle mit minimalem Aufwand zu
verarbeiten. Die Fabrik kostete zwischen einem Siebtel und einem
Zehntel des Alfo-Werkes, und es ist vielleicht kein Zufall, dass es
die einzige von mir besichtigte Nahrungsmittel-Recycling-Anlage
war, die keine Kapitalhilfe von der Regierung erhielt. Sie bekommt
nicht nur Nahrungsabfälle aus den Odakyu-Filialen, sondern auch
von einer ständig wachsenden Liste von Hotels und Nahrungsmittelproduzenten sowie von einer anderen Supermarktkette, ECO's.
Statt all seine Nahrungsabfälle mit Plastikbeuteln zu verunreinigen, wie es Alfo tut, zeigt Takahashi-san mir die Plastik-Mülltonnen,
die beteiligte Firmen mit ihren diversen Abfallsorten füllen.
Der Direktor von ECO's, Toshiro Myoshi, erzählte mir, dass seine
Angestellten den Supermarktabfall auspackten, bevor er dem Recycling zugeführt werde, denn er vertrat den Standpunkt, dass
es am besten sei, wenn jeder in der Versorgungskette verstehe,
wohin die Nahrungsmittel gingen, und dass es »wirklich nicht so
viel Zeit kostet«. Jede Mülltonne, die in die Odakyu-Fabrik kommt,
enthält unterschiedliche Nahrungsarten – proteinhaltige Sojaab-
fälle die eine, kohlehydratreiche Nudeln ein andere –, wodurch
sichergestellt ist, dass das Futterendprodukt einen garantierten
Nährstoffgehalt mit einem perfekten Proteinanteil von 15–17 Prozent aufweist, je nach Anforderungen der Landwirte.

Auf jeder Mülltonne befindet sich ein Strichcode, und wenn sie
das System durchläuft, hält ein Computer das Gewicht fest. Auch
der Nährstoffgehalt kann so automatisch berechnet werden. Der
Wiegevorgang liefert außerdem die Daten, um den Unternehmen
eine Rechnung ausstellen zu können, deren Höhe sich nach der
Art der Abfälle richtet, die sie produzieren, obwohl selbst die höheren Tarife nur halb so teuer sind wie die Verbrennung. Der dritte
Vorteil des Wiegesystems ist einer, den Takahashi gerade erst zu
einer gesonderten, eigenständigen Beratungsgröße zu entwickeln
beginnt. »Wenn Nahrungsmittelfirmen die Rechnungen für die
verschwendeten Nahrungsmittel bekommen, sehen sie genau, wie

viel von jedem Produkt sie tagtäglich vergeuden. Das bedeutet, dass sie tatsächlich ihre eigene Effizienz steigern können.«

Sobald sie die Waage verlassen haben, werden die Mülltonnen in einen Bottich entleert, und während die Nahrungsmittel über ein Förderband gezogen werden, sorgt eine rasche Kontrolle durch ein oder zwei Angestellte dafür, dass sie keine nennenswerten Verunreinigungen wie Essstäbchen oder Etiketten enthalten. Anschließend werden die Nahrungsmittel aufgewühlt und fünf Minuten bei 90 Grad Celsius pasteurisiert, wodurch sichergestellt wird, dass alle für Nutztiere gefährlichen Krankheitserreger vernichtet werden. Obwohl die Anlage nicht viele Fleischabfälle aufnimmt (das meiste Protein bei Odakyu stammt von Soja), bleibt Takahashi dabei, dass es »nach meiner persönlichen Überzeugung in Ordnung ist, tierisches Protein an Schweine zu verfüttern, wenn es richtig sterilisiert wird. Aber das Problem ist, dass die Bauern es in Japan nicht wollen, weil sie von dem Krankheitsausbruch wissen, der sich in Europa ereignete.« Aber Takahashi wendet ein, dass sie sowieso kaum eine andere Wahl hätten. »Wenn die Bauern weiterhin kommerzielles Futter für ihr Vieh kaufen, werden sie pleitegehen.«

Der nächste Schritt nach der Sterilisierung ist das Verfahren, das eine Revolution des Nahrungsabfall-Recyclings zu werden verspricht, und zwar nicht nur in Japan, sondern überall auf der Welt. Statt gewaltige Mengen Energie einzusetzen, um das flüssige Futter zu trocknen, oder logistische Probleme zu verursachen, indem man es rasch zur nächsten Schweinefarm bringt, bevor es schlecht wird, werden die aufgewühlten Speiseabfälle mit Lactobazillen geimpft, einer Bakterie, die sehr stark der ähnelt, mit deren Hilfe wir Milch in Joghurt verwandeln. Dadurch werden die Speisereste konserviert und sogar ihr Nährwert verbessert, sodass sie bis zu zwei Wochen gelagert werden können, ohne schlecht zu werden (Yang u. a. 2006; Ruiz López u. a. 2003). Die Fabrik ist erst seit drei Jahren in Betrieb und arbeitet infolgedessen noch mit der Hälfte ihrer Tageskapazität von 40 Tonnen. Aber Takahashi betont nachdrücklich, dass die Nachfrage nach billigem Tierfutter jetzt gestiegen sei, dass jeden Monat neue Verträge abgeschlossen

würden und die Bauern Schlange stünden, um das produzierte Futter zu kaufen.

Doch selbst Takahashi verkauft sein Futter für die Hälfte des Preises von herkömmlichem Futter. »Ich könnte den Preis erhöhen«, sagt er, »aber ich versuche nicht, ein System zum Erzielen von Gewinn zu entwickeln, es geht darum, die Gesellschaft zu verändern. Aus der Betätigung in diesem Geschäftsfeld erwachsen zahlreiche unsichtbare Vorteile. Erstens kann Odakyu das Gesetz über das Recyceln von Nahrungsabfällen einhalten, zweitens profitiert die Firma vom Verkauf erstklassigen Schweinefleischs, und drittens verbessert es ihr Image als sozial verantwortliches Unternehmen. Selbst wenn die Fabrik leicht in die roten Zahlen geriete, würde Odakyu aus ethischen Gründen trotzdem daran festhalten. Aber Tatsache ist, dass die Unternehmensleitung angesichts der steigenden Nahrungsmittelpreise davon ausgeht, früher als erwartet Gewinn zu machen.«

Nachdem er mich in seiner vortrefflichen Fabrik herumgeführt hat, bietet Takahashi-san mir an, mich zum nächstgelegenen Schweinezuchtbetrieb zu fahren, der jeden Tag ein paar Tonnen Odakyu-Schweinefutter erhält. Eine kurze Fahrt bringt uns zum Hof von Kamei-san, einem lächelnden, rotgesichtigen Mann mit geflickter Jeans und dichtem, zerzaustem Haar. Man hört die Fruchtbarkeit des Bodens aus seiner Stimme heraus, und er strahlt vor Zufriedenheit, als er mir erzählt, dass er von konventionellem Futter auf Takahashis fermentierte Abfälle umgestiegen sei. Seine Schweine wachsen genauso schnell wie vorher, mit dem einzigen Unterschied, dass er jetzt die Hälfte von dem bezahlt, was er früher für herkömmliches Futter ausgeben musste.

Ich werfe einen Blick ins Innere, und obwohl der Stall gut belüftet und sonnig ist, bin ich entsetzt darüber, dass die 400 Schweine sich in winzigen Verschlägen drängeln. Auf diesem halbstädtischen Gehöft, wo Kamei-san auch Gemüse für seinen Laden anbaut, ist einfach kein Platz, um die Schweine frei herumstreunen zu lassen. Aber die anderen Referenzen des Betriebes sind tadellos. Da der Hof in der Nähe seiner Futterquelle und des Marktes für seine Erzeugnisse liegt, dürften sowohl die Lebensmittelkilometer als

auch die CO2-Bilanz die niedrigsten von allen industriellen Vieh-
zuchtbetrieben sein, auf denen ich jemals gewesen bin. Die gesamte Futtermittel-Nahrungsmittel-Schleife wird innerhalb eines
Radius von knapp acht Kilometern vollendet. Und zwar nicht, weil
der Züchter oder seine Kunden ökologisch besonders motiviert
wären – sondern einfach, weil es ökonomisch vernünftig ist und
logisch einleuchtet.

Kamei-san nimmt uns mit zu seinem Laden und wir setzen
uns mit einer Kanne kaltem Kaffee zusammen. Er und Takahashi fangen an, die Probleme zu erläutern, denen sie sich als
Verarbeiter von Nahrungsabfällen noch immer gegenübersehen.
Erstens gewährt die Regierung Züchtern, die umweltschädigend
produziertes herkömmliches Importfutter verwenden, weiterhin
Sonderzuschüsse, um zu verhindern, dass sie pleitegehen. Dies
verschafft ihnen einen Wettbewerbsvorteil und bedeutet, dass
amerikanisches Futtergetreide wie Mais doppelt subventioniert
wird: zuerst durch die Agrarsubventionen der US-Regierung, dann
von der japanischen Regierung. Die andere Hürde, der Kamei-san
sich gegenübersieht, ist der allmächtige Landwirtschaftsverband,
der Züchtern kommerzielles Futter verkauft und anschließend das
Schweinfleisch zurückkauft. Wenn ein Züchter das kommerzielle
Futter des Verbandes nicht kaufen will und stattdessen auf »Ökofutter« umsteigt, boykottiert der Verband sein Fleisch. Deshalb
kauft Odakyu das Schweinefleisch direkt von den Züchtern, um
ihnen den Schutz und das Selbstvertrauen zu geben, damit sie zu
Ökofutter wechseln. »Vor fünfzig Jahren«, sagt Kamei-san, »waren
die Höfe klein, jeder hatte nur ein paar Schweine: Es gab keine
mottainai. Heute haben wir riesige Höfe, massenhaft Schweine,
und wir importieren Futter aus den Vereinigten Staaten, und
überall herrscht mottainai. Es ist ein wirklich schlechtes System.«
Bevor Takahashi und ich gehen, schenkt Kamei-san mir etwas, das
zu kaufen in Europa beinahe unmöglich ist: eine flache Schale mit
nachhaltig gezüchtetem Schweinefleisch.

Takahashi möchte mir nun den nahe gelegenen Odakyu-Su-
permarkt zeigen. Er führt mich vorbei an den Mülltonnen und
von dort zur Ladentheke, die das mit recyceltem Futter erzeugte

344

Schweinefleisch verkauft. »Joghurt-Schwein aus Kanagawa«, steht auf dem Schild, das über einer stattlichen Reihe frischer Schweinfleischprodukte prangt. Das Schild zeigt die Schleife des Nahrungskreislaufs, die in einem Kreis vom Supermarkt durch das Recycling-Zentrum zum Zuchtbetrieb und als Schweinefleisch wieder zurück zum Geschäft verläuft:

»Der Vorteil von Joghurt-Schweinefleisch ist, dass es gesund, schmackhaft und unbedenklich ist. Diese Schweine werden mit lacto-fermentiertem Futter gefüttert, und verglichen mit normalem Schweinefleisch enthält es 10 Prozent mehr ungesättigte Fettsäuren und 20 Prozent weniger Cholesterin. Es ist zarter, köstlich und saftig. Weil die Schweine so gut gepflegt sind, bekommen sie keine Antibiotika, sodass das Schweinefleisch ganz unbedenklich und gesund ist.«

Hier finden wir Geschäftssinn, kombiniert mit der Erziehung der Öffentlichkeit: ein kühner Versuch, Verbraucher zu ermutigen, sich bei den Nahrungsmitteln, die sie essen, auszukennen, und zu kaufen, was ökologisch vernünftig ist.

Die eine Sache, die mich in Japan beunruhigte, war die augenscheinlich fehlende Sorge um die Gefahr eines Krankheitsausbruchs. Das japanische Gesetz verlangt, dass Küchen- und Speiseabfälle dreißig Minuten bei 70 Grad Celsius oder drei Minuten bei 80 Grad Celsius erhitzt werden. Das ist, wie Studien belegen, die perfekte Temperatur, um die Sterilisierung zu gewährleisten, ohne die Nährstoffe in den Speiseresten zu zerstören. Es ist ein viel besseres als das alte britische Gesetz, das vorschrieb, Küchen- und Speiseabfälle eine Stunde lang bei 100 Grad Celsius zu kochen – danach waren viele der in dem jeweiligen Nahrungsmittel enthaltenen Nährstoffe zerstört. Aber das Problem in Japan ist, dass es kaum ein oder gar kein System zur Durchsetzung der gesetzlichen Vorschriften gibt. Große Nahrungsabfall-Fabriken haben strenge Verfahren für die Sterilisierung des Abfalls. Aber es gibt Hunderte kleinerer Züchter, die Nahrungsabfälle direkt von Restaurants abholen. Diese Kleinunternehmer arbeiten vielleicht jahrelang, ohne das Gesicht eines Inspektors zu sehen, und sind deshalb unter Umständen versucht, bei den Energierechnungen zu sparen, indem sie das Gesetz umgehen. Ich erkundigte mich bei jedem, den ich traf, nach diesem Problem und erhielt nicht ein einziges Mal eine beruhigende Antwort. Shimadu-san im Ministerium blinzelte mich durch seine Brille an und sagte mir, er habe von dem Verbot der Speiserestverfütterung in Europa gehört; aber anscheinend hatte er es nicht mit der Maul- und Klauenseuche in Zusammenhang gebracht. Er und seine Kollegen lachten über meine Besorgnisse. Der Geschäftsführer bei Alfo war von der Regierung noch nie kontrolliert worden und nicht verpflichtet, seinerseits dem Ministerium über die Ergebnisse der von ihm durchgeführten mikrobiologischen Tests Bericht zu erstatten. Dr. Kawashima vom National Institute of Livestock and Grassland Science rechtfertigte die Vorgehensweise Japans, indem er einräumte, dass es zwar »ein Risiko« gebe, dass es jedoch von den Vorteilen des Nahrungsmittel-Recyclings wettgemacht werde. »Denken Sie an die bekannte Gefahr für die Umwelt bei der Produktion von all dem nicht nachhaltigen Futter, mit dem diese Tiere andernfalls versorgt würden.«

Einig waren sich alle indes darin, dass Europa und jene US-Bundesstaaten, welche die Speiserestverfütterung verboten haben, sich selbst benachteiligen. Dr. Kawashima erzählte mir, dass »Schweinezüchter in Europa uns jetzt bitten, die Europäische Kommission zu ermutigen, das Gesetz zu ändern. Wenn die Verbraucher erst einmal wissen, wie wichtig es ist, mit der Vergeudung dieser wertvollen Ressource aufzuhören, werden die Dinge sich ändern müssen. Der Fehler, den Europa gemacht hat, war, die Probleme BSE und Maul- und Klauenseuche miteinander zu vermischen, als man die Gesetze machte. BSE erforderte das vollständige Verbot der Verfütterung tierischer Nebenprodukte an Wiederkäuer, aber wenn man die Abfälle einfach an Schweine verfüttert, ist das Einzige, was man tun muss, die Nahrungsmittel zu sterilisieren. Es stimmt allerdings: Menschen auf der Welt verhungern, weil reiche Länder ganze Ernten kaufen, um sie an ihre Tiere zu verfüttern. Dem würde abgeholfen, wenn man stattdes-

sen Nahrungsabfälle nähme, um Tiere zu füttern.« Takahashi-san vom Odakyu Food Recycling Centre wurde von einer Delegation irischer und dänischer Schweinezüchter nach Europa eingeladen, welche die Speiserestverfütterung mit Hilfe von Takahashis Lactobazillen unbedingt wieder in Europa einführen wollten. »Die Situation in Europa?«, sagte Takahasi, nachdem er mit mir eine Runde durch sein Nahrungsmittel-Recycling-System gemacht hatte. »Sie ist verrückt ... meine ich.«

WENN DAS JAPANISCHE NAHRUNGSMITTEL-Recycling-System streng klingt, so ist das nichts gegen die drakonischen Ökogesetze, die sowohl von Taiwan als auch von Südkorea eingeführt wurden. Dort dürfen überhaupt keine Nahrungsabfälle – weder aus Haushalten noch von Restaurants, Supermärkten oder Fabriken – deponiert werden. Im Jahr 2005 führten sowohl Taiwan als auch Südkorea Gesetze ein, die auf dieselbe Schlussfolgerung hindeuteten: Nahrungsmittel zu vergraben ist Wahnsinn. Stattdessen sammelt man sie jetzt separat, verfüttert einiges an Schweine und kompostiert den Rest.

Wie Japan ist auch Taiwan ein kleiner Inselstaat mit wenig Platz für Deponien; Südkorea – am Ende der Halbinsel durch seinen feindseligen nördlichen Nachbarn vom Rest Asiens abgeschnitten – ist in einer ähnlichen Situation. Inseln sind oftmals ein Testfall für Entwicklungen, die sich in kontinentalem Maßstab vollziehen: Grenzen werden hier schneller erreicht, aber die wirkenden Kräfte sind dieselben.

In dem Wirrwarr schmaler Straßen, die sich zwischen den glitzernden Wolkenkratzern Seouls, der Hauptstadt Südkoreas, hindurchschlängeln, hörte ich viele Geschichten, die denen aufs Haar gleichen, die man mir in Japan erzählt hatte. Ich besichtigte Fabriken, die Säcke voller saftiger Restaurantabfälle in Futterpellets für Schweine verwandelten. Ich sah einige der 250 anderen Anlagen, die Koreas täglichen Ausstoß von 13 000 Tonnen Nahrungsabfällen behandeln. Ich sprach mit Lebensmitteltechnikern, die versuchten, Restaurantpersonal beizubringen, keine Plastikzahnstocher, die in Schweinehälsen stecken bleiben, in ihre Tonnen

mit Nahrungsabfällen zu werfen. Ich traf Regierungsangestellte, die versuchten, die Koreaner von ihrer Liebe zu gastronomischer Vielfalt abzubringen, die sogar noch die der Japaner übertrifft: Zu jeder Mahlzeit in Korea gehört eine unendliche Reihe von Beilagen – gebratene Sprotten, fermentierter Fisch, Tintenfisch-Fangarme und *kimchi*, die würzige koreanische Sauerkraut-Variante –, was zur Folge hat, dass es praktisch unmöglich ist, alles aufzuessen, was aufgetischt wird. Nicht zuletzt, weil die Kellner, sobald man irgendeine seiner Schalen geleert hat, sie wieder auffüllen und erstaunt reagieren, wenn man sie bittet, es nicht zu tun.

Sie mögen nicht bereit sein, ihren kostenlosen *kimchi* aufzugeben, aber eines, was praktisch ausnahmslos alle Koreaner tun, ist, sich an das Abfallrecycling-Gesetz zu halten. Und zwar nicht – wie viele es gern sehen –, weil sie von Natur aus ein gehorsames Volk sind, das ständig vor seinen autoritären Führern katzbuckelt. Im Gegenteil, ich spazierte zwischen Menschenmengen herum, die sich aus Protest gegen das Handelsabkommen der Regierung über den Import amerikanischen »Rinderwahn«-Rindfleischs mutig zurück auf die Straßen von Seoul besannen. Die Protestierenden waren die störrisch-unkontrollierbarsten Straßendemonstranten, die ich jemals gesehen habe, ungeachtet der Anwesenheit Tausender Bereitschaftspolizisten, die versuchten, sie von der Straße zu treiben.

Das Abfallrecycling-Gesetz befolgen die Koreaner in erster Linie deshalb, weil sie sich mit der Realität abgefunden haben: dass das Deponieren von Nahrungsmitteln gegen ihre ureigensten Interessen und die des Planeten, auf dem sie leben, verstößt. Sie wissen von dem Krankheitsausbruch unter Nutzvieh in Großbritannien, und sie wissen von dem Verbot der Speiserestverfütterung – und infolgedessen kommen sie zu dem Schluss, dass die Europäer ihre rücksichtslose, eigennützige Ausbeutung des Planeten unbekümmert fortsetzen, wie es seit Jahrhunderten typisch für sie ist.

Das letzte Wort werde ich Sung-Heon Chung überlassen, einem todschicken Professor im grauen Anzug am Tierforschungszentrum der Konkuk-Universität in Seoul, der einen heißen Frühlingsnachmittag darauf verwandte, mich umfassend in Koreas

Abfallrecycling-System einzuweisen und mir einen Vortrag über meinen Platz auf dem Planeten zu halten:

»Es ist eine Sünde, den Nahrungskreislauf zu unterbrechen, und wenn die Leute weiterhin aus selbstsüchtigen Motiven den richtigen Weg ignorieren, wird eine Umweltkatastrophe passieren. Es gibt eine Pyramide in der natürlichen Nahrungskette, mit einer Rangfolge, von Menschen zu Tieren; dann Pflanzen und ganz unten Bakterien. Alles, was man Menschen zu essen geben kann, sollte man ihnen auch geben. Nahrungsabfälle sind unverdaute organische Substanz, und der Magen des Schweins ist das natürliche Medium, um sie zu vergären. Erst danach sollten ihre Fäkalien in Gas verwandelt oder auf einem Acker ausgebracht werden. Die Menge dessen, womit die Natur uns versorgen kann, ist begrenzt. Europa, vor allem England, müsste sich fast schon beim Rest der Welt entschuldigen, weil insbesondere England sich bei politischen und anderen Entscheidungen statt von ökologischer Vernunft von wirtschaftlichem Profit hat leiten lassen. Wenn die Europäer weiter gegen die Gesetze des Lebens verstoßen, wird die Natur zwangsläufig ihre Rache bekommen.«

18. AKTIONSPLAN: EIN WEG NACH UTROPHIA

Alles, was zu viel ist, wird der Natur zuwider.

HIPPOKRATES

IN EINER IDEALEN WELT gäbe es keine Freeganer, weil es keine vergeudete Nahrung gäbe. Alle Systeme erzeugen einen gewissen Abfall, aber im Falle von Nahrung sollte »Abfall« eine unzutreffende Bezeichnung werden. Würden wir den Nahrungskreislauf ganzheitlich betrachten – wie es früher unerlässlich war und inzwischen wieder wird –, dann würden wir sofort erkennen, dass ein Großteil unserer Verschwendung vermeidbar ist. An einer Stelle des Systems Nahrung wegzuwerfen bedeutet, wir müssen an einer anderen mehr anbauen. Stattdessen könnte beides sich gegenseitig aufheben.

Dass dies nicht schon geschieht, liegt daran, dass ökologische Kosten, die in einem Teil der Welt entstehen, nicht in der Nahrungskette weitergereicht werden. Die Globalisierung der Nahrungsmittelindustrie hat schnellere Fortschritte gemacht als die globale Steuerung oder das gesellschaftliche Bewusstsein. Wie das Kyoto-Protokoll anerkannte, müssen internationale Abkommen einen Preis für Umweltschäden nennen, um uns anzuspornen, Ressourcen verantwortlicher zu nutzen. Dies gilt für Nahrungsmittel nicht weniger als für Öl.

Nahrung ist nicht einfach nur eine Ware, sondern eine lebensnotwendige Berührungsstelle zwischen den Menschen und der Erde. Der Homo sapiens ist ein Landsäugetier; Land ist unser größter Aktivposten, und unser Schicksal hängt davon ab, wie wir damit umgehen. Wir müssen Nahrung anbauen, aber die damit verbundenen Kosten bedeuten, dass wir es so einfühlsam und effektiv wie möglich tun müssen. Unternehmen und Individuen haben eine Verantwortung, Ressourcen behutsam zu nutzen – rücksichtslose Verschwendung zu vermeiden und anzuerkennen, dass die Vergeudung von Nahrung nicht nur den Gewinnspannen schadet, sondern auch Menschen und dem Planeten.

In dem imaginären Land Utrophia – eine Anspielung auf die

griechische *eutrophia*, die »gehörige gute Ernährung«, ebenso wie auf Thomas Morus' Utopia, die »Nicht-Örtlichkeit« der Griechen – würden Bauern all ihre Kartoffeln verkaufen, ohne Rücksicht auf Form oder Größe. Der Koch würde vom Großhändler überschüssige reife Tomaten kaufen, um sie zu den Gerichten des jeweiligen Tages zu verarbeiten. Supermärkte würden überschüssige Nahrungsmittel neu an bedürftige Menschen verteilen. Sämtliche unvermeidlichen organischen Abfälle würden aufgebraucht werden, um entweder Tiere oder den Boden zu nähren. Und die breite Öffentlichkeit würde lernen, die Nahrungsmittel zu respektieren, die in ihren Kühlschränken lagern – zu kaufen, was man isst, und zu essen, was man kauft.

VERBRAUCHER: Hört auf, Nahrungsmittel zu verschwenden.

Wenn Sie Nahrungsmittel wegwerfen, zahlen Sie für die leichtfertige Schädigung der Umwelt, den Hungertod von Menschen auf der anderen Seite der Welt, Schadstoffe in der eigenen Deponie vor Ort, unnötige globale Erwärmung, Wasserarmut, Bodenerosion, Lebensraumzerstörung und Entwaldung. Nahrungsabfälle im eigenen Haushalt vollständig zu vermeiden ist machbar. Für uns alle wäre es ein Kinderspiel, den häuslichen Abfall auf weit unter zehn Prozent zu reduzieren, heute.

Der Vorgang beginnt, noch bevor Sie den Laden betreten: Schreiben Sie schon zu Hause eine Einkaufsliste, damit Sie genau nachsehen können, was Sie noch im Kühl- oder Vorratsschrank haben. Überlegen Sie, welche Gerichte wahrscheinlich gegessen werden. Vermeiden Sie es, sich im Laden von Marketingkniffen verführen zu lassen, die Sie dazu bringen sollen, Dinge zu kaufen, die Sie nicht verbrauchen werden.

Messen Sie beim Kochen Essensportionen ab, um zu vermeiden, mehr als gewünscht zuzubereiten. Brauchen Sie die Reste auf. Nehmen Sie sie am nächsten Tag als Mittagessen mit zur Arbeit, statt sich ein Sandwich zu kaufen. Wärmen Sie sie anderntags auf oder kreieren Sie neue Gerichte daraus, und sparen Sie sich die Mühe, alles frisch zu kochen. Fleisch, Fisch und Gemüse, die übrig geblieben sind, ergeben gute Suppen, Eintöpfe, Currys oder Sandwichs. Kaufen Sie den Brotlaib in der Größe, die der Haushalt aufbrauchen wird, bevor das Brot alt wird. Frieren Sie überschüssiges Brot ein oder trocknen Sie es und machen Paniermehl daraus. Essen Sie Ihre Brotrinden! Sie machen mindestens zehn Prozent eines Laibs aus, sie wegzuwerfen ist also genauso, als würden Sie zehn Prozent des Ackerlandes wegwerfen, das für ihre Erzeugung genutzt wurde. Wenn Sie keine Rinden mögen, essen Sie kein Brot. Kartoffeln, Möhren, Pastinaken und andere Gemüse müssen selten geschält werden, ob als Pommes frites, Kartoffelbrei, aus dem Backofen, in der Pfanne gebraten oder gekocht.

Begegnen Sie Mindesthaltbarkeitsdaten mit äußerster Skepsis – sie sagen Ihnen nicht, dass das Lebensmittel nach Ablauf dieses Datums schädlich ist: Wenn es gut aussieht und riecht – essen Sie es! Verbrauchsdaten sind im Allgemeinen mit großen Fehlertoleranzen kalkuliert, aber riskieren Sie keine Lebensmittelvergiftung; sorgen Sie in jedem Fall dafür, dass solche Dinge wie rohes Fleisch, die Sie nach Ablauf ihres Verbrauchsdatums noch essen wollen, ordnungsgemäß im Kühlschrank aufbewahrt und gut durchgebraten oder -gekocht wurden. Verfallsdaten: Schenken Sie ihnen keinerlei Beachtung, sie sind ohne Belang.

Wer meint, kein Problem mit Nahrungsabfällen zu haben, der versuche über einen Zeitraum von etwa einem Monat hinweg genau zu erfassen, wie viele Lebensmittel er wegwirft, und mache es anschließend besser.

Essen Sie mehr Innereien und weniger Fleisch; essen Sie Fisch aus verantwortungsvoll bewirtschafteten Beständen, und vermeiden Sie, Arten zu essen, die durch Überfischung und das Problem der Rückwürfe gefährdet sind. Kaufen Sie, wo immer Sie können, nicht perfektes Obst und Gemüse, beispielsweise direkt vom Bauern in einem der inzwischen zahlreichen Hofläden. Dies maximiert die Effizienz der landwirtschaftlichen Produktion, es kann billiger sein, und aller Wahrscheinlichkeit nach enthält es niedrige Anteile an Pestizid-Rückständen und anderen giftigen Agrarchemikalien.

Häusliche Kompostierung, Wurmkisten oder getrennte Biotonnen für die städtische Müllabfuhr sind besser, als biologisch abbaubare Abfälle wie Apfelsinenschalen, Möhrenkraut, Teebeutel etc. in die Tonne für den allgemeinen Müll zu werfen. ABER: Es ist unmoralisch, Nahrungsmittel – ganze Zitronen, Bananen oder was auch immer – in eine Komposttonne zu werfen. Der Wert des Komposts ist ein winziger Bruchteil der Ressourcen, die dafür aufgewendet wurden, die Nahrungsmittel anzubauen und zu Ihnen nach Hause zu schaffen.

ELTERN: Kinder lernen vom frühesten Alter an den Umgang mit Nahrung. Versucht eure Kinder anzuhalten, die Mahlzeiten aufzuessen, die ihnen aufgetischt wurden. Kinder sind sehr aufgeschlossen, wenn man ihnen sagt, wo ihre Nahrung herkommt – erzählt ihnen Geschichten über das Land und die Menschen, die ihre Nahrung anbauen, und es wird ihnen helfen, ihren Wert zu schätzen.

REGIERUNGEN: Es sollten gut geführte Kampagnen gestartet werden, die auf das öffentliche Bewusstsein zielen, um das Verhalten der Öffentlichkeit zu ändern. Die »Love Food Hate Waste«-Kampagne von WRAP und die Anstrengungen in Europa und Amerika in Kriegszeiten sind Beispiele. Ausgegebenes Geld rechnet sich dadurch, dass Ressourcen geschont, die Kosten der Abfallbewirtschaftung reduziert, die Effizienz gesteigert und die nationale Nahrungssicherheit verbessert werden.

Nahrungsmittelunternehmen sollten auf obligatorische Zielvorgaben zur Reduzierung der Nahrungsabfälle verpflichtet werden: Ein Ausgangspunkt wäre eine 50-prozentige Reduzierung in fünf Jahren mit dem letztendlichen Ziel, sämtliche möglichen Nahrungsabfälle – ausgenommen ungenießbare Nahrungsmittel-Nebenprodukte – zu eliminieren. Alternativ dazu können Nachfolgeregierungen auf die Zielvorgabe zur Abfallreduzierung festgelegt werden, sodass sie verpflichtet sind, gesetzliche Bestimmungen einzuführen, die diese Reduzierung herbeiführen werden. Wo es angebracht ist, sollte die Regierung durch Forschung und Beratung sowie Infrastrukturmaßnahmen Hilfestellung bei der Effizienzverbesserung geben.

Ungeachtet der Entsorgungsmethode sollte eine Steuer auf die Verschwendung essbarer Nahrungsmittel eingeführt und den Nahrungsmittelunternehmen auferlegt werden. Damit würde ein steuerlicher Anreiz geschaffen, der Abgabe überschüssiger Nahrungsmittel an karitative Umverteilungsorganisationen Vorrang vor anderen Entsorgungsmethoden einzuräumen.

Nahrungsmittelunternehmen sollten gezwungen werden, ihr Abfallaufkommen zu melden, unter ausdrücklicher Angabe, wie hoch der Anteil von Nahrungsmitteln ist.

Agrarsubventionen auf Grundlage der Produktion sind zu vermeiden, da dies nur zur Überschussproduktion anregt. Genau dies bewirken die US-Agrarsubventionen momentan und in geringerem Umfang auch die Exportsubventionen der Europäischen Union.

Forschungen zur Lebensmitteltechnologie und deren Weiterentwicklung sollten finanziert werden, um den maximalen Nutzen aus Nahrungsmittel-Nebenprodukten und -Koprodukten zu ziehen.

Bei Eingriffen in die Nahrungsabfall-Bewirtschaftung sollten Regierungen sehr darauf achten, eine Störung der natürlichen Abfallhierarchie – zuerst Vermeidung, dann Verwertung, dann Beseitigung – zu umgehen, und erst, wenn diese Möglichkeiten erschöpft sind, Alternativen zur Deponierung fördern. Großbritannien hat, als schlechtes Beispiel, steuerliche Unterstützung für Kompostierung und anaerobe Vergärung angeboten, ohne Nahrungs-Umverteilungsorganisationen oder Viehzüchtern ähnliche Hilfen anzubieten.

Die Deponierung von Nahrungsabfällen muss verboten werden, und es sind Maßnahmen zu ergreifen, die gewährleisten, dass ausreichende alternative Entsorgungsmethoden entwickelt werden.

Das Verbot der Speiserestverfütterung an Schweine (in der EU und einigen US-Bundesstaaten) muss fallen. Stattdessen sollte die Speiserestverfütterung gefördert oder gesetzlich vorgeschrieben werden. Den Anfang könnte man mit gewerblichen und industriellen Nahrungsabfällen machen und sodann dem Beispiel Europas aus Kriegszeiten und Südkoreas folgen, indem Nahrungsabfälle aus Haushalten und Gastronomiebetrieben gesammelt werden, das Ganze flankiert von einer wirkungsvollen Bewusstseinskampagne, um sicherzustellen, dass die Leute ihre Abfälle nicht mit ungeeignetem Material verunreinigen. Es gilt dafür zu sorgen, dass die Küchen- und Speiseabfälle richtig hitzebehandelt werden.

Wenn Europa seinen Landwirten schon nicht zutraut, dass sie Nahrungsabfälle richtig behandeln, dann könnte es wenigstens kommerziellen Futtermittelfabriken erlauben, es zu tun. Großindustrielle Betriebe lassen sich mühelos regulieren und überprüfen, um sicherzustellen, dass sie sich an die gesetzlichen Bestimmungen halten. Wenn Regierungen sich trotzdem unsicher fühlen, könnten sie zumindest erlauben, dass Nahrungsabfälle nur an ausgesuchte Gehöfte gehen, wo der Kontakt mit anderem Vieh eingeschränkt oder gänzlich ausgeschlossen wird, weil vor Ort eine Schlachteinrichtung vorhanden ist.

Für den Fall, dass es nicht zu einem Ende des Verbots kommt, sollte ein landesweites Programm gestartet werden, das sämtliche gewerblichen und industriellen Nahrungsmittelunternehmen erfasst, mit dessen Hilfe ehemalige Nahrungsmittel, beispielsweise Brot, Gebäck, Obst, Gemüse und Milchprodukte, von verbotenen Fleischprodukten getrennt und für die Verwendung als Viehfutter gesammelt werden.

Um etwas gegen die momentane wettbewerbsfeindliche steuerliche Einseitigkeit zugunsten der Verwendung ehemaliger Nahrungsmittel für die anaerobe Vergärung statt als Viehfutter zu unternehmen, könnte ein Programm entwickelt werden, das Bauern für die weit höheren Kohlenstoffeinsparungen bei der Verfütterung an ihre Tiere belohnt. Unter dem vom Kyoto-Protokoll vorgesehenen »Mechanismus für umweltverträgliche Entwicklung« könnten Projekte zur Speiserestverfütterung in Entwicklungsländern genehmigt werden, sodass Bauern 18–30 Euro pro Tonne eingesparter CO_2-Emissionen erhalten könnten (obwohl dieser Betrag künftig steigen sollte). Kohlenstoffsparende landwirtschaftliche Projekte innerhalb Europas sind unter dem Joint-Implementation-System, das den Industrieländern gemeinsame Klimaschutz-Projekte ermöglicht, eigentlich erlaubt; aber aufgrund administrativer Schwierigkeiten ist bislang kein einziges Projekt genehmigt worden. Würde dies erleichtert, wäre es für Schweinezüchter oder Futtermittelproduzenten einträglicher, Nahrungsabfälle zu sammeln. Auch eine direkte staatliche Finanzierung solcher Projekte wäre hilfreich: Japan beispielsweise zahlt Schweinezüchtern ein Drittel der Kosten für die Installation von Fütterungssystemen zur Aufnahme von Nahrungsabfällen.

SUPERMÄRKTE: Hört auf, Nahrungsmittel wegzuwerfen, es sei denn, ungewöhnliche Umstände gebieten es. Übernehmt dieses Ziel freiwillig, und wenn nicht, dann unterwerft euch der Regulierung. Verschenkt alle überschüssigen Nahrungsmittel, die nicht verkauft werden können. Jegliche weiteren zulässigen Abfälle sollten gemäß einem von der lokalen Behörde genehmigten Plan getrennt, zu zentralen Depots zurücktransportiert und an Viehzüchter oder Futtermittelproduzenten abgegeben werden.

Entlohnt Geschäftsführer auf Grundlage der Genauigkeit ihrer Bestellungen, um Abfall zu vermeiden.

Unterwerft euch einem Verhaltenskodex, um Lieferanten (Erzeuger wie Bauern) vor unfairen Geschäftspraktiken zu schützen, beispielsweise vor Bestelländerungen in letzter Minute, Rücknahmeklauseln, der Abwälzung der Kosten von Überschuss auf Lieferanten, Ausschließlichkeitsklauseln oder allem, was Lieferanten daran hindert, Überschuss an andere willige Käufer zu verkaufen oder ihn großzügig zu spenden.

Reformiert die Verwendung von Mindesthaltbarkeitsdaten bei Obst, Gemüse und Brot und informiert die Öffentlichkeit über die Bedeutung des Datierungssystems.

ERZEUGER UND WEITERVERARBEITER: Jedes der Abfallprobleme in der Versorgungskette würde gelindert, wenn die obigen Probleme bei den Supermärkten angegangen würden. Dramatische Verbesserungen können auch durch Übernahme bewährter Verfahren erreicht werden, die schon von vielen Unternehmen übernommen wurden und noch auf andere ausgedehnt werden sollten. Wo immer möglich, sollte eine Verlängerung der Haltbarkeit von Produkten erwogen werden.

KANTINEN: Gegenwärtig wird unnötiger Abfall durch die Erwartung produziert, dass jede Person, die wahrscheinlich zum Essen kommt, eine Auswahl von Gerichten haben muss, was zur Folge hat, dass von jedem Gericht zu viel zubereitet werden muss. Ohne die Auswahl der Leute einzuschränken, könnten Kantinen in Schulen, Krankenhäusern und anderen Einrichtungen diese Art der Verschwendung reduzieren, indem sie die Speisenden bitten oder auffordern, sich einen oder zwei Tage im Voraus für ein Gericht zu entscheiden. Dies bedeutet kein Ende der Auswahl, sondern lediglich der Erwartung, dass die Wahl eigentlich spontan getroffen werden sollte. Manche Restaurants nehmen bereits Bestellungen im Voraus an, zum Beispiel das exklusive Restaurant Mildmay Hall am Opernhaus von Glyndebourne.

RESTAURANTS MIT VOLLEM SERVICE: Jeder Gast hat einen anderen Appetit, und die Serviergrößen könnten entsprechend angepasst werden. Die Standardgerichte sollten kleiner werden, und die »Riesenportion« könnte eine Gratisoption ohne Aufpreis sein. Einige Restaurants haben die Erfahrung gemacht, dass Gäste positiv reagieren, wenn man ihnen sagt, dass für auf dem Teller übrig gelassenes Essen ein Aufschlag berechnet wird, vor allem, wenn die Gründe erläutert und die Einnahmen für wohltätige Zwecke gespendet werden – besonders sinnvoll für Restaurants mit »All You Can Eat«-Angeboten. Die am besten geführten Restaurants brauchen übrig gebliebene Bestandteile bereits auf. Ein einfallsreicher Koch kann aus solchen Resten kostenlose Appetithappen zaubern. Auch Rabatte für die Bestellung von Gerichten im Voraus können angeboten werden, so wie oben bei den Kantinen.

FASTFOOD-RESTAURANTS, KLEINE LEBENSMITTELLÄDEN, SANDWICH-ANBIETER: Ein Großteil der Verschwendung in diesem Bereich erwächst aus der Notwendigkeit, dafür zu sorgen, dass Essen jederzeit fertig, zubereitet und sofort verfügbar ist. Aus diesem Grund ist eine genau prognostizierte Nachfrage unerlässlich, sollen die Verluste reduziert werden. Allerdings leiden diese Geschäfte – viele davon vergleichsweise kleine Verkaufsstellen –

an schlechter Lagerhaltung durch ungeschulte Filialleiter (Jones 2004a). Dies lässt sich größtenteils durch entsprechende Schulung der Mitarbeiter, durch anständige Arbeitsbedingungen, die sie bei der Stange halten, und durch Förderung optimaler Geschäftsabläufe, um Abfall zu vermeiden, verändern. Jeglicher Überschuss sollte, wo immer möglich, am Ende des Tages verschenkt oder karitativen Umverteilungsorganisationen gespendet werden, falls nötig, auf Kosten des Unternehmens.

FISCHEREI: Es ist an Regierungen und Fischereiindustrien, nachhaltige Fischerei-Regeln zu vereinbaren. Rückwürfe sollten verboten, menschliche Märkte für essbare, aber gegenwärtig unerwünschte Fische gefunden, ausgedehnte Meeresschutzgebiete eingerichtet und innerhalb ihrer Grenzen Fangverbote durchgesetzt sowie moderne Fischereiausrüstung und -techniken zur Vermeidung von Beifang gesetzlich vorgeschrieben werden.

BAUERN: Verkauft, wo immer machbar, direkt an die Verbraucher: Die Gewinne können dadurch erheblich gesteigert und die aus den Ernten aussortierten Mengen um 30–90 Prozent reduziert werden (Food Chain Centre 2006). Arbeitet mit Gewerkschaften und der Regierung zusammen, um unfaire Geschäftspraktiken der Supermärkte für ungesetzlich zu erklären. Drängt eure Regierungen zu diesbezüglichen Regelungen. Wenn für Überschuss oder Ausschuss kein Markt gefunden werden kann, erwägt, Ährenleser zuzulassen, seien es Einzelne oder anerkannte Organisationen.

NACHWORT

DIE REDUZIERUNG DER NAHRUNGSABFÄLLE sollte eine der
höchsten Prioritäten auf der Umweltagenda werden. Dadurch
könnte die Entwaldung gebremst und die globale Erwärmung auf-
gehalten werden. Die Umsetzung ist dabei relativ schmerzlos und
einfach. Wie die Vereinten Nationen bereits gewarnt haben, kann
der Abbau der Verschwendung in einer Welt, deren menschliche
Bevölkerung bis zum Jahr 2050 voraussichtlich von 6,7 Milliarden
auf 9 Milliarden anwachsen wird (UN Population Division 2007),
und zu einer Zeit, wo ein Viertel der geplanten Nahrungsproduktion der Welt als Folge von Klimawandel, Wasserknappheit, invasi-
ven Schädlingen und Landdegradierung im Laufe dieses Jahrhunderts möglicherweise gefährdet ist, lebensnotwendig sein (UNEP
2009).

Aber was genau soll die Bewahrung von Ressourcen bezwe-
cken? Wollen wir den Verbrauch jedes Einzelnen reduzieren, sodass mehr Menschen ein gerechteres Stück vom Kuchen genießen
können? Ist es unser Ziel, die menschliche Bevölkerung zu maximieren und so viele Menschen wie möglich auf dem Planeten
unterzubringen? Versuchen wir Ressourcen zu erhalten, damit
künftige Generationen überleben können? Oder bemühen wir uns,
die natürliche Welt zu schützen?

Man geht allgemein davon aus, dass die Bewahrung von Ressourcen wie Nahrung sowohl gut wäre für die Menschen – weil
sie jenen, die unter Nahrungsmangel leiden, den Zugang zu mehr
Nahrung ermöglichen würde – als auch für den Planeten, weil sie
die Nachfrage nach landwirtschaftlichen Nutzflächen reduzieren
würde. Aber es gibt eine Reihe von Variablen, um die man sich
eventuell kümmern muss, bevor man in den Genuss dieser Vorteile kommt.

Wenn wir aufhören würden, so viele Nahrung zu vergeuden,
würde der gesamte sich daraus ergebende Überschuss vielleicht zu
gleichen Teilen unter den Armen der Welt verteilt. Der freigesetzte
Überschuss könnte aber stattdessen auch an Tiere verfüttert werden, um die rasch steigende globale Nachfrage nach Fleisch zu

befriedigen. In diesem Fall hätten mehr Menschen Zugang zu gehaltvollerer, fleischigerer Kost, aber die Nachfrage nach landwirtschaftlichen Erzeugnissen würde nicht so stark abnehmen, und die Ärmsten der Welt litten nach wie vor Hunger. Außerdem könnte die Verbesserung der Nahrungsversorgung durch effizienteres Wirtschaften lediglich das Bevölkerungswachstum beschleunigen. Mehr Nahrung könnte Familien schlicht ermutigen, mehr Kinder aufzuziehen. Je nach individueller Betrachtungsweise könnte jedes dieser Ergebnisse als positiv angesehen werden.

Aber die wohl drängendste Sorge, was die anhaltende Gesundheit des Planeten und all seiner Bewohner – der menschlichen wie der nichtmenschlichen – angeht, ist das Vordringen unserer Aktivitäten in natürliche Lebensräume, vor allem in Wälder. Wenn wir diese Lebensräume nicht schützen, hat unser Planet kaum eine Chance, sein Klima zu regulieren. Um Wälder zu schützen, müssen wir mehr tun als lediglich Ressourcen wie Nahrung, Land und Brennstoff bewahren. Hinzukommen muss energisch durchgesetzter nationaler oder internationaler Schutz. Die laufenden inter-nationalen Verhandlungen zur Ersetzung des Kyoto-Protokolls im Jahr 2012 erkunden Möglichkeiten, um Emissionen aufgrund von Entwaldung und Erosion in Entwicklungsländern zu reduzieren – indem reiche Länder veranlasst werden, ärmere Länder für den Erhalt ihrer Wälder zu bezahlen, mit der Begründung, dass ihre Rolle als Kohlendioxidsenker unentbehrlich für unser aller Überleben sei. Dies würde die gegenwärtige Praxis umkehren, wonach reichere Länder andere dafür bezahlen, dass sie für Nutzholz, Nahrung und Brennstoff ihre Wälder vernichten. Es wäre allerdings riskant, aus der Walderhaltung einen bloßen Nachtrag zur Abschwächung des Klimawandels zu machen, weil Wälder einen Wert haben, der weit über ihre Funktion für die Bewahrung der Atmosphäre hinausgeht. Sie sind auch die Heimat vieler Arten der Welt, von denen einige dem Menschen zweifellos existent von größerem Nutzen sind als ausgestorben, und die wohl alle ihren eigenen inhärenten Wert haben. Sie sind auch die Heimat von an den Rand gedrängten Völkergruppen, deren Rechte und Beteiligung an dem Land garantiert werden müssen. Was nottut, sind ein international abgesichertes totales Verbot der Zerstörung von noch mehr Primärwald und entsprechende Kontrollen beim Verbrauch von Produkten, welche die Entwaldung vorantreiben. Noch besser wäre ein globales System, das die angemessene Nutzung des verfügbaren Grund und Bodens der Welt regelt: Die Erde ist unser gemeinsames Erbe, und wir müssen sie klüger verwalten.

Über den unmittelbaren Schutz des natürlichen Lebensraums hinaus müssen wir uns die eigentlichen Ursachen der vermehrten Nachfrage ansehen. Verschwendung ist eine. Aber mindestens ebenso wichtig ist Bevölkerungswachstum. Während der gesamten Geschichte war es das Ziel von Menschen, wie auch aller anderen Organismen, ihre Spezies zu vermehren. Menschen davon zu überzeugen, darauf zu verzichten, ist wahrscheinlich zwecklos, und glücklicherweise ist es nicht notwendig, weil die Eindämmung des Bevölkerungswachstums der einleuchtendste Weg zur Sicherung des langfristigen Überlebens ist.

Bildung und Empfängnisverhütung sind die konstruktivsten Ansätze. Aber in einigen Fällen sind auch finanzielle Anreize und sogar Gesetze dringend geboten. Dies ist umstritten und mancherorts sehr unpopulär. Aber die Auseinandersetzung muss gewonnen werden. Jedes Opfer in Bezug auf die persönliche Erfüllung, erlitten durch Begrenzung der Zahl der Kinder pro Familie, wird mehr als wettgemacht durch die Vorteile, sichergestellt zu haben, dass künftige Generationen nicht auf einem Planeten ihrem Schicksal überlassen sind, der sie nicht ernähren kann. Die Alternative wäre der wahrscheinliche Ausbruch von Kriegen und Hungersnöten (Diamond 2005).

Viele blicken heute auf China und zeigen mit dem Finger auf das Land wegen seiner umweltpolitischen Versäumnisse. Aber mit der erfolgreichen Bewältigung des grundlegenden Umweltproblems, nämlich des Bevölkerungswachstums, steht das Land praktisch allein da (und der Pro-Kopf-Verbrauch in China beträgt sowieso nach wie vor nur einen Bruchteil des Verbrauchs in Europa oder Amerika). Chinas Ein-Kind-Politik hat das Bevölkerungswachstum im Jahr 2001 drastisch auf 1,3 Prozent reduziert. Sie mag drakonisch wirken, aber sie ist bestimmt besser als ein China mit der doppelten Größe der jetzigen Bevölkerung (Diamond 2005).

Allerdings gibt es eine andere elementare umweltpolitische Maßnahme, die China nicht einführte. Obwohl seine Bevölkerung weniger schnell gewachsen ist, beansprucht jeder seiner Einwohner nun mehr »Wohnfläche« (Diamond 2005). Wie die meisten Menschen in den Entwicklungsländern wollen auch die Chinesen ihren Anteil an modernen Konsumgütern – gehaltvolleres Essen, mehr Fleisch, mehr Autos und mehr Häuser. Obwohl sich das Bevölkerungswachstum verlangsamt hat, ist die Zahl der Haushalte von 1990 bis 2005 jedes Jahr um 3,5 Prozent gestiegen – was der Einführung einer neuen Nation auf dem Planeten mit so vielen Haushalten wie Russland in jedem einzelnen Jahr entspricht. »Wenn China den Standard der Industrieländer erreicht, werden sich Ressourcenausbeutung und ökologische Schäden auf der ganzen Welt ungefähr verdoppeln. Dabei ist schon zweifelhaft, ob auch nur die derzeitige Ressourcennutzung und die ökologischen Eingriffe auf lange Sicht haltbar sind«, so Jared Diamond (Diamond 2005).

Der sparsame Umgang mit Nahrungsmitteln könnte deshalb nicht mehr bewirken, als die Folgen der wachsenden Nachfrage nach ihnen und anderen Ressourcen in China und anderswo leicht abzumildern. Sollten die reichen Nationen sich entschließen, die Verantwortung für die Auswirkungen ihres Ressourcenverbrauchs zu teilen, wird dies einen Plan erfordern, der sich an dem vom Global Commons Institute (GCI) entwickelten Programm »Contraction & Convergence« (C & C) orientiert, das jedem Menschen das Recht auf die gleiche Menge an Treibhausgasemissionen zugesteht (»convergence«), wobei die insgesamt zulässige Emissionsmenge sich aus dem jeweiligen Reduktionsziel ergibt (»contraction«). Durch einen solchen Plan würden sie zustimmen, ihren eigenen Pro-Kopf-Verbrauch im Interesse des planetarischen Überlebens zu zügeln. Abfallreduzierung ist eine Möglichkeit, zu diesem lebensnotwendigen Prozess beizutragen – aber nicht die einzige. Die meisten anderen werden allerdings weit schwerer zu verwirklichen sein.

LITERATUR

Ababouch, L. (2003): »Impact of fish safety and quality on food security«, in: Report of the Expert Consultation on International Fish Trade and Food Security, Casablanca, Morocco, 27–30 January 2003, FAO-Fischerei-Bericht, Nr. 708, Rom, FAO

Abder-Rahman, H., u. a. (2000): »Aluminium phosphid fatalities. New local experience«, in: Medical Science Law Bd. 40, Nr. 2, S. 164–68

Acheson, D. (1998): Independent Inquiry into Inequalities in Health, London: The Stationary Office (britischer Staatsverlag)

Ackermann, F. (1997): »Environmental impacts of packaging in the U.S. and Mexico«, in: Phil & Tech Bd. 2, Nr. 2

Adam, D. (2009): »Amazon could shrink by 85 % due to climate change, say scientists«, in: The Guardian, 16. März 2009

AEA (2007): Resource Use Efficiency in Food Chains: Priorities for Water, Energy and Waste Opportunities, Bericht an Defra, Didcot, AEA Energy & Environment, http://sciencesearch.defra.gov.uk/Document. aspx?Document=WU0103-4830_FRA.pdf

Agutter, W. (1796): The Sin of Wastefulness, London

Ahlberg, P. (2002): »Whey-hey! Humble dairy by-product makes good«, 7. Januar 2002, www.just-food.com

Allen, K. (1998): »Sharing scarcity: bread rationing and the First World War in Berlin, 1914–1923«, in: Journal of Social History, Dezember 1998

Alverson, D., u. a. (1994): A Global Assessment of Fisheries By-Catch and Discards, Fisheries Technical Paper No. 339, Rom, FAO

Ambler-Edwards, S., u. a. (2009): Food Futures: Rethinking UK Strategy, Chatham House-Bericht, London, Royal Institute of International Affairs, http://www.chathamhouse.org.uk/files/13248_r0109foodfutures. pdf

Arita, E. (2008): »Hazoken delights«, in: Japan Times, 20. April 2008

Armitage, T. (2004): »Post-harvest loss costs East African milk market $ 90 million«, in: Dairy Processing & Markets, 27. Oktober 2004

Arvanitoyannis, I., und D. Ladas (2008): »Meat waste treatment methods and potential uses«, in: International Journal of Food Science and Technology 43, S. 543–59

Asda (2006): »Asda unveils UK's first ›zero waste to landfill‹ target«, Pressemitteilung, 25. Oktober 2006, http://your.asda.com/2006/10/25/ asda-unveils-uk-s-first-zero-waste-to-landfill-supermarket (Zugriff am 22. Oktober 2010)

Ashton, E. (2006): »Eat up or pay up«, in: The Guardian, 21. April 2006

Associated Press (2008): »NYC eatery imposes surcharge for unfinished food«, www.foxnews.com, 11. Dezember 2008

Australia Institute (2005): Wasteful Consumption in Australia, Canberra, https://www.tai.org.au/?q=node/8&offset=3

Awarenet (2004): Handbook for the Prevention and Minimisation of Waste and Valorisation of By-Products in European Agro-Food-Industries, http://eea.eionet.europa.eu (Zugriff am 1. März 2009)

Baloch, U., u. a. (1994): »Loss assessment and loss prevention in wheat storage – technology development and ransfer in Pakistan«, in: E. Highley (Hg.): Stored Product Protection, Wallingford

Bataille, G. (1985a): »Der Begriff der Verausgabung«, in: Ders.: Die Aufhebung der Ökonomie, 2. erw. Aufl., München (Das theoretische Werk in Einzelbänden, Bd. 5, hg. von Gerd Bergfleth)

Bathurst, C. (1921): Potatoes and Pigs with Milk, as the Basis of Britain's Food Supply, 2. Aufl., London

BBC (2008): »The cost of food: facts and figures«, 16. Oktober 2008, http://news.bbc.co.uk/2hi/in_depth/7284196.stm

BBC WW2-Archiv (2005): People's WW2, http://www.bbc.co.uk/ww2peopleswar/stories/26/a4124026.shtml

Beer, G., und P. Jaros (2007): Das Nichts Wegwerfen Kochbuch, Bochum

Bellarby, J., u. a. (2008): Cool Farming: Climate Impacts of Agriculture and Mitigation Potential, Bericht der Universität von Aberdeen für Greenpeace, Amsterdam

Bender, W. (1994): »An end use analysis of global food requirements«, in: Food Policy Bd. 19, Nr. 4, S. 381–95

Berghoff, H. (2001): »Enticement and deprivation: the regulation of consumption in pre-war Nazi Germany«, in: M. Daunton und M. Hilton (Hg.): The Politics of Consumption, Oxford, S. 165–84

Bettoli, P., und G. Scholten (2006): »Bycatch rates and initial mortality of paddlefish in a commercial gillnet fishery«, in: Fisheries Research Bd. 77, Nr. 3, S. 343–47

Blair, D., und J. Sobal (2006): »Luxus consumption: wasting food resources through overeating«, in: Agriculture and Human Values 23, S. 63–74

Blanco, M., u. a. (2007): »Towards sustainable and efficient use of fishery resources: present and future trends«, in: Trends in Food Science & Technology Bd. 18, Nr. 1, S. 29–36

Bokanga, M. (1996): »Cassava: post-harvest operations«, in: Compendium on Post-Harvest Operations, Rom, FAO, http://www.fao.org/inpho/content/compend/text/ch12-04.htm#TopOfPage

Borger, J. (2008b): »Rich countries launch great land grab to safeguard food supply«, in: The Guardian, 22. November 2008

Bracken, C. (1997): The Potlatch Papers. A Colonial Case History, Urbana

Braschkat, J., u. a. (2003): »Biogas versus other biofuels: a comparative environmental assessment«, in: T. Al Seadi und J. Holm-Nielsen (Hg.): The Future of Biogas in Europe II, Süddänische Universität, 2.–4. Oktober 2003

Braun, J. (2007): The World Food Situation, Food Policy Report 18, Washington DC, Forschungsinstitut zur internationalen Ernährungspolitik IFPRI

Brown, C. (2008): »Knobbly fruit and veg back on menu as EU plans to scrap uniformity laws«, in: The Independent, 16. Juni 2008

Brown University Faculty (1990): »Overcoming hunger. Promising programmes and policies«, in: Food Policy Bd. 15, Nr. 4, S. 286–98

Buzby, J., u. a. (2009): »Supermarket loss estimates for fresh fruit, vegetables, meat, poultry, and seafood and their use in the ERS loss-adjusted food availability data«, in: Economic Information Bulletin Nr. EIB-44, März 2009, Volkswirtschaftlicher Forschungsdienst, US-Landwirtschaftsministerium, http://www.ers.usda.gov/Publications/EIB44/EIB44.pdf

Cabinet Office (UK) (2008): Food Matters: Towards a Strategy for the 21st Century, Juli 2008, The Strategy Unit, Cabinet Office

Cathcart, E., und A. Murray (1939): »A note on the percentage loss of calories as waste in ordinary mixed diets«, in: Journal of Hygiene 39, S. 45–50

Carlsson-Kanyama, A. (1998): »Climate change and dietary choices – how can emissions of greenhouse gases from food consumption be reduced?«, in: Food Policy Bd. 23, Nr. 3/4, S. 277–93

Carrier, L. (1998): Ilinois: Crossroads of a Continent, Urbana

China Daily (2008): »Japanese dispose one-fourth of available food«, in: China Daily: Asianewsnet, 3. Juli 2008, http://chinadaily.com.cn/world/2008-07-03/content_6817431.htm

Chomitz, K. (2006): At Loggerheads: Agricultural Expansion, Poverty Reduction, and Environment in the Tropical Forests, World Bank Policy Research Report, Washington DC, Weltbank

Clover, C. (2004): Fisch kaputt. Vom Leerfischen der Meere und den Konsequenzen für die ganze Welt. Aus dem Engl. übers., München 2005

Competition Commission (2008): The Supply of Groceries in the UK: Market Investigation, Großbritannien, Stationary Office Books, http://www.competition-commission.org.uk/rep_pub/reports/2208/fulltext/538.pdf (Zugriff am 25. März 2009)

Cox, P., u. a. (2006): »Conditions for sink-to-source transitions and runaway feedbacks from the land carbon cycle«, in: H. Schellnhuber u. a. (Hg.): Avoiding Dangerous Climate Change, Cambridge

C-Tech Innovation Ltd. (2004): United Kingdom Food and Drink Processing Mass Balance: A Biffaward Programme on Sustainable Resource Use, http://www.ctechinnovation.com/publications.htm

Curtis, E. S. (1914): Im Land der Kriegskanus (DVD); Originaltitel: In the Land of War Canoes: A Drama of Kwakiutl Life in the North West (ursprünglicher Titel: In the Land of Head-Hunters), 1972 restaurierte Fassung

Dalgaard, R., u. a. (2008): »LCA of soybean meal«, in: The International Journal of Life Cycle Assessment Bd. 13, Nr. 3, S. 240–54

Dawe, D. (2008): Have Recent Increases in International Cereal Prices been Transmitted to Domestic Economies? The Experience in Seven Large Asian Countries, ESA-Arbeitspapier Nr. 08-03, Rom, Agricultural Development Economics Division, Rom, FAO

Defra (2006a): Food Industry Sustainability Strategy (FISS), London, britisches Ministerium für Umwelt, Ernährung und ländliche Angelegenheiten

Defra (2007a): Report of the Food Industry Sustainability Strategy Champions' Group on Waste (CGW), London, Ministerium für Umwelt, Ernährung und ländliche Angelegenheiten, www.defra.gov.uk/farm/policy/sustain/fiss/pdf/report-waste-may2007.pdf (Zugriff am 25. März 2009)

Defra (2007b): UK Biomass Strategy, London, Ministerium für Umwelt, Ernährung und ländliche Angelegenheiten, http://www.defra.gov.uk/ENVIRONMENT/climatechange/uk/energy/renewablefuel/pdf/ukbiomassstrategy-0507.pdf (Zugriff am 25. März 2009)

de Haan, C., u. a. (2001): Livestock Development: Implications for Rural Poverty, the Environment and Global Food Security, Washington D.C., Weltbank

Diamond, J. (1994): Der dritte Schimpanse. Evolution und Zukunft des Menschen. Aus dem Engl. übers., Frankfurt am Main

Diamond, J. (2003): Arm und Reich. Die Schicksale menschlicher Gesellschaften. Aus dem Engl. übers., Frankfurt am Main

Diamond, J. (2005): Kollaps. Warum Gesellschaften überleben oder untergehen. Aus dem Engl. übers., Frankfurt am Main

Dobrzynski, T., u. a. (2002): Oceans at Risk: Wasted Catch and the Destruction of Ocean Life, Washington DC

Douglas, M. (1990): »Introduction«, in: M. Mauss: The Gift: The Form and Reason for Exchange in Archaic Societies, London und New York (dt. Die Gabe. Form und Funktion des Austauschs in archaischen Gesellschaften, Frankfurt am Main 1968)

Dowler, E. (1977): »A Pilot survey of domestic food wastage«, in: Journal of Human Nutrition 31, S. 171–80

Dowler, E., und Y. Seo (1985): »Assessment of energy intake: estimates of food supply v measurement of food consumption«, in: Food Policy Bd. 10, Nr. 3, S. 278–88

Doyle, L. (2007): »US food aid is ›wrecking‹ Africa, claims charity«, in: The Independent, 17. August 2007

EC (2007): »What are the reasons for discarding at sea?«, 28. März 2007, http://ec.europa.eu/fisheries/cfp/management_resources/conservation_measures/reasons_en.htm

EC (2008b): »Commission Staff Working Document accompanying the proposal for a Council Regulation amending Regulations (EC) No. 1290/2005 on the financing of the common agricultural policy and (EC) No. 1234/2007 establishing a common organisation of agricultural markets and on specific provisions for certain agricultural products (Single CMO Regulation) as regard food distribution to the most deprived persons in the Community: impact assessment {COM(2008) 563}«, http://ec.europa.eu/agriculture/markets/freefood/fullimpact_en.pdf (Zugriff am 26. März 2009)

EC (2008d):»EU and Norway reaffirm their determination to reduce discards«, 10. Oktober 2008, http://ec.europa.eu/fisheries/press_corner_press_release/2008/com08_70_en.htm (Zugriff am 26. März 2009)

EC (2009):»Waste«, http://ec.europa.eu/environment/waste/index.htm (Zugriff am 26. März 2009)

Economist, The (2007):»Cheap no more«, 8. Dezember 2007

Economist, The (2008a):»Managed to Death«, 1. November 2008

Economist, The (2009a):»A special report on the sea«, 3. Januar 2009

EK (2008a):»Vorschlag für eine Verordnung des Rates zur Änderung der Verordnung (EG) Nr. 1290/2005 über die Finanzierung der Gemeinsamen Agrarpolitik sowie der Verordnung (EG) Nr. 1234/2007 über eine gemeinsame Organisation der Agrarmärkte und mit Sondervorschriften für bestimmte landwirtschaftliche Erzeugnisse (Verordnung über die einheitliche GMO) hinsichtlich der Abgabe von Nahrungsmitteln an Bedürftige in der Gemeinschaft «, 17. September 2008, http://eur-lex.europa.eu/LexUriServ/LexUriServ.do?uri=COM:2008:0563:FIN:DE:PDF (Zugriff am 26. März 2009)

EK (2008b):»Die krumme Gurke ist wieder da: Kommission erlaubt Verkauf von ›unförmigem‹ Obst und Gemüse«, IP/08/1694, 12. November 2008, Brüssel, http://europa.eu/rapid/pressReleasesAction.do?referenc e=IP/08/1694&format=HTML&aged=&language=DE&guilLanguage=de

Engström, R., und A. Carlsson-Kanyama (2004):»Food losses in food service institutions: examples from Sweden«, in: Food Policy 29, S. 203–213

Environment Agency (England & Wales) (2005a):»National waste production survey for commerce and industry: strategic waste management assessment«, http://www.defra.gov.uk/environment/statistics/waste/wreuwastetats.htm oder http://www.defra.gov.uk/environment/statistics/waste/wrindustry.htm

Environment Agency (England & Wales) (2005b):»National waste production survey for commerce and industry: Wales«, http://www.environment-agency.gov.uk/regions/wales/816243/1220048/1223323/?vers ion=1&lang=e

EPA (US) (2008): Municipal Solid Waste in the United States: 2007 Facts and Figures, EPA 530-R-06-011, Washington DC, Umweltschutzbehörde, http://www.epa.gov/osw/nonhaz/municipal/pubs/msw07-rpt.pdf

Evans, E. (2005): Food Waste Opportunities in the North East, Bio Recycling Solutions Ltd.

Evolve (2007): Study on the Economic Benefits of Waste Minimisation in the Food Sector: Final Report, January 2007, hg. von M. Betts u. a., Integrated Skills Limited in Zusammenarbeit mit FareShare, London, http:// www.integrated-skills.com/ISL/Files/Evolve%20Food%20Waste%20Minimisation%20Final%20Report%208-1-07.pdf

Falkenmark, M., und J. Rockström (2004): Balancing Water for Humans and Nature: The New Approach in Ecohydrology, London

FAO (1981): Food Loss Prevention in Perishable Crops, FAO Agricultural Services Bulletin Nr. 43, Rom, FAO

FAO (2000): The State of Food Insecurity in the World, Rom, FAO

FAO (2003a): »Food balance sheets«, Datenbank von FAOSTAT (Food & Agriculture Organization Statistics), Rom, FAO, http://faostat.fao.org/ site/368/default.aspx (Zugriff am 12. März 2009)

FAO (2003b): World Agriculture: Towards 2015/2030, Rom, FAO, ftp://ftp. fao.org/docrep/fao/004/y3557e/y3557e.pdf

FAO (2006): World Agriculture: Towards 2030/2050, Rom, FAO, http:// www.fao.org/es/ESD/AT2050web.pdf

FAO (2008a): The State of Food and Agriculture 2008, Rom, FAO, http:// www.fao.org/docrep/011/i0100e/i0100e00.htm (Zugriff am 26. März 2009)

FAO (2008b): The State of Food Insecurity in the World 2008, Rom, FAO

FAO (2008c): Crop Prospects and Food Situation, Rom, FAO, http://www. fao.org/docrep/010/ai465e/ai465e01.htm (Zugriff am 26. März 2009)

FAO (2009): The State of World Fisheries and Aquaculture 2008, Rom, FAO

FDF (2008a): »Food and drink manufacturers cut carbon emissions by 17 %«, Pressemitteilung, 27. November 2008, London, Food and Drink Federation, http://www.fdf.org.uk/news.aspx?article=4181&newsindex page=2 (Zugriff am 5. März 2009)

FDF (2008b): Our Five-Fold Environmental Ambition: Progress Report 2008, London, Food and Drink Federation, http://www.fdf.org.uk/pub- licgeneral/environment_progress_report_finalversion.pdf

Fehr, M., u. a. (2000): »A practical solution to the problem of household waste management in Brazil«, in: Resources, Conservation and Recycling Bd. 30, Nr. 3, S. 245-57

Fitzpatrick, M. (2005): »What a Waste – Japan faces up to food waste mountain«, www.just-food.com, 2. Juni 2005

Fleming, N. (2008): »Man's effect on world's oceans revealed«, in: Daily Telegraph, 15. Februar 2008

Food Magazine, The (1997): »Fruit for schoolchildren fed to animals«, in: The Food Magazine 39

Food Chain Centre (2006): Cutting Costs: Adding Value in Organics, Watford, Institute of Grocery Distribution

Forster, P., u. a. (2007): »Changes in atmospheric constituents and in radiative forcing«, in: S. Solomon u. a. (Hg.): Climate Change 2007: The Physical Science Basis. Contribution of Working Group 1 to the Fourth Assessment Report of the Intergovernmental Panel on Climate Change, Cambridge

Frost, R. (1952): Gesammelte Gedichte, Mannheim

FSA (UK) (2008b): McCance and Widdowson's the Composition of Foods Integrated Dataset, London, Food Standards Agency, http://www.food.gov.uk/science/dietarysurveys/dietarysurveys/ (Zugriff im Juli 2008)

Gardner, R. (2006): »Repression cycles in the USSR«, http://www.indiana.edu/~workshop/colloquia/papers/gardner_paper2.pdf

Garner, E. (2008): »December market report 2008«, in: TNS WorldPanel, http://www.tnsglobal.com/_assets/files/TNS_Market_Research_Market_Share_Nov08.htm (Zugriff am 26. März 2009)

Garnett, T. (2006): Fruit and Vegetables & UK Greenhouse Emissions: Exploring the Relationship, Arbeitspapier, vorgelegt als Teil der Arbeit für das Nahrungsmittel-Klima-Forschungsnetzwerk am Zentrum für Umweltstrategien der Universität von Surrey

Garnett, T. (2008): Cooking Up a Storm: Food, Greenhouse Gas Emissions and Our Changing Climate, Nahrungsmittel-Klima-Forschungsnetzwerk am Zentrum für Umweltstrategien der Universität von Surrey

Gelder, W. van, u. a. (2008): »Soy consumption for feed and fuel in the European Union«, Forschungsbericht, abgefasst für Milieudefense (Friends of the Earth, Niederlande)

Giedion, S. (1948): Mechanization Takes Command: A Contribution to Anonymous History, New York

Gilman, E., u. a. (2007): Shark Depredation and Unwanted By-Catch in Pelagic Longline Fisheries: Industry Practices and Attitudes, and Shark Avoidance Strategies, Honululu, Western Pacific Regional Fishery Management Council

Goklany, I. (1998): »Saving habitat and conserving biodiversity on a crowded planet«, in: Bio Science Bd. 48, Nr. 11, S. 941–53

Gold, M. (2004): The Global Benefits of Eating Less Meat, Godalming, Compassion in World Farming Trust

González Siso, M. (1996): »The biotechnological utilization of cheese whey: a review«, in: Bioresource Technology 57, S. 1–11

Greenpeace International (2006): Eating Up the Amazon, Amsterdam, Greenpeace

Grolleaud, M. (2001): Overview of the Phenomenon of Losses during the Post-Harvest System, Rom, FAO

Halweil, B., und D. Nierenberg (2008): »Meat and seafood: the global diet's most costly ingredients«, in: State of the World: Innovations for a Sustainable Economy, Washington DC, Worldwatch Institute

Harris, M. (1988): Wohlgeschmack und Widerwillen. Das Rätsel der Nahrungstabus. Aus dem Amerik. übers., Stuttgart

Harris, M. (1993): Fauler Zauber. Unsere Sehnsucht nach der anderen Welt. Aus dem Amerik. übers., Stuttgart

Harrison, C., u. a. (1975): »Food waste behaviour in an urban population«, in: Journal of Nutrition Education and Behavior 17, S. 13

Hawkes, C., und J. Webster (2000): Too Much and Too Little; Debates on Surplus Food Redistribution, London

Henningsson, S., u. a. (2004): »The value of resource efficiency in the food industry: a waste minimisation project in East Anglia, UK«, in: Journal of Cleaner Production Bd. 12, Nr. 5, S. 505–12.

Hinchcliffe, D. (Hg.) (2005): The Government's Public Health White Paper (Cm 6374), London, The Stationary Office (britischer Staatsverlag)

Hiza, H., und L. Bente (2007): Nutrient Content of the U.S. Food Supply, 1909–2004: A Summary Report, Forschungsbericht Nr. 57 zur Hauswirtschaft, Washington DC, Zentrum für Ernährungspolitik und -förderung, US-Landwirtschaftsministerium

Hogg, D., u. a. (2007a): Managing Biowastes from Households in the UK: Applying Life-Cycle Thinking in the Framework of Cost-Benefit Analysis: A Final Report for WRAP, Bristol, Eunomia Research & Consulting Ltd.

Hogg, D., u. a. (2007b): Dealing with Food Waste in the UK: Report for WRAP, Bristol, Eunomia Research & Consulting Ltd.

Hopkin, M. (2005a): »Did climate shift kill giant Australian animals?«, in: Nature News, 30. Mai 2005, http://www.nature.com/news/2005/050530/full/news050523-11.html (Zugriff am 26. März 2009)

Hopkin, M. (2005b): »Fire-starters blamed for Australian extinctions«, in: Nature News, 7. Juli 2005, http://www.nature.com/news/2005/050707/full/news050704-10.html (Zugriff am 26. März 2009)

Horrigan, L., u. a. (2002): »How sustainable agriculture can address the environmental and human health harms of industrial agriculture«, in: Environmental Health Perspectives 110, S. 445–56

House of Commons (2007): The introduction of the ban on swill feeding. 6. Bericht, Sitzungsperiode 2006-2007, dem Parlament vorgelegt gemäß Abs. 10(4) des Parliamentary Commissioner Act 1967. The House of Commons, 13. Dezember 2007, HC 165, London: The Stationary Office (britischer Staatsverlag), http://www.official-documents.gov.uk/document/hco708/hco1/0165/0165.pdf

Imperial College London (2007): Sustainable Waste Management in the Chilled Food Sector, Abschlussbericht, Defra-Forschungsprojekt FT0348, London, Zentrum für Umweltpolitik, Forschungsabteilung für angewandte Betriebswirtschaft und Unternehmensführung, http://randd.defra.gov.uk/Default.aspx?Menu=Menu&Module=More&Locati

on=None&Completed=o&ProjectID=12996

IRIN (2008a): »Pakistan: fears of worsening child malnutrition«, 10. Juni 2008

IRIN (2008b): »Global: bad ethanol, good ethanol«, 4. Juni 2008

IRIN (2008c): »Global: why everything costs more. A rough guide to why food price keep going up«, 8. Juli 2008

Ivanic, M., und W. Martin (2008): Implications of Higher Global Food Prices for Poverty in Low-Income Countries, Policy Research Working Paper 4594, Washington DC, World Bank, Development Research Group, Trade Team, http://www-wds.worldbank.org/external/default/WDS-ContentServer/IW3P/IB/2008/04/16/000158349_20080416103709/Rendered/INDEX/wps4594.txt

Japan Times (2007a): »Heat's on the food industry« (Leitartikel), 3. November 2007, http://search.japantimes.co.jp/cgi-bin/ed20071103a2.html (Zugriff am 26. März 2009)

Japan Times (2007b): »McDonald's outlets hit over dated food«, 28. November 2007, http://search.japantimes.co.jp/cgi-bin/ed20071118a4.html (Zugriff am 26. März 2009)

Jeffery, R., und L. Harnack (2007): »Evidence implicating eating as a primary driver for the obesity epidemic«, in: Diabetes 56, S. 2673–76

Jonaitis, A. (1991): Chiefly Feasts: The Enduring Kwakiutl Potlatch, Seattle/London

Jones, C., u. a. (2009): »Committed ecosystem change due to climate change«, in: Climate Change: Global Risks, Challenges and Decisions, IOP Conference Series: Earth and Environmental Science 6, Institute of Physics

Jones, J., u. a. (2004): »Case study: comparison of swine diets containing a food waste product made with wheat middlings and corn or a corn/soybean diet«, in: Professional Animal Scientist, Oktober 2004

Jones, T. (2004a): »Using contemporary archaeology and applied anthropology to understand food loss in the American food system«, unveröffentlichter Aufsatz, http://www.communitycompost.org/info/usafood.pdf (Zugriff am 26. März 2009)

Jones, T. (2004b): »What a Waste!«, The Science Show auf ABC, 4. Dezember 2004, http://www.abc.net.au/rn/science/ss/stories/s1256017.htm (Zugriff am 26. März 2009)

Jones, T. (2006): »Addressing food wastage in the US«, ABC, The Science Show, 8. April 2006, http://www.abc.net.au/rn/scienceshow/stories/2006/1608131.htm (Zugriff am 26. März 2009)

Jowit, J. (2008): »Krill fishing threatens the Antarctic«, in: The Observer, 23. März 2008

Just-Food (2004): »Tomato waste could be used as food additive, says EU project«, 13. Februar 2004, www.just-food.com

Kader, A. (2005): »Increasing food availability by reducing post-harvest losses of fresh produce«, in: F. Mencarelli und P. Tonutti (Hg.): Protocol 5th International Postharvest Symposium, Acta Horticulturae, S. 682

Kader, A., und R. Rolle (2004): The Role of Post-Harvest Management in Assuring the Quality and the Safety of Horticultural Produce, ROM, FAO, http://www.fao.org(docrep/007/y5431e/y5431e00.HTM

Kaimowitz, D., u. a. (o. J.): Hamburger Connection Fuels Amazon Destruction: Cattle Ranching and Deforestation in Brazil's Amazon, Bogor Barat, Indonesien, Forschungszentrum für internationale Forstwirtschaft

Kangmin, L., und M.-W. Ho (2005): »Biogas China«, http//www.i-sis.org. uk/DreamFram.php

Kantor, L., u. a. (1997): »Estimating and addressing America's food losses«, in: Food Review Bd. 20, Nr. 1, S. 2–12

Kasting, J. (2006): »Ups and downs of ancioent oxygen«, in: Nature 443, S. 643–45

Kelleher, K. (2005): Discards in the World's Marine Fisheries. An Update, FAO Fisheries Technical Paper 470, Rom, FAO, http://www.fao.org/docrep/008/y5936e00.htm

Keyzer, M. A., u. a. (2005): »Diet shifts towards meat and the effects on cereal use: can we feed the animals in 2030?«, in: Ecological Economics Bd. 55, Nr. 2, S. 187–202

Khushk, A., und A. Memon (2006): »Making harvesting of mangoes productive«, in: Dawn, 8. Mai 2006, http://www.dawn.com/2006/05/08/ebr5.htm

Kipler, K., und K. Ornelas (Hg.) (2000): The Cambridge World History of Food, Cambridge

Kirsch, K. (2003): Das Restekochbuch. Erstklassig kochen mit zufälligen Zutaten, Frankfurt am Main

Klemens von Alexandrien (1983): Welcher Reiche wird gerettet werden? Dt. Übers. von Otto Staehlin, München (Schriften der Kirchenväter 1)

KOM (2007a): Mitteilungen der Kommission an den Rat und das Europäische Parlament zur Mitteilung zu Auslegungsfragen betreffend Abfall und Nebenprodukte, Brüssel, Kommission der Europäischen Gemeinschaften, http://eur-lex.europa.eu/LexUriServ/LexUriServ. do?uri=COM:2007:0059:FIN:DE:DOC (Zugriff am 26. März 2009)

KOM (2007b): Mitteilung der Kommission an den Rat und das Europäische Parlament. Eine Politik zur Reduzierung unerwünschter Beifänge und zur Abschaffung von Rückwürfen in der europäischen Fischerei. Folgenabschätzung. Zusammenfassung, 136 endgültig, Brüssel, Kommission der Europäischen Gemeinschaft

Kroger (2008): »Doing our part: 2008 sustainability report«, http://www. kroger.com/company_information/community/Pages/feeding_america-aspx (Zugriff am 27. Februar 2009)

Kwak, W., u. a. (2006): »Effect of feeding food waste-broiler litter and bakery by-product mixture to pigs«, in: Bioresource Technology 97, S. 243–49

Lacoste, E., u. a. (Hg.) (2007): From Waste to Resource. 2006 World Waste Strategy, Paris

Lakshmi, R. (2008): »Bush comment on food crisis brings anger, ridicule in India«, in: The Washinton Post, 8. Mai 2008

Leake, J. (2005): »Picky stores force farmers to dump veg«, in: The Sunday Times, 17. Juli 2005

Lee, S.-H., u. a. (2007): »Evaluation of environmental burdens caused by changes of food waste management systems in Seoul, Korea«, in: Science of the Total Environment 387, S. 42–53

LeGood, P., und A. Clarke (2006): »Smart and active packaging to reduce food waste«, Smart Materials, Surfaces and Structures Network (SMART.mat), November 2006, http://www.knetworks.co.uk/epicentric_portal/binary/com.epicentric.contentmanagement. servlet.>ContentDeliveryServlet/AMF/smartmat/Smartandactivepackagingtoreducefoodwaste.pdf

Lewis, L. (2008): »Japan is a market pioneer again: the first industrialised nation with no butter«, in: The Times, 15. April 2008

Liang, L., u. a. (1993): »China's post-harvest grain losses and the means of their reduction and elimination«, in: Jingji dili (Economic Geography), 1, S. 92–96

Locke, J. (1906): Zwei Abhandlungen über Regierung, Halle

Lundqvist, J., C. de Fraiture und D. Molden (2008): Saving Water: From Field to Fork – Curbing Losses and Wastage in the Food Chain, Stellungnahme des Stockholm International Water Institute (SIWI), Stockholm

Maathai, W. (2005): »Speech to the Rotarians«, Rotarier-Konferenz, Chicago, 22. Juni 2005, http://greenbeltmovement.org

Maathai, W. (2008): »On the occasion of TICAD IV Yokohama«, Japan, 28.–30. Mai 2008, http://greenbeltmovement.org

MAFF (Japan) (2007): »2007 report: outline of survey results on food recycling as renewable resources«, MAFF Update, Nr. 684

Mahro, B., und M. Timm, (2007): »Potential of biowaste from the food industry as a biomass resource«, in: Engineering in Life Sciences Bd. 7, Nr. 5, S. 457–68

Malthus, R. Th. (1977): Das Bevölkerungsgesetz, hg. und übers. von Christian M. Barth. Vollständige Ausgabe nach der 1. Aufl., London 1798, München

Manchester Business School (2206): Environmental Impacts of Food Production and Consumption, Bericht für das britische Ministerium für Umwelt, Ernährung und ländliche Angelegenheiten, Manchester Business School

Markham, G. (1676): Cheap and Good Husbandry, 13. Aufl., London

Martin, P. (2005): Twilight of the Mammoths: Ice Age Extinctions and the Rewilding of America, Berkeley

Mastoris, S., und R. Malcolmson (2001): The English Pig: A History, London

Mata-Alvarez, J., u. a. (2000): »Anaerobic digestion of organic solid wastes: an overview of research achievements and perspectives«, in: Bioresource Technology Bd. 74, Nr. 1, S. 3–16

Matteson, G., und B. Jenkins (2007): »Food and processing residues in California: resource assessment and potential for power generation«, in: Bioresource Technology 98, S. 3098–3105

Meikle, J. (2008): »Sales of whiting rise as credit crunch bites«, in: The Guardian, 11. Oktober 2008

Melville, H. (1974): Moby Dick oder Der Wal, München

Miller, D. (1979): »Man's demand for energy«, in: K. Blaxter (Hg.): Food Chains und Human Nutrition, London

Milton, J.: Das verlorene Paradies. Aus dem Engl. übers. von Friedrich Wilhelm Bruckbräu, 6 Bde., München 1828; Mikrofiche-Ausgabe: München u. a. 1990–94 (Bibliothek der deutschen Literatur)

Mitchell, D. (2008): A Note on Rising Food Prices, Washington DC, World Bank, Development Prospects Group, http://www-wds.worldbank.org/servlet/WDSContentServer/WDSP/IB/2008/07/28/000020439_200807 28103002/Rendered/PDF/WP4682.pdf

Monbiot, G. (2007): Heat: How to Stop the Planet from Burning, London

Morley, N., und C. Bartlett (2008): Mapping Waste in the Food Industry for Defra and the Food and Drink Federation, Aylesbury, Oakdene Hollins, http://www.fdf.org.uk/publicgeneral/mapping_waste_in_the_food_industry.pdf

Morrisons (2008): Taking Good Care: Making Good Progress, Morrisons Social Responsibility Report 2008, http://www.morrisons.co.uk/Documents/Morrisons_CSR_2008.pdf (Zugriff am 16. Januar 2009)

M[ortimer], J. (1707): The whole art of Husbandry, London

Myer, R., u. a. (2000): »Dehydrated restaurant food waste as swine feed«, in: M. Westendorf (Hg.): Food Waste to Animal Feed, Ames, Iowa State University

Nation, The (2008): »Poverty and food crisis«, 8. Mai 2008

National Audit Office (2009): Department for Environment, Food and Rural Affairs: Managing the Waste PFI Programme, 14. Januar 2009, London, National Audit Office, http://www.nao.org.uk/publications/0809/managing_the_waste_pfi_programme.aspx

Natural Environment Research Council (2003): The Royal Commission on Environmental Pollution Study on the Environmental Effects of Marine Fisheries: The Natural Environment Research Council Memorandum, Swindon, Natural Environment Research Council

Nelson, S. (1998): Ancestors for the Pigs: Pigs in Prehistory, Philadelphia

Nemeth, D. (1995): »On pigs in subsistence agriculture«, in: Current Anthropology Bd. 36, Nr. 2, S. 292–93

Netherlands Statline-Datenbank (2008): »Municipal waste quantities«, http://statline.cbs.nl/StatWeb/publications/?DM=SLEN&PA=7467ENG &D1=5,51,76,87-88,113&D2=0&D3=a&LA=EN&HDR=T&STB=G1,G2&V W=T (Zugriff am 12. März 2009)

Nierenberg, D. (2005): Happier meals: Rethinking in Global Meat Industry, Worldwatch Paper 171, Washington DC, Worldwatch Institute

Nijdam, D., u. a. (2005) »Environmental load from Dutch private consumption. How much damage takes place abroad?, in: Journal of Industrial Ecology Bd. 9, Nr. 1–2, S. 153

Nordberg, Å., und M. Edström (2003): »Treatment of animal waste in codigestion biogas plants in Sweden«, in: T. Al Seadi und J. Holm-Nielsen (Hg.): The Future of Biogas in Europe II, 2.–4. Oktober 2003, Universität von Süd-Dänemark

Ogino, A., u. a. (2007): »Environmental impact evaluation of feeds prepared from food residues using life cycle assessment«, in: Journal of Environmental Quality 36, S. 1061–1068

Olson, W. (2006): »Wal-Mart ends food donations to charity«, in: Overlawyered, 9. Januar 2006, http://overlawyered.com/2206/01/wal-mart-ends-food-donations-to-charity/

OSPAR Commission (2008a): List of Threatened and/or Declining Species and Habitats (Ref: 2008-6), London OSPAR Commission, www. ospar.prg/v_measures/get_page.asp?vo=08-06eOSPAR%20List%20species%20and%20habitats.doc&v1=5;

Paul, L. (1994): »The problem of waste: dropouts, ghostfishing and the by-catch«, in: L. Paul (Hg.): High Seas Driftnetting: The Plunder of the Global Commons. A Compendium, überarb. Neuausgabe, Kailua, Earth Trust, http://www.earthtrust.org/dnpaper/waste.html

Peden, D., u. a. (2007): »Water and livestock for human development«, in: D. Molden (Hg.): Water for Food, Water for Life: A Comprehensive Assessment of Water Management in Agriculture, London/Colombo, S. 485–514

Phillips, T. (2008): »Police break up riot over logging«, in: The Guardian, 26. November 2008

Picker, H. (Hg.) (1951): Hitlers Tischgespräche im Führerhauptquartier. Im Auftrag des Deutschen Instituts für Geschichte der nationalsozialistischen Zeit geordnet, eingeleitet und veröffentlicht von Gerhard Ritter, Bonn

PICME (2006): Chilled Food Manufacturing Waste Minimisation Study, Projekt des britischen Ministeriums für Umwelt, Ernährung und ländliche Angelegenheiten FT0351, Process Industry Centre for Manufacturing Excellence, http://randd.defra.gov.uk/Default.aspx?Menu=Me

nu&Module=More&Location=None&ProjectID=13439&FromSearch=
Y&Publisher=1&SearchText=Chilled%20Food%20Manufacturing%20
&SortString=ProjectCode&SortOrder=Asc&Paging=10#Description

Polian, M. (2003): Against Their Will: The History and Geography of Forced Migrations in the USSR, Budapest

Poppendieck, J. (1986): Breadlines Knee-Deep in Wheat: Food Assistance in the Great Depression, Piscataway, NJ

Press Association (2004): »Pile of dead fish gives Greenpeace ammunition against EU policy«, in: The Guardian, 12. August 2004

Proctor, D. (Hg.) (1994): Grain Storage Techniques: Evolution and Trends in Developing Countries, FAO Agricultural Services Bulletin Nr. 109, Rom, FAO

Proctor, R. (2002): Blitzkrieg gegen den Krebs. Gesundheit und Propaganda im Dritten Reich. Aus dem Engl. übers., Stuttgart

Rabo India Finance (2005): Vision, Strategy and Action Plan for Food Processing Industries in India, erarbeitet von Rabo India Finance Pvt. Ltd. (GmbH) im Auftrag des Ministeriums für Nahrungsmittel verarbeitende Betriebe, indische Regierung, April 2005

RFA (2008): The Gallagher Review of the Indirect Effects of Biofuels Production, hg. von E. Gallagher, Juli 2008, St Leonards-on-Sea, Renewable Fuels Agency, http://www.dft.gov.uk/rfa/_db/_documents/Report_of_the_Gallagher_review.pdf

Rice, X. (2008): »Wildlife and livelihoods at risk in Kenyan wetlands biofuel project«, in: The Guardian, 24. Juni 2008

Ristow, E. (2008): »Waste not, want not« (Associated Press), in: D. Stringer: »British families urged to cut food waste«, in: International Business Times, 10. Juli 2008, http://www.ibtimes.com/articles/20080710/british-families-urged-to-cut-food-waste_all.htm

Roberts, C., und J. Hawkins (2000): Fully-Protected Marine Reserves: A Guide, Washington DC/York, WWF Endangered Seas Campaign

Roy, R. (1976): Wastage in the UK Food System, London, Earth Resources Research Publications

Ruiz López, M., u. a. (2003): »Pickled vegetable and fruit waste mixtures as an alternative feedstuff«, in: Food Policy – Economics Planning and Politics of Food and Agriculture 28, S. 1–13

Russ, C., und A. Alcala (2004): »Marine reserves: long-term protection is required for full recovery of predatory fish populations«, in: Oecologia Bd. 138, Nr. 4

Safeway (2009): »Community caring«, http://www.safeway.com/ifl/grocery/Community-Caring

Sainsbury AG, J. (2008a): Corporate Responsibility Report 2007: Make the Difference, http://www.j-sainsbury.co.uk/files/reports/cr2007/files/report.pdf (Zugriff am 16. Januar 2009)

Sainsbury AG, J. 2008b): »Would you buy great tasting, unusually shaped fruit & veg?«, 22. Oktober 2008, http://www.sainsburys.co.uk/yourideas/forums/10606/ShowThread.aspx

Sancho, P., u. a. (2004):»Microbiological chracterization of food residues for animal feeding«, in: Waste Management 24, S. 919–26

Sauer, C. (1969): Seeds, Spades, Hearths, and Herds: The Domestication of Animals and Foodstuffs, Cambridge, Mass.

Sevenster, M., und F. de Jong (2008):»A sustainable dairy sector: global, regional and life cycle facts and figures on greenhouse-gas-emissions«, CE Delft, Oktober 2008

Severson, K. (2001):»The dating game: freshness labels are a manufacturers' free-for-all«, in: San Francisco Chronicle, 10. Januar 2001, http://www.sfgate.com/cgi-bin/article.cgi?f=/c/a/2001/01/10/FD171775.DTL&hw=the+dating+game+freshness&SN=001&sc=1000

Shaler, N. (2007): Doemstic Animals – Their Relation to Man and to His Advancement (1895)

Shanklin, C., und D. Ferris (1995):»A comparative analysis of quantity and type of waste generated in institutional foodservice operations«, in: Journal of the American Dietetic Association Bd. 95, Nr. 9, Ergänzungsband A 47

Shell, E. Ruppel (2003):»Are we turning our children into ›fat‹ junkies?«, in: The Observer, 12. Oktober 2003

Sibrián, R., u. a. (2008): Estimating Household and Institutional Food Wastage and Losses in the Context of Measuring Food Deprivation and Food Excess in the Total Population, FAO Statistics Division Working Paper Series, ESS/ESSA/2005-1, Rom, FAO

Siddique, H. (2007):»Minister vows to persuade EU to let fishermen vatch more cod«, in: The Guardian, 20. November 2007

Singer, D. (1979):»Food losses in the UK«, in: Proceedings of the Nutrition Society 38, S. 181–86

Smil, V. (2001): Feeding the World: A Challenge for the Twenty-First Century, Cambridge, Mass.

Smil, V. (2004):»Improving efficiency and reducing waste in our food system«, in: Environmental Sciences Bd. 1, Nr. 1, S. 17–26

Sowell, T. (2007): Basic Economics: A Common Sense Guide to the Economy, 3. Aufl., New York

Steinfeld, H., u. a. (2006): Livestock's Long Shadow. Environmental Issues and Options, Rom, FAO

Straf-Codex für das französische Reich. Übersetzt und mit Anmerkungen so wie mit einer Übersicht der neuen französischen Criminal-Prozess-Ordnung versehen von L. Hundrich, Magdeburg 1811. Reprint des Erstdrucks Wilhelmshaven 2006

Stuart, T. (2006a): The Bloodless Revolution, London / New York

Stuart, T. (2006b):»Malthusians and Anti-Malthusians«, in: A. Grayling u. a. (Hg.): The Continuum Encyclopedia of British Philosophy, London

Supervalu (o. J.):»Environmental stewardship: environmental sustainability«, http://www.supervalu.com/sv-webapp/about/envstewardship.jsp (Zugriff am 10. März 2009)

Sustainable Development Commission (2008): Green, Healthy and Fair: A Review of Government's Role in Supporting Sustainable Supermarket Food, Februar 2008, London, The Sustainable Development Commission, http://www.sd-commission.org.uk/publications/downloads/GreenHealthyAndFair.pdf

Target Corp. (o. J.):»Community«, http://sites.target.com/site/en/corporate/page.jsp?contentId=PRD03-001820#ash (Zugriff am 10. März 2009)

Taylor, J. (2006):»Chinese like food but waste it on etiquette«, ABC The World Today, 3. März 2006, http://www.abc.net.au/worldtoday/content/2006/s1583287.htm

Tesco (2008): Tesco Corporate Responsibility Review 2008, http://www.tescoreports.com/crreview08/ (Zugriff am 7. März 2009)

Thomas, C., u. a. (2004):»Extinction risk from climate change«, in: Nature 427, S. 145–48

Trivedi, B. (2008):»Dinner's Dirty Secret«, in: New Scientist, 13. September 2008

Tudge, C. (2004): So Shall We Reap, London

Turff, R. (2008), in: Potato Review Bd. 18, Nr. 1

UN Population Division (2007): UN 2006 Population Revision, New York, UN Population Division, http://esa.un.org/unpp/

UNEP (2009): The Environmental Food Crisis – The Environment's Role in Averting Future Food Crisis. A UNEP Rapid Response Assessment, hg. von C. Nellermann u. a., Februar 2009, GRID-Arendal, Norwegen, Umweltprogramm der Vereinten Nationen, www.grida.no

United Nations University Press (1979): Food and Nutrition Bulletin Bd. 1, Nr. 2

USDA (2004): The Amazon: Brazil's Final Soybean Frontier, Washington DC, Production Estimates and Crop Assessment Division, Foreign Agricultural Service, US-Landwirtschaftsministerium, http://www.fas.esda.gov/pecad/highlights/2004/01/Amazon/Amazon_soybeans.htm

Valdemarsen, J., u. a. (2007): Options to Mitigate Bottom Habitat Impact of Dragged Gears, FAO, Fisheries Technical Paper Nr. 506, Rom, FAO, www.fao.org/docrep/010/a1466e/a1466e00.htm

Veblen, Th. (1971): Theorie der feinen Leute. Eine ökonomische Untersuchung der Institutionen. Aus dem Engl. übers., München

Vidal, J. (2005):»More than 30% of our food is thrown away – and it's costing billions a year«, in: The Guardian, 15. April 2005

Waggoner, P., und J. Ausubel (2001):»How much will feeding more and wealthier people encroach on forests?«, in: Population and Development Review Bd. 27, Nr. 2, S. 239–57

Waitrose (2008): Waitrose Food Illustrated, Januar 2008

Wal-Mart (2008a): »The Wal-Mart Foundation: hunger relief fact sheet«, www.walmartstores.com/download/3396.pdf (Zugriff am 10. März 2009)

Wal-Mart (2008b): »Wal-Mart announces new national food donation program«, 30. April 2008, http://walmartstores.com/FactsNews/News-Room/8237.aspx (Zugriff am 10. März 2009)

Washington, B. (1980): Booker T. Washington Papers, hg. von L. Harlan und R. Smock, Urbana

Webster, P. (2008): »Waste not want not, Gordon Brown tells families«, in: The Times, 7. Juli 2008

Weidema, B., u. a. (2008): Environmental Improvement Potentials of Meat and Dairy Products (IMPRO), Luxemburg, Europäische Kommission

Weiland, P. (2000): »Anaerobic waste digestion in Germany – status and recent developments«, in: Biodegradation 11, S. 415–21

Wenlock, R., und D. Buss (1977): »Wastage of edible food in the home: a preliminary study«, in: Journal of Human Nutrition 31

Westendorf, M. (2000): Food Waste to Animal Feed, Ames, Iowa State University

Westendorf, M., und R. Meyer (2003): Feeding Food Wastes to Swine, Rutgers Cooperative Research & Extension Fact Sheet, Dezember 2003

Whole Foods Market (2009): »Values overview, community giving, and green action«, http://www.wholefoodmarket.com/values/

Williams, A., u. a. (2006): Determining the Environmental Burdens and Resource Use in the Production of Agricultural and Horticultural Commodities, Hauptbericht, Defra-Forschungsprojekt IS0205, Bedford, Cranfield University und britisches Ministerium für Umwelt, Ernährung und ländliche Angelegenheiten, www.silsoe.cranfield.ac.uk

Wlcek, S., und W. Zollitsch (2005): »Sustainable pig nutrition in organic farming: by-products from food processing as a feed resource«, in: Renewable Agriculture and Food Systems Bd. 19, Nr. 3, S. 159–67

Wolf, M. (2008): »Food crisis is a chance to reform global agriculture«, in: Financial Times, 29. April 2008

World Bank (2007): 2008 World Development Report: Agriculture for Development, Washington DC, Weltbank

World Bank (2009): Global Economic Prospects: Commodities at the Crossroads, Washington DC, Weltbank

World Resources Institute (1998): »Disappearing food: how big are post-harvest losses?«, World Resources Institute

Worldwatch Institute (2006): State of the World 2006: Special Focus: China and India, Washington DC, Worldwatch Institute

WRAP (2008a): The Food We Waste, Bericht v2 zur Nahrungsverschwendung, Projektcode: RBC 405-0010, Banbury, Aktionsprogramm Abfall & Ressourcen, http://www.wrap.org.uk/downloads/The_Food_We_

379

Waste_v2_2_.94off987.5635.pdf (Zugriff am 26. März 2009)

WRAP (2008b): Helping Consumers Reduce Fruit and vegetable Waste: Interim Report, Projektcode: RTL044-001, Banbury, Waste & Resources Action Programme, http://www.wrap.org.uk/downloads/Helping_Consumers_reduce_fruit_veg_waste-Apr_08.b98bbc85.5286.pdf (Zugriff am 26. März 2009)

WRAP (2008c): Courtauld Commitment Case Studies, November 2008, Banbury, Waste & Resources Action Programme, http://www.wrap.org.uk/downloads(CC_Case_Studies_29_Jan_09_final.1568e4da.6249.pdf (Zugriff am 26. März 2009)

WRAP (2008d): Organic Funding Guide, November 2008, Banbury, Waste & Resources Action Programme, http://www.wrap.org.uk/downloads/Fundingguide_FINAL_printed_.f6251809.6551.pdf (Zugriff am 26. März 2009)

WRAP (2009a):»UK grocery sector commits to reduce household waste«, 26. Januar 2009, http://www.wrap.org.uk/wrap_corporate/news/uk_grocery_sector.html (Zugriff am 12. März 2009)

WRAP (2009b):»Courtauld Commitment«, http://www.wrap.org.uk/retail/courtauld_commitment/ (Zugriff am 12. März 2009)

WRAP (2009c):»Non-household food waste«, http://www.wrap.org.uk/retail/food_waste/nonhousehold_food.html (Zugriff am 12. März 2009)

WRAP (2009d):»Consumers save £ 300 million worth of food going to waste«, 14. Januar 2009, http://www.wrap.org.uk/wrapcorporate/news/consumers_save_300.html (Zugriff am 12. März 2009)

Wright, K. (2008):»Consuming Passions«, in: Psychology Today Magazine, März-April 2008

WWF (2006): Species Factsheet: Bycatch, Gland (Schweiz), World Wildlife Fund, http://assets.panda.org/downloads/bycatch_apr_2006.pdf

WWF (Deutschland) (2008a).»Meerestiere sind kein Müll!«, November 2008, World Wide Fund For Nature, http://www.panda.org/index.cfm?uNewsID0149401 und http://divephotoguide.com/news/one_million_tons_of_fish_discarded_in_the_north_sea_annually

Yang, S., u. a. (2006):»Lactic acid fermentation of food waste for swine feed«, in: Bioresource Technology 97, S: 1858–64

Zaehringer, M., und J. Early (1976): Proceedings of the National Food Loss Conference, Boise, University of Idaho

Zhang, P., u. a. (2005):»Banana starch: production, physiochemical properties, and digestibility – a review«, in: Carbohydrate Polymers 59, S. 443–58

Zhang, P., u. a. (2007):»Characterization of food waste as feedstock for anaerobic digestion«, Bioresource Technology 98, S. 929–35

DANKSAGUNG

ICH DANKE meinem Lektor bei Penguin, Stuart Profitt, für seine erstaunliche Akribie und Begeisterung, Philipp Birch für seine zahllosen klugen Beiträge sowie Mark Handsley; des Weiteren gilt mein Dank Bob Weil bei Norton und meinem Agenten, dem stets unerschütterlichen und hilfsbereiten David Godwin. Andrew Parry, Mark Barthel und Keith James vom britischen »Aktionsprogramm Abfall & Ressourcen« (WRAP, Waste & Resources Action Programme) verschafften mir Zugang zu Daten, gewährten mir Einblicke und widmeten freundlicherweise einen Großteil ihrer kostbaren Zeit der Lektüre eines frühen Manuskriptentwurfs, womit sie mich vor Irrtümern bewahrten, meinen Blick für Details schärften und mir grundsatzpolitische Empfehlungen klarer vor Augen führten. Tim Lang und Tara Garnett erklärten sich großzügigerweise bereit, diverse Entwürfe zu lesen, und versorgten mich mit unschätzbarem Feedback. Ihnen allen bin ich äußerst dankbar, aber natürlich gehen sämtliche Fehler und Irrtümer auf mein Konto, und die auf den vorhergehenden Seiten geäußerten Ansichten werden nicht zwangsläufig von meinen Helfern geteilt.

Die Kooperationsbereitschaft mancher Einzelpersonen innerhalb der Nahrungsmittelindustrie hat mich verblüfft; zu ihnen gehören Alison Austin, Gus Atri, James Cherry, Julian Walker Palin, Kev Stevenson, Mark Bartlett, Rowland Hill, Maureen Raphael, Takeshi Tanami, Toshiro Miyoshi, Kouichi Takahashi und Hiroyuki Yakou. Ein besonderer Dank geht an Lord Chris Haskins, der mich seit Jahren mit Ideen versorgt und mein Verständnis der globalen Nahrungsmittelindustrie verfeinert hat.

Technische Hilfe bei meinen Berechnungen und bei wissenschaftlichen Methodenfragen wurde mir in selbstloser und uneingeschränkter Weise von Jannick Schmidt, Jo Howes, Randi Dalgaard und Vaclav Smil zuteil. Viele andere geschätzte Vorschläge kamen von Wissenschaftlern, Freunden und anderen Einzelpersonen. Besonders dankbar bin ich Adrien Assous, Robyn Kimber, Peter Jones, Marion Nestle, Akifumi Ogino, Tomoyuki Kawashima, Karoline Schacht, Eric Evans, Michael Mann, Eric Audsley,

Hyunook Kim, James Parsons, Cinzia Cerri, Sung-Heon Chung, David Jukes, Keith Waldron, Faqir Mohammad, Belinda Fletcher, Jean Buzby, Itisaki Shimadu, Frank Filardo, Thomas Stuar, Deborah Stuart, Alex Evans, Jack Mathers, Ricardo Sibrían, Daniel Wilson, Michael Chesshire, Ozunimi Iti, Nicola Kohn, Timothy Jones, Catherine Gaillochet und Shahin Rahimfard.

Mit Laura Yates und Simon Inglethorpe verfügte ich über zwei engagierte Forschungsassistenten, die neben vielen anderen Dingen Tausende von Statistiken aus unterschiedlichen Quellen verarbeiteten. In Südkorea, Japan und Indien erhielt ich emsige Hilfe von Tehion Kim, Haruka Ezaki und Ashinder Kaur.

Während der Recherchen für dieses Buch unverzichtbar war die Gastfreundschaft, die mir von Declan Walsh, John, Louise und Rose Dargue, Zainab Dar, Usman und Hussain Qazi sowie der Familie Kawasaki großzügig zuteilwurde. In erster Linie aber habe ich meiner Frau Alice Albinia zu danken, deren sorgfältige Textredaktion, Formulierungsgeschick und unendliche Geduld dieses Buch überhaupt erst ermöglicht haben.

Gese